그가 내 안에,
내가 그 안에

# 그가 내 안에, 내가 그 안에
요한복음 강해 2

**초판 1쇄 발행** 2025년 9월 5일

**지은이** 박건일
**펴낸이** 장길수
**펴낸곳** 지식과감성#
**출판등록** 제2012-000081호

**교정** 김지원
**디자인** 강샛별
**편집** 윤혜성
**검수** 이주연, 정윤솔
**마케팅** 김윤길

**주소** 서울시 금천구 벚꽃로298 대륭포스트타워6차 1212호
**전화** 070-4651-3730~4
**팩스** 070-4325-7006
**이메일** ksbookup@naver.com
**홈페이지** www.knsbookup.com

ISBN 979-11-392-2775-8(04230)
　　　979-11-392-2773-4(세트)

값 20,000원

- 이 책의 판권은 지은이에게 있습니다.
- 이 책 내용의 전부 또는 일부를 재사용하려면 반드시 지은이의 서면 동의를 받아야 합니다.
- 잘못된 책은 구입하신 곳에서 바꾸어 드립니다.

※ 여기에 사용한 '성경전서 개역개정판'의 저작권은 (재)대한성서공회에 있습니다.

지식과감성#
홈페이지 바로가기

## 요한복음 강해 2

# 그가 내 안에, 내가 그 안에

**박건일 목사** 지음

사람이 내 안에 거하지 아니하면 가지처럼 밖에 버려져 마르나니 사람들이 그것을 모아다가 불에 던져 사르느니라

요한복음 15:6

구원받지 못하는 사람들은 말씀이 아니라, 예수님께서 직접 기적을 보여 주시고 설명해 주셔도 믿지 않습니다. 하지만 구원받은 사람은 예수님께서 보내 주신 진리의 성령으로 인해, 말씀만으로도 그 말씀이 참이요 진리인 것을 믿게 됩니다.

머리말

요한복음은 예수님의 직접적인 증언과 그가 행하신 사역을 통해서 당신이 하나님의 아들로서 세상에 오셨음을 증언하고(1장~12장), 고난과 부활을 통해서 자신이 그리스도로 세상에 오셨음을 증명하는 구조로 기록되어 있습니다(13장~21장). 이 원리는 요한복음을 기록한 사도 요한이 이 복음서를 읽고 듣는 모든 사람에게 **"예수께서 하나님의 아들 그리스도이심을 믿게 하려"** 하고, **"그 이름을 힘입어 생명을 얻게 하려"** 하는 목적으로 기록했음을 밝힌 것을 통해서 확인할 수 있습니다(요 20:30-31).

예수님이 오셨을 당시의 대제사장과 바리새인들, 그리고 그들의 영향력 아래서 살던 유대인들은 '그리스도로 세상에 오신 예수'를 믿으려 하지 않았습니다. 예수님께서 행하신 일을 모두 기록하려고 하면 **"이 세상이라도 이 기록된 책을 두기에 부족할"**(요 21:25) 만큼 많은 기적을 행하시면서, **"그를 믿는 자마다 멸망하지 않고 영생을 얻게"**(요 3:16) 하려고 오신 그리스도이심을 보여 주셨지만, 사람들은 오히려 끊임없이 의심하고 시험했습니다. 그 이유는 **"한 사람이 백성을 위하여 죽어서 온 민족이 망하지 않게 되는 것"**(요 11:50)이 당시 종교적, 사회적으로 기득권을 가진 그들에게 유익했기 때문입니다.

그들은 하나님의 택함을 받은 백성이요 아브라함의 자손이라는 종교적, 혈통적 자부심이 있었습니다. 하지만 하나님의 아들인 예수께서 그리스도로 세상에 오시자, 그들은 '예수를 믿어 생명을 얻는' 내세적 믿음의 길을 택하기보다는, 그들이 손에 쥔 '현실의 이익'을 보호하기 위해서 하나님의 아들을 십자가에 못을 박아서 죽이는 죄를 범했습니다. 여기까지는 2천 년 전에 있었던 일이고, 우리가 성경과 역사를 통해서 알고 있는 사실입니다.

그런데 오늘날 우리 현실에서 그와 비슷한 일이 벌어지자, 똑같은 반응이 터져 나왔습니다. 바로 2020년어 전 세계를 공포로 몰아넣은 '코로나바이러스'입니다. 전염력과 치사율이 치명적이라고 알려진 '코로나바이러스'는 세계 대부분 나라가 '집합 금지 명령'을 내리고, 학교나 직장을 일시 폐쇄할 만큼 무서운 전염병이었습니다. 하지만 수개월 만에 백신과 치료제가 개발되었고, 사람들은 조심스럽게 일상으로 돌아올 수 있었습니다.

'코로나바이러스'로 인한 공포가 시작되자 정부는 종교 시설을 포함한 다중 모임 시설에 '집합 금지'를 요청했고, 대형교회를 시작으로 'Live 온라인 예배'를 드리는 것이 '새로운 일상'(New Normal)으로 여겨지기 시작했습니다. 심지어 이제는 교회가 '예배당이라는 제한된 공간이 아니라 온 세계인이 함께 예배할 수 있는 '온라인 예배'를 드리는 것이 하나님의 뜻"이라고 주장하는 신학자들과 목사님들이 생겨나기 시작했습니다. 어떤 목사님은 코로나 기간에 교회에 모여서 예배드리는 성도들을 향해 "손님에게 시비 거는 장사꾼 같다"라고 비난하기까지 했습니다.

기독교 역사를 보면 박해가 없던 시기가 거의 없으며, 믿음을 지키다가 순교한 수많은 성도들이 우리 앞에 있었지만, '집합 예배 금지'가 하나님의 뜻이라고 확신한 목사와 신학교 교수들은 수많은 언론 매체들을 통해서 성경의 가르침대로 예배하는 교회와 성도들을 비판했고, 그들의 주장에 동의하는 성도들은 명분 있게 교회를 떠났습니다. 그리고 그때 교회를 떠난 성도들 상당수는 '코로나바이러스'의 공포가 사라진 현재까지도 돌아오지 않고 있습니다.

이번에 출간하는 설교집은 그 혼란했던 '코로나바이러스' 시기를 정확하게 관통하면서, 우리가 지켜야 할 신앙의 근본이 무엇이며, 어떻게 하나님의 뜻에 순종해야 하는지 함께 고민하고 기도했던 내용이 포함되어 있습니다. 주일마다 모여서 예배하고 찬양하며 기도하는 것을 당연한 것으로 여겼던 신앙생활이, 어느 날부터 할 수 없는 또는 하면 안 되는 상황이 되었을 때 우리는 하나님의 뜻을 구해야 했고, 성경을 통해서 그 답을 찾고 순종했습니다. 그리고 그때로부터 5년여가 지난 지금, 그때 우리가 지키려고 했던 믿음의 삶이 틀리지 않았음을 확인하고 감사드립니다.

'요한복음 강해 설교집'은 2018년 2월 2일부터 2020년 8월 2일까지, 하와이한빛장로교회에서 주일예배 때 했던 총 80편의 설교입니다. 목회를 시작하면서 지금까지 저는 성경을 읽고, 주석을 참고하고, 관련 자료와 근거를 찾아서 설교 원고를 준비하는 '기본'을 지키기 위해서 최선을 다했습니다. 종교개혁 이후 500년이 넘는 교회 역사에서 우리 신앙의 선조들이 가르쳐 주신 교리 신조와 성경 해석의 기본에서 벗어나지 않도록 점검하고 또 확인하면서 설교 원고를 작성했고, 작성한 원고를 주보에 실어서 성도들과 함께 읽으면서 설교했습니다.

제가 이렇게 원고 중심의 설교를 하는 이유는, 분위기에 고무되거나 강조하려는 내용을 더욱 극적으로 설명하기 위해서 준비되지 않은 말을 설교함으로 인해서 성경에서 전하고자 하는 바와 다른 방향으로 설교하게 되는 잘못을 범하지 않기 위해서입니다. 또한, 설교를 듣는 성도들에게 제가 준비한 원고를 제공함으로써 설교자가 감정에 휩싸여서 설교한다거나 논리적 정당성이 담보되지 않은 지극히 주관적인 설교를 피하고자 하는 일종의 자기 검열을 하는 것입니다.

다행인 것은, 주보에 실린 원고와 인용한 성경 구절을 함께 읽으면서 성경 저자들을 통해서 오늘날 우리에게 전하고자 하시는 하나님의 뜻을 찾아 가는 저의 설교 방식에 우리 교회 성도님들이 동의하고 따라와 주신다는 것입니다. 그리고 이와 같은 예배 모습은 우리 교회의 고유함을 보여 줍니다. 감사한 것은, 우리 교회 성도님들이 부족한 목회자의 설교를 귀하게 여겨 주셔서, 주일날 설교 한 번 듣는 것으로 지나쳐 버리지 않고 이렇게 설교집으로 출간할 수 있도록 지원을 해 주셨다는 것입니다.

한국의 대형교회 목사님들이나 이름이 알려진 유명한 설교자가 아닌 하와이의 작은 한인교회에서 목회하는 목사의 설교를, 그것도 3권이나 되는 설교집으로 출간할 수 있도록 지원해 주시는 성도님과 함께 목회할 수 있다는 것은 설교자로서, 그리고 목사로서 더 바랄 것이 없을 만큼 큰 복을 받았다고 생각합니다. 그래서 한시도 설교 준비에 소홀히 할 수 없습니다. 이는 은혜받은 사람이 해야 할 마땅한 도리이자 책임이기 때문입니다.

이 설교집을 출간할 수 있도록 모든 지원을 아끼지 않은 우리 하와이한빛장로교회의 모든 성도님께 다시 한번 감사드립니다. 그리고 목회자로서 세상을 살아갈 수 있도록 양육하고 가르쳐주신 제 부모님 박상돈 목사님과 민연순 사모님께 감사드립니다. 마지막으로 깊은 방에서 설교를 준비하며 기도할 수 있도록 기다려 주고 배려해준 사랑하는 조숙경 사모와 세 자녀 주영, 주원, 주이에게 감사드립니다.

2025년 5월 25일
**박건일** 목사

## 추천사 1

『그가 내 안에, 내가 그 안에』는 박건일 목사님의 깊은 묵상과 목회적 통찰이 어우러진 귀한 설교집입니다. 요한복음 15장의 '포도나무 비유'를 통해서 예수님께서는 제자들과 오늘날 성도들에게 "우리가 어떤 존재인지에 대한 정체성"을 확인해 주려고 하셨음을 강조합니다. 저자는 성경 본문을 치밀하게 분석하고, 그 말씀을 오늘을 살아가는 성도들의 삶에 생생하게 적용합니다.

하와이 한인교회라는 특수성 속에서 복음이 갖는 그 원의 보편성을 진지한 본문 묵상을 통하여 매 주일마다 생수로 전달된 설교들입니다. 신학교 시절에도 유난히 성경 본문 말씀에 관심을 보였는데, 졸업 이후 목회하는 내내 말씀 앞에 신실한 자세를 유지해 왔습니다.

이 책은 단순한 성경 주석이나 묵상 모음집이 아닙니다. 박 목사님은 오랜 목회 경험과 영적 분별을 통해, 본문 안에 감추어진 생명의 말씀을 섬세하게 길어 올려 독자들에게 건네줍니다. 말씀 한 절 한 절마다 하나님의 마음과 복음의 깊이가 담겨 있어, 이 책을 읽는 이로 하여금 말씀 앞에 머물고 기도하게 합니다.

특히 이 책은 현대 사회 속에서 배고프고 목마른 영혼들에게 진정한 양식이 무엇인지를 다시금 일깨워 줍니다. 혼돈과 허무 속에서 길을 잃은 이 시대에, 예수 그리스도만이 참된 생명의 떡이요, 영원한 생명의 근원이심을 강력하게 선포합니다.

목회자에게는 설교와 목양의 통찰을, 평신도에게는 깊은 묵상과 영적 양식을 제공하는 이 책을 모든 그리스도인들에게 기쁨으로 추천합니다. 생명의 떡이신 예수 그리스도를 사모하는 모든 이에게 이 책이 풍성한 은혜의 통로가 되기를 바랍니다.

2025년 3월 28일 **김성봉** 목사(Dr. theol.)
(전 안양대학교 신학대학원장)

## 추천사 2

신학자 존 프레임은 "구약의 메시지는 여호와께서 주님이시라는 것이고, 신약의 메시지는 예수께서 주님이시라는 것이다"라고 말한 바 있습니다. 박건일 목사님의 요한복음 설교 시리즈는 그 깊은 진리를 조명하며 예수 그리스도의 구주 되심을 분명히 드러냅니다. 이 책은 말씀을 사모하는 이들에게 귀한 유익을 줄 수 있는 몇 가지 강점을 품고 있습니다.

예수님은 생명의 주이십니다. 저자는 요한복음 17장 3절을 바탕으로, 생명을 단순히 영원히 존재하는 상쾌로 보지 않고, 하나님과의 인격적 교제 속에서 누리는 삶으로 정의합니다. 세속이 말하는 '지금 이 순간 최고의 삶'을 넘어, 참생명은 예수님과 사랑의 관계 안에 거하는 삶이라는 점을 반복하여 강조합니다. 우리의 시선을 이 세상의 덧없음과 자기 중심성에서 돌려, 구원자이신 예수님과 장차 올 천국, 그리고 지금 이 땅에서 맛보는 천국의 현실로 이끄는 이 설교의 방향성은 일관됩니다.

예수님은 구원의 주이십니다. 이 시리즈 전반에는 하나님의 주권적 은혜, 곧 신적 단일주의(Divine Monergism)의 강조가 뚜렷하게 흐릅니다. 예수님은 구원의 시작자이실 뿐만 아니라, 그것을 완성하시는 분이십니다. 구원의 모든 과정이 하나님의 일방적인 은혜와 사역으로 이루어진다는 점을 저자는 확고히 붙들고 선포합니다.

예수님은 하나님의 말씀입니다. 저자는 하나님의 말씀의 무오성과 절대적 권위에 대한 신학적 확신을 바탕으로 모든 내용을 성경, 특히 구약과 신약 전체에 근거하여 풀어갑니다. 요한복음 본문에 충실하면서도, 구약의 맥락과 연결된 해석을 통해 성경 전체가 말하는 그리스도의 풍성함을 드러냅니다.

예수님은 우리의 정체성의 주이십니다. 그리스도 안에서 우리의 참된 정체성을 발견하는 것이야말로, 지속적이고 진실한 성화의 출발점임을 이 설교는 일관되게 보여 줍니다.

이 시리즈 전체를 통해 흐르는 중심 정서는 '은혜'입니다. 박건일 목사님은 예수 그리스도 중심의 복음을 기반으로, 행위 중심의 종교성과 공로주의를 단호히 거부합니다. 그리고 복음이 선물하는 은혜로 충만한, 기쁨 넘치는 삶을 힘 있게 증거합니다. 그 외에도 이 책은 개혁주의 신학에 충실하고, 하나님 중심의 관점을 일관되게 유지합니다. 사람 중심의 종교성과 성취주의가 만연한 오늘날의 신앙 환경 속에서, 이처럼 예수님 중심의 말씀 선포는 특별한 신선함과 감동으로 다가옵니다.

개인적으로도 목회자로서 저는 이런 설교들을 통해 마음에 깊은 만족과 영적인 격려를 경험했습니다. 영혼에 다시 불이 붙고, 복음에 대한 갈망과 사모함이 되살아났습니다. 요한복음 6장에서 예수님께서 생명의 떡으로 자신을 주셨던 갈릴리 언덕의 그 자리에 제가 함께 있었던 듯한 은혜를 느꼈고, 배부름으로 충만해진 그 은혜는 제 안에 여유와 나눔의 기쁨까지 남겨 주었습니다. 이 설교집을 접하시는 모든 분들 역시, 그와 같은 풍성한 생명의 은혜를 누리시길 진심으로 기도드립니다.

주님의 은혜 안에서,
LA 하우스교회 담임
**Paul Kim** 목사

## 목차

머리말     4
추천사 1     9
추천사 2     11

실로암 못에 가서 씻으라 (요한복음 9:1~7)     16
앉아서 구걸하던 자가 아니냐 (요한복음 9:8~12)     32
이에 쫓아내어 보내니라 (요한복음 9:24~34)     49
양은 그의 음성을 듣나니 (요한복음 10:1~6)     66
나는 선한 목자라 (요한복음 10:7~16)     83
내 손에서 빼앗을 자가 없느니라 (요한복음 10:23~29)     94
하나님의 영광을 위함이요 (요한복음 11:1~4)     110
내가 깨우러 가노라 (요한복음 11:5~16)     126
예수께서 눈물을 흘리시더라 (요한복음 11:31~40)     143
네가 믿으면 하나님의 영광을 보리라 (요한복음 11:39~40)     160
나사로는 예수와 함께 있더라 (요한복음 12:1~8)     177
자기 머리털로 그의 발을 닦으니 (요한복음 12:1~8)     193
어린 나귀를 타신 예수 (요한복음 12:12~16)     209
한 알의 밀이 땅에 떨어져 (요한복음 12:20~26)     225
나는 그의 명령이 영생인 줄 아노라 (요한복음 12:37~50)     243

| | |
|---|---|
| 제자들의 발을 씻으심 (요한복음 13:1~11) | 261 |
| 본을 보였노라 (요한복음 13:12~17) | 279 |
| 후에는 따라오리라 (요한복음 13:21~38) | 296 |
| 또 나를 믿으라 (요한복음 14:1~3) | 315 |
| 내가 곧 길이요 진리요 생명이니 (요한복음 14:4~7) | 332 |
| 그보다 큰 일도 하리니 (요한복음 14:12~14) | 349 |
| 나를 사랑하면 내 말을 지키리니 (요한복음 14:15~24) | 365 |
| 참포도나무이신 예수님 (요한복음 15:1~2) | 381 |
| 그가 내 안에, 내가 그 안에 (요한복음 15:1~2) | 395 |
| 열매를 많이 맺으면 (요한복음 15:1~10) | 404 |
| 내가 너희를 사랑한 것같이 (요한복음 15:11~15) | 419 |
| 서로 사랑하라 명하심 (요한복음 15:16~19) | 434 |
| 내가 이것을 너희에게 명함은 (요한복음 15:17) | 450 |
| 내가 이것을 너희에게 이름은 (요한복음 16:1~4) | 465 |

### 요한복음 9:1~7

## 실로암 못에 가서 씻으라

"1. 예수께서 길을 가실 때에 날 때부터 맹인 된 사람을 보신지라 2. 제자들이 물어 이르되 랍비여 이 사람이 맹인으로 난 것이 누구의 죄로 인함이니이까 자기니이까 그의 부모니이까 3. 예수께서 대답하시되 이 사람이나 그 부모의 죄로 인한 것이 아니라 그에게서 하나님이 하시는 일을 나타내고자 하심이라 4. 때가 아직 낮이매 나를 보내신 이의 일을 우리가 하여야 하리라 밤이 오리니 그 때는 아무도 일할 수 없느니라 5. 내가 세상에 있는 동안에는 세상의 빛이로라 6. 이 말씀을 하시고 땅에 침을 뱉어 진흙을 이겨 그의 눈에 바르시고 7. 이르시되 실로암 못에 가서 씻으라 하시니 (실로암은 번역하면 보냄을 받았다는 뜻이라) 이에 가서 씻고 밝은 눈으로 왔더라"

오늘 본문은 예수님께서 길을 지나가시다가 날 때부터 맹인이 된 한 사람을 고쳐 주신 사건을 기록하고 있습니다. 예수님께서 병자를 고쳐 주신 사건은, 본문의 이 사람 외에도 다른 여러 복음서에도 많이 등장합니다. 죽은 자를 살리시기도 하시고, 귀먹은 자를 고치시기도 하시고, 앉은뱅이를 일으키기도 하셨습니다. 예수님께서 고치신 이유도 조금씩 달라서, 어떤 사건은 병자가 예수님께 먼저 고쳐 주시기를 구해서 고쳐 주신 적도 있었고, 또 어떤 사람은 그에게 구원 얻을 만한 믿음이 있음을 보시고 고치기도 했습니다. 그런데 본문의 사건은, 다른 복음서에 기록된 사건들과는 조금은 그 결을 달리하는 내용입니다.

요한복음 강해를 시작하면서, 요한복음이 공관복음서로 불리는 다른 세 복음서와 다른 점이 있다고 말씀드렸습니다. 다른 세 복음서들은 예수님의 탄생과 그분의 사역과 설교들과 그분이 당하신 고난과 죽음과 부활을 시간순으로 기록하여 역사적으로 오신 예수님에 대한 기록을 보여 주는 것이었습니다. 하지만 요한복음은 예수님이 하나님께서 그의 조상들에게 약속해 주셨던 메시아이시며, 예수님이 바로 하나님의 아들 그리스도이심을 증명하기 위한 목적을 가지고 기록된 책입니다. 또한 그리스도이신 예수님께서 이 땅에 오셨을 때, 그 예수님을 대하는 사람들의 반응이 어떠했는지를 적나라한 모습으로 보여 주고 있습니다.

지난 시간까지 우리가 살펴봤던 것처럼, 빛이신 예수님께서 사람들에게 자신을 나타내 보이시고, **"진리를 알지니 진리가 너희를 자유롭게 하리라"**(요 8:32)라고 말씀하셨지만, 사람들은 예수님의 말씀을 듣지 않았습니다. 오히려 요한복음 8장 마지막 부분에 보면, 돌을 들어서 예수님을 죽이려고 했습니다.

요한복음 8:59, "그들이 돌을 들어 치려 하거늘 예수께서 숨어 성전에서 나가시니라"

오늘 본문의 예수님께서 맹인을 고치신 사건은, 그 기록의 목적이 앞선 8장의 내용에서 이어지고 있다는 것을 먼저 기억해야 합니다. 특별히 우리가 받은 구원의 문제에 있어서 분명한 해답을 가르쳐 주는 사건입니다. 요한복음 9장은 **"예수께서 길을 가실 때에 날 때부터 맹인 된 사람을 보신지라"**라고 시작합니다. 날 때부터 맹인이었다는 말은, "자신이 앞을 보지 못한다, 그것이 앞으로 살아가는 데 있어서 상당한 불편을 가져온다"라는 사실을 스스로 모르고 있다는 뜻입니다. 원래 보는 사람이었는데 어떤 계기로 인해서 더 이상 보지 못하게 되었다면, 빛이 있다는 것을 알고 있기에 보지 못한다는 것에 대한 답답함이 더욱 심할 것입니다. 하지만 날 때부터 보지 못하는 사람은 처음부터 빛에 대한 개념이 없기 때문에, 나중에 맹인이 된 사람에 비해서 답답함을 덜 느낄 것입니다.

예수님께서 세상에 오셔서 사람들에게 하신 말씀이 무엇입니까? 빛이 있고, 진리가 있다는 것입니다. 하지만 사람들은 그 빛이 무엇인지, 참진리가 무엇인지 알지 못했습니다. 사람들이 생각할 때 자기들은 불편한 것이 없고, 모르는 것도 없는데, 어느 날 갑자기 예수라는 사람이 나타나서 자기들에게 진리를 모른다고 하고 맹인과 같다고 말하니까, 미워하고 죽이려고 했던 것입니다. 그래서 본문 9장의 사건을 이해할 수 있도록 가르쳐 주는 핵심 내용을 1절에 기록하고 시작한 것입니다.

날 때부터 맹인 된 사람을 누가 보고 붙잡았습니까? 맹인 본인입니까, 예수님입니까? 예수님께서 그 사람을 발견하고 일부러 찾아와서 고쳐 주셨습니다. 날 때부터 맹인 된 사람은 다른 사람들을 볼 수 없었습니다. 멀리 있는 것뿐만 아니라 자기 바로 앞으로 누가 지나가도 알 도리가 없습니다. 그러니 예수님께서 먼저 붙잡지 않으면, 그 사람은 자기 앞으로 누가 지나가도 알 수 없습니다. 또한 본문에 등장하는 이 맹인은 다른 복음서에 등장하는 어떤 환자들처럼, 자기를 붙잡은 사람이 예수님인 것을 직감적으로 느끼고 자기의 눈을 뜨게 해 달라고 먼저 예수님께 요구한 것도 아니었습니다.

오늘 본문을 읽으면서 오해하지 말아야 하는 것은, 복음서에 예수님께서 병자를 고쳐 주신 사건들이 워낙 많이 기록되어 있다 보니, 본문의 사건도 다른 병자를 고친 사건들과 같은 거라고 단정하는 것입니다. 앞서도 말씀드렸던 것처럼, 요한복음은 예수님의 그리스도 되심과 인류를 구원하기 위해 오신 메시아로 오신 예수님께서 가르쳐 주시고 행하신 일들을 가르쳐 주기 위한 목적으로 기록한 책입니다. 따라서 요한복음에 기록된 모든 예수님의 말씀들과 기적들은, 예수님께서 우리에게 주시려고 하는 궁극적인 목적과 이유인 구원의 도리에 대한 소개라는 것을 절대로 잊지 말아야 합니다.

다시 본문으로 돌아와서, 이 맹인이 볼 수 있게 된 것이, 맹인이 먼저 예수님을 찾아와서 붙잡고 요청해서 보게 된 것이 아니라고 말씀드렸습니다. 예수님께서 그를 먼저 발견하시고 고치셨습니다. 구원이란 무엇입니까? 구원은 우리가 예수님께 요구해서 얻은 것이 아닙니다. 우리 중에 그 누구도 예수님께 구원해 달라고 먼저 요구한 사람이 없습니다. 어느 날 갑자기 자기가 죄인인 것을 스스로 깨달은 후 회개하고 용서받은 사람이 없고, 이제부터 예수를 믿어서 구원을 받아야겠다고 스스로 결심해서 예수님을 영접하고 구원을 얻은 사람도 없습니다.

구원이란, 예수님께서 날 때부터 맹인이었던 사람을 찾아와서 고쳐 주신 것처럼, 하나님께서 당신이 선택하고 사랑하신 백성들을 일방적으로 찾아와서 선물로 주신 것을 받은 것입니다. 그래서 구원은 은혜입니다. 구원받은 사람의 신분이나 조건과 상관없이 거저 받은 것이기 때문입니다. 그리고 교회는 그렇게 하나님 편에서 은혜로 주신 구원을 받은 사람들의 모임입니다.

그런데 오늘날 얼마나 많은 사람이 구원 문제에 대해서 잘못된 생각을 하고 있는지 모릅니다. 만일 구원이 자기의 결심과 자기가 한 행위의 결과로 받은 것이라면, 그 구원은 은혜가 될 수 없습니다. 오늘 본문이 가르쳐 주고 있는 것도 바로 이것입니다. 날 때부터 맹인이 된 사람은, 자기가 볼 수 있는 다른 사람보다 얼마나 불편한 처지인지 잘 모릅니다. 어쩌면 세상의 모든 사람이 자기처럼 보지 못한다고 생각할 수도 있습니다. 우리가 받은 구원이 바로 그런 것입니다. 인간 스스로는 구원이 무엇인지, 왜 필요한지 알 수 없습니다.

거리로 나가서 전도를 해 보십시오. 예수를 믿고 구원받으라고 말해 보십시오. 그 말을 듣고, 자기가 구원받아야 하는 사람이란 걸 깨닫고 예수를 믿을 사람이 몇이나 되겠습니까? 대부분은 관심 없어 하고, 어떤 사람들은 신경질적인 반응을 보이기도 합니다. 그래서 구원과 관계해서 우리가 받은 첫 번째 은혜가 무엇입니까? 전도가 되었든, 누군가의 권면을 받고 믿게 되었든, 또는 꿈을 꾸거나 기적을 경험했거나, 어떤 경로를 통했든지 구원을 받게 되는 유일한 길인 예수 그리스도에 대한 소식을 들었을 때, 내가 특별한 반응을 보이게 된 것입니다.

원래 보통의 일반적인 사람들은 예수님을 통한 구원의 소식을 듣게 되었을 때, 적극적인 반응을 보이지 않습니다. 우리가 성경을 통해 확인하고 있는 것처럼 예수님 본인이 직접, 그것도 자기들이 아브라함의 후손이라고 자긍심을 갖고 있었고, 모세와 선지자들이 전해 준 성경을 갖고 있었던 유대인들에게 가르쳐 주고 설명해 줬어도 예수님의 말씀을 듣지 않았습니다.

하물며 조금도 유대인의 피가 섞이지 않은 우리가 유대인으로 오신 예수님으로 인해서 구원을 받게 된다는 말을 들었을 때, 그 말에 반응하여 예수님을 믿게 됐다는 것이 상식적으로 가능하겠습니까? 그런데 오늘 저와 여러분은 그 말씀을 듣고서, "그것이 진리이다! 오직 예수 외에는 구원을 얻을 수 있는 다른 길이 없다"라는 것을 확신하고서, 그 말씀을 듣기 위해 이 자리에 나와 있지 않습니까? 그러니 이런 반응을 보일 수 있는 것 자체가 하나님의 은혜인 것입니다. 우리가 이러한 반응을 보일 수 있는 이유에 대해서 성경은 이렇게 말씀합니다.

요한계시록 3:20, "볼지어다 내가 문 밖에 서서 두드리노니 누구든지 내 음성을 듣고 문을 열면 내가 그에게로 들어가 그와 더불어 먹고 그는 나와 더불어 먹으리라"

이 말씀에 대해서 어떤 사람들은, "그것 봐라! 내가 주의 음성을 듣고 문을 열었기 때문에 구원받게 된 것 아니냐?"라고 주장합니다. 그래서 주님께서 문을 두드려도, 집 안에 있는 사람이 문을 열지 않으면 소용이 없다고 말합니다. 결국 구원이 예수님의 초청에 응답이라는 반응을 보인 인간의 결정에 의해서 받게 된다고 말합니다. 물론 주의 음성을 듣고 반응하는 사람의 입장에서 보면 그렇습니다. 하지만 두드리지 않은 문을 그냥 여는 사람은 아무도 없습니다.

여름에 더워서 문을 열 수는 있겠죠. 그러나 아무도 문을 두드리지 않았는데, 자기 혼자 문을 열면서 "들어오세요" 하면, 자기가 원하는 사람이 쑥 들어옵니까? 또는 누군가 초인종을 누르고 문을 두드렸을 때, 묻지도 따지지도 않고 문을 여는 사람이 있습니까? 찾아온 사람이 누구인지, 문을 열어도 괜찮을 만한 사람인지 아닌지 확인하고 열지 않습니까?

그래서 구원은 어떻게 받게 됩니까? 먼저는 주님께서 문 앞까지 찾아오셔서 두드리시는 은혜가 있었고, 그 음성을 듣고서 문을 열겠다는 마음이 생기는 은혜가 있었기 때문에 예수님을 영접하게 된 것입니다. 결국 기독교에서 말하는 핵심 진리이자 기독교가 존재하는 이유인 구원의 문제에 대해서 성경이 말씀하는 것은, 구원의 문제에 있어서 인간이 그것이 내 공로였다고 말할 수 있는 일은 없다는 것입니다. "너희는 날 때부터 맹인인 사람과 같아서, 눈앞에서 보여 줘도 그게 뭔지 모르는 사람들이다. 그러니 예수님께서 찾아오셔서 눈을 뜨게 해 줘야 비로소 그것이 무엇인지 알게 되는 것"이라고 말합니다.

그러다 보니 기독교는 다른 일반 종교들과 비교했을 때, 편협하고 배타적으로 보일 수밖에 없습니다. 가끔 TV 강연 프로그램을 보면 스님들이 나와서 강의를 할 때가 있는데, 제가 그 강의를 보면서 깜짝 놀랄 때가 정말 많습니다. 스님들이 성경을 인용해서 어떤 이야기를 하는데, 목사님들보다 더 논리적으로 성경을 인용할 때가 많기 때문입니다. 그러면서 덧붙이는 말이, 스님들 중에도 인류 역사에 가장 많이 팔린 책인 성경을 읽는 사람들이 많다는 것입니다. 그리고 성경에는 인간에게 깨달음을 주는 좋은 내용들이 셀 수도 없을 만큼 많이 있다고 하면서, 기회가 있으면 여러분들도 성경을 읽어 보라면서 권면까지 합니다. 그런 내용을 목사님이 아닌 스님이 했을 때, 사람들이 불교에 대해서 느끼는 감정은 무엇일까요? "참, 스님들은 마음이 넓다, 불교는 확실히 모든 것을 포용하는 종교구나!" 이런 마음이 들지 않을까요?

그런데 목사들은 어떻습니까? '성도들이 낸 헌금으로 비자금을 몇백억을 모았다더라, 몰카 찍다 걸렸다더라, 성추행을 했다더라.' 그러면서 늘 세상의 나쁜 사건 사고들의 주인공으로 등장합니다. 그러니 배타적이고 편협한 구원을 말하면서, 사는 모습은 평균 이하로 보이는 기독교보다는, 너그럽고 포용적인 불교가 훨씬 더 믿을 만하게 여겨지지 않겠습니까? 그럴지도 모릅니다. 하지만 안타깝게도 그럼에도 불구하고 구원을 얻을 수 있는 유일한 방법은, 예수님을 믿어야만 받을 수 있습니다.

> 요한복음 9:4, "때가 아직 낮이매 나를 보내신 이의 일을 우리가 하여야 하리라 밤이 오리니 그 때는 아무도 일할 수 없느니라"

**"우리가 하여야 하리라"** 라고 번역된 이 말씀에 대해서, KJV 성경은 "I must work the works"라고 말씀하면서 그 일을 행하는 주체가 '나', 곧 예수님이심을 분명하게 하고 있습니다. 또한 반드시 해야만 한다는 'must'를 사용하여, 하나님께서 예수님을 이 땅에 보내시면서 맡기신 구원의 사역을 반드시 완성해야 하는 책임이 예수님에게 있음을 분명히 하고 있습니다.

예수님께서 십자가의 죽음으로 이루실 구원의 사역은, 하면 좋고 안 되어도 어쩔 수 없는 일이 아닙니다. 다시 말씀드려서 "인간들에게 아무리 구원의 방법을 가르쳐 줘도 못 알아들으니까 어쩔 수 없지 않느냐, 나는 해야 할 도리를 다 했고 듣지 않은 것은 너희들이니 결과는 너희가 책임져라" 이런 게 아닙니다. 예수님은 반드시 인간들을 구원하셔야 했기 때문에, 처음부터 십자가의 죽음을 위해 오신 분입니다. 그래서 구원을 얻는 믿음에 대한 근거를, 인간의 지적인 동의나 결단을 이유로 삼을 수 없습니다.

그렇다 보니 성경을 보면 인간이 어떻게 구원받게 되는지도 잘 모를 뿐 아니라, 구원을 받은 이후로도 자신이 어떻게 구원받았는지 잘 모를 때가 많습니다. 왜냐하면 자기가 수고해서 노력해서 얻은 것이 아니기 때문입니다.

> 요한복음 9:10-12, "그들이 묻되 그러면 네 눈이 어떻게 떠졌느냐 11. 대답하되 예수라 하는 그 사람이 진흙을 이겨 내 눈에 바르고 나더러 실로암에 가서 씻으라 하기에 가서 씻었더니 보게 되었노라 12. 그들이 이르되 그가 어디 있느냐 이르되 알지 못하노라 하니라"

날 때부터 맹인이 되어 길에서 구걸하던 사람이, 예수님으로부터 고침을 받고 어느 날 갑자기 볼 수 있게 되었습니다. 그를 본 사람들은 그 사람이 맹인으로 구걸하던 사람이었는지, 또는 그와 비슷한 사람인지 혼란스러워했습니다. 왜냐하면 평생 맹인이었던 사람이 어느 날 갑자기 눈을 뜨고 보게 된 것을 본 적이 없기 때문입니다. 그래서 그 사람에게 눈이 어떻게 떠졌는지, 어떻게 고침받게 되었는지를 물었습니다.

이때 맹인이었던 사람이 뭐라고 대답합니까? 예수라 하는 사람이 하라는 대로 했더니 떠졌다고 합니다. 그리고 그 예수가 지금은 어디에 있느냐고 물으니 알지 못한다고 대답하고 있습니다. 바리새인들도 맹인이었던 이 사람에게 정말로 그가 날 때부터 앞을 보지 못했는지를 묻고, 그를 고친 사람이 누구라고 생각하는지 물었습니다. 그때 이 맹인이었던 사람은 선지자가 자신을 고쳤다고 대답했습니다.

> 요한복음 9:17, "이에 맹인되었던 자에게 다시 묻되 그 사람이 네 눈을 뜨게 하였으니 너는 그를 어떠한 사람이라 하느냐 대답하되 선지자니이

다 하니"

맹인이었던 이 사람의 현재 모습은 어떤 상태입니까? 눈을 뜬 상태입니까, 아직 못 보는 상태입니까? 눈을 떠서 볼 수 있는 상태입니다. 하지만 그가 어떤 이유와 과정을 통과해서 보게 되었는지는 본인도 잘 모릅니다. 단지 알고 있는 것은, '예수라고 하는 선지자가 고쳤다'는 정도였습니다. 날 때부터 보지 못해서 길에서 구걸하던 사람이 어느 날 갑자기 볼 수 있게 되었습니다. 지금까지 한 번도 경험하지 못했던 신세계가 펼쳐진 것입니다. 그런데 자기가 어떻게 볼 수 있게 되었는지는 잘 모릅니다.

처음 만난 사람의 음성을 들었고, 자기 눈에 진흙이 발라지는 찝찝한 경험을 했고, 실로암 연못까지 찾아가서 진흙이 발라진 눈을 씻는 어떤 행위를 하기는 했습니다. 하지만 그것이 그가 눈을 뜰 수 있게 된 직접적인 이유라고 말할 수는 없습니다. 왜냐하면 지금까지 그런 과정을 통해서 눈을 뜬 사람이 전혀 없었기 때문입니다.

이번에 저희 부모님을 만났더니 몸에 좋다고 드시는 것들이 정말 많았습니다. 체중이 는다며 음식을 가려서 조금씩 드시고, 매일 아침마다 인삼, 녹용을 갈아서 한 티스푼씩 드셨습니다. 또 콩을 가루로 만들어서 드시고, 여러 가지 약재료를 혼합해서 만든 환에다가 각종 건강보조식품까지⋯ 드시는 것이 너무 많았습니다. 그러면서 그런 것들을 매일 먹었더니 올해는 병원에 별로 가지 않고 건강하다고 말씀하셨습니다. 그래서 제가 그것들만 먹어도 배부르겠다면서 한두 가지만 먹어야 그것 때문에 건강해졌다고 말할 수 있지, 그렇게 여러 가지를 한꺼번에 먹으면 무엇 때문에 건강해진 건지 어떻게 아느냐고 말씀드렸습니다.

지금 드리는 말씀은, 마치 몸에 좋다고 하는 어떤 건강보조식품처럼, 이 맹인이 누군가로부터 진흙을 눈어 바른 뒤에 실로암 연못에 가서 씻으면 눈을 뜨게 된다는 어떤 소문을 듣고 간 것이 아니었다는 것입니다. 그리고 그런 시도는 아무리 많이 해도 눈을 뜨게 되는 결과를 얻게 될 가능성은 전혀 없습니다. 그렇다 보니 이 맹인은 자기를 고쳐 준 사람이 예수라는 것과 그분이 선지자인 것 같다는 추정은 할 수 있지만, 그분이 진짜 누구신지에 대한 개념은 전혀 없었습니다. 이 맹인이었던 사람이 자신을 고쳐 준 사람이 예수님인 것을 믿게 된 것은, 그 후 예수님께서 이 사람을 다시 찾아오셔서 만나 준 이후였습니다.

> 요한복음 9:35-38, "예수께서 그들이 그 사람을 쫓아냈다 하는 말을 들으셨더니 그를 만나사 이르시되 네가 인자를 믿느냐 36. 대답하여 이르되 주여 그가 누구시오니이까 내가 믿고자 하나이다 37. 예수께서 이르시되 네가 그를 보았거니와 지금 너와 말하는 자가 그이니라 38. 이르되 주여 내가 믿나이다 하고 절하는지라"

보시는 것처럼 맹인이었던 사람이 자기를 고쳐 주신 분이 예수님이시며, 그 예수님께서 하나님께로부터 오신 분이라는 것을 믿게 된 것은, 그가 이미 보게 된 이후에 알게 되고 믿게 된 것입니다. 우리가 받은 구원에 대해서 깨닫게 되고, 인정하게 되고, 입으로 시인하게 되고, 확실한 확신 가운데서 거하게 되는 과정도 그와 똑같습니다. 그리고 이런 과정들은 세상의 종교들과 구분되고 비교되는 모습이기도 합니다.

세상의 종교나 철학이나 깨달음들은, 수행을 하고 공부를 해서 깊은 고민과 성찰과 반복되는 실패의 과정을 거친 끝에 비로소 도를 깨닫게 되었다고 말하고, 자신이 어떤 경지에 이르게 됐다고 합니다. 그리고 그런 수행이나 득도의 모습들은 사람들이 인정하고 받아들일 수 있는 방법들입니다. 하지만 구원은 인간의 수행이나 노력이 아닌, 일방적으로 찾아오셔서 주신 선물이다 보니 자기가 어떻게 구원을 받게 되었는지 잘 모르는 경우가 많습니다.

그래서 구원의 도를 모르는 사람들은 자꾸 어디로 가느냐 하면 신비한 경험, 체험으로 갑니다. 그런 신비한 경험을 하는 것을 통해서 자기가 구원받은 사람이라는 것을 확인하고 싶은 것입니다. 그런데 그렇게 신비한 경험으로 자기가 받은 구원을 확인하려고 하는 것만큼 안타까운 것이 없습니다. 구원은 무엇입니까? 거듭나는 것입니다. 다시 말씀드려서 영적인 출생과 같은 것입니다. 사람은 엄마 태중에 40주간 있다가 태어납니다.

태어난 이 아기는 자기가 어떻게 태어났는지 알까요, 모를까요? 처음엔 모릅니다. 하지만 나중에는 알게 될 것입니다. 엄마나 가족을 통해서, 또는 자라는 과정에서 학습을 통해 알게 될 것입니다. 하지만 아무리 사람들에게 듣고, 학교에서 공부해도 자기가 태어나게 된 것을 실감하지 못하고, 산부인과 병원에 가서 태어난 신생아를 매일 보고 있다면 이건 정상입니까? 정상이 아닙니다. 사람이 태어났다는 것은, 그때부터 스스로의 감각을 갖게 되었고, 사고를 하게 되었다는 것입니다.

구원받은 사람에게서 발견하게 되는 일반적인 특징은, 하나님에 대해서 감각하는 것입니다. 하나님의 말씀을 듣고, 예수 그리스도에 대한 말씀을 들을 때 긍정의 반응을 보이는 것입니다. 마치 어린 아기가 엄마의 목소리와 숨소리에 반응하고, 엄마 피부의 냄새를 아는 것과 같습니다. 구원받지 못한 사람은 하나님의 말씀을 들을 때, 그 말씀을 받아들이지 못하고 거북하게 느낍니다. 예수 그리스도만이 유일한 구원의 길이며, 구원의 문이라고 했을 때, 그런 말 하지 말라고 합니다.

하지만 구원받은 사람은 "당연하지!"라고 말합니다. 여러분은 어떻습니까? 예수만이 구원을 받을 수 있는 유일한 문으로 여겨지십니까? 가정에서나 직장에서나 어떤 일을 할 때, 문득문득 하나님 말씀이 생각이 나십니까? 그래서 여러분이 계획했던 일을 접게 되거나, 아니면 갑자기 뭔가를 해야겠다고 생각되십니까? 그것이 구원받은 증거입니다. 여러분에게 전혀 이롭지 않은 일임에도 불구하고 하나님 때문에 그런 결정을 하게 된 적이 있습니까? 그렇다면 여러분은 이미 거듭난 사람입니다.

자신이 거듭났다, 구원받은 사람이라는 것을 확신하게 되는 것만큼 값진 은혜도 없습니다. 왜냐하면 그것을 확신하지 못하는 성도들은, 지금도 엉뚱한 곳에 가서 필요 이상의 에너지를 낭비하고 있기 때문입니다. 오늘 본문에 나오는, 날 때부터 맹인이었던 사람이 고침 받은 그 순간과, 그가 다시 예수님을 만나서 예수님이 하나님께로부터 보내심을 받은 구주임을 확신하고 믿게 될 때까지는 시간의 차이가 있었습니다. 하지만 그 두 사건 사이의 시간에는 변할 수 없는 실제적 사건이 있었지요. 그게 무엇입니까? 그가 보게 되었다는 것입니다.

그의 눈은 실로암 연못에서 진흙을 씻은 즉시 뜨였지만, 밝은 눈으로 자기가 원래 있던 장소에 돌아왔을 때는 예수님이 계시지 않았습니다. 그 사람은 사람들을 만나서 설명하고, 바리새인을 만나서 설명하고, 그러다가 회당에서 쫓겨난 뒤에 다시 찾아오신 예수님을 만난 이후에, 이 사람은 자기를 고쳐 주신 예수님을 확신하며 믿게 되었습니다. 오늘 저와 여러분은 어떻게 예수님을 다시 만날 수 있습니까? 말씀으로 찾아오시는 성령으로 인해 만날 수 있습니다.

> 요한복음 15:26, "내가 아버지께로부터 너희에게 보낼 보혜사 곧 아버지께로부터 나오시는 진리의 성령이 오실 때에 그가 나를 증언하실 것이요"

구원받지 못하는 사람들은 말씀이 아니라, 예수님께서 직접 기적을 보여 주시고 설명해 주셔도 믿지 않습니다. 하지만 구원받은 사람은 예수님께서 보내 주신 진리의 성령으로 인해, 말씀만으로도 그 말씀이 참이요 진리인 것을 믿게 됩니다. 또한 삶의 모든 영역에서 주가 그리스도 되심을 시인하게 되고, 말씀으로 찾아오신 하나님을 인식하고 그 말씀에 자신의 삶을 비추어 보면서, 바꿔야 하는 것들은 바꾸고 따라야 할 것은 따르는 삶을 살게 됩니다. 저와 여러분이 이렇게 자기가 받은 구원에 대한 확실한 믿음과 진리로 주신 성경 말씀을 따라 사는 귀한 신앙의 걸음을 걷게 되기를 즈님의 이름으로 축원합니다.

요한복음 9:8~12

# 앉아서 구걸하던 자가 아니냐

"8. 이웃 사람들과 전에 그가 걸인인 것을 보았던 사람들이 이르되 이는 앉아서 구걸하던 자가 아니냐 9. 어떤 사람은 그 사람이라 하며 어떤 사람은 아니라 그와 비슷하다 하거늘 자기 말은 내가 그라 하니 10. 그들이 묻되 그러면 네 눈이 어떻게 떠졌느냐 11. 대답하되 예수라 하는 그 사람이 진흙을 이겨 내 눈에 바르고 나더러 실로암에 가서 씻으라 하기에 가서 씻었더니 보게 되었노라 12. 그들이 이르되 그가 어디 있느냐 이르되 알지 못하노라 하니라"

요한복음 9장은 예수님께서 날 때부터 맹인이었던 사람을 보시고 찾아오셔서 그의 눈을 뜨게 해 준 사건으로 시작되고 있습니다. 지난 시간에도 말씀드렸던 것처럼, 요한복음을 기록한 사도 요한은 예수님이 바로 하나님의 아들이시며, 세상을 구원하기 위해 오신 그리스도 즉, 메시아임을 가르쳐 주기 위해서 기록한 책입니다. 따라서 요한복음은 예수님께서 하신 말씀, 그분께서 행하신 모든 기적들을 사도 요한의 증언을 토대로, 인간이 어떻게 구원을 받게 되는 것인지에 대해서 자세히 설명해 주고 있습니다.

본문에 날 때부터 맹인이었던 사람을 등장시키는 것은, 그 한 사람의 병자에게 초점을 맞추어서 "예수님께서 실로암 연못에 가서 씻으라고 했고, 그 사람이 순종했더니 나았다"라는 걸 말하려는 것이 아닙니다. 그 맹인은 자기 눈에 진흙을 바른 사람이 누구인지, 실로암 연못에 가서 씻으라고 한 이유가 무엇인지, 그리고 그렇게 씻고 나면 어떤 일이 벌어지는지 전혀 모르는 상황에서 그냥 시키는 대로 한 것뿐입니다.

우리가 받은 구원의 이치가 그와 같습니다. 우리 모두는 날 때부터 맹인이었던 사람들과 같아서, 구원이 뭔지, 그게 왜 좋은 건지, 왜 필요한 건지, 구원받고 나면 뭐가 달라지는 건지 사실 잘 모릅니다. 그래서 믿지 않는 사람들에게 "예수 믿고 천국 가세요" 하고 전도를 하면, 대부분 "당신, 천국 가 봤어? 천국이라는 곳이 정말 있기는 한 거야? 그럼 가 본 사람 데리고 와 봐!" 하는 반응을 보입니다. 이런 반응이 나올 수밖에 없는 이유는 이들이 맹인이기 때문입니다. 예전에는 봤었는데 지금은 보지 못하는 것이 아니라 처음부터 본 적이 없기 때문에 개념 자체가 없어서 그게 뭔지 말해 줘도 모르는 것입니다.

제가 어릴 때만 해도 동네에 주산학원이 있어서, 반 친구들 가운데도 상당수가 주산학원에 다녔습니다. 상업고등학교에 입학한 학생들은 '부기'라고 해서 기본적으로는 회계장부를 기재하는 방법을 배우고, 자본 증감의 원인과 결과를 독특한 계산 방법을 통해서 밝혀내는 공부를 했습니다. 그래서 학교에 다니면서 주산, 타자, 부기의 실력이 몇 등급이냐에 따라 취업의 결과가 달라졌습니다

하지만 요즘은 주산, 타자, 부기와 같은 공부를 따로 하지는 않는

것 같습니다. 왜냐하면 엑셀이라고 하는 컴퓨터 프로그램이 그 역할을 해 주기 때문입니다. 물론 회사마다 자신들의 업무에 맞는 회계 프로그램들을 따로 만들어서 사용하고 있기는 하지만, 그 모든 프로그램의 기본 바탕에는 엑셀이라는 프로그램을 사용할 줄 아느냐 하는 것이 전제되어 있습니다. 이런 컴퓨터 프로그램을 잘 사용하는 사람과 그렇지 못한 사람은 업무 능력이나 효율성에 있어서 엄청난 차이가 있을 것입니다.

그런데 아무리 프로그램이 좋고, 그것을 사용했을 때 발생되는 효과가 좋다 할지라도 컴퓨터 자체에 대한 이해가 없고, 관심이 없는 사람에게 그 프로그램의 운영에 대해서 설명해 주면 알아들을까요? 차라리 어느 집 자장면이 맛있더라, 어디 순댓국집이 잘하더라 그러면 관심을 더 보일 것입니다. 그런 프로그램은 재무 관련 업무를 하는 종사자들이나, 적어도 그런 것에 관심이 있는 사람들에게 말해 주었을 때 이야기가 통하는 것이지, 그런 쪽에 전혀 관심 없는 사람에겐 소용없는 이야기입니다. 지금 무엇에 대해서 말씀하는 것인지 감이 오십니까? 구원에 대한 인간의 반응이 그랬다는 것입니다.

예수님께서 세상에 오셔서 구원의 길을 가르쳐 주셨지만, 사람들은 오히려 돌을 들어서 예수님을 죽이려고 했습니다. 결국 오늘 본문은 예수님께서 날 때부터 맹인이었던 사람을 고쳐 주시는 방법을 통해서, 구원이 예수님께서 직접 이루어 주시는 방법 외에 다른 것으로는 이루어질 수 없는 것을 보여 주신 것입니다. 우리가 얻은 구원은 우리에게 어떤 인간적인 조건이 좋아서거나, 우리가 남보다 무언가 나은 것이 있어서 받은 것이 아닙니다. 구원은 누구나 동일한 조건 속에서 얻습니다.

그 조건이란 우리가 하나님을 찾지도 않았고, 하나님이 정말 존재하는지 몰랐을 때, 아니 관심도 없는 상황 속에서 이루어진 것입니다. 이것이 바로 복음입니다. 우리에게 구원 얻을 만한 자격이나 조건을 따져 보지 않으셨고, 우리가 살아 보니 구원이 필요한 것 같아서 요청한 것이 아니라, 오직 하나님의 자비하심과 그분의 사랑과 은혜로만 구원을 얻는 것입니다. 그리고 사도 바울은 이것 이외에 다른 것을 덧붙여 기독교를 말한다면, 하늘로부터 온 천사라도 저주를 받을 것이라고 말합니다.

갈라디아서 1:8, "그러나 우리나 혹은 하늘로부터 온 천사라도 우리가 너희에게 전한 복음 외에 다른 복음을 전하던 저주를 받을지어다"

그런데 구원을 얻는 복음에 대해서 이렇게 설명해 드리면, 이런 질문을 하시는 분들이 있습니다. "만약 구원이 우리의 의지나 행위와 관계없이, 또한 어떤 자격과 조건도 따지지 않고 오직 하나님의 은혜로만 받는 것이라면, 주일마다 교회에 나와야 하는 이유는 무엇이며, 착하게 살아야 하는 이유는 무엇인가?" 오늘 말씀드리려고 하는 것이 이 문제에 관한 것입니다.

요한복음 9:8, "이웃 사람들과 전에 그가 걸인인 것을 보았던 사람들이 이르되 이는 앉아서 구걸하던 자가 아니냐"

요한복음 9:10, "그들이 묻되 그러면 네 눈이 어떻게 떠졌느냐"

이 질문을 자세히 보시기 바랍니다. 사람들의 관심은 무엇입니까? 날 때부터 맹인이었던, 그래서 지금까지 길에서 구걸하던 사람이 어떻게 보게 되었느냐는 것입니다. 이 질문 속에는 누가 그의 눈을 뜨게 해 주었는가에 대한 관심은 없습니다. 단지 "그가 어떻게 보게 되었는지?" 그 방법에 대한 질문만 있을 뿐입니다. 사람들의 질문에 맹인이었던 사람은 이렇게 대답했습니다.

요한복음 9:11, "대답하되 예수라 하는 그 사람이 진흙을 이겨 내 눈에 바르고 나더러 실로암에 가서 씻으라 하기에 가서 씻었더니 보게 되었노라"

그의 대답에서 예수라 하는 이름과 자기가 실로암에 가서 씻었더니 보게 되었다는 것 중에서 어디에 초점이 있는 것으로 보이십니까? '예수'입니까? '내가 씻었다'입니까? 맹인이었지만, 지금은 보게 된 이 사람도 예수가 누구인지는 정확하게 잘 모릅니다. 대신 분명하게 설명해 줄 수 있는 것은, 자기 눈에 진흙이 발라졌었다는 것이고, 그 깜깜하고 찜찜한 느낌 속에서도 사람들에게 물어물어 실로암까지 가서 자기가 씻었더니 지금은 보게 되었다는 것입니다. 그의 설명은 15절에서도 똑같이 이어집니다.

요한복음 9:15, "그러므로 바리새인들도 그가 어떻게 보게 되었는지를 물으니 이르되 그 사람이 진흙을 내 눈에 바르매 내가 씻고 보나이다 하니"

눈에 발라진 진흙을 실로암 연못에 가서 씻었더니 비로소 볼 수 있게 된 이 경험은, 이 맹인이었던 사람 이외에 그 누구도 경험해 보지 못했던 확실한 자기 체험입니다. 그러면 맹인이었던 사람이 경험한 이 사건을 보면서, 우리가 객관적으로 확인해 볼 것이 있습니다. 그가 보게 된 것이 정말로 눈에 발라진 진흙을 실로암이라는 특정한 장소에 가서 씻어서 보게 된 것입니까? 그렇습니까, 아닙니까? 조금 더 근본적인 질문이 있습니다. 그 진흙은 어떻게 만들어진 것입니까?

요한복음 9:6, "이 말씀을 하시고 땅에 침을 뱉어 진흙을 이겨 그의 눈에 바르시고"

예수님께서 **"땅에 침을 뱉어서 진흙을 이겨 그의 눈에"** 바른 이 일은, 맹인이었던 사람이 봐서 안 것입니까? 아니지요 요한복음을 쓴 사도 요한이 옆에서 보고 기록한 것입니다. 이 맹인은 예수님께서 자기 눈에 바른 진흙이 어디서 생긴 것인지, 그걸 왜 자기 눈에 발랐는지 전혀 몰랐습니다. 단지 이 맹인이었던 사람이 기억하고 경험한 것은, 자기 눈에 진흙이 발라질 때의 느낌과 실로암에 가서 씻은 이후에 눈이 떠졌다는 것까지이지, 그 이전에 무슨 일이 있었는지는 전혀 모릅니다.

우리가 받은 구원 역시 마찬가지입니다. 우리가 마음으로 예수를 믿고 입으로 시인하게 되고, 나를 구원해 주신 분이 예수 그리스도라는 사실을 알게 되는 것은, 구원받은 이후에 영적인 눈이 떠진 이후에야 비로소 알게 되는 것입니다. 그리고 그 영적인 눈이 떠지는 개인적인 경험은 사람마다 다를 수 있습니다. 어떤 사람은 모태신앙으로 태어나서 어릴 적부터 교회에서 말씀을 들으면서 알게 되기도 하고, 어떤 사람은 병 낫는 경험, 실패했다가 회복된 경험, 꿈과 환상을 본 경험 등 다 다릅니다. 어떤 사람은 찬양하다가 예수님을 만나고, 어떤 사람은 기도하다가 만나고, 어떤 사람은 수련회 갔다가 만나고, 어떤 사람은 교회에서 나눠 주는 밥 먹다가 만나기도 합니다. 그런데 저마다 예수님을 만난 경험이 다르다 보니까 생기는 부작용도 있습니다.

자기가 예수님을 만난 경험이 워낙 강렬하다 보니, 다른 사람에게도 예수님을 만나려면 이렇게 해야 한다고 방법을 가르쳐 주고, 그걸 해야만 한다고 강력하게 주장하는 것입니다. 그리고 자기가 예수님을 만난 방법대로 하지 않는 교회는 이상한 교회인 것처럼 생각합니다. 왜 교회에서 사람들에게 밥을 안 나눠 주느냐고 합니다. 이 교회는 기도가 부족하다, 금식하지 않는다, 뭘 안 한다면서, 그런 것을 해야 예수님을 만날 텐데 목사가 영적으로 문제가 있는 것 같다고 말합니다. 그러면 자기가 눈을 뜨게 된 경험이 확실하면, 정말 그 사람은 예수님에 대해서 잘 알게 될까요?

요한복음 9:35-36, "예수께서 그들이 그 사람을 쫓아냈다 하는 말을 들으셨더니 그를 만나사 이르시되 네가 인자를 믿느냐 36. 대답하여 이르되 주여 그가 누구시오니이까 내가 믿고자 하나이다"

여기 보십시오. 맹인이었던 사람이 눈을 뜨게 되었는데, 그 예수님이 자기를 찾아와서 인자를 믿느냐고 물으시니까 뭐라고 대답합니까? **"주여 그가 누구시오니이까 내가 믿고자 하나이다"** 보십시오. 맹인이었던 사람이 원래부터 예수님을 믿었기 때문에 눈을 뜨게 된 것입니까? 아니었습니다. 이미 눈을 떠서 보게 되었음에도, 자기를 고친 분이 누구신지 알지도 못하고 있을 뿐 아니라, 이제부터 내가 믿고자 하니 그분이 누구신지 가르쳐 달라고 부탁하고 있습니다.

구원은 내가 믿어서 받은 것입니까? 믹가 뭔지는 모르지만 먼저 받은 것입니까? 먼저 받은 것입니다. 내가 구원을 받았다는 것을 나도 알고 있고, 확실한 신앙의 경험도 있습니다. 때로는 내 주변의 사람들이 어떻게 구원을 받았느냐고 묻습니다. 그런데 문제는 무엇입니까? 날 구원하신 분이 누군지 정확하게 잘 모르고 있다는 것입니다. 그래서 우리가 할 수 있는 대답은 이것이죠. **"주여 그가 누구시오니이까 내가 믿고자 하나이다"**

맹인이었던 사람이 사람들에게 할 수 있는 말은, 눈을 뜬 이후에 자신의 경험을 근거로 해서 그 이후에 일어난 일들어 관한 것뿐입니다. 그 이전에 있었던 일들은 전혀 모르는 내용입니다. 예수님께서 자기에게 찾아오기 전에 성전에서 어떤 일들이 있었는지, 누구를 만났는지 전혀 모릅니다. 우리가 받은 구원 역시 주님께서 개별적으로 나를 찾아오셔서 만나 주시고, 마음에 확신도 주시고, 이러저러한 방법으로 신앙적 경험을 주셔서 비로소 내가 구원받은 사람인 것을 믿게 해 주셨습니다.

그런데 오늘 우리가 본문에서 확인하고 있는 것처럼, 그러한 믿음의 확신을 할 수 있는 것을 시간적, 논리적 과정에서 살펴보면, 우리가 이미 구원을 받았고 영적인 눈이 떠졌기 때문에 알 수 있는 것들입니다. 그러니 "내가 예수를 믿었더니 구원을 받았다!" 이렇게 말할 수 있습니까, 없습니까? 없습니다. "내가 주를 믿습니다." 마음으로 믿고 입으로 고백하고 세례를 받게 된 것은, 내가 믿기로 결심하고 회개해서 하게 된 것이 아니라, 주님께서 찾아오셨기 때문에 회개할 수 있었고 믿게 되는 것입니다. 그래서 복음을 대할 때 우리가 할 수 있는 말은 이 한마디밖에 없습니다. "왜 저를 구원해 주십니까? 왜 저 같은 자를 이토록 사랑해 주신 것입니까?" 감사하고 감격하는 것입니다. 하나님의 이 사랑에는 이유가 없습니다. 그리고 성경은 이 점을 그렇게도 수없이 강조하고 있는 것입니다.

이제 설교를 시작하면서 드렸던 질문에 대한 답을 드리겠습니다. 그러면 우리는 왜 열심히 신앙생활을 해야 합니까? 왜 착하게 살아야 하고, 희생하며 살아야 합니까? 구원에는 크게 나누어서 두 가지 영역이 있습니다. 그중 하나는 신분의 변화이고, 또 다른 하나는 수준의 변화입니다. 우리는 태어나면서부터 죄인의 신분입니다. 여기서 죄인이란 하나님 앞에 저주받은 자들이라는 뜻입니다. 하나님과 관계가 없고, 죄를 지을 수밖에 없는 마귀의 노예가 된 자들의 신분을 죄인이라고 합니다.

요한복음 8:44, "너희는 너희 아비 마귀에게서 났으니 너희 아비의 욕심대로 너희도 행하고자 하느니라 그는 처음부터 살인한 자요 진리가 그 속에 없으므로 진리에 서지 못하고 거짓을 말할 때마다 제 것으로 말하나니 이는 그가 거짓말쟁이요 거짓의 아비가 되었음이라"

그런데 이 죄인의 신분으로부터 하나님의 자녀라는 신분으로 이끌어 변화시켜 주시는 것을 가리켜 구원이라고 합니다. 이렇게 받은 구원은 어떤 일이 있어도 절대 취소되지 않습니다. 또한 이 구원은 우리의 요청이나, 우리의 됨됨이나 조건과 열심과는 상관이 없이 우리에게 주시는 하나님의 선물입니다. 이것을 가리켜 신분의 변화라고 합니다. 하지만 구원은 단지 죄인이었던 우리의 신분을 바꿔 주시는 것에만 그치지 않습니다. 신분을 바꿔 주었으니 이제는 어떤 사람이 되어야 하는지, 근본적인 수준의 변화로 이끌어 가십니다.

고등학교 미술 시간에 조각칼로 빨랫비누를 조각해서 얼굴을 만드는 시간이 있었습니다. 시작할 때는 똑같은 빨랫비누였지만, 수업이 끝난 후에는 누가 봐도 얼굴을 잘 만든 친구도 있었고, 비슷한 모양까지 만든 친구도 있었습니다. 그런가 하면 미술적 감각이 어디에 숨었는지 도무지 보이지 않아 애꿎은 비누만 날려 버린 친구들도 있었습니다. 지금이야 비누들이 매끈매끈하고 상태가 좋지만, 옛날 빨랫비누는 크기만 비슷했지 표면에 뭔가 묻은 것이 많았습니다. 그래서 조각을 시작하기 전에 먼저 넓은 조각칼로 겉에 묻은 가루들이나 고르지 못한 부분을 깎아 냈습니다. 그다음 연필을 이용해서 얼굴 모양이 나오도록 대략적인 그림을 그렸습니다. 그 후에 조각을 시작하면서 세부적인 얼굴 모양을 잡아 가며 작품을 만들어 갔습니다.

우리가 받은 구원의 두 번째 영역이 바로 그와 같은 것입니다. 하나님께서 죄인인 우리를 하나님의 자녀라고 하는 신분으로 바꿔 주시고, 더 이상 죄인이 아닌 의로운 자로 여겨 주시는 일차적인 구원이 있습니다. 다시 반복해서 말씀드리지만, 이 일차적인 구원의 역사에 있어서 우리의 역할은 전혀 없습니다. 하지만 이것은 우리를 구원해서 만들고자 하시는 하나님의 뜻과 계획의 필수적인 기본 단계와 같습니다. 조각을 시작하기 전에 비누의 표면을 매끈하게 만드는 것은 밑그림을 잘 그리기 위해서 하는 것이지, 그 자체가 목적은 아니라는 뜻입니다. 깨끗하고 매끈하게 만들고, 밑그림까지 그렸으면 이제 무엇을 해야 합니까? 선생님이 요구하는 작품을 만들기 위해서, 깎고 다듬는 작업을 해야 합니다. 구원의 두 번째 영역에 있어서 깎고 다듬는 작업은, 본인의 동의와 순종이 반드시 필요합니다. 왜냐하면 이 부분은, 구원받은 본인이 스스로 만들어 가야 할 자신의 성품과 인격의 싸움이기 때문입니다. 그리고 이 두 번째 영역의 구원을 가리켜서 신학 용어로, 성화 구원이라고 말합니다.

하나님께서 우리를 구원하신 것은, 단지 죄인이었던 우리의 신분을 하나님의 자녀로만 바꿔 놓기 위해서 구원하신 것이 아닙니다. 예수 그리스도의 은혜로 신분이 변화되었으니, 이제는 그 신분에 합당한 존재로 만들어져 가라는 것입니다. 하나님께서는 우리를 죄의 노예 되었던 자리에서 건져 내셔서 하나님의 자녀답게 만들어 가십니다. 신성한 성품에 참여하는 자로서 흠이 없고 점도 없는 거룩한 완성품이 되어, 우리를 부르신 하나님의 뜻과 이유를 아는 자가 되길 원하시는 것입니다.

베드로후서 1:3-4, "그의 신기한 능력으로 생명과 경건에 속한 모든 것을 우리에게 주셨으니 이는 자기의 영광과 덕으로써 우리를 부르신 이를 앎으로 말미암음이라 4. 이로써 그 보배롭고 지극히 큰 약속을 우리에게 주사 이 약속으로 말미암아 너희가 정욕 때문에 세상에서 썩어질 것을 피하여 신성한 성품에 참여하는 자가 되게 하려 하셨느니라"

우리를 구원하신 궁극적인 목적을 아시겠습니까? 하나님의 모양과 형상으로 만드신 그 신성한 성품에 참여할 수 있는 존재가 되는 것입니다. 예수님께서 날 때부터 맹인이었던 사람이 요청하지도 않았는데, 그의 눈을 뜨게 해 주셨습니다. 눈을 뜬 그 사람은 이제부터 무엇을 해야 할까요? 다시 눈을 감고 안 보이는 척하면서 길에서 계속 구걸을 해야 할까요? 여러분이 만약 그 사람이라면 어떻게 하시겠습니까? 이제 볼 수 있게 되었으니 뭔가 생산적인 일을 하면서, 이제 더 이상 길에서 구걸하는 삶이 아니라 누군가 다른 사람에게 도움을 주는 삶을 살아야 하지 않을까요?

하나님께서 우리가 구원해 달라고 요구한 적도 없는데 우리를 구원해 주셨습니다. 그러면 우리는 무엇을 하며 살아야 할까요? 사실 한번 구원받은 사람은 그 사람이 계속 죄를 범하든지, 착한 삶을 살든지, 무엇을 하든지 그가 받은 구원은 줄대 취소되지 않습니다. 그 구원이 그 사람의 자격이나 그가 행한 어떤 조건을 보고 받은 것이 아니기 때문입니다. 그렇다 보니 무엇을 헤도 받은 구원이 취소되지 않는다면, 뭘 해도 상관없지 않냐고 하면서 마음대로 사는 사람들이 있습니다. 구원파가 그렇습니다. 그런데 그런 사람들과 똑같은 생각을 하는 사람이 사도 바울 당시의 로마 교회에도 있었습니다.

로마서 6:1-2, "그런즉 우리가 무슨 말을 하리요 은혜를 더하게 하려고 죄에 거하겠느냐 2. 그럴 수 없느니라 죄에 대하여 죽은 우리가 어찌 그 가운데 더 살리요"

그럴 수 없다고 말합니다. 그러면서 구원받은 성도가 살아야 하는 삶의 자세, 만들어 내야 할 삶의 모습에 대해서 이렇게 말합니다.

로마서 6:4-6, "그러므로 우리가 그의 죽으심과 합하여 세례를 받음으로 그와 함께 장사되었나니 이는 아버지의 영광으로 말미암아 그리스도를 죽은 자 가운데서 살리심과 같이 우리로 또한 새 생명 가운데서 행하게 하려 함이라 5. 만일 우리가 그의 죽으심과 같은 모양으로 연합한 자가 되었으면 또한 그의 부활과 같은 모양으로 연합한 자도 되리라 6. 우리가 알거니와 우리의 옛 사람이 예수와 함께 십자가에 못 박힌 것은 죄의 몸이 죽어 다시는 우리가 죄에게 종 노릇 하지 아니하려 함이니"
로마서 6:11, "이와 같이 너희도 너희 자신을 죄에 대하여는 죽은 자요 그리스도 예수 안에서 하나님께 대하여는 살아 있는 자로 여길지어다"

하나님께서 우리를 구원하신 목적이 무엇입니까? "다시는 죄에게 종노릇하지 말고 살아라. 죄에 대하여는 죽은 자요, 하나님께 대하여는 산 자로 살아라." 이것입니다.

여기 11절 마지막에 **"살아 있는 자로 여길지어다"**라고 하신 말씀을 주의 깊게 보시기 바랍니다. 왜 "살아 있는 자이다" 이렇게 완료형으로 말씀하지 않고, 미완료형으로 말씀하셨을까요? 그것은 똑같이 구원을 받았어도 구원의 확신이라든지, 구원받은 사람으로 사는 삶의 모습과 형태가 사람마다 다를 뿐 아니라, 그중의 어떤 사람들은 구원받고도 긴가민가하는 사람들이 있기 때문입니다. 교회 열심히 다니고, 교회에서 봉사 열심히 하면 구원받은 것 같고, 시험에 빠지고 죄에 빠지거나 무슨 일이 있어서 예전처럼 교회에 열심히 다니지 않으면 아직 구원받지 못한 것 같다는 생각을 하기 때문입니다.

여러분, 혼동하지 마십시오. 여러분이 교회에 열심히 다니고, 교회 봉사 열심히 하고, 기도 생활, 십일조와 연보 생활 열심히 해서 구원받은 것이 아닙니다. 그런 것들은 여러분이 구원받고 난 뒤에 생긴 영적 감각으로 하는 것들입니다. 다시 말씀드려서 이제는 보게 되었기 때문에 시작한 것들이지, 예전에 하나님에 대한 감각이 없었을 때는 관심도 없고, 필요도 느끼지 못했던 것들입니다.

그래서 우리가 이제부터 쌓아 가고 만들어 가야 하는 부분은, 구원의 첫 번째 부분인 신분의 변화에 대한 고민이 아니라, 두 번째 부분인 수준의 변화, 변화된 신분에 걸맞은 자격을 만들어 가는 면에 집중해야 합니다. 하지만 이 두 번째 영역인 성화의 과정을 만들어 가기 위해서는, 첫 번째 영역인 "나는 하나님의 전적인 은혜로 구원받은 사람이다, 하나님의 자녀와 백성으로 신분이 변화된 사람"이라는 확신, 신앙의 지식이 반드시 있어야 합니다. 왜냐하면 이러한 신앙의 지식이 없을 때 생기는 부작용이 있기 때문입니다.

첫째 부작용은, 구원을 자기가 무언가를 해서 얻은 것으로 착각하는 것입니다. 내가 예수를 믿기로 결심했다, 내가 교회 봉사를 열심히 했다, 우리 목사님을 얼마나 잘 섬겼는지 아냐 등등 구원의 조건을 자기 자신에게서 찾습니다. 두 번째 부작용은, 자기가 경험한 신앙적 체험, 신비한 경험이 구원의 조건인 것으로 착각하는 것입니다. 대표적인 것이 방언입니다.

지금도 그렇게 가르치는지는 잘 모르겠지만, 한동안 순복음교회 성도들은 방언하지 못하는 사람들은 아직 구원받지 못한 것으로 생각했습니다. 오순절 마가의 다락방에 임한 성령 강림과, 사도들과 제자들이 복음을 전할 때 물세례와 함께 있었던 성령세례의 증거를 방언이라고 여긴 것입니다. 그래서 구원의 증거인 방언을 하도록 만들어 낸 방법들이 얼마나 많았는지 모릅니다. 방언은 그런 것이 아닙니다. 방언과 관련해서는 그 주제로 설교하게 될 때 자세히 말씀드리겠습니다.

앞서도 말씀드렸던 것처럼, 날 때부터 맹인이었던 사람은 실로암에 가서 눈을 씻고 볼 수 있게 된 뒤에도, 자기를 찾아오신 예수님을 알아보지 못했습니다. 예수님께서 직접 "네가 그를 보았다, 너와 말하는 자가 그이다" 이렇게 가르쳐 주신 후에야 "주여, 내가 믿나이다" 하고 엎드려 절했습니다. 자기 확신, 자기 공로, 자기 열심, 이런 것들로 구원받는 것이 아닙니다. 신앙적인 경험, 신비로운 체험, 이런 것들이 구원을 확신시켜 주는 것이 아닙니다. 우리가 아직 알지도 못할 때, 아니 우리라는 존재가 있기도 전인 2천 년 전에, 예수님께서 십자가 죽음과 부활하심으로 우리의 구원을 완성해 놓으셨습니다. 예수님의 이 십자가 사건은, 최초의 인간이었던 아담과 하와가 선악과를 따 먹고 타락하여 에덴동산에서 쫓겨날 때, 하나님께서 약속해 주신 것입니다.

맹인이었던 사람은 예수님께서 만드신 진흙이 어디서 생겼는지, 어떻게 만들어졌는지 몰랐지만, 사도 요한이 옆에서 보고 그것을 기록해서 우리들에게 알려 주었습니다. 마찬가지로 우리들은, 우리가 받은 구원임에도 그것을 어떻게 받게 되는지 전혀 알지 못하지만, 하나님의 영감으로 성경을 기록한 저자들과 그 말씀을 풀어 준 목사와 교사들로 인해서 우리가 알게 되는 것입니다.

맹인이었던 사람이 "주여, 그가 누구시오니이까? 내가 믿고자 하나이다"라고 했던 이 외침이, 오늘 저와 여러분의 마음이길 원합니다. 우리는 아직도 모르는 것이 너무 많습니다. 부족한 것은 더 많습니다. 하지만 이제 보게 되었으니, 이제 구원받은 우리의 신분이 하나님의 자녀와 백성으로 변화된 것을 알았으니, 하나씩 그 품격을 만들어 가면 됩니다. 처음부터 잘하는 사람이 얼마나 있겠습니까? 공장에서 한 번에 찍어서 만들어지는 제품들은 아주 단순한 것들입니다. 일회용 포크, 나이프 이런 것 아니겠습니까? 하지만 스마트폰, 자동차, 비행기 등에는 들어가는 부품들이 많고, 만드는 시간도 오래 걸립니다. 하지만 복잡한 재료들이 제자리에 갖춰지고 완성품이 되고 나면, 아주 고급스러운, 유용하고 특별한 제품들이 되지 않습니까?

구원받았다고 한 번에 뭔가 된 줄로 생각하는 사람은 단순한 사람입니다. 인간은 그리 단순하지 않습니다. 복잡합니다. 알면 알수록 머리가 아픕니다. 옆 사람을 한번 보시기 바랍니다. 단순하고 만만

하게 보이십니까? 누구 한 사람 만만해 보이는 사람이 없습니다. 복잡하고 어렵습니다. 그런데 다행인 것은, 모두가 이 모양 저 모양으로 다듬어져 가고 만들어져 가고 있다는 것입니다. 그래서 희망이 있습니다. 우리가 점점 완성형이 되어 가고 있기 때문입니다. 공장에서 아직 조립 중인 스마트폰을 미리 꺼내 들고서, 왜 전화가 안 되느냐고 말하는 사람은 뭔가 모자란 사람입니다.

우리는 구원의 완성을 이룬 사람들이 아닙니다. 완성품이 된 사람은 어디에 있을까요? 하나님과 함께 있겠죠. 여기 있을까요! 함께 신앙생활하는 동료 성도들에게 부족함이 보일 때 미리 실망하지 마시기 바랍니다. 그 대신 '잘 만들어집시다'. 서로 격려하고 위로하시기 바랍니다. 왜요? 당신도 아직 완성품은 아니잖아요. 그렇게 서로 만들어져 가는 저와 여러분, 우리 하와이한빛장로교회가 되기를 주님의 이름으로 축원합니다.

요한복음 9:24~34

# 이에 쫓아내어 보내니라

"24. 이에 그들이 맹인이었던 사람을 두 번째 불러 이르되 너는 하나님께 영광을 돌리라 우리는 이 사람이 죄인인 줄 아노라 25. 대답하되 그가 죄인인지 내가 알지 못하나 한 가지 아는 것은 내가 맹인으로 있다가 지금 보는 그것이니이다 26. 그들이 이르되 그 사람이 네게 무엇을 하였느냐 어떻게 네 눈을 뜨게 하였느냐 27. 대답하되 내가 이미 일렀어도 듣지 아니하고 어찌하여 다시 듣고자 하나이까 당신들도 그의 제자가 되려 하나이까 28. 그들이 욕하여 이르되 너는 그의 제자이나 우리는 모세의 제자라 29. 하나님이 모세에게는 말씀하신 줄을 우리가 알거니와 이 사람은 어디서 왔는지 알지 못하노라 30. 그 사람이 대답하여 이르되 이상하다 이 사람이 내 눈을 뜨게 하였으되 당신들은 그가 어디서 왔는지 알지 못하는도다 31. 하나님이 죄인의 말을 듣지 아니하시고 경건하여 그의 뜻대로 행하는 자의 말은 들으시는 줄을 우리가 아나이다 32. 창세 이후로 맹인으로 난 자의 눈을 뜨게 하였다 함을 듣지 못하였으니 33. 이 사람이 하나님께로부터 오지 아니하였으면 아무 일도 할 수 없으리이다 34. 그들이 대답하여 이르되 네가 온전히 죄 가운데서 나서 우리를 가르치느냐 하고 이에 쫓아내어 보내니라"

요한복음 9장은 날 때부터 맹인이었던 사람이 예수님으로 인해 눈을 뜨게 된 사건에서부터 시작합니다. 일생토록 거리에서 구걸하며 살던 사람이 어느 날 눈을 떠서 볼 수 있게 되고, 더 이상 구걸하면서 살지 않아도 되는 이 사건은, 고침을 받은 본인뿐만 아니라 가족과 주변 사람들에게 축하받을 만한 일입니다. 그런데 성경은 이 사람이 눈을 뜨게 된 이후에, 모두에게 축하받고 환영받았다고 되어 있지 않고, 오히려 당시의 종교 지도자들에 의해 쫓겨남을 당했다고 기록하고 있습니다.

그 쫓겨남은 어떤 의미일까요? 당시 종교적 분위기에서 유대교로부터 출교를 당한다는 것은, 하나님의 선택을 받은 이스라엘 백성들이라면 당연히 죽음 이후에 천국에 가게 된다는 종교적인 혜택을 받지 못함만을 의미하는 것은 아닙니다. 유대 공동체로부터 추방을 당하여 이방인처럼 될 뿐만 아니라, 어떤 의미에서 보면 스데반이 그리스도에 대해서 증거하다가 대낮에 돌에 맞아서 죽은 것처럼, 공공의 적과 같은 존재가 된다는 의미입니다.

> 요한복음 9:22, "그 부모가 이렇게 말한 것은 이미 유대인들이 누구든지 예수를 그리스도로 시인하는 자는 출교하기로 결의하였으므로 그들을 무서워함이러라"

이 말씀은 맹인으로 태어나서 지금까지 구걸하면서 살아왔던 아들이 두 눈을 떠서 보게 된 기쁨의 크기보다, 자기들이 유대교에서 출교당하는 것을 무서워한 나머지, 자기 아들이 어떻게 눈을 뜨게 되었는지 말하지 못하는 부모의 모습을 정확하게 보여 주고 있습니다. 그러면 이 부모가 왜 이런 반응을 보일 수밖에 없었는지 본문의 말씀을 자세히 살펴보겠습니다.

원래 바리새인들은 예수님을 인정하지 않는 사람들입니다. 예수님의 메시아 되심을 인정하지 않을 뿐 아니라, 예수님이 행하신 기적들도 인정하고 싶지 않습니다. 그런데 현실은 어땠습니까? 예수님이 가시는 곳마다 본문에 나오는 것과 같은, 수많은 기적들이 실제로 일어나는 것입니다. 그러다 보니 바리새인들은 예수님께서 행하신 기적들을 무력화할 수 있는 방법을 생각해 냈습니다. 그게 무엇이었을까요? 예수님께서 고치신 맹인이 사실은 날 때부터 맹인이었던 사람이 아니었다는 것을 밝혀내는 것입니다. "원래 맹인이 아니었는데 구걸을 하려고 하니, 멀쩡한 것보다는 시각 장애를 가지고 있는 것이 훨씬 유리하니까 안 보이는 척 연기를 한 것이다." 이런 대답을 부모로부터 듣고 싶어서 그 부모를 찾아가서 물었던 것입니다. 그런데 그 부모들은 바리새인들이 원하는 대답을 주지 않았습니다.

> 요한복음 9:19-20, "이는 너희 말에 맹인으로 났다 하는 너희 아들이냐 그러면 지금은 어떻게 해서 보느냐 20. 그 부모가 대답하여 이르되 이 사람이 우리 아들인 것과 맹인으로 난 것을 아나이다"

부모로부터 원하는 답을 얻지 못한 바리새인들은, 이제 다른 방법으로 자기들이 원하는 답을 찾습니다. 그거 뭐냐 하면, 그 맹인을 예수님이 고쳐 준 것이 아니라는 것입니다. 예수님만 아니면 다른 누가 고쳐 주었든지 상관없었습니다. 요즘 젊은 사람들이 사용하는 말 중에 '답정너'라는 단어가 있지요. "답은 이미 정해져 있어, 너는 대답만 하면 돼"라는 뜻입니다. 바리새인들은 자기들이 듣고 싶은 정답이 이미 정해져 있었습니다.

그래서 이미 불러서 물어봤던 맹인이었던 사람을 다시 불러서 재차 물어봤습니다. "너는 하나님께 영광을 돌려라. 우리는 그 사람이 죄인인 것을 이미 알고 있다." 이렇게 다그치는 겁니다. 그러자 그 사람이 이렇게 대답합니다. "그분이 죄인인지 아닌지 나는 모릅니다. 하지만 내가 한 가지 분명하게 알고 있는 것은 맹인이었던 내가 지금은 보게 되었다는 것입니다."

답답하지요. 듣고 싶은 답은 이미 정해져 있다는데, 말귀를 못 알아듣고 원하는 답을 하지 않는 것입니다. 그러자 또다시 물었습니다. "그 사람이 너에게 무슨 짓을 했으며, 어떻게 네 눈을 뜨게 했느냐?" 여러분이 영화나 드라마를 보는 것 같은 상상력을 가지고 이 장면을 연상해 보시면, 지금 맹인이었던 사람과 대화를 나누고 있는 바리새인들 뒤로 그의 부모님들이 보이지 않습니까? 아들이 바리새인들에게 대답하는 것을 보면서 그 부모가 어떻게 했을까요? 아마도 손짓을 하고 입술을 움직이면서 바리새인들이 원하는 대답을 하라고 사인을 주었을 것입니다. 그런데 이 사람은 참 답답합니다. 지금까지 맹인으로 살아서 그런 사인을 본 적이 없었기 때문에, 자기가 아는 그대로 대답했습니다. "내가 이미 말해 줬는데 뭘 또 묻고 그러십니까? 당신들도 그분의 제자가 되고 싶어서 그러십니까?" 아마도 바리새인들 뒤에서 아들에게 사인을 주던 이 사람의 부모는, 뒷골을 붙잡고 쓰러졌을 것입니다.

'답정너'라고 분명히 사인을 주고 물어봤는데, "당신들도 그분의 제자가 되고 싶어서 그러느냐?" 하고 말하니까, 바리새인들이 욕을 하면서 그 사람을 야단쳤습니다. "너는 그 사람의 제자이지만 우리는 모세의 제자이다. 하나님은 모세에게 말씀도 하시고 계명도 주셨지만, 우리는 그 사람이 어디서 왔는지 모른다." 이게 므슨 말인지 이해되십니까? 자기들은 하나님께서 모세에게 주신 계명과 율법을 따르는 정통이고, 맹인이었던 사람이 자기를 고쳐 줬다고 말하는 예수님은 자기들 편이 아니기 때문에, 예수님은 하나님 편이 아니라는 것입니다.

그러자 맹인이었던 사람이 다시 한마디를 했는데, 그 말은 부모가 아니라 바리새인들이 뒷골을 붙잡고 자빠질 말이었습니다. "참 이상한 일입니다. 우리는 하나님이 죄인의 말은 듣지 않으시지만, 그분의 뜻대로 사는 경건한 사람의 말은 들으시는 것으로 알고 있습니다." 지금 맹인이었던 사람이 하는 이 말은, 맹인 자신이 생각해 낸 말일까요? 아니지요. 그동안 바리새인들이 회당에서 사람들에게 늘 가르쳤던 말입니다.

그러면서 맹인이었던 사람이 한마디 더 덧붙여서 말했습니다. "하나님의 뜻대로 경건하게 사는 사람이 내 눈을 뜨게 해 주셨는데, 당신들은 그분이 어디서 오셨는지 모르신단 말씀입니까? 세상이 생긴 이후로 지금까지, 그 어떤 누구라도 맹인으로 태어난 사람의 눈을 뜨게 했다는 말은 들어 보지 못했습니다. 만일 그분이 하나님이 보내서 오신 분이 아니라면, 도저히 이런 일을 하실 수가 없었을 것입니다."

그러자 바리새인들이 눈을 떠서 보게 된 사람에게 어떻게 했습니까? "네가 죄 가운데서 태어난 주제에 우리를 가르치려고 하느냐?"라고 하면서 그를 쫓아내 버렸습니다. 이것이 34절까지 이르는 내용입니다.

요한복음 9장을 강해하면서 계속 반복해서 말씀드리고 있습니다. 예수님께서 날 때부터 맹인이었던 사람을 고치신 것은, 단지 그 사람이 보지 못하는 불편한 것을 해소해 주려고 고치신 것이 아니라는 것입니다. 만약 그랬다면 예수님께서 그 사람을 고치신 이후에, 이렇게 긴 이야기들이 기록될 이유가 없습니다. 예수님께서 이 사람을 고치신 이유, 그 결론에 대해서 본문은 이렇게 말씀하고 있습니다.

요한복음 9:40-41, "바리새인 중에 예수와 함께 있던 자들이 이 말씀을 듣고 이르되 우리도 맹인인가 41. 예수께서 이르시되 너희가 맹인이 되었더라면 죄가 없으려니와 본다고 하니 너희 죄가 그대로 있느니라"

보십시오. 예수님께서 이 맹인을 고치신 기적을 통해서 우리에게 가르쳐 주려고 하는 분명한 메시지는, 인간의 근본적인 상태가 죄인이라는 것과 누구든지 죄인인 상태로는 구원받지 못하는 것을 말씀해 주는 것입니다. 그리고 예수님께서 맹인의 눈을 뜨게 해 주신 것처럼, 그 죄의 문제를 해결해 주실 분도 예수님입니다. 맹인이었던 사람은 자기 스스로에게 희망이 없음을 알았기 때문에, 진흙 발린 눈을 실로암에 가서 씻으라고 하시는 예수님의 말씀에 순종할 수 있었습니다. 하지만 영적 맹인과 같은 바리새인들은, 스스로 본다고 생각하고 예수님을 믿지 않았기 때문에, 결국 자기들의 죄로 인해 멸망을 당하게 되는 것입니다.

오늘 우리가 확인하려는 것은, "우리가 눈을 뜨게 되면, 예수를 믿고 구원을 받고 나면 어떤 변화가 생기는가?" 하는 것입니다. 본문 말씀은 이 사람이 눈을 뜨게 된 이후에 모두에게 축하받고 환영받았다고 되어 있지 않고, 오히려 자기가 살던 공동체로부터 쫓겨남을 당했습니다. 구원받는 것이 무엇입니까? 사실은 그동안 내가 익숙했던 환경과 주위 사람들로부터 쫓겨나는 것입니다. 여러분은 어떤 것이 더 낫다고 생각되십니까? 눈을 떴더니 쫓겨나게 되는 것과 비록 보지는 못하지만 계속 그곳에서 사는 것, 어떤 편이 더 좋으십니까?

오늘 성경이 말씀하는 것이 바로 이것입니다. 구원을 받고 나면 제일 먼저 받아들이게 되는 선택지가 바로 이런 것입니다. 세상으로부터 쫓겨나서 새로운 삶을 살든지, 아니면 지금까지 살던 대로 돌아가야 할지 하는 갈등이 생기는 것입니다. 그런 면에서 예수 믿으면 형통하고, 예수 믿으면 병 낫고, 예수 믿으면 하는 일이 다 잘된다고 하는 식의 가르침은, 성경이 원래 의도했던 가르침의 목적에서 상당히 멀리 떨어진 것입니다.

물론 복음서와 사도행전의 수많은 증언에서 병이 나은 기적, 귀신에게서 놓임을 받은 기적, 창조 질서를 역행하는 많은 기적들이 기록되어 있습니다. 하지만 예수님께서 그런 기적을 행하신 이유가 자신이 가진 신적 능력을 증명해 보이거나, 사람들에게 과시하기 위해서, 또는 예수님께서 고쳐 주신 병자 개인을 향한 긍휼의 마음 때문에 하신 것이 아닙니다. 예수님의 모든 기적들은, 사람들을 구원하시려는 하나님의 뜻을 전달하는 수단으로 사용된 것들입니다.

　하나님께서 행하신 기적은 성경 어디부터 나올까요? 창세기부터 살펴보겠습니다. 아담과 하와가 있었고, 가인과 아벨에 대한 기록이 나옵니다. 그 후 아담의 후손들 이름이 나열된 후에 노아 홍수와 바벨탑 사건이 기록되어 있습니다. 다시 아브라함까지 이르는 족보가 나오고, 하나님께서 아브라함과 이삭과 야곱을 찾아와 믿음의 후손들에 대한 약속을 주시고, 요셉 이야기로 넘어갑니다.
　창세기의 특징이 무엇이냐 하면, 하나님께서 인간을 위해 행하신 기적에 대한 내용이 별로 보이지 않는 것입니다. 대신 죄를 지은 인간들에게 심판을 내리신 노아의 홍수와 소돔 고모라에 대한 내용이 있습니다. 그 외에는 하나님께서 인간을 찾아오시고, 만나 주시고, 약속과 소망을 주시는 내용들입니다.

　하나님께서 인간을 위해 행하신 기적은, 이스라엘 백성들을 구원하기 위해서 모세를 보내시는 출애굽기에서부터 나오기 시작합니다. 그리고 출애굽기 이후로는 마치 징검다리처럼 여러 모양과 방법으로 기적들을 보이셨습니다. 무슨 말씀을 드리는지 이해되십니까? 성경에 기록된 모든 기적은 하나님께서 당신의 백성을 구원하기 위한 수단으로, 또한 이스라엘을 구원하시는 하나님이 누구신지 가르쳐 주려는 방법으로 사용되었다는 것입니다. 그런데 사람들은 희한합니다. 하나님께서 어떤 목적과 이유로 자신들에게 기적을 행하셨는지를 보는 것이 아니라, 인간인 자기들이 요구하면 신께서 들어주신다는 식으로 이해를 합니다.

대표적인 사례가 애니메이션 영화 〈알라딘〉 속의 램프의 요정 '지니'입니다. 램프의 요정 '지니'는 누가 자기를 불러내든 상관없습니다. 그가 주인공이든 악당이든, 그저 램프만 문지르면 나타나서 자기를 불러낸 주인이 요구하는 명령을 충실하게 들어줍니다. 출애굽 이후 가나안 정복 시기, 사사시대와 왕정시대를 지나서 남북 이스라엘이 모두 멸망하고, 포로로 끌려갔다가 다시 돌아오고, 예수님이 오신 그때까지도, 이스라엘 백성들이 원했던 하나님은 '요술램프 속의 지니' 같은 하나님입니다. 자기들이 뭘 하든 간섭하지 않고, 다만 자기들이 필요할 때 부르면 언제든지 나타나서 소원을 들어주는 그런 하나님입니다.

노아를 생각해 보겠습니다. 노아가 별을 연구하고 기상을 연구해 보니 120년쯤 뒤에 홍수가 올 것이라고 예측돼서 하나님께 "지금부터 내가 방주를 만들 테니, 홍수가 났을 때 방주에 조금 하자가 있더라도 물이 안 새게 해 주세요"라고 요구해서 구원받은 것입니까? 나이 많은 아브라함이 하나님께 "내가 100살이 되더라도 하여간 노력해서 아들을 낳을 테니까, 늦게 낳은 아이라도 건강하게 잘 자라서 대가 끊어지지 않도록 잘 봐 주십시오" 해서 이삭이 탄생한 것입니까?

지난 2주간 살펴봤던 것처럼 우리 인간은 마치 맹인과 같아서 뭐가 뭔지, 우리에게 무엇이 필요한지 알지도 못하는 상태에서 예수님께서 일방적으로 찾아오셔서 눈을 뜨게 허 주시고 구원해 주셨습니다. 램프의 요정을 부르는 것처럼, 우리가 뭔가를 문지르는 최소한의 행위도 한 적이 없다는 것입니다. 그런데 많은 사람들이 기독교를 어떻게 이해합니까? 자기 경험으로 이해하고, 만사형통으로 이해합니다.

어떤 사람이 현대의학이 치료할 수 없는 중병이 들었습니다. 의사들도 포기하고 집으로 가라고 했습니다. 믿음을 가졌던 이 사람은 마지막 남은 인생이나마 기도하고 예배하면서, 하나님과 함께 보내겠노라는 생각을 가지고 기도원으로 들어가서 종일 기도하고 성경 읽고 예배하면서 살았습니다. 그런데 어느 날부터인가 자신의 몸이 예전과 같지 않고, 왠지 더 건강해진 것 같다는 느낌을 받았습니다. 그래서 병원에 가서 검진을 받았는데, 자기 몸에 있던 불치병이 모두 없어지고 깨끗하게 치료되었음을 알게 됩니다.

그랬을 때 이 사람은 어떤 간증을 할까요? 이것 봐라, 내가 간절히 하나님께 매달렸더니 고쳐 줬다는 것입니다. 그다음은 어떻게 할까요? 이제는 무슨 병에 걸렸든지 기도원에 가서 기도만 하면 낫는다는 것입니다. 병원에 가서 의사를 만나는 것은 믿음이 없는 것이고, 진심으로 믿고 하나님께 기도하면 낫는다고 합니다. 정말 그런 것입니까? 그 사람이 중병에서 고침받은 것이 하나님의 은혜이고 기적인 것은 분명하지만, 그래서 그 후로도 계속 무슨 병에 걸렸든지 기도만 하면 낫는다고 하는 것은 자기 생각이지, 그것이 하나님의 뜻은 아닙니다.

성경을 보십시오. 예수님께서 고쳐 주신 수많은 사람들이 있습니다. 맹인도 있었고, 중풍병자도 있었고, 혈루병자, 문둥병자 등 별별 병자들이 많이 있었습니다. 그 병자들이 예수님으로 인해 한번 고침받은 뒤에는 그 어떤 병도 다시는 걸리지 않고 계속 잘 살게 됐을까요? 아니면, 다른 사람도 아니고 예수님께서 고쳐 주셨으니, 죽지 않고 지금까지 계속 살아 있습니까? 또는 그렇게 고침받았던 사람들이 살면서 다른 병에 걸렸을 때, 예수님께 다시 찾아와서 고침을 받았습니까?

그런 내용은 성경에 없습니다. 왜요? 성경에 기적을 등장시키는 이유가, 하나님은 인간의 병을 낫게 해 주시는 분이라는 것을 말하려는 것이 아니기 때문입니다. 그런 기적들은, 천지 만물을 주관하시는 분이 하나님이시고, 그 하나님께서 인간을 구원하길 원하신다는 것을 가르쳐 주기 위한 메시지입니다. 일종의 샘플과 같은 것입니다.

여러분! 예수만 잘 믿으면 정말 만사형통하게 됩니까? 어떤 교회에서 가르치는 것처럼, "네 영혼이 잘되면(예수만 잘 믿으면), 범사에 잘되고 강건하게 되는" 그런 삼박자의 축복을 받게 되는 것입니까? 그런 일이 없는 것은 아닙니다. 하지만 거듭 말씀드리지만, 우리가 예수를 믿어 받는 복은 그런 복이 아닙니다. 그리고 오늘 본문은 말씀하기를, 세상은 구원받은 우리를 싫어하며, 자기들의 영역에서 쫓아낸다고 말씀하고 있습니다. 우리는 어떤 사람들입니까? 하나님의 선택을 받은 사람입니다. 하나님께 특별한 존재가 되었다는 것입니다. 그런데 우리가 하나님의 선택을 받고, 특별한 존재가 되었다는 것은 우리 자신에게 은혜요 감사요 좋은 일이지만, 어떤 면에서 보면 아닐 수도 있습니다.

그 대표적인 사람이, 성경에 나오는 야곱의 11번째 아들 요셉입니다. 요셉은 야곱이 특별히 사랑했던 라헬에게서 얻은 아들로, 그 위로 10명의 형들이 있었습니다. 하지만 오직 요셉만이 야곱의 특별한 사랑을 받았습니다. 그래서 요셉은 행복했습니까? 아니면 그래서 고달픈 인생을 살았습니까? 요셉은 형들의 미움을 온몸으로 받았습니다. 형들을 위해 먼 길을 찾아 음식을 가져왔지만, 형들은 요셉을 죽이려고 마른 웅덩이로 던져 버렸고, 다시 그를 꺼내 돈을 받고 노예 상인들에게 팔았습니다. 요셉은 아버지로부터 특별한 사랑을 받았지만, 그 결과는 노예가 되는 것이었고, 그 후 억울한 누명을 쓰고 감옥에 갇히는 신세가 되는 것이었습니다. 그런데 성경은 그런 요셉을 설명하면서 그의 삶이 형통했다고 말씀합니다.

창세기 39:2-3, "여호와께서 요셉과 함께 하시므로 그가 형통한 자가 되어 그의 주인 애굽 사람의 집에 있으니 3. 그의 주인이 여호와께서 그와 함께 하심을 보며 또 여호와께서 그의 범사에 형통하게 하심을 보았더라"

지금 이 말씀은 요셉에 노예가 되어 보디발 집에 팔려 갔을 때의 상황입니다. 또 있습니다.

창세기 39:23, "간수장은 그의 손에 맡긴 것을 무엇이든지 살펴보지 아니하였으니 이는 여호와께서 요셉과 함께 하심이라 여호와께서 그를 범사에 형통하게 하셨더라"

이 말씀은 요셉이 억울한 누명을 쓰고 왕의 죄수들을 가두는 감옥에 갇혀 있을 때입니다. 왕의 감옥에 갇혔다는 말은, 왕의 마음이 변해야만 풀려날 수 있는 왕의 표적이 되었다는 뜻입니다. 형통은 무엇일까요? 노예가 되었지만 그 주인의 사랑을 받고, 비록 감옥에 갇혔지만 간수장의 인정을 받는 것입니까? 차라리 노예가 되지 않고, 감옥에 갇히지 않는 것이 형통 아닙니까? 그런데 하나님은 요셉을 인생의 가장 밑바닥까지 끌어내리셨습니다. 그것도 부족해서 다시 땅을 파고 지하 깊숙한 곳까지 끌어내리신 후에 그의 삶이 범사에 형통한 삶이었다고 말씀하십니다. 요셉이 받았다는 형통이 어떤 것이었는지 설명하는 또 다른 증거가 있습니다.

> 시편 105:17-19, "그가 한 사람을 앞서 보내셨음이여 요셉이 종으로 팔렸도다 18. 그의 발은 차꼬를 차고 그의 몸은 쇠사슬에 매였으니 19. 곧 여호와의 말씀이 응할 때까지라 그의 말씀이 그를 단련하였도다"

창세기 39장에서는 여호와께서 범사에 요셉의 삶을 형통하게 하셨다고 말씀해 놓고, 시편에서는 그의 발이 차꼬에 상하기도 하고 몸이 쇠사슬에 매여 있는 고통의 세월을 보낸 것으로 되어 있습니다. 요셉이 언제까지 고통의 세월을 보내야 했습니까? 여호와의 말씀이 응할 때까지였습니다. 그 모든 시작은 언제부터였습니까? 아버지 야곱의 특별한 사랑을 요셉이 혼자 받았을 때부터였습니다.

여러분이라면 요셉이 당했던 그런 고통을 받게 되더라도 아버지의 특별한 사랑을 받고 싶으십니까? 그냥 다른 형제들과 똑같이 대우받고, 똑같은 삶을 살고 싶으십니까? 전자입니까, 후자입니까? 구원받고 거듭난 사람들을 향해서 성경이 말씀하는 것은, "하나님께서 그의 자녀에게 요구하시는 수준에 이를 때까지" 훈련의 과정, 성장의 과정이 있다는 것입니다.

오늘 본문에 나오는 맹인이었던 사람은, 눈을 뜨고 보게 된 이후에 유대 공동체로부터 출교를 당했습니다. 맹인이었던 사람이 당한 출교는 그의 부모가 그렇게도 무서워했던 최악의 결과입니다. 눈을 뜨게 된 결과가 그동안 의지했던 공동체로부터 출교를 당하는 것이라면, 차라리 계속 맹인으로 사는 것이 그 사람 본인이나 그의 부모에게 있어서 더 좋지 않았을까요? 하지만 그 사람이 출교를 당하고 나니 예수님께서 찾아오셔서 구원을 확인시켜 주셨습니다.

> 요한복음 9:37-38, "예수께서 이르시되 네가 그를 보았거니와 지금 너와 말하는 자가 그이니라 38. 이르되 주여 내가 믿나이다 하고 절하는지라"

이 말씀이 뜻하는 것이 무엇입니까? 세상에서 쫓겨나고 나니, 자기가 누구에게 속한 사람인지, 자기가 누구의 편인지 분명하게 알게 되었다는 것입니다. 요셉에게서 확인한 것처럼, 아버지의 특별한 사랑을 받은 것 때문에 미움을 받고, 종으로 팔리고, 감옥에 갇혀서 쇠사슬에 묶이고 하는 일이 생기게 됩니다. 요셉이 아버지의 심부름을 받고 형들을 찾아 떠나면서, 그런 일이 생길 거라고 예상이나 했을까요? 알았더라면, 어쩌면 가지 않았겠죠.

마찬가지로 우리는 구원을 받은 이후에도 우리가 가야 할 길을 모릅니다. 그래서 때로는 절망하고, 때로는 의심하고, 때로는 지금까지 열심히 신앙생활을 한 결과가 이것이란 말입니까? 원망하게 되고, 배신감을 느끼게 됩니다. 그런데 중요한 사실은 무엇입니까? 그럼에도 보지 못하던 예전으로 돌아갈 수 없다는 것입니다. 그러다 마침내 욥이 했던 말과 같은 고백을 하게 됩니다.

> 욥기 23:8-10, "그런데 내가 앞으로 가도 그가 아니 계시고 뒤로 가도 보이지 아니하며 9. 그가 왼쪽에서 일하시나 내가 만날 수 없고 그가 오른쪽으로 돌이키시나 뵈올 수 없구나 10. 그러나 내가 가는 길을 그가 아시나니, 그가 나를 단련하신 후에는 내가 순금 같이 되어 나오리라"

요셉은 자신이 왜 감옥에까지 오게 되고 온몸에 쇠사슬이 묶이게 되었는지 잘 몰랐지만, 후에 애굽의 총리가 되어서 자신의 인생을 돌아보니, 주의 말씀이 자신을 단련시켰다는 것을 알게 되었습니다. 욥도 예상치 못했던 겹겹의 환란을 당하고 있으면서도, 그 연단 이후에 자신의 모습을 기대하고 있습니다. 이것이 바로 구원받은 성도의 모습입니다.

성도는 자기가 자기의 인생을 계획하고 만들어 가는 것이 아니라 하나님께서 어떤 뜻과 목적을 가지고 자신을 이끌어 가고 계심을 믿고 순종하며 사는 사람입니다. 그런데 그와 같은 성도의 삶을 나 혼자 사는 것이 아닙니다. 성경에 기록된 무수히 많은 믿음의 사람들이 그렇게 살았었고, 저와 여러분 주변에 있는 믿음의 동료들이 그렇게 살고 있습니다. 여러분 옆에 계신 성도님들이 그렇게 세상과 함께 싸우는 전우들입니다. 그리고 이와 같은 믿음의 길을 걸어가고 있는 우리들을 향해서, 사도 바울은 이렇게 격려하고 있습니다.

로마서 8:35-39, "누가 우리를 그리스도의 사랑에서 끊으리요 환난이나 곤고나 박해나 기근이나 적신이나 위험이나 칼이랴 36. 기록된 바 우리가 종일 주를 위하여 죽임을 당하게 되며 도살 당할 양 같이 여김을 받았나이다 함과 같으니라 37. 그러나 이 모든 일에 우리를 사랑하시는 이로 말미암아 우리가 넉넉히 이기느니라 38. 내가 확신하노니 사망이나 생명이나 천사들이나 권세자들이나 현재 일이나 장래 일이나 능력이나 39. 높음이나 깊음이나 다른 어떤 피조물이라도 우리를 우리 주 그리스도 예수 안에 있는 하나님의 사랑에서 끊을 수 없으리라"

저와 여러분, 우리 하와이한빛장로교회가 이런 믿음의 고백을 할 수 있게 되기를 주의 이름으로 축원합니다. **"다른 어떤 피조물이라도 우리를 우리 주 그리스도 예수 안에 있는 하나님의 사랑에서 끊을 수 없으리라"** 이 고백은 어린아이가 초콜릿이나 장난감 선물을 받고 좋아하듯이, 우리가 세상에서 잘되고 인정받고 형통하게 되었기 때문에 하게 되는 고백이 아닙니다. 오히려 세상에서 쫓겨남을 당하고, 로마서 말씀처럼 환란이나 곤고함을 당하고, 배신당하고 미움받은 뒤에도, "내가 눈을 뜨고 보니 그래도 이전의 삶으로는 도저히 돌아가지 못하겠더라! 여전히 그리스도밖에 없더라" 하며 기뻐하는 것입니다. 산전수전 공중전에 핵전쟁까지 치르는 치열한 삶을 살면서도, 도저히 그리스도만은 포기할 수 없다고 하는 사람만이 할 수 있는, 그런 고백입니다.

여러분이 눈물을 쏟고, 가슴을 치게 되는 답답한 상황에서도 오직 그리스도께로, 오직 십자가 앞으로, 오직 주님 계신 예배당으로 찾아올 수밖에 없게 된 것에 대해서 감사하시기 바랍니다. 그것이 여러분이 하나님의 선택을 받았다는 증거요, 하나님의 특별한 사랑이 여전히 여러분을 향하고 있다는 증거이기 때문입니다. 그것이 세상에서 미움받고 쫓겨남을 당하고 보니, 그리스도께서 찾아오셔서 당신의 편으로 삼아 주셨다는 증거이기 때문입니다. 이와 같은 증거와 믿음의 고백이, 저와 여러분의 입술에 언제나 있게 되길 축원합니다.

`요한복음 10:1~6`

# 양은 그의 음성을 듣나니

"1. 내가 진실로 진실로 너희에게 이르노니 문을 통하여 양의 우리에 들어가지 아니하고 다른 데로 넘어가는 자는 절도며 강도요 2. 문으로 들어가는 이는 양의 목자라 3. 문지기는 그를 위하여 문을 열고 양은 그의 음성을 듣나니 그가 자기 양의 이름을 각각 불러 인도하여 내느니라 4. 자기 양을 다 내놓은 후에 앞서 가면 양들이 그의 음성을 아는 고로 따라오되 5. 타인의 음성은 알지 못하는 고로 타인을 따르지 아니하고 도리어 도망하느니라 6. 예수께서 이 비유로 그들에게 말씀하셨으나 그들은 그가 하신 말씀이 무엇인지 알지 못하니라"

본문 1~6절까지의 말씀은 '양의 우리' 비유입니다. 뒤이어 예수님은 7절에서 자신을 가리켜서 '양의 문'이라고 말씀하시고, 11절에서는 '나는 선한 목자'라고 말씀하십니다. 전체적인 맥락을 보면, 예수님께서 이스라엘 백성들에게 친숙한 '목축'이라는 상황을 예로 들면서, 예수님이 누구신지 그리고 예수님께서 하시려고 하는 일이 무엇인지를 가르쳐 주고 있습니다. 성경이 처음 기록되었을 때는, 오늘날 우리가 읽고 있는 것처럼 장과 절을 구분하여 기록하지 않았습니다.

후에 성경을 필사하던 사람들이 이 책을 읽는 사람들의 이해를 돕기 위해, 문맥과 내용을 따라 장과 절을 구분해서 기록한 것입니다. 이런 말씀을 드리는 이유는, 오늘부터 우리가 살펴보려고 하는 내용이 요한복음 10장의 말씀이지만, 사실은 그 내용이 앞에 기록된 9장에서부터 이어지는 연장선에 있기 때문입니다.

성경학자들 중에는 1~18절까지 이르는 말씀 전치를 하나로 묶어서, '선한 목자의 비유'로 보기도 합니다. 예수님께서 이와 같은 내용을 말씀하시는 이유는, 목축업을 하는 사람들에게 도둑의 침범을 막고 양들을 효과적으로 관리하기 위해 만든, 새로운 개념의 울타리를 소개하고 판매하기 위해서 하신 말씀이 아닙니다. 요한복음의 핵심 주제가 무엇입니까? 인간을 구원하기 위해 구주로, 메시아로 오신 예수님에 대한 것입니다. 그리고 오늘 본문 역시 양으로 비유된 인간을 불러 구원하러 오신 목자이신 예수님에 대한 말씀입니다.

먼저 오늘 본문의 말씀을 이해하기 위해서는, 당시 팔레스타인 지방에서 목축을 하던 사람들의 일하는 방법에 대해서 알아야 합니다. 당시 목자들은 낮에는 자기 양들을 데리고 가서 풀을 먹이고, 저녁이 되면 자기 양들을 데리고 와서 마을에 있는 공동 우리에 넣어서 관리했습니다. 그렇게 할 수 있었던 이유는 첫째로, 그들이 한 지파로 이루어진 형제와 사촌 등 친척 간이었으며 양들을 공동 우리에 함께 모아 놓는다고 해서 다른 형제의 양을 자기 것이라고 우길 이유가 없기 때문입니다.

둘째로, 목축을 하는 가정마다 우리를 만듦으로 인해 발생하는 비용을 절약할 수 있을 뿐 아니라, 마치 군대의 불침번처럼 차례로 저녁에 공동 우리를 지킴으로써 목자들이 쉴 수 있는 시간을 더 많이 가질 수 있었기 때문입니다. 그래서 당시 목자들은 돈을 모아 더 튼튼하고 좋은 울타리를 만들어 함께 공유하는, 요즘 유행하는 공유경제의 개념을 그 당시에 벌써 사용했던 것입니다.

3절에 나오는 문지기는 그날의 숙직자를 말합니다. 목동들은 저녁이 되면 자기 양을 몰고 와서 공동 우리에 넣고, 다음 날 아침이 되면 다시 공동 우리로 가서 자기 양을 데리고 가면 됩니다. 이때 문지기들은 목동이 데리고 온 양이 몇 마리인지 굳이 세어 보지 않아도 됩니다. 왜냐하면 양들이 자기 목자의 음성을 알 뿐 아니라, 다른 사람을 따라가지 않는 습성이 있기 때문입니다.

언젠가 방영됐던 한 TV 프로그램에서, 연예인들이 양을 방목하는 목장에 가서 넓은 울타리에 흩어져 있는 양들을 우리까지 이끌어 오는 모습을 보여 준 적이 있었습니다. 양을 우리 안으로 집어넣기 위해서 많은 사람들이 이리 몰고, 저리 몰면서 애를 써 봐도 양들을 우리 쪽으로 끌어오는 것조차 불가능해 보였습니다. 물론 유명한 연예인들이 단순해 보이는 일도 제대로 못 하고 실수하고 고생하는 모습을 보여 주는 것이 사람들에게 웃음을 주는 포인트가 되는 것이겠죠. 그런데 희한하게도 마지막에 양의 주인이 나와서 양들을 부르니, 흩어져 있던 양들이 어느새 스스로 몰려와서 우리 안으로 들어가는 모습을 보면서, 양이 목자의 음성을 안다는 말이 무슨 뜻인지 확인할 수 있었습니다.

그러면 예수님께서는 바리새인들에게 왜 이와 같은 양의 우리의 비유를 하셨던 걸까요? 첫 번째 힌트는 1~2절 말씀 속에 있습니다.

요한복음 10:1-2, "내가 진실로 진실로 너희에게 이르노니 문을 통하여 양의 우리에 들어가지 아니하고 다른 데로 넘어가는 자는 절도며 강도 요 2. 문으로 들어가는 이는 양의 목자라"

저녁에 목자가 양을 공동 우리에 맡기러 갈 때, 그리고 아침에 다시 찾으러 갈 때 가는 곳이 '문'입니다. 목자가 자기 양을 부르러 양의 우리로 가면서, '문'이 아닌 다른 곳으로는 갈 이유가 없겠지요. 하지만 도둑이나 강도는 양의 문으로 들어가지 못합니다. 왜냐하면 문지기가 지키고 있기 때문입니다. 그래서 절도와 강도는 문지기가 없는 다른 곳으로 넘어갈 수밖에 없는 것입니다.

예수님께서 말씀하신 두 번째 힌트는 3~5절에 있습니다. 양은 자기 목자의 음성을 듣고 안다는 것입니다.

요한복음 10:3-5, "문지기는 그를 위하여 문을 열고 양은 그의 음성을 듣나니 그가 자기 양의 이름을 각각 불러 인도하여 내느니라 4. 자기 양을 다 내놓은 후에 앞서 가면 양들이 그의 음성을 아는 고로 따라오되 5. 타인의 음성은 알지 못하는 고로 타인을 따르지 아니하고 도리어 도망하느니라"

4절에 목자가 자기 양을 우리에서 꺼내 놓은 후에 어떻게 하고 있습니까? 그냥 앞서갑니다. 그러면 양들은 목자의 음성을 듣고, 스스로 목자를 따라갑니다. 예수님께서 자신을 가리켜서 선한 목자라고 말씀하시고, 하나님께서 택하신 백성들을 양이라고 비유하시는 이유가 바로 여기에 있습니다.

이스라엘 민족들은 아주 오랜 세월 목축을 하면서 살았습니다. 그들의 조상인 아브라함과 이삭과 야곱도 목축을 했고, 야곱의 아들들도 목축을 했습니다. 우리가 너무나 잘 알던 다윗 왕도 목동 출신입니다. 그렇다 보니 예수님께서 선한 목자와 양을 비유로 말씀하실 때, 이스라엘 사람들은 예수님께서 무슨 말씀을 하시는지 알 수 있었습니다. 왜냐하면 그들이 조상 때부터 주로 하던 일이 목축이었기 때문입니다. 목자가 자기 양들을 이끌 때마다 안 움직이는 양들에게 맛있는 풀을 주고, 양이 관심을 갖고 따라올 만한 당근을 줬습니까? 그런 것이 없어도 양들은 자기 목자의 음성을 듣고, 목자가 어디로 가든지 가는 곳을 따라갑니다. 그것은 이스라엘 사람들의 일반적인 삶 속에서 당연히 알고 있는 내용입니다.

하지만 목자가 아닌 타인이 부를 때는 어떻게 할까요? TV에 보니까 연예인들이 양들을 우리로 유인하려고 풀을 주고, 뭘 줘도 잠시 관심을 보일 뿐이지 받아먹는 것 같다가 조금만 이상하면 바로 도망갔습니다. 예수님께서 그 많은 짐승 중에서 굳이 양을 들어서 비유로 설명하시는 것은, 그만큼 목자와 양의 관계가 특별하고 그와 같은 관계를 당시의 이스라엘 백성들도 다 알고 있었기 때문에 말씀하시는 것입니다. 그러면 예수님께서 바리새인들에게 누구나 알 수 있는 비유로 이와 같은 말씀을 하신 이유는 무엇일까요?

예수님께서 날 때부터 맹인이었던 사람을 고치셨습니다. 그 맹인이었던 사람은 예수님이 누구신지 정확하게 알지 못했지만, 어쨌든 그동안 바리새인들에게서 들은 율법에 따르면, 하나님께서 경건하여 그의 뜻대로 행하는 자의 말을 들으신다는 것을 배워 왔습니다.

> 요한복음 9:31, "하나님이 죄인의 말을 듣지 아니하시고 경건하여 그의 뜻대로 행하는 자의 말은 들으시는 줄을 우리가 아나이다"

또한 하나님께로부터 온 사람이 아니라면, 그 누구도 그런 기적을 행할 수 없다는 것도 알고 있었습니다.

> 요한복음 9:33, "이 사람이 하나님께로부터 오지 아니하였으면 아무 일도 할 수 없으리이다"

맹인이었던 사람이 했던 이 말은, 그동안 바리새인들이 자기들이 바로 하나님의 백성들이요, 구원받을 만한 사람이라고 하면서, 그 증거로 내세웠던 것이 모세로부터 받은 계명과 율법의 내용이라며 가르쳐 왔던 것이었습니다. 하지만 이 사람이 자기들이 가르쳐준 대로 말하자 바리새인들이 어떻게 했습니까? 유대교에서 내쫓았습니다.

> 요한복음 9:34, "그들이 대답하여 이르되 네가 온전히 죄 가운데서 나서 우리를 가르치느냐 하고 이에 쫓아내어 보내니라"

여기서 오늘 우리가 생각해 볼 것이 있습니다. 예수님의 비유에 등장하는 네 종류의 사람들입니다. 첫째 사람은, 양을 맡기고 찾으러 오는 목자입니다. 둘째 사람은, 양의 우리를 지키고 있는 문지기입니다. 셋째 사람은, 양으로 비유된 사람으로 일차적으로 문맥상 맹인이었다가 보게 된 사람으로, 오늘날 우리들입니다. 마지막 넷째 사람은, 양을 훔치러 온 절도와 강도입니다. 그들은 문이 아닌 다른 곳으로 넘어가는 자들입니다.

그러면 바리새인은 이 넷 중에 어떤 사람이었을까요? 첫째, 목자일까요? 그건 아닌 것 같습니다. 왜요? 목자라면 자기 양을 쫓아내 버리지 않았을 것입니다. 예수님께서 이 비유의 말씀을 하신 이유가, 앞서 9장에서 바리새인들이 쫓아내 버린 맹인이었던 사람과 대화할 때, 그 말을 옆에서 들은 바리새인들이 자기들도 맹인이냐고 물어본 것의 대답의 연속이기 때문입니다.

요한복음 9:39-41, "예수께서 이르시되 내가 심판하러 이 세상에 왔으니 보지 못하는 자들은 보게 하고 보는 자들은 맹인이 되게 하려 함이라 하시니 40. 바리새인 중에 예수와 함께 있던 자들이 이 말씀을 듣고 이르되 우리도 맹인인가 41. 예수께서 이르시되 너희가 맹인이 되었더라면 죄가 없으려니와 본다고 하니 너희 죄가 그대로 있느니라"
요한복음 10:1, "내가 진실로 진실로 너희에게 이르노니 문을 통하여 양의 우리에 들어가지 아니하고 다른 데로 넘어가는 자는 절도며 강도요"

만약 바리새인들이 목자에 속한 사람이었다면, 예수님께서 "너희들은 목자들이면서 어떻게 그렇게 할 수 있느냐?"라고 하면서 바리새인들이 잘못하고 있는 점을 꾸중하셨을 것입니다. 하지만 예수님께서 단도직입적으로 "문을 통하여 양의 우리에 들어가지 않는 자"라고 말씀하신 것을 보니 그들이 목자가 아닌 것이 분명합니다.

두 번째에 속한 문지기일까요? 문지기도 아닙니다. 문지기는 목자의 허락 없이 양을 우리 바깥으로 내보낼 권한이 없습니다. 문지기는 양을 맡긴 목자가 아침에 찾으러 오면, 단지 문만 열어 주면 됩니다. 그러면 목자가 자기 양들을 부를 것이고, 그 목자에게 속한 양들이 그 음성을 듣고 나올 것입니다. 그렇게 우리 안에 있던 양들이 목자를 따라 다 나가고 나면, 문지기는 다시 문을 닫으면 됩니다.

목자이신 예수님께서 날 때부터 맹인이었던 사람을 찾아오셨고, 그를 고치셨습니다. 그리고 그 사람은 바리새인들을 만나서 자기가 어떻게 고침을 받게 되었는지 자세히 설명해 줬습니다. 하지만 바리새인들이 그 사람을 어떻게 대했습니까? 목자이신 예수님의 허락도 받지 않고 쫓아냈습니다. 만약 바리새인들이 자기들이 가진 계명과 율법을 가지고 문지기의 역할만 바로 했었다면, 목자로 오신 예수님을 알아봤을 것입니다. 하지만 예수님과 대화하고 있는 현재까지도 그들은 목자이신 예수님을 알아보지 못했습니다. 그렇게 봤을 때 바리새인들이 문지기가 아닌 것은 분명해졌습니다.

세 번째에 속한 양에 속한 사람일까요? 그것도 아닌 것 같습니다. 맹인이었던 사람이 양에 속한 사람이라고 분명히 말할 수 있는 것은, 예수님께서 그의 눈에 진흙을 바르고 실로암에 가서 씻으라고 하셨을 때, 그 말을 듣고 실로암까지 가서 씻고서 보게 되었기 때문입니다. 입장을 바꿔 놓고 생각해 보겠습니다. 여러분이 바다나 수영장에 갔다가 눈병이 심하게 나서 한동안 전혀 보지 못하게 되었다고 가정해 보겠습니다. 그때 어떤 스님이 찾아와서, 침을 뱉어서 진흙을 만들어 눈에다 바른 뒤에 와이키키 바다에 가서 씻으라고 말하면, 그 스님의 말에 묻지도 따지지도 않고 그냥 가서 씻으시겠습니까?

맹인이었던 사람은 예수님과 제자들이 자기 주변에서 하는 말을 듣기는 했지만, 사도행전에 나오는 앉은뱅이처럼 예수님께 뭘 좀 달라고 구걸한 적도 없고, 자기의 눈을 뜨게 해 달라고 부탁한 적도 없습니다. 그런데 제자들과 이야기하던 예수님께서 갑자기 자기 눈에 진흙을 만들어 바르시더니, 실로암에 가서 씻으라고 하신 것입니다.

맹인이었던 사람이 예수님의 양에 속한 사람이 아니었다면, 지금 뭐 하는 짓이냐고 하며 예수님께 당장 신경질을 냈겠죠. 하지만 그 사람이 양에 속한 사람이었기 때문에 예수님의 말씀을 듣고 순종할 수 있었던 것입니다. 그러면 바리새인들은 어떤가요? 자기들과 이렇게 오랫동안 대화를 주고받는 예수님의 음성을 전혀 알아듣지 못하고 있습니다. 오히려 예수님이 죽이고 싶도록 밉죠. 왜요? 자기 목자가 아니기 때문입니다. 결국 바리새인들은 양에 속한 사람들도 아닙니다.

이제 마지막 네 번째 종류의 사람만 남았습니다. 바로 절도요 강도들입니다. 양의 우리를 찾아오는 도둑과 강도는, 양 자체를 위해 주고, 좋게 해 주려고 오는 것이 아닙니다. 양을 이용해서 제 욕심을 채우기 위해 오는 것입니다. 〈신과 함께〉라는 영화가 있었습니다. 불교를 기반으로 만든 영화로 1, 2편 모두 1천만 관객 이상이 관람했던 영화였습니다. 그 영화의 핵심 주제는, 이 땅에서 여러 모양과 방법으로 살다가 죽은 사람의 사후 세계를 그리고 있습니다. 이 땅에 종교가 존재하는 이유는 무엇일까요? 사람들로 하여금 죽음 이후의 세계를 생각하게 하고 준비하게 하려고 있는 것입니다. 그런데 종교라는 이름을 가졌으면서 사람들로 하여금 죽음 이후를 준비하도록 하지 않고, 사람들의 욕심을 부추겨서 세상의 소망만 가득하게 만드는 자들이 바로 도둑이요 강도들입니다.

이번에 한국에 휴가를 갔을 때, 아이들을 데리고 경주를 다녀왔습니다. '경주' 하면 수학여행이 떠오르지요? 그래서 아이들 역사 교육을 시킬 겸 해서 다녀왔습니다. 불국사를 방문했을 때, 제가 예상했던 모습과 조금도 다르지 않은 장면을 볼 수 있었습니다. 대웅전 입구에 소원을 적은 기와를 파는 판매처가 있었습니다. 그리고 대웅전부터 시작해서 마당에 이르기까지 연등이 가득했습니다. 그런데 매달려 있는 대부분 연등의 꼬리표에 '만사형통', '가족 건강', '소원 성취', '합격 기원', '사업 번창' 등의 소원들이 적혀 있었습니다.

재미있는 것은 연등마다 가족들의 이름과 주소들이 적혀 있었습니다. 신에게 소원을 빌면서 자기 집 주소는 왜 적어 놓았을까요? 비싼 돈을 주고 꼬리표를 사서 소원을 썼는데, 주소를 안 쓰면 신이 동명이인의 다른 사람과 헷갈릴까 봐 쓰는 것입니다. 주소가 없으면 누가 소원을 빌었는지 모르는 신이, 그게 신입니까? 그런데요, 종교라는 이름으로 그렇게 혹세무민을 해도 무지몽매한 백성들은 그게 거짓말이고, 도적질이고, 강도 짓이라는 것을 모릅니다.

불국사 주지 스님쯤 되면 사람들의 소원을 이루어 줄 수 있습니까? 조계사 총무원장쯤 되면, 주소만 있으면 그 사람 사업이 번창하게 해 줍니까? 그러면 저기 연등을 단 사람들 중에 예수 믿는 사람은 있을까요, 없을까요? '무엇이 좋은지 모르니까' 여행 왔다가 사서 단 사람도 분명 있을 것입니다. 목사들 중에도 종교다원주의를 가르치는 목사들은 '절 번창'이라고 썼을 겁니다. 거기에 양에 속한 사람들의 영혼을 위하고, 내세를 위하는 것이 있습니까? 사람들의 기대를 부풀리고, 이루어질 수 있을 것 같은 희망을 심어 줘서 어쨌든 자기들에게 돈 내게 하는 것까지는 잘하지만, 그 뒤는 책임지지 않습니다. 왜요? 애초부터 영혼에 대한 관심은 없기 때문입니다.

그러면 교회는 그런 짓 안 합니까? 교회도 그런 짓 합니다. '일천번제'니, '여리고 작전'이니, '다니엘 기도'니 하면서 성경에 나오는 온갖 단어를 동원해서 기도를 시키고, 헌금을 시킵니다. 그런데 그런 기도의 목적이 정말 성경에서 말씀한 내용 그대로입니까, 그것을 빌미로 자기들에게 헌금 내게 하려고 하는 것입니까? 도적이고 강도입니다. 그래서 구원의 확신이 없고, 아직 천국이 있는지 잘 모르시겠거든 십일조 하지 마시고, 헌금하는 것도 신중하게 하십시오. 아무 데나 막 하는 게 아닙니다.

바리새인들은 조상들로부터 물려받은 신분의 기득권과 그것을 보증하는 율법과 규례의 기준으로 사람들을 재판하고 출교시킬 권한이 있었습니다. 그리고 그 권한이 얼마나 대단했던지, 맹인이었던 사람의 부모가 자기 아들이 어떻게 고침을 받게 되었는지 사실대로 말하면 출교를 당하게 될까 봐 무서워서 제대로 말도 못 할 지경이었습니다. 하지만 그런 종교적 기득권과 뭇사람을 두려워 떨게 할 권세를 가지고 있으면 뭐 하겠습니까? 결국 그들의 마지막이 죄에 대한 심판이라면, 차라리 보지 못하는 맹인이었다면 훨씬 나았을 것입니다.

그런데 바리새인들은 자기들 스스로에 대해서 맹인이나 죄인이라고 생각하지 않았습니다. 오히려 다른 사람의 죄를 지적하고 정죄할 수 있는 권한이 언제나 자기들에게 있다고 생각했습니다. 맹인이었던 사람이 자기를 고치신 예수님에 대해서 말하면서, 만약 예수님이 하나님께로부터 오신 분이 아니었다면 이런 기적을 행할 수 없었을 거라고 말했을 때, 바리새인들이 어떻게 반응했습니까? 네가 죄인인 주제에 우리를 가르치려 드느냐면서 화를 내고 쫓아냈습니다.

> 요한복음 9:34, "그들이 대답하여 이르되 네가 온전히 죄 가운데서 나서 우리를 가르치느냐 하고 이에 쫓아내어 보내니라"

바리새인들이 보고 아는 것은 무엇입니까? 날 때부터 맹인이었던 이 사람은 본인에게 죄가 있었든지, 그의 부모에게 죄가 있었든지, 하나님께 벌 받을 만한 분명한 죄가 있었기 때문에 그렇게 된 거라는 것입니다. 오늘날 사람들이 일반적으로 가지고 있는 구원의 기준 역시, 당시 바리새인들이 가졌던 기준과 별로 다르지 않습니다. 그것이 무엇입니까? 구원의 원인이 인간에게 있다는 것입니다. 일차적으로는 자기가 예수를 마음으로 영접하고 입술로 고백했기 때문에 구원받게 된 것이라 생각합니다. 또한 구원받을 만한 믿음의 행위를 했기 때문에 구원받게 되는 거라고 여깁니다.

여기에서 좀 더 진보적으로 생각하는 사람들은, 반드시 예수님을 믿지 않는다 할지라도 착한 일을 많이 하고, 자기가 믿는 신을 열심히 잘 섬기면 그들도 구원을 받게 된다고 말합니다. 이른바 산꼭대기 이론입니다. 각자 섬기는 신은 다르지만, 꼭대기에 올라가면 모두 만나게 된다는 것이죠. 그렇게 만들어진 논리가 '종교다원주의'입니다. 그러나 성경은 어떻게 말씀했습니까? 문을 통하지 않고 다른 곳으로 들어가는 자는 모두 절도요 강도라는 것입니다. 그리고 그 문은 오직 예수 그리스도 한 분뿐입니다.

> 요한복음 10:7, "그러므로 예수께서 다시 이르시되 내가 진실로 진실로 너희에게 말하노니 나는 양의 문이라"

선한 목자든, 도둑이나 강도이든, 양의 우리를 찾아가는 데는 똑같은 이유가 있을 것입니다. 무엇입니까? 양을 우리 바깥으로 불러내거나 끌어내려는 것입니다. 하지만 양을 바깥으로 불러낸 이유는 따로 있겠죠. 선한 목자는 양에게 꼴을 먹이기 위함일 것입니다. 하지만 도둑이나 강도는 양을 잡아먹거나, 다른 사람에게 팔기 위함일 것입니다.

예수님께서 바리새인들을 절도와 강도로 비유하시는 이유가 바로 여기에 있습니다. 강도와 도둑들은 양이 밖으로 나가서 잡아먹히든지 팔리든지 어떻게 되는지에 대한 관심이 없습니다. 오직 관심은 무엇입니까? 자기들의 기득권을 계속 유지하고, 그 권력을 대대로 물려 주는 것입니다. 한마디로 자기들이 세상에서 잘되고, 자기 자녀들도 대대로 잘되기만 하면 양이야 어찌 되는 상관없습니다. 하지만 목자는 그 양 한 마리를 지키기 위해서 목숨을 내놓습니다.

> 요한복음 10:11, "나는 선한 목자라 선한 목자는 양들을 위하여 목숨을 버리거니와"

인간의 구원에 대해 기독교만큼 정확하게, 정밀하게, 그리고 변함없는 논리로 가르쳐 주는 종교는 없습니다. 모든 종교가 착하게 살고, 남을 돕고 위하며 살고, 서로 이해하고 평화롭게 살자고 합니다. 적어도 이 땅에서 사는 것에 대해서만큼은, 어떤 종고든지 사람들이 이해하고 공감할 수 있는 말로 자세히 설명해 줍니다. 하지만 죽음 이후의 세계, 구원 문제에 관해서는 분명하게 가르쳐 주지 못합니다. 두루뭉술하고, '그렇지 않을까?' 하는 추정과 가정법만 있습니다.

왜 그럴까요? 어떻게 해야 구원받는지 자기들도 모르기 때문입니다. 하지만 내세에 관해서는 설명하지 못해도 종교라는 이름으로 세상의 소원을 성취할 수 있는 비결만 잘 말해 주면, 그래서 그들이 믿고 따르는 종교가 커지면 커질수록 종교인으로서 갖는 기득권은 더욱 커집니다. 하지만 그곳에는 양이 없습니다. 그 영혼이 어찌 되든지 상관하지 않기 때문입니다. 그래서 예수님께서 바리새인들을 향해서 절도요 강도라고 말씀하신 것입니다.

잘 보십시오. 세상의 종교들 가운데 바리새인들이 믿었던 종교만큼 정답에 가까운 종교가 없습니다. 먼저 그들은 하나님께서 모세에게 주신 율법과 계명들을 가지고 있었고, 잘 지켰습니다. 또한 아브라함의 후손이라고 하는 혈통적 족보도 있었는데, 그 위로 올라가면 최초의 인간인 아담에게까지 이릅니다. 또한 그들은 하나님을 섬기기 위해 만든 성전에서 제사장들과 레위인의 인도를 따라 하나님께 제사도 드리고 각종 절기와 안식일도 지키고, 십일조도 잘 드렸습니다. 그 모든 종교 행위들은 누구를 위해서 한다고 하는 것들이었습니까? 하나님을 위한다는 것이었습니다.

하지만 그 모든 종교 행위의 꼭대기에 누가 있습니까? 바리새인과 사두개인들이 있습니다. 당연히 그들은 그들의 행위로 구원받아 마땅한 사람들이었고, 그들이 어떤 대상을 향해 "너는 안 된다고 말하고 종교에서 쫓아내면" 구원받지 못하게 되는, 그런 권한을 사용하며 살아왔습니다. 하지만 그곳에 하나님께서 주시는 구원은 없었습니다. 그래서 예수님은 그들을 향해 절도요 강도라고 말씀했습니다. 왜요? 문이신 예수 그리스도가 아닌 다른 곳으로 양들을 빼내고 있기 때문입니다.

예수님께서 바리새인들을 향해, 너희가 절도와 강도라고 말씀하시면서 우리에게 가르쳐 주시려는 것이 무엇일까요? 그것은 결국 우리가 받은 구원이 "주인을 아느냐? 모르느냐?"에 대한 싸움이라는 것입니다. 똑같은 복음의 소식을 들었을 때 그 목소리에 반응하는 사람이 있는가 하면, 반응하지 않는 사람이 있습니다. 누가 반응할까요? 그 목자에게 속한 양은 반응을 하고 따라가게 됩니다. 이 말씀을 들으면서, "그것 봐라. 내가 목소리를 듣고 따라가는 거잖아!" 이렇게 생각하지 마시기 바랍니다. 성경을 다시 보겠습니다.

요한복음 10:3, "문지기는 그를 위하여 문을 열고 양은 그의 음성을 듣나니 그가 자기 양의 이름을 각각 불러 인도하여 내느니라"

문지기가 목자를 위해 문을 열면, 양은 어떻게 하고 있습니까? 멀리서 기다리고 있다가 "아이, 이제야 내 목자가 왔네? 오늘도 지각했군" 하면서 먼저 찾아옵니까? 아닙니다. 공동 우리에 있던 양은 문 앞에서 자기들을 부르는 자기 목자의 음성이 들리면 목자가 있는 곳으로 나올 것입니다. 하지만 자기 목자의 음성이 아니면 그냥 자기가 있던 곳에 그대로 있습니다. 양은 누가 부릅니까? 목자가 부릅니다. 부를 때 어떻게 부르지요? 오늘 성경에 보니 양의 이름을 각각 불러 인도합니다. 여러분이 어떻게 이 예배에 오셨는지 아십니까? 목자이신 주님께서 여러분의 이름을 각각 불러서 이곳에 오게 하신 것입니다.

가끔 여름철 뉴스에 보면, 계곡으로 물놀이를 갔다가 갑자기 쏟아진 비 때문에 고립된 사람들이나, 급류에 떠내려가는 사람들을 구조대원들이 구출해 내는 모습들을 보게 됩니다. 그런데 구조대원이 출동했다고 해서 모든 사람이 다 구출되는 것은 아닙니다. 구조대원이 던져 준 밧줄을 붙잡은 사람은 살게 되고, 그 줄을 놓친 사람은 급류에 떠내려가게 됩니다. 그러면 우리가 받은 구원도 그런 것입니까? 하나님께서 던져 준 밧줄을 붙잡은 사람은 구원받고, 밧줄을 놓친 사람이나 붙잡지 않은 사람들은 구원받지 못하게 되는 그런 것입니까? 그렇지 않습니다. 예수님께서 저와 여러분의 이름을 한 사람씩 부르시면서 구원하신 것입니다.

요한복음 6:39, "나를 보내신 이의 뜻은 내게 주신 자 중에 내가 하나도 잃어버리지 아니하고 마지막 날에 다시 살리는 이것이니라"

이렇게 하나도 잃어버리지 않는다고 분명히 말씀하고 있습니다. 예수님의 음성은 아무나 듣고 반응할 수 있는 음성이 아닙니다. 오직 목자에게 속한 양들만이 들을 수 있는 음성입니다. 그래서 구원은 기적입니다. 우리가 오늘 이 예배의 자리에 나올 수 있게 된 것은 목자이신 예수님의 음성을 들었기 때문입니다. 하지만 예수님께 속하지 않은 사람들은 그게 무슨 소리인지, 어떤 의미인지 알지 못합니다.

요한복음 10:6, "예수께서 이 비유로 그들에게 말씀하셨으나 그들은 그가 하신 말씀이 무엇인지 알지 못하니라"

누구보다 율법을 잘 알고 지키고 있다고 자부하던 바리새인들, 아브라함의 후손이고 하나님의 선택을 받은 사람들 가운데 종교적으로 가장 높은 자리에 있던 사람들도 예수님의 말씀을 알아듣지 못했습니다. 저와 여러분이 우리를 부르시는 예수님의 음성을 들을 수 있고, 반응할 수 있었다는 것에 감사하십시오. 양에게 있어서 가장 안전하고 행복한 곳은 어딜까요? 목자가 가까이 있는 곳입니다. 우리가 먹든지 마시든지 무엇을 하든지, 언제나 목자의 음성을 들을 수 있는 가까운 거리에서 살고 있는 것이 우리에게 더욱 복된 것임을 잊지 마십시오. 그리고 그곳에서 사시길 축원합니다.

요한복음 10:7~16

# 나는 선한 목자라

"7. 그러므로 예수께서 다시 이르시되 내가 진실로 진실로 너희에게 말하노니 나는 양의 문이라 8. 나보다 먼저 온 자는 다 절도요 강도니 양들이 듣지 아니하였느니라 9. 내가 문이니 누구든지 나로 말미암아 들어가면 구원을 받고 또는 들어가며 나오며 꼴을 얻으리라 10. 도둑이 오는 것은 도둑질하고 죽이고 멸망시키려는 것뿐이요 내가 온 것은 양으로 생명을 얻게 하고 더 풍성히 얻게 하려는 것이라 11. 나는 선한 목자라 선한 목자는 양들을 위하여 목숨을 버리거니와 12. 삯꾼은 목자가 아니요 양도 제 양이 아니라 이리가 오는 것을 보면 양을 버리고 달아나느니 이리가 양을 물어 가고 또 헤치느니라 13. 달아나는 것은 그가 삯꾼인 까닭에 양을 돌보지 아니함이나 14. 나는 선한 목자라 나는 내 양을 알고 양도 나를 아는 것이 15. 아버지께서 나를 아시고 내가 아버지를 아는 것 같으니 나는 양을 위하여 목숨을 버리노라 16. 또 이 우리에 들지 아니한 다른 양들이 내게 있어 내가 인도하여야 할 터이니 그들도 내 음성을 듣고 한 무리가 되어 한 목자에게 있으리라"

예수님께서 '양의 우리'의 비유를 통해서 양을 찾으러 온 목자와 문을 열어 주는 문지기, 그리고 문지기가 지키고 있는 문을 통하지 않고 다른 곳으로 넘어가는 강도와 도적에 대해서 말씀하셨습니다. 예수님께서 말씀하신 이 비유는, 조상 때부터 목축을 가업으로 이어 오던 이스라엘 백성이라면 어렵지 않게 이해할 수 있는 내용이었습니다. 하지만 바리새인들은 그 말이 무슨 뜻인지 이해하지 못했습니다 (요 10:6). 그러자 예수님께서는 다시 한번 자신을 양의 문으로, 또한 선한 목자로 비유하시면서, 앞서 하셨던 비유의 말씀에 덧붙여서 설명해 주셨습니다.

먼저 염두에 두어야 하는 것은, 예수님께서 자신을 문이라고도 하시고 선한 목자로 설명하시기 때문에, 도대체 예수님의 정체성이 무엇이냐는 것입니다. 문이라는 거냐, 목자라는 거냐? 어떤 게 진짜냐, 생각할 수 있습니다. 그런데 본문을 자세히 보시면, 왜 예수님이 자신을 가리켜서 '문'이라고도 하시고, '선한 목자'라고도 하시는지 이해할 수 있을 것입니다. 그래서 오늘은 양의 문이 되시고 목자가 되시는 예수님에 대해서 말씀드리려고 합니다. 먼저 예수님께서 말씀하신 '양의 문'은 무엇일까요?

> 요한복음 10:7, "그러므로 예수께서 다시 이르시되 내가 진실로 진실로 너희에게 말하노니 나는 양의 문이라"

예수님께서 말씀하신 '문'은 구원의 문입니다. 그리고 이 '구원의 문'은 예수님이 아닌 다른 문은 없습니다. 지난 시간에 예수님께서 이 비유의 말씀을 하시는 이유가, 앞서 9장에서 있었던 사건의 연속이었다고 말씀드렸습니다. 바리새인들은 날 때부터 맹인이었던 사람이 자신을 고쳐 주신 이가 예수님이시며, 만약 예수님이 하나님께로부터 오신 분이 아니라면 이런 일을 할 수 없을 거라고 말하자, 바리새인들은 그 사람을 유대교에서 쫓아내 버렸습니다.

바리새인들은 자기들이 천국의 문 앞을 지키고서 사람들을 들어갈 수 있도록 허락하거나, 또는 쫓아낼 수 있는 권한이 있다고 생각했습니다. 그래서 맹인이었던 사람의 부모도 바리새인들이 가졌던 종교적 권세를 두려워했던 나머지, 일평생을 맹인으로 살다가 고침을 받은 자기 아들을 보고도 마음껏 기뻐하고 편들어 주지 못했습니다. 바리새인들의 이와 같은 행위에 대해서, 예수님은 이렇게 책망하셨습니다.

> 마태복음 23:13, "화 있을진저 외식하는 서기관과 바리새인들이여 너희는 천국 문을 사람들 앞에서 닫고 너희도 들어가지 않고 들어가려 하는 자도 들어가지 못하게 하는 도다"

여기에도 보시는 것처럼 '문'은 단순히 양들과 목자들이 출입하는 그런 '문'을 가리켜 말하는 것이 아니라, 구원받은 사람이 들어갈 수 있는 '천국 문'을 가리켜 말하는 것입니다. 이 '천국 문' 앞에서 서기관과 바리새인들은 어떻게 하고 있습니까? 자기들도 들어가지 않으면서, 들어가려 하는 사람들도 들어가지 못하게 막고 있습니다. 그래서 예수님은 그런 바리새인들을 가리켜서 이렇게 말씀합니다.

> 요한복음 10:8, "나보다 먼저 온 자는 다 절도요 강도니 양들이 듣지 아

니하였느니라"

여기 "나보다 먼저 왔다"라는 표현은, 시간적으로 예수님보다 먼저 와서 종교적 권세를 잡은 사람들로, 바리새인과 서기관들을 가리킵니다. **"양들이 듣지 아니하였느니라"**라고 했는데 이 표현은 사람들이 바리새인들의 말을 듣지 않았다는 말이 아니라, 그들은 '천국 문'으로 인도할 수 있는 목자가 아니기 때문에, '양'에 속한 사람들은 그들의 말을 듣지 않았다는 것입니다. 그래서 성경이 말씀하고 있는 '양'이 누구인지 우리가 잘 알아야 합니다. 잘못하면 모든 사람이 다 '양'이라고 생각할 수 있는데, 그렇지 않습니다. 모든 사람이 양이라면 본문 3절 말씀은 이해할 수 없는 표현이 되고 맙니다.

요한복음 10:3, "문지기는 그를 위하여 문을 열고 양은 그의 음성을 듣나니 그가 자기 양의 이름을 각각 불러 인도하여 내느니라"

목자가 문에 서서, 자기 양의 이름을 각각 불러서 인도해 낸다고 했습니다. 예수님께서도 **"아버지께서 내게 주시는 자는 다 내게로 올 것이요 내게 오는 자는 내가 결코 내쫓지 아니하리라"**(요 6:37)라고 하셨습니다. 또한 **"나를 보내신 이의 뜻은 내게 주신 자 중에 내가 하나도 잃어버리지 아니하고 마지막 날에 다시 살리는 이것이니라"** (요 6:39)라고도 하셨습니다. 그래서 예수님의 '양'은 누구입니까? 하나님께서 예수님께 맡겨 주신 자가 예수님의 양입니다. 누가 예수님의 음성을 듣습니까? 오직 예수님께 속한 사람들, 예수님의 양들만 그분의 음성을 듣습니다.

'양의 문'은, '천국에 들어가는 문'을 가리킵니다.

요한복음 10:9, "내가 문이니 누구든지 나로 말미암아 들어가면 구원을 받고 또는 들어가며 나오며 꼴을 얻으리라"

이 문은 어떤 문입니까? "들어가고 나오면서 꼴을 얻을 수 있는" 문입니다. 뒤에 조금 더 자세히 설명해 드리겠지만, 목자이신 예수님께서 양의 우리를 찾아오신 이유가 무엇일까요? 그것은 양들을 우리 바깥으로 불러내기 위함입니다. 잘 들으셔야 합니다. '양의 우리'를 말하고 '양의 문'을 말하니까 이것을 공간적인 개념으로 이해를 해서, '양의 우리'는 천국이고, 그 천국은 예수라는 '문'을 통과해서 들어간다고만 생각하시면 안 됩니다.

예수님의 이 말씀은 비유입니다. 비유는 이해를 돕기 위해서 예를 드는 것이지 그것이 실제가 아닙니다. 천국이라는 보이지 않는 개념을, '양의 문'이라고 하는 보이는 개념을 이용해서 예수님이라는 '문'을 통해서만 들어갈 수 있다고 비유하는 것이지, '양의 우리'가 천국이라는 뜻은 아닙니다. 그리고 이 '문'은 예수님께서 열고 닫으시며 당신의 양들을 부르는 곳입니다.

만약 '양의 우리'가 천국이라면, "들어가고 나오면서 꼴을 얻을 수 있다"라는 말은 해석이 불가능합니다. 이미 천국에 들어갔던 사람이 어떻게 나올 수 있겠습니까? 또 천국에서 나와서 그곳보다 더 좋은 꼴을 어디서 얻을 수 있겠습니까? 그뿐단 아니라 이미 천국에 들어간 양들을 예수님이 각자의 이름을 불러서 빼낸다고 하면, 예수님은 어떻게 되는 겁니까? 예수님은 구원자가 아니라 침략자가 되는 거겠죠. 그래서 "들어가고 나오면서 꼴을 얻을 수 있다"라는 말씀은, '양의 우리'가 천국이라는 말이 아니라, 우리가 이 땅에 사는 동안 그리스도 예수 안에서, 그리고 예수를 통해서 얼마든지 자유롭게 신령한 양식을 얻게 된다는 뜻입니다. 그래서 이어지는 10절 말씀처럼, 양의 문이 되시고 선한 목자이신 예수님께서 우리의 생명이 더 풍성해질 수 있도록 인도해 주신다는 것입니다.

> 요한복음 10:10, "도둑이 오는 것은 도둑질하고 죽이고 멸망시키려는 것뿐이요 내가 온 것은 양으로 생명을 얻게 하고 더 풍성히 얻게 하려는 것이라"

여기에 생명이 더 풍성해진다는 것은 무슨 뜻일까요? 생명이라도 다 똑같은 생명이 아닙니다. 건강한 생명이 있는가 하면, 병약한 생명도 있습니다. 자신의 삶을 건강하고 바르게 이끌어 가는 생명이 있는가 하면, 스스로 어둠 속으로 이끌어 가는 생명도 있습니다. 복음을 가진 자, 선한 목자이신 예수님의 음성을 듣고 따르는 자들은, 사망의 음침한 골짜기와 같은 현실에서도 생명의 꿀을 먹고 마시게 됩니다.

이 말씀을 잘 이해하셔야 합니다. 우리가 예수님을 잘 믿으면 사망의 음침한 골짜기 같던 현실도, 마치 푸른 초장과 같이 변한다는 뜻이 아닙니다. 오히려 사망의 음침한 골짜기 같은 현실 속에서도, 목자이신 예수 그리스도를 더욱 믿고 의지함으로 말미암아 그분과의 신뢰가 더욱 두터워지고, 더 가까워지게 된다는 말씀입니다. 예수님은 어떤 목자이십니까?

> 요한복음 10:11, "나는 선한 목자라 선한 목자는 양들을 위하여 목숨을 버리거니와"

예수님은 양들을 위하여 자기 목숨을 버리시는 선하신 목자입니다. 그래서 우리가 바라봐야 하는 것은, 사망의 음침한 골짜기와 같은 현실이 아니라, 우리를 위해 목숨까지 아끼지 않으시고 지켜 주시는 예수님을 봐야 합니다. 그 예수님께서 자신의 목숨까지 버려 가면서 우리에게 주려고 하시는 것이 무엇입니까? 생명입니다. 영원한 생명입니다. 그리고 예수님을 향한 우리의 믿음과 관계가 더욱 풍성하게 되는 것입니다.

사도행전은 사망의 음침한 골짜기와 같은 삶을 살면서 복음을 전했던 전도자들이, 예수님을 향한 믿음과 신뢰가 얼마나 풍성했는지를 보여 주는 대표적인 역사 기록입니다. 최초의 순교자였던 스데반을 비롯해서 베드로와 빌립, 바나바와 바울에 이르기까지, 그 누구도 세상적으로 괜찮아 보이고 좋아 보이는 사람이 없었습니다. 하지만 그들은 그 누구보다 풍성한 예수 그리스도와의 친밀함으로 인해, 박해와 죽음이라는 음침한 골짜기 같은 현실을 푸른 초장처럼 지나갔던 사람들입니다. 그 선한 목자이신 예수님께서 자기 양을 부르고 계십니다. 양의 우리 안에 있는 자기 양들뿐만 아니라, 우리 바깥에 있는 자기 양들도 부르고 계십니다.

요한복음 10:16, "또 이 우리에 들지 아니한 다른 양들이 내게 있어 내가 인도하여야 할 터이니 그들도 내 음성을 듣고 한 무리가 되어 한 목자에게 있으리라"

본문에 보시면, 우리 안에 들어 있지 않고 바깥에 있던 양들을 불러 모아서 우리 안으로 들여보내겠다고 하지 않습니다. 우리 안에 있던 양들과 아직 우리 안에 들지 아니한 양들을 모두 모아서 선한 목자 밑에 둘 것입니다. 그 양들은 어떤 공통점이 있습니까? **"그들도 내 음성을 듣고 한 무리가 되어"**라고 했습니다. 우리 안에 있던 양이나 우리 바깥에 있던 양들 모두 목자이신 예수님의 음성을 듣는다는 것입니다.

그런데 이 말씀은 바리새인들이 도무지 이해할 수 없는 내용입니다. 바리새인들은 자기들이야말로 하나님의 택함을 받은 선민들이어서, 마치 받아 놓은 밥상처럼 당연히 천국에 들어갈 것으로 생각했는데, 예수님께서는 우리 안에 있는 당신의 양들을 빼낸다고 말씀하고 있습니다. 그런데 우리 안에 있는 양들만 빼내서 가는 것이 아니라, 우리 바깥에 있는 자기 양도 함께 불러서 그들이 새로운 한 무리가 될 것이라고 말씀했습니다. 그러니 바리새인들 입장에서는 경천동지, 하늘이 놀라고 땅이 흔들릴 만한 말씀입니다. 하지만 우리들 입장에서는 어떻습니까? 그보다 더 기쁜 소식이 없습니다.

요한복음 14:1-3, "너희는 마음에 근심하지 말라 하나님을 믿으니 또 나를 믿으라 2. 내 아버지 집에 거할 곳이 많도다 그렇지 않으면 너희에게 일렀으리라 내가 너희를 위하여 거처를 예비하러 가노니 3. 가서 너희를 위하여 거처를 예비하면 내가 다시 와서 너희를 내게로 영접하여 나 있는 곳에 너희도 있게 하리라"

이 말씀은 예수님께서 제자들과 함께 최후의 만찬을 하시던 날, 자신이 이 세상을 떠나 아버지께로 가실 때가 된 것을 아시고 제자들에게 하셨던 말씀입니다. 보시는 것처럼 예수님께서 자기에게 속한 양을 단순히 우리 안에 가둬 놓는 것이 아니라, 결국 목자이신 주님이 계신 천국까지 인도해 가실 것임을 약속해 주시는 것입니다. 우리가 거할 곳이 어디입니까? 양의 우리입니까? 물론 우리가 이 세상에서 사는 동안은 그럴 것입니다. 예수님께서 당신의 양들을 불러 모아, 교회라고 하는 신앙의 공동체 안에서 다 함께 주의 말씀을 듣고 배우며, 그 말씀을 따라 살면서 그리스도와의 더욱 풍성한 관계를 맺도록 하실 것입니다.

하지만 우리들이 살게 될 곳은 결국 이 땅의 그 어떤 곳도 아닙니다. 목자이신 예수님께서 계신 곳입니다. 그래서 우리는 마치 세상에서 영원히 살 것 같은 그런 삶의 자세를 가져서는 안 됩니다. 우리는 주인이 있는 사람들입니다. 그리고 때가 되면 목자이신 주님께서 우리들 각자의 이름을 부르실 것입니다. 그때가 되면 우리는, 주인의 음성을 듣고 따라나설 사람들입니다.

지금이야 아이들이 집에서 자기 컴퓨터와 스마트폰을 하면서 혼자서 놀지만, 제가 어릴 때만 해도 학교가 끝나고 돌아오면 골목마다 친구들과 어울려 노느라 해가 지고 저녁이 되는 것도 몰랐습니다. 하지만 어느 순간이 되면 아이들이 하나둘씩 다 집으로 돌아갔습니다. 그때가 언제인지 아십니까? 엄마가 "밥 먹어" 하면서 부르는 순간입니다. 아무리 재미있게 놀고 있었더라도, 땅따먹기하면서 선 안에 있는 거의 모든 땅이 내 땅이 되었다 하더라도, 엄마가 부르면 다 두고 집으로 갔습니다.

> 데살로니가전서 4:16-17, "주께서 호령과 천사장의 소리와 하나님의 나팔 소리로 친히 하늘로부터 강림하시리니 그리스도 안에서 죽은 자들이 먼저 일어나고 17. 그 후에 우리 살아 남은 자들도 그들과 함께 구름 속으로 끌어 올려 공중에서 주를 영접하게 하시리니 그리하여 우리가 항상 주와 함께 있으리라"

주께서 호령과 나팔 소리로 우리를 부르시면, 그리스도 안에서 이미 죽은 사람들과 살아 있는 우리들이 함께 끌어 올림을 받게 되고 우리가 항상 주와 함께 있게 될 것입니다. 우리의 이름을 불러 주실 목자가 있고, 주인이 있다는 사실에 기뻐하고 감사하시기 바랍니다. 그때가 되면, 주님께서 자기 양의 이름을 부르실 것입니다. 그때 불리는 이름은, 대학 합격자 명단이나 대기업이나 각종 고시 합격자 명단에 자기 이름이 있는 기쁨과는 비교도 할 수 없는 기쁨일 것입니다. 저와 여러분의 이름이 그 명단 속에 함께 있는 줄로 믿습니다.

사람이 너그러워질 때가 언제인지 아십니까? 떠날 것을 알 때입니다. 군대에서 전역 날짜가 확정되고 제대 날짜가 일주일 정도 남게 되면, 전역하는 사람은 더 이상 아까워하는 것이 없습니다. 자기가 쓰던 것 중에서 후배들이 달라고 하면 거의 다 다낌없이 줍니다. 가지고 있던 것이 쓰던 물건이라 형편없다는 것이 아니라, 그것이 새 물건이라 할지라도 굳이 군대에서 쓰던 것을 더 좋은 것들이 많은 바깥에까지 가지고 나갈 이유가 없기 때문입니다. 그래서 웬만한 건 다 주고 홀가분하게 나갑니다. 제일 덜 떨어진 사람이 군대에서 쓰던 물품을 다 가지고 나가는 사람입니다. 우리 성도들의 삶의 모습이 그와 같습니다. 세상에서 영원한 삶을 살 것 같은 그런 자세로 사는 것이 아니라, 경우에 따라서는 내려놓을 수도 있고 나눠 줄 수도 있는 삶을 사는 것입니다.

거울에 비친 자기 얼굴을 보듯이, 여러분의 모습을 돌아보시기 바랍니다. 여러분의 얼굴에서 삶의 여유가 보이십니까, 아직 가져야 할 것, 채워야 할 것이 많아서 부족해 보이십니까? 조금만 더 여유가 있으시면 좋겠습니다. 주변도 좀 돌아볼 수 있으면 좋겠습니다. 풍성함이란 그런 것 아니겠습니까? 모든 것을 공급해 주시고 채워 주시는 선한 목자이신 예수 그리스도를 목자르 모시고, 교회라는 같은 공간에서 지내는 우리들입니다. 그래서 우리 교회 공동체 안에서는 함께 행복했으면 좋겠습니다. 서로에게 따뜻하고, 좀 더 너그러웠으면 좋겠습니다. 그렇게 서로가 서로를 돌아브면서 그리스도와 자신과의 관계뿐만 아니라, 우리 서로 서로의 관계에서도 더 풍성한 사랑과 기쁨이 넘쳐 나기를 주님의 이름으로 축원합니다.

요한복음 10:23~29

# 내 손에서 빼앗을 자가 없느니라

"23. 예수께서 성전 안 솔로몬 행각에서 거니시니 24. 유대인들이 에워싸고 이르되 당신이 언제까지나 우리 마음을 의혹하게 하려 하나이까 그리스도이면 밝히 말씀하소서 하니 25. 예수께서 대답하시되 내가 너희에게 말하였으되 믿지 아니하는도다 내가 내 아버지의 이름으로 행하는 일들이 나를 증거하는 것이거늘 26. 너희가 내 양이 아니므로 믿지 아니하는도다 27. 내 양은 내 음성을 들으며 나는 그들을 알며 그들은 나를 따르느니라 28. 내가 그들에게 영생을 주노니 영원히 멸망하지 아니할 것이요 또 그들을 내 손에서 빼앗을 자가 없느니라 29. 그들을 주신 내 아버지는 만물보다 크시매 아무도 아버지 손에서 빼앗을 수 없느니라"

요한복음은 크게 두 부분으로 나눌 수 있습니다. 1~10장까지가 1부이고, 11장부터 마지막 21장까지가 2부입니다. 1부에서 전하는 핵심 메시지는, 예수님이 바로 유대인들에게 약속되었던 메시아이시며, 예수님께서 세상에 오신 이유가 사람들의 죄를 대신하여 죽게 될 속죄양이라는 것을 가르쳐 주는 것입니다. 그래서 본문에서는 예수님께서 이 땅에 죽으시기 위해 오셨음을 직접 말씀하셨습니다.

요한복음 10:15, "아버지께서 나를 아시고 내가 아버지를 아는 것 같으니 나는 양을 위하여 목숨을 버리노라"
요한복음 10:17, "내가 내 목숨을 버리는 것은 그것을 내가 다시 얻기 위함이니 이로 말미암아 아버지께서 나를 사랑하시느니라"

하지만 아이러니하게도, 예수님께서 저들을 구원하기 위해 오신 메시아이심에도 불구하고 유대인들은 예수님을 미워하고 배척했습니다. 그리고 저들을 구원하러 오신 메시아를 끝내 자기들의 손으로 죽였습니다. 예수님께서 아무리 진리를 선포하시고 생명의 길을 가르쳐 주셨어도 저들은 듣지 않았습니다. 왜 유대인, 바리새인들이 예수님의 말씀을 듣지 않았을까요? 저들이 예수님의 양이 아니었기 때문입니다. 기독교 진리는 도를 깨우치는 것이 아니라고 반복해서 말씀드리는 이유가 바로 여기에 있습니다.

세상의 모든 종교는 자기가 수행을 하고, 연구도 하고, 도를 닦아서 초월의 경지에까지 이르는 것을 목표로 합니다. 하지만 기독교는 초월을 말하지 않고 은혜를 말합니다. 가끔 TV나 영화에 스님들이 일반 중생들을 만나서 인사할 때, "성불하십시오" 이런 말을 합니다. '성불'이 뭡니까? 열심히 도를 닦아서 부처의 졍지에까지 이르라는 것입니다. 하지만 기독교는 하나님이나 예수님이 되라는 말을 하지 않습니다. 오히려 그렇게 말하면 거짓 선지자, 사이비 이단이 됩니다. 그래서 바른 기독교 신앙을 배우고 가진 성도들일수록 '모든 것이 은혜'라고 고백합니다.

바른 신앙은 무엇일까요? 예수님께서 세상에 오신 이유가 우리에게 진리를 깨우쳐 줘서, 스스로 깨달음을 얻고 뭔가 새로운 방향으로 결단하게 하거나, 또는 세상을 살아가는 도를 가르쳐 주러 오신 것이 아니라는 것을 아는 것입니다. 만약 예수님께서 그러한 목적으로 세상에 오신 것이라면, 바리새인들이나 사두개인들이 예수님을 배척하고, 십자가에 못 박아 죽이는 일은 있을 수 없는 일입니다.

예를 들면 이런 것입니다. 원 포인트 개인지도가 됐든, 집중 과외가 됐든 코치나 선생님이 가르쳐 주는 내용이 효과가 있으려면, 그것을 배우는 학생의 현재 상황이 매우 중요합니다. 골프선수 최경주가 누군가에게 원 포인트 개인지도를 해 준다고 하겠습니다. 그런데 배우는 학생이 한 사람은 PGA 프로 선수 시험을 준비하는 학생이고, 또 한 사람은 오십 평생 한 번도 골프를 쳐 보지 않은 저 같은 사람이라고 했을 때, 그 레슨의 효과는 누구에게 있겠습니까? 당연히 프로 선수를 준비하는 사람이겠죠.

예수님은 세상에 오셔서 성경을 가르치고, 율법을 가르쳤습니다. 유대 사회에서 성경에 능통한 사람들은 누구입니까? 바리새인들, 사두개인들입니다. 예수님이 오셨던 당시에는 사람들이 아람어를 사용하고, 헬라어를 사용하던 때였기 때문에 히브리어로 된 구약성경은 바리새인들이 가르치는 학교에서 특별히 공부를 해야만 알 수 있었습니다. 그런데 예수님은 글을 배우지 않았습니다.

요한복음 7:14-15, "이미 명절의 중간이 되어 예수께서 성전에 올라가사 가르치시니 15. 유대인들이 놀랍게 여겨 이르되 이 사람은 배우지 아니하였거늘 어떻게 글을 아느냐 하니"

그런데 보시는 것처럼, 예수님께서 성전에서 성경을 가르치시니까 사람들이 다 놀랐습니다. **"이 사람은 배우지 아니하였거늘 어떻게 글을 아느냐"** 예수님이 글을 배우지 않았다는 것을 사람들이 어떻게 알았을까요? 예수님이 바리새인이 아니었기 때문에 아는 것입니다. 갈릴리 목수의 아들인 것을 알았기 때문입니다. 히브리어를 배운 적도 없고, 갈릴리 출신 가난한 목수의 아들 주제에 성경을 가르치고 있으니, 놀라 자빠질 노릇이었습니다.

만약 예수님이 성경 이야기를 하지 않고 세상 돌아가는 이야기나 하고, 정치 이야기를 하셨다면 유대인들, 특히 바리새인들과 사두개인들이 놀라지 않았을 것입니다. 당시에는 그런 사람들이 많이 있었으니까요. 하지만 예수님이 하시는 말씀에는 놀랄 수밖에 없습니다. 성경의 글을 배우지 않았는데 사람들에게 성경을 가르치시는 것이 자기들보다 뛰어났기 때문입니다.

> 마태복음 7:28-29, "예수께서 이 말씀을 마치시매 무리들이 그의 가르치심에 놀라니 29. 이는 그 가르치시는 것이 권위 있는 자와 같고 그들의 서기관들과 같지 아니함일러라"

지금 무슨 말씀을 드리려고 하는지 이해되십니까? 만약 예수님께서 전하시는 말씀을 통해서 사람들에게 깨우침을 줘서 그들을 변화시킬 목적으로 세상에 오셨다면, 누구보다 예수님을 믿어야 할 사람, 구원받아야 할 사람들은 바리새인들이었을 것입니다. 왜 그렇습니까? 그들이야말로 성경에 능통한 사람들이었고, 가장 정답에 가까이 있었기 때문입니다. 하지만 가장 정답 가까이에 있었던 사람들이, 성경의 뜻을 가르쳐 주시는 예수님을 오히려 모함하고 누명을 씌워서 죽였습니다.

결국 요한복음은, 예수님께서 사람들에게 도를 전하고 가르쳐서 인간의 반응과 선택과 결단을 요구하러 오신 것이 아니라는 것을 가르쳐 주고 있습니다. 예수님은 우리를 구원하시기 위하여, 처음부터 십자가의 죽음이라는 목적을 가지고 오신 분입니다. 제가 별로 표현력이 좋지 않아서 뭔가 여러분의 심장에 꽂히도록 전달하지 못한다고 해서 이 내용을 그냥 들으시면 절대 안 됩니다. 속담 중에 "개떡처럼 말해도 찰떡처럼 알아듣는다"라는 말이 있죠. 그렇게 알아들으셔야 합니다. "예수님은 우리를 구원하시기 위해 처음부터 죽으러 오셨다." 이걸 이해하지 못하면 자꾸 예수의 정신, 기독교의 정신 이런 정신 타령하다가 길을 잃습니다.

> 요한복음 10:23-24, "예수께서 성전 안 솔로몬 행각에서 거니시니 24. 유대인들이 에워싸고 이르되 당신이 언제까지나 우리 마음을 의혹하게 하려 하나이까 그리스도이면 밝히 말씀하소서 하니"

지금 유대인들이 예수님께 와서 "당신이 그리스도입니까? 정확하게 말해 주세요"라고 묻는 것은, 예수님께서 '그렇다'고 대답하면 예수님을 믿겠다는 뜻이 아닙니다. 저들이 예수를 죽이기로 결심한 지 오래되었지만, 예수님을 죽일 만한 분명한 근거를 잡으려고 묻는 것입니다. "그가 자신을 메시아라고 했다. 자기가 하나님의 아들이라고 했다. 그래서 우리가 그를 죽이는 것은 당연하다"라는 확실한 근거를 잡아내기 위해서, 예수님이 가시는 곳마다 따라다니면서 자꾸 묻는 것입니다. 그때 예수님께서 뭐라고 대답하십니까?

요한복음 10:25, "예수께서 대답하시되 내가 너희에게 말하였으되 믿지 아니하는도다 내가 내 아버지의 이름으로 행하는 일들이 나를 증거하는 것이거늘"

그러면서 그들이 예수님을 도무지 믿지 않는 이유에 대해서, 이렇게 다시 확인해 주셨습니다.

요한복음 10:26-27, "너희가 내 양이 아니므로 믿지 아니하는도다 27. 내 양은 내 음성을 들으며 나는 그들을 알며 그들은 나를 따르느니라"

우리가 믿는 신앙은 무엇입니까? 우리를 구원하신 예수님을 믿는 것입니다. 우리가 예수 그리스도를 믿는다고 할 때, 무엇을 근거로 하여 믿는 것입니까? 웅변 실력이 좋은 목사의 설교를 듣고 믿는 것입니까? 신유 은사, 기도 은사가 있다고 하는 사람들의 기도를 받고 믿는 것입니까? 서로 마음이 통하고 뜻이 통하는 사람들끼리 잘 지내는 사귐을 보고 믿는 것입니까? 그런 것들이 교회에 나오게 하는 어떤 한 요소가 될 수 있을지 몰라도, 그것이 우리가 예수를 믿어야 하는 근본적인 신앙의 이유가 될 수는 없습니다. 우리가 믿는 것은 전능하신 하나님, 불변하시는 하나님, 완전하신 하나님께서 주신 성경 말씀, 그 말씀 속에 있는 변하지 않는 약속을 기반으로 하여, 그리고 오직 성경의 근거에 의해서 예수님을 믿는 것입니다.

여러분! 똑같은 교회를 다니고, 똑같은 성경을 본다고 해서 다 같은 믿음을 가지고 있는 것 아닙니다. 어떤 사람은 성경의 말씀을 따라 믿는 사람이 있고, 어떤 사람은 자기가 믿고 싶은 것을 믿는 사람이 있습니다. 오늘 본문에 예수님께서 뭐라고 하셨습니까? 예수님이 말씀하셔도 예수님의 양이 아닌 사람은 그 말씀을 듣지 않고, 믿지 않는다고 했습니다. 예수님이 이 말을 누구에게 하신 것입니까? 이방인에게입니까, 유대인에게입니까? 유대인에게입니다.

오늘날 교회에도 똑같은 성경을 펴 놓고 다른 말을 하고, 다른 말을 가르치는 사람들이 있습니다. 기독교 정신 운운하면서 하나님은 '다' 사랑하시고, 예수님은 '다' 구원하신다는 것입니다. 그 '다'는 어떤 '다'입니까? 세상 모든 사람들을 말하는 것입니까? 아닙니다. 하나님께서 택하셔서 예수님께 맡기신 그 '전부 다'입니다.

예를 들겠습니다. 엄마가 아들에게 20불을 주면서 "가서 이 돈 다 콩나물 사 와" 이렇게 말했습니다. 그러면 아들이 엄마 말을 듣고 가게에 가서 거기에 있는 콩나물을 다 가지고 나오면 됩니까? 안 됩니까? 엄마가 말한 '다'는 어떤 '다'지요? 가게에 있는 콩나물 '전부 다'가 아니라, 엄마가 준 20불 '전부 다'입니다.

성경이 말씀하는 것이 바로 그것입니다. 예수님께서 부르러 오신 백성들이 '세상 모든 사람 다'가 아니라, 하나님께서 예수님께 맡기신

'제한적인 다'라는 것을 이해하지 못하거나 오해할까 봐 성경의 아주 많은 곳에서 비슷한 설명을 해 주셨습니다. 알곡과 가라지의 비유도 있고, 열 처녀 비유도 있고, 예복을 입지 않은 손님의 비유도 있습니다. 마지막 날에 데려감을 받는 자가 있는가 하면 버려둠을 당하는 자도 있다고 하셨습니다. 모든 사람이 다 구원받는다면 **"한 사람은 데려가고 한 사람은 버려둠을 당할 것"**(마 24:40-41)이라는 말씀은 왜 하셨겠습니까? 만약 하나님의 뜻이 세상 모든 사람을 전부 구원하는 것이라면, 예수님께서 십자가에서 죽으실 이유가 없습니다. 어차피 모든 사람을 다 구원하실 건데 자기 아들을 비참하게 죽일 이유가 무엇이 있겠습니까?

하나님의 뜻은 자신의 자녀와 백성으로 삼으신 모든 사람을 구원하기 위해서 예수님을 이 땅에 보내 주셨고, 예수님은 자기에게 맡겨진 양들, 목자의 음성을 듣는 양들을 불러 구원하기 위해 죽으신 것입니다. 그런데 여기에서 한 가지 의문이 생깁니다. 정말 예수님은 실수 없이 자기에게 맡겨진 사람들을 전부 다 구원하실 것인가? 혹시 예수님이 실수로 빼먹은 사람이 '나'라면 어떻게 하나? 하는 걱정이 드는 것입니다.

여러분은 그런 걱정 해 보지 않으셨습니까? 저는 주일학교 때 우리 가족은 다 구원받았는데 나만 혼자 남겨지면 어떻게 하나? 하는 걱정이 많았습니다. 그래서 저는 어렸을 때 오락실에 가서 오락을 해 본 기억이 없습니다. 이사야 58장에 안식일을 지키라고 말씀하면서, 오락을 행하지 말라고(사 58:13) 한 말씀을 듣고서 오락실에 가면 안 된다고 생각했기 때문입니다. 물론 그 오락이 오락실의 오락은 아닌데, 보수적인 장로교회 주일학교에서 어릴 때부터 워낙 강하게 교훈을 받다 보니까, 오락실에서 나오는 배경 음악 소리만 들어도 마치 지옥에 갈 것 같은 두려움이 있었습니다. 그래서 사람은 잘 배우는 게 중요합니다. 어려서부터 답답하게 배워 놓으니까 커서도 좀 답답한 면이 있습니다.

교회마다 구원받는 믿음을 가르치면서 충성을 강조하고, 헌신봉사, 각종 예배와 기도회 참석, 십일조와 헌금, 심지어 목사의 말에 절대 복종을 가르칩니다. 또 성도들은 그렇게 해야만 구원받는 줄 알고 그렇게 믿고 따라갑니다. 정말 그럴까요? 그렇게 해야만 구원을 받을까요? 구원에 대한 바른 지식이 없고, 성경 말씀이 아닌 목사 말만 듣고 신앙생활을 하면, 인도하는 목사가 누구냐에 따라서 잘못하면 대단히 위험한 지경에 빠질 수도 있습니다.

모르는 길을 여행할 때 제일 중요한 것이 무엇입니까? 지도와 나침반을 가지고 있는 것입니다. 그렇게 초행길을 가다가 지도를 봐도 잘 모를 때는, 그 지역에 사는 사람에게 길을 물어볼 수도 있겠죠. 그런데 지도를 보면서 물어보는 것과 아무것도 없이 물어보는 것과는 근본적인 차이가 있습니다. 아무것도 없이 물어봤는데 그 사람이 잘못된 길을 가르쳐 주면 어떻게 합니까? 고생만 하지, 원하는 목적지는 찾아갈 수 없습니다. 하지만 지도를 가지고 보여 주면서 물어보면, 그 사람이 영 엉뚱한 소리는 하지 못합니다. 적어도 그 지도에 근거해서 현재 위치와 가야 할 방향을 제시하며 찾아갈 수 있도록 해 주겠지요. 그리고 가르쳐 주는 사람이 제대로 가르쳐 주고 있는지 지도를 보면서 확인할 수 있기 때문에, 영 엉뚱한 소리를 하는지 파악할 수 있습니다. 그래서 그 말을 믿고 따라가든지, "나보다 더 모르네!" 하고 무시하든지 할 것입니다.

구원을 얻는 믿음의 길을 찾아가는 여러분에게 지도가 있습니까, 없습니까? 있습니다. 바로 성경입니다. 그런데 성경을 가지고만 있으면, 지금 가지고 있다고 하니까 교회 오면서 들고 오는 성경을 생각하면 안 됩니다. 지도를 갖고 있어도 안 보면 소용없듯이, 성경을 가지고 있어도 안 읽으면 소용없습니다. 하지만 지도를 봐도 잘 모를 때, 누군가 지도 보는 법을 가르쳐 주고 도와줄 수 있습니다. 그 사람이 누구입니까? 목사입니다. 목사는 도를 통한 도사가 아닙니다. 구약의 제사장, 선지자나 신약의 사도가 아닙니다. 하나님께로부터 신적 능력을 받은 사람은 더더욱 아닙니다. 하지만 목사는 지도를 펴서 가야 할 목적지를 알려 주는 사람처럼, 성경을 펴서 거기에 기록된 구원의 길을 가르쳐 주는 안내자입니다.

오늘날 한국 교회가 병들고, 기독교 신앙이 세상에서 존중받지 못하는 이유가 무엇입니까? 지도 없이 헤매고 있기 때문입니다. 그나마 예전에는 주일날 성경이라도 들고 다니면서 예배 시간만이라도 펴서 읽었는데, 지금은 영상으로 다 보여 주니까 이제는 성경도 갖고 다니지 않습니다. 이렇게 성경은 하나도 안 읽고, 예배 시간에 목사가 하는 설교만 들으면서 신앙생활을 하다 보니까, 교회를 오랫동안 다니고 자기 나름대로 열심히 봉사도 하면서 신앙생활을 했음에도, 구원

문제에 있어서는 늘 물음표가 있습니다. 열심히 교회 봉사하고, 기도하거나 찬양하면서 뭔가 감정이 뜨거워지면 구원받은 것 같고, 교회에 왔다가 기분 나쁜 일이 생기고 마음 상할 일이 생겨서 한동안 교회에 안 나오면 불안해지고 하는 것입니다.

정말 최악은 뭔지 아십니까? 그렇게 열심히 신앙생활하다가 시험 들고 상처받아서 교회를 떠난 사람은, 처음부터 예수님을 믿지 않던 사람보다 더 교회를 미워하고 싫어하고, 하나님을 원망하고 반대하게 된다는 것입니다. 물론 예수님의 양에 속한 사람이라면 한동안 그렇게 방황하다가 다시 돌아오기는 합니다. 하지만, 그 사람이 성경만 제대로 알았다면 하지 않았을 오해를 하게 되고, 혼자 방황하면서 아까운 시간만 낭비하게 됩니다.

또한 성경 없이 신앙생활을 하다 보니, 종교적인 관습과 인간에게 내재된 종교성이 이끄는 대로 신앙생활을 하는 경우도 얼마나 많은지 모릅니다. 성경에 말씀하신 하나님의 뜻을 따라 신앙생활을 하는 것이 아니라 자기가 믿고 싶은 것을 믿는 신앙생활을 하다 보니, 세상 종교와 차별성도 없을뿐더러 그나마 그들의 종교적 도덕 수준도 따라가지 못해서 욕을 먹습니다.

다시 오늘 본문으로 돌아오면, 예수님께서 내 양은 내 음성을 듣고 나를 안다고 하신 후에, 선한 목자이신 예수님께서 자신의 양을 위해 어떤 일을 하시는지 분명하게 가르쳐 주셨습니다.

요한복음 10:28-29, "내가 그들에게 영생을 주노니 영원히 멸망하지 아니할 것이요 또 그들을 내 손에서 빼앗을 자가 없느니라 29. 그들을 주신 내 아버지는 만물보다 크시매 아무도 아버지 손에서 빼앗을 수 없느니라"

여기에 **"내 손에서 빼앗을 자가 없느니라"**라는 말씀에 밑줄을 진하게 그으시기 바랍니다. 구원의 확실성은 내가 붙잡고 있는 것이 아닙니다. 예수 그리스도께서 우리를 붙잡고 있으며, 그 어느 누구도 우리를 그리스도 예수의 손에서 빼앗을 수 없습니다. 그래서 베드로 사도는 우리가 받을 구원은 하나님의 능력으로 보호받은 것이라고 가르쳐 주었습니다.

베드로전서 1:3, "우리 주 예수 그리스도의 아버지 하나님을 찬송하리로다 그의 많으신 긍휼대로 예수 그리스도를 죽은 자 가운데서 부활하게 하심으로 말미암아 우리를 거듭나게 하사 산 소망이 있게 하시며"

하나님께서 예수 그리스도를 죽은 자 가운데서 부활하게 하신 이유가 무엇입니까? 우리를 거듭나게 해서 산 소망이 있게 하기 위함입니다. 그렇게 거듭나게 하는 이유는 무엇일까요?

베드로전서 1:4, "썩지 않고 더럽지 않고 쇠하지 아니하는 유업을 잇게 하시나니 곧 너희를 위하여 하늘에 간직하신 것이라"

썩지 않고, 더럽지 않고, 쇠하지 않는 유업을 잇게 하기 위함입니다. 그 유업은 취소되거나 빼앗길 염려가 있는 것입니까?

베드로전서 1:5, "너희는 말세에 나타내기로 예비하신 구원을 얻기 위하여 믿음으로 말미암아 하나님의 능력으로 보호하심을 받았느니라"

우리가 말세에 받기로 예비된 구원은, 하나님의 능력으로 보호하심을 받았다고 확증해 주셨습니다. 여기에 우리가 말세에 구원을 받게 되는 것이 예비되었다고 했는데, 그것은 언제부터 예비된 것입니까?

에베소서 1:4-5, "곧 창세 전에 그리스도 안에서 우리를 택하사 우리로 사랑 안에서 그 앞에 거룩하고 흠이 없게 하시려고 5. 그 기쁘신 뜻대로 우리를 예정하사 예수 그리스도로 말미암아 자기의 아들들이 되게 하셨으니"

우리가 받을 구원이 창세전에 이미 예정되었다고 합니다. 여기에서 의문이 생깁니다. "창세전에 예정되어 있었다, 말세에 받게 될 것이다"라고 했는데, 이것은 우리 손에 쥐어져 있는 것입니까? 개념은 있지만 아직 우리 손에는 없는 것입니까? 아직 우리 손에는 없습니다. 보이지 않습니다. 그러면 우리가 구원받기로 예비되어 있었고, 장차 받게 될 거라는 것을 어떻게 확인할 수 있습니까?

로마서 8:29-30, "하나님이 미리 아신 자들을 또한 그 아들의 형상을 본받게 하기 위하여 미리 정하셨으니 이는 그로 많은 형제 중에서 맏아들이 되게 하려 하심이니라 30. 또 미리 정하신 그들을 또한 부르시고 부르신 그들을 또한 의롭다 하시고 의롭다 하신 그들을 또한 영화롭게 하셨느니라"

"**미리 정하신 그들을 또한 부르시고**" 하나님께서 부르셨으니 저와 여러분이 오늘 여기에 나와 있습니다. 불러서 뭐 하자는 것입니까? "**부르신 그들을 또한 의롭다**" 하십니다. 저와 여러분은 죄인입니까, 의인입니까? 세상 모든 사람이 다 죄인입니다. 그런데 하나님께서 우리를 부르셔서 우리가 이 자리에 나왔더니 어떻게 해 주셨습니까? '의롭다'고 해 주셨습니다.

지금 이 말은 우리가 의로운 사람이기 때문에 의롭다고 불러 주는 것입니까, 우리의 상태나 행위와 상관없이 하나님께서 일방적으로 '의롭다'고 여겨 주시는 것입니까? 재판장이신 하나님께서 '의롭다'고 인정해 주시는 것입니다. 그러면 하나님께서 우리에게 "너희는 죄 없다, 너희는 의롭다"라고만 불러 주시면 우리의 구원이 완성되는 것입니까? 아니지요. "**의롭다 하신 그들을 또한 영화롭게 하셨느니라**" 이처럼 의롭게 된 우리들을 하나님께서 영화롭게 하시는 자리까지 이끌어 가실 것입니다.

여기에 우리가 한 일이 있습니까, 없습니까? 없습니다. 숟가락 하나라도 얹은 것이 있습니까? 전혀 없습니다. 창세 전에 예정된 우리의 구원은 하나님의 능력으로 마지막 날까지 보호된, 보장된 구원입니다. 그리고 이 구원은 단지 의미로만, 이미지나 상상으로만 있는 것이 아니라 우리를 주님의 몸 된 교회로 부르시고, 죄 없다 하시고, 의롭다 하시고, 영화롭게 되는 자리까지 하나님께서 친히 이끌어 가실 것입니다. 우리가 받은 이 구원을 그리스도 예수의 손에서 빼앗아 가거나, 끊어 낼 수 있는 자가 없습니다.

로마서 8:38-39, "내가 확신하노니 사망이나 생명이나 천사들이나 권세자들이나 현재 일이나 장래 일이나 능력이나 39. 높음이나 깊음이나 다른 어떤 피조물이라도 우리를 우리 주 그리스도 예수 안에 있는 하나님의 사랑에서 끊을 수 없으리라"

세상에서 가장 힘이 센 사람이라 할지라도, 그 사람이 이미 죽은 사람이라면, 어린아이라도 그 사람이 손에 쥐고 있는 것을 쉽게 빼앗을 수 있을 것입니다. 자기에게 아무리 강한 힘이 있다고 해도 그 힘의 능력은 오직 살아 있을 때만 쓸 수 있습니다. 그래서 구원의 근거를 자기 자신에게서 찾으려고 하는 사람은, 이러한 가장 기본적이고 상식적인 생각에도 미치지 못하는 것입니다. 인간이 자신의 수명을 스스로 결정할 수 있습니까? 자기가 원하는 만큼 늘일 수 있습니까?

그런데 인간이 무슨 능력과 힘과 권세가 있기에 자기 손에 쥔 것을 빼앗을 수 없다고 자신할 수 있는 것입니까? 그의 생명이 끝나는 순간, 그가 손에 쥐었다고 생각하는 구원은 쉽게 빼앗길 것이기 때문입니다. 그러면 구원받은 사람이 가게 될 천국은 우리가 살아 있으면서 가게 되는 곳입니까, 죽은 후에 가는 곳입니까? 죽은 뒤에 가죠. 그런데 자기가 무슨 능력이 있다고 죽은 뒤에 가게 될 천국을 자기가 확신합니까?

요한계시록 7:10, "큰 소리로 외쳐 이르되 구원하심이 보좌에 앉으신 우리 하나님과 어린 양에게 있도다 하니"

구원하심이 누구에게 있다고 했습니까? **"보좌에 앉으신 우리 하나**

**님과 어린 양에게"** 있습니다. 이제 안심이 됩니까? 이게 박건일 목사 개인의 주장이라고 하면 여러분이 어떻게 믿겠습니까? 그런데 이와 같은 약속이 불변하시는 하나님의 말씀인 성경에 기록되어 있기 때문에 우리가 안심할 수 있는 것입니다. 마지막으로 이 말씀을 다 같이 읽고 예배를 마칩니다.

요한복음 10:29, "그들을 주신 내 아버지는 만물보다 크시매 아무도 아버지 손에서 빼앗을 수 없느니라"

요한복음 11:1~4

## 하나님의 영광을 위함이요

"1. 어떤 병자가 있으니 이는 마리아와 그 자매 마르다의 마을 베다니에 사는 나사로라 2. 이 마리아는 향유를 주께 붓고 머리털로 주의 발을 닦던 자요 병든 나사로는 그의 오라버니더라 3. 이에 그 누이들이 예수께 사람을 보내어 이르되 주여 보시옵소서 사랑하시는 자가 병들었나이다 하니 4. 예수께서 들으시고 이르시되 이 병은 죽을 병이 아니라 하나님의 영광을 위함이요 하나님의 아들이 이로 말미암아 영광을 받게 하려 함이라 하시더라"

지난 시간에 말씀드렸던 것처럼, 요한복음은 11~21장까지는 같은 주제를 설명하기 위한 2부입니다. 10장까지의 1부에서 전하는 핵심 메시지는, 예수님이 바로 유대인들에게 약속되었던 메시아이며, 예수님께서 세상에 오신 이유가 사람들의 죄를 대신해 죽게 될 속죄양이라는 것을 가르쳐 주는 것이었습니다. 그리고 11장부터 설명될 2부에서는, 십자가의 죽음으로 완성될 예수님의 대속 사역이 어떻게 진행되어 가는지, 그 과정과 결말을 확인하게 될 것입니다.

요한복음 11장에서는, 베다니라는 동네에서 살던 청년 '나사로'가 어느 날 중한 병을 앓다가 죽었는데, 예수님께서 그곳에 오셔서 죽은 지 나흘이 된 그 청년을 살리신 내용을 기록하고 있습니다. 그런데 본문에 보면, 예수님은 이 청년뿐만 아니라 그의 가족과 특별한 관계가 있었음을 알 수 있습니다.

요한복음 11:1, "어떤 병자가 있으니 이는 마리아와 그 자매 마르다의 마을 베다니에 사는 나사로라"

예수님께서 살려 주셨던 나사로에 대해 설명하면서, 그는 '마리아와 마르다 자매'의 마을 베다니에 살고 있던 사람이었다고 말씀합니다. 이렇게 특정 인물에 대한 이름까지 소개한 걸 보면, 요한이 볼 때도 이 자매는 예수님께 특별한 사람이었던 것으로 보입니다.

요한복음 11:2, "이 마리아는 향유를 주께 붓고 머리털로 주의 발을 닦던 자요 병든 나사로는 그의 오라버니더라"

오늘 본문 외에도 누가복음 7장에 보면, 마리아처럼 예수님의 발에 향유를 붓고, 자기 머리털로 닦은 여인이 또 있습니다. 그래서 본문에 나오는 마리아와 누가복음에 나온 여인이 같은 사람이 아닐까 생각할 수 있는데, 사실은 그렇지 않습니다.

그 첫째 이유는, 누가복음 7장의 배경은 갈릴리 바다 근처의 '가버나움'과 '나인성' 주변입니다. 누가복음 7장 1~10절에 보면, 예수님께서 어떤 백부장의 종의 병을 단지 말씀만으로 고쳐 주신 사건이 기록되어 있는데, 그 기적을 행하신 장소가 가버나움이었다고 말씀하고 있습니다.

또한 7장 11~17절에는, 예수님께서 백부장의 종의 병을 고치신 후에 나인성에 들어가셨을 때, 한 과부의 아들이 죽어서 상여를 매고 나오는 것을 보시고, 상여를 세운 후 예수님께서 죽은 청년을 살려 주셨습니다. 가버나움과 나인성은 갈릴리 바다 근처에 위치해 있습니다.

이 사건 이후에 예수님께서 한 바리새인의 집에 계실 때, 그 동네에 죄를 지은 어떤 여자가 눈물로 예수님의 발을 적시고 자기 머리털로 닦고, 가지고 온 향유를 그 발에 부은 사건이 기록되어 있습니다.

> 누가복음 7:37-38, "그 동네에 죄를 지은 한 여자가 있어 예수께서 바리새인의 집에 앉아 계심을 알고 향유 담은 옥합을 가지고 와서 38. 예수의 뒤로 그 발 곁에 서서 울며 눈물로 그 발을 적시고, 자기 머리털로 닦고 그 발에 입 맞추고 향유를 부으니"

이 일이 있고 난 뒤에 8장은 이렇게 시작됩니다. **"그 후에 예수께서 각 성과 마을에 두루 다니시며 하나님의 나라를 선포하시며 그 복음을 전하실새 열두 제자가 함께 하였고"**(눅 8:1) 성경학자들은 이 전체를 가리켜서 예수님의 갈릴리 2차 사역이라고 말합니다. 이에 반해서 오늘 본문에 나오는 베다니는 갈릴리가 아닌, 유대 땅 예루살렘 근처에 위치해 있습니다. 이처럼 본문과 누가복음의 사건은 일어난 지역과 장소가 서로 달랐습니다.

두 번째 증거는, 마리아가 예수님의 발에 향유를 부은 사건은, 오빠가 살아난 이후에 있었던 일입니다.

요한복음 12:1-3, "유월절 엿새 전에 예수께서 베다니에 이르시니 이곳은 예수께서 죽은 자 가운데서 살리신 나사로가 있는 곳이라 2. 거기서 예수를 위하여 잔치할새 마르다는 일을 하고 나사로는 예수와 함께 앉은 자 중에 있더라 3. 마리아는 지극히 비싼 향유 곧 순전한 나드 한 근을 가져다가 예수의 발에 붓고 자기 머리털로 그의 발을 닦으니 향유 냄새가 집에 가득하더라"

나사로의 동생 마리아는, 예수님께서 자기 오빠를 살려 주신 것에 감사해서 자기 집에서 잔치를 베푸는 도중에, 순전한 향유를 가져다가 예수님의 발을 씻기고 자기 머리털로 그의 발을 닦았습니다. 앞서 누가복음 7장에서 살펴봤던 사건은 예수님의 2차 갈릴리 사역 가운데 있었고, 시기적으로도 예수님의 공생애 기간 중 초중반기에 있었던 사건입니다.

이에 반해 오늘 본문의 사건은 요한복음 12장에서 확인하는 것처럼, 예수님께서 십자가 죽음을 앞두고 잡히시기 직전에 일어났던 일입니다. 따라서 여인이 예수님의 발에 향유를 붓고 자기 머리털로 닦은 이 사건은 지역이나 시간상으로 비교해 봤을 때, 본문에 나오는 마리아와 누가복음 7장에 나오는 여인이 서로 다른 사람임을 알 수 있습니다.

3절 말씀은 예수님과 삼 남매의 관계가 다른 사람들에 비해 좀 더 특별한 사이였다는 것을 이렇게 표현하고 있습니다.

요한복음 11:3, "이에 그 누이들이 예수께 사람을 보내어 이르되 주여 보시옵소서 사랑하시는 자가 병들었나이다 하니"

그러면 예수님과 베다니의 삼 남매는 어떤 특별한 관계가 있었을까요? 나사로가 병에 들었을 때 마리아와 마르다가 사람을 보내 **"주여 보시옵소서 사랑하시는 자가 병들었나이다"**라고 요청할 수 있을 만큼, 베다니의 삼 남매는 예수님과 매우 가까운 사이였던 것으로 보입니다. 복음서에 예수님께서 병을 고쳐 주시고, 귀신을 쫓아 주신 일이 많이 기록되어 있고, 심지어 죽은 자를 살려 주신 일도 있었지만, 베다니의 삼 남매처럼 **"사랑하는 자가 병들었다"**라고 하면서 와 달라고 요청한 경우는 없었습니다.

그러면 사도 요한은 왜 본문에 "주님의 사랑하시는 자"라는 표현을 사용하여, 나사로의 동생들이 예수님께 오빠의 병든 사실을 알렸다고 기록했을까요? 그것은 우리가 요한복음 10장에서 살펴봤던 것처럼, 선한 목자로 오신 예수님께서 자신의 음성을 듣는 양들을 얼마나 사랑하시는지 알게 하기 위해서 이와 같은 표현을 사용한 것입니다. 마리아와 마르다가 "사랑하는 자가 병들었다"라고 사용한 이 표현은 일차적으로는 병든 자기 오빠인 나사로를 가리키는 말이지만, 동시에 이 말씀은 오늘날 저와 여러분들도 사용할 수 있는 말입니다.

데살로니가후서 2:13, "주께서 사랑하시는 형제들아 우리가 항상 너희에 관하여 마땅히 하나님께 감사할 것은 하나님이 처음부터 너희를 택하사 성령의 거룩하게 하심과 진리를 믿음으로 구원을 받게 하심이니"

마리아와 마르다가 예수님께 병든 오빠의 치료를 부탁하면서 **"주여 보시옵소서 사랑하시는 자가 병들었나이다"**라고 말했던 것처럼, 신약의 성도들을 향해서도 **"주께서 사랑하시는 형제들"**이라고 표현하고 있습니다. 우리가 어떻게 **"주께서 사랑하시는 형제들"**이 될 수 있습니까? 그것은 하나님께서 처음부터 우리를 택하셔서, 성령의 거룩하게 하심을 입게 하셨고, 우리 마음에 진리를 믿는 믿음을 더해 주셔서 구원을 받게 해 주셨기 때문입니다. 그래서 요한복음 10장의 표현처럼, 우리는 목자 되신 예수 그리스도를 알고 주님 역시 우리를 아시기 때문에, 오늘 저와 여러분들이 목자 되신 주님의 음성을 듣고 이 자리에 나올 수 있게 된 것입니다.

마리아와 마르다가 예수님께 "주께서 사랑하시는 자"라고 당당하게 말할 수 있었던 것처럼, 오늘 저와 여러분들도 주님께 기도할 때 "주께서 사랑하시는 자"라고 당당하게 말할 수 있습니다. 왜 그렇습니까? 예수님은 마리아와 마르다만의 예수님이 아니라, 저와 여러분의 예수님이기 때문입니다. 또한 예수님은 마리아와 마르다만의 목자이신 것이 아니라, 저와 여러분의 목자도 되시기 때문입니다.

오늘 우리가 중점적으로 살펴보려고 하는 내용은 4절입니다.

요한복음 11:4, "예수께서 들으시고 이르시되 이 병은 죽을병이 아니라 하나님의 영광을 위함이요 하나님의 아들이 이로 말미암아 영광을 받게 하려 함이라 하시더라"

병들어 죽어 가는 오빠를 보면서, 마리아와 마르다가 안타까운 심정으로 예수님께 사람을 보내어 와 달라고 부탁하고 있는데, 예수님은 **"이 병은 죽을병이 아니라 하나님의 영광을 위"**한 것이라고 말씀하셨습니다. 그러고 보니 이와 비슷한 말씀을 어디서 본 기억이 있습니다. 앞서 요한복음 9장에서 예수님께서 날 때부터 맹인이었던 사람을 고치시기 전에, 제자들이 저 사람은 누구의 죄 때문에 맹인으로 태어났는지를 물었을 때 예수님께서 하신 대답이었습니다. 잘 비교해서 보시기 바랍니다.

요한복음 9:3, "예수께서 대답하시되 이 사람이나 그 부모의 죄로 인한 것이 아니라 그에게서 하나님이 하시는 일을 나타내고자 하심이라"

자, 여러분은 이 두 곳의 말씀을 보시면서 어떤 생각이 드십니까? 하나님의 영광을 위하고, 하나님의 아들의 영광을 위하고, 하나님께서 하시는 일을 나타내기 위하는 일이라면, 누군가는 날 때부터 맹인이었어야 하고, 누군가는 병든 소식을 듣고도 죽도록 내버려둬도 괜찮다고 보이지 않습니까? 그래서 성경을 읽으면서 우리가 믿음이 있고, 예수님께서 말씀만 하시면 어떤 병에 걸린 사람이라도 고치시고, 심지어는 죽은 자도 살리신다는 식으로 인간의 아쉬움을 해결해 주는 기적이나 능력 일변도의 신앙만을 가져서는 안 됩니다. "모로(옆으로) 가도 서울만 가면 된다"라는 식으로, 현재 자신의 가장 큰 문제인 중한 병이 하나님의 은혜로 낫게 되었고, 자신의 안타까운 문제가 모두 해결되었으니, 그 자체가 하나님께 영광이라고 생각할 수 있기 때문입니다.

오늘 본문이 말씀하는 것은, 우리가 종교적 관점에서 지니고 있는 그런 인식에 대한 근본적인 문제를 지적하고 있습니다. 잘 들으셔야 합니다. 하나님께서 자신과 그의 아들의 영광을 위하고, 하나님의 하시는 일을 나타내기 위해서 맹인으로 나게 해 놓고 고치시고, 일부러 죽였다가 살리기도 하신다면, 그런 하나님을 사랑의 하나님이라고 말할 수 있습니까? "병 주고 약 준다"라는 말처럼, 하나님께서 자신의 존재감을 극대화하기 위해서 대상이 되는 인간을 비참하게 태어나게 하고, 죽을병에 걸리게 하거나 병자를 고의로 내버려둬서 죽게 했다면, 그런 분을 참된 하나님이라고 할 수 없을 것입니다. 그리고 만약 하나님이 정말 그런 분이시라면, 우리는 차라리 하나님을 알지 못하고 사는 편이 훨씬 더 나을 것입니다. 그렇지 않습니까?

왜 우리가 하나님이 관심을 두는 대상이 되어서, 그것도 단지 하나님의 영광을 드러내기 위한 일종의 소모품의 하나가 되어야 하는 걸까요? 그러면 성경에 기록된 하나님이 정말 그런 분입니까? 그렇지 않습니다. 오히려 하나님은 인간을 위하여 당신의 아들을 대속 제물로 내놓으신 분이십니다. 그래서 우리는 본문에 기록된 나사로가 죽을병에 걸려서 끝내 죽은 것이, 하나님의 영광을 위하는 것이며 하나님의 아들이 이로 말미암아 영광을 얻게 된다는 말씀의 의미를 제대로 알아야 합니다.

본문에 예수님께서 나사로가 병들어 죽게 되었다는 소식을 어떤 사람을 통해 전해 들었습니다. 아마도 예수님께서 그 소식을 듣고서 곧장 베다니로 가셨다면, 21절과 32절에서 마르다와 마리아가 예수님께 했던 말처럼, 어쩌면 나사로는 죽지 않았을지도 모릅니다. 하지만 예수님은 나사로가 병들어 죽게 되었다는 소식을 듣고도, 곧장 찾아가지 않았습니다. 오히려 예수님은 **"이 병은 죽을 병이 아니라"** 말씀하면서 그곳에 이틀을 더 머무셨습니다.

요한복음 11:6, "나사로가 병들었다 함을 들으시고 그 계시던 곳에 이틀을 더 유하시고"

여기에 나사로가 죽을병이 아니라고 하셨는데 정작 현실은 어땠습니까? 예수님 말씀처럼 며칠 지나고 나니 건강을 회복하고 괜찮아졌습니까? 아닙니다.

요한복음 11:39, "예수께서 이르시되 돌을 옮겨 놓으라 하시니 그 죽은 자의 누이 마르다가 이르되 주여 죽은 지가 나흘이 되었으매 벌써 냄새가 나나이다"

죽을병이 아니라고 했던 예수님의 말씀과 달리, 예수님께서 베다니에 도착했을 때 나사로는 이미 죽은 지 나흘이나 지난 뒤였습니다. 그래서 오늘 본문 4절 말씀을 제대로 이해해야 할 필요가 있는 것입니다.

요한복음 11:4, "예수께서 들으시고 이르시되 이 병은 죽을 병이 아니라 하나님의 영광을 위함이요 하나님의 아들이 이로 말미암아 영광을 받게 하려 함이라 하시더라"

"하나님의 영광"은 어떤 것입니까? 우리는 너무나 쉽게 이렇게 이해합니다. "내가 남들보다 더 열심히 하나님을 믿고 기도했더니, 하나님께서 특별히 나를 사랑하셔서 잘되게 만들어 주셨다"라는 식으로 하나님께서 자신을 당신의 영광으로 삼았다는 것입니다. 그래서 우리가 하나님께 기도할 때 자주 하는 말이 무엇입니까? "하나님, 이게 나 혼자 좋자고 하는 기도가 아닙니다. 그래도 교회에서 믿음이 좋은 내가 잘돼야 하나님도 영광을 받으실 것 아닙니까?" "내가 이렇게 열심히 신앙생활을 했는데, 그런 내가 잘못된다면 누가 하나님을 믿겠습니까? 그러니 좋은 말로 할 때 나를 잘되게 해 주세요. 그게 하나님 영광을 위해서도 좋은 일입니다." 이런 식의 기도를 합니다.

그런데 우리가 만약 하나님의 영광을 이렇게 생각한다면, 우리는 하나님에 대하여 정말 하나도 알지 못하는 것입니다. 만약 그런 관점으로 오늘 본문을 바라보면, 예수님께서 일찍 가셨다면 나사로가 죽지 않았을 텐데 자신의 영광을 극대화하기 위해 일부러 늦게 가서 나사로를 죽게 만들었다가 다시 살리셨다, 이런 결고로 해석되기 때문입니다. 우리가 반드시 기억해야 할 것은, 하나님은 누군가의 병을 고쳐 주시고, 절대 해결될 수 없을 것 같은 인간의 둔제를 풀어 주시고, 심지어는 죽은 사람을 살려 내는 식으로 자신의 영광을 드러내는 분이 아닙니다.

"뭐 눈에는 뭐만 보인다"라는 말이 있지요. 자기 수준이 워낙 낮다 보니, 전능하신 하나님을 바라볼 때도 자기 눈높이 수준에서 하나님을 생각합니다. 그래서 본문에 기록된 "하나님의 영광"을 이해하려면, 그 하나님의 영광이 드러나게 되는 동기가 되는 "나사로의 병"에 대한 이해가 먼저 있어야 합니다. 나사로는 왜 죽을병에 걸린 것입니까? 하나님께서 자기 영광을 드러내기 위해서, 일부러 나사로를 병들게 하신 것입니까? 그러면 나사로만 병에 들었습니까? 우리도 병에 걸리지 않습니까? 우리가 감기에 걸리거나, 몸 안에 또는 신체 외부에 입게 되는 여러 가지 질병이나 상처들은 어떤 것입니까? 그 모든 것들도 나를 통해 하나님의 영광을 나타내 보이기 위한, 어떤 수단이나 방법의 하나로 걸리는 것입니까?

다시 말씀드리지만 '나사로가 병에 걸렸다, 누군가가 중병에 들었다', 그런데 예수 잘 믿었더니 고침을 받았다라는 어떤 결과에만 집중하다 보면, 정작 성경이 말씀하는 "하나님의 영광"이 무엇인지 놓치게 됩니다. 인간이 병에 걸리게 되는 근본 원인이 무엇일까요? 손을 안 씻어서, 물을 안 끓여 먹어서 걸리는 것입니까? 아니지요. 인간이 병에 걸리고, 결과적으로 모든 인간이 죽게 되는 원인은 죄 때문입니다. 에덴동산에서 아담과 하와가 죄를 범하지 않았다면, 질병이나 늙음이나 죽음은 없었을 것입니다. 하지만 인간이 죄를 지었기 때문에, 그 죄의 결과로 온 것들이 우리가 싫어하는 그런 나쁜 것들입니다.

그러면 나사로가 병에 걸린 것이 "하나님의 영광"을 위한다는 것은 무슨 뜻일까요? 하나님께서 그 병의 원인이 되는 '죄'의 문제를 해결하시는 것을 통해, 영광을 받으신다는 것입니다. 나쁜 의사는 환자가 아픈 원인을 찾기보다는, 증상만 보고 처방해 줍니다. 물론 감기와 같은 가벼운 질병들은 증상에 대한 처방만으로도 치료할 수 있겠지만, 몸 안에 생긴 어떤 중한 병으로 인해 그러한 증상이 나타났다면, 겉으로 드러난 증상만 보고 내린 처방은 오히려 몸 안의 병을 더 악화시킵니다. 그래서 좋은 의사는 찾아온 환자의 상태를 본 뒤에, 그러한 증상이 생긴 원인을 찾아내서 고쳐 줍니다.

어지럽고 가슴이 답답해서 의사를 찾아왔는데 아픈 것을 해결해 줄 약은 줄 생각도 하지 않고, 대신 값비싼 CT 촬영, MRI 검사를 해봐야 할 것 같다고 합니다. 그러면 그 의사의 말을 들어야 합니까, 안 들어도 됩니까? 현재 겉으로 드러난 통증이나 증상이 몸 안에 있는 더 큰 병으로 인해 나타난 현상이라면, 정확한 검사를 해야 한다는 의사의 말을 듣는 것이 현명한 판단입니다.

하나님은 어떤 분이십니까? 나사로가 걸린 병의 나타난 증상을 치료하시고 영광으로 삼으시는 것입니까? 아닙니다. 그 나사로가 죽어서 나흘이 지나 썩은 냄새가 진동해도 내버려두시는 것입니다. 왜요? 그것이 근본적인 처방이 될 수 없기 때문입니다. 그렇게 병든 나사로를 고쳐 놔도, 얼마간 시간이 지나고 나면 다시 죽게 될 것이기 때문입니다. 그래서 우리가 성경을 제대로 알아야 합니다. 그리고 성경에 기록된 각종 기적들을 보는 관점이 바뀌어야 합니다.

"기도원 가서 기도했더니 병이 나았다, 금식하며 부르짖었더니 문제가 해결되었다"라는 식의 문제 해결은 기독교뿐만 아니라, 다른 종교를 믿는 사람들도 다 하는 간증입니다. 부처님께 매일 절을 하며 정성을 드렸더니 아이가 생겼다, 공양미 삼백 석을 드렸더니 눈도 뜨게 되었다는 식의 이야기는 별로 신기한 이야기도 아닙니다. 거기도 그런 간증은 수두룩하게 있습니다. 그러면 두 종교 모두 병도 낫고 문제가 해결되었으니, 하나님과 부처님은 동급이 되는 것입니까? 아니죠.

그래서 4절 앞부분에 '하나님의 영광을 위한다'는 말은, 뒤이어 나오는 **"하나님의 아들이 이로 말미암아 영광을 받게 하려"** 한다는 말과 함께 생각해야 그 뜻을 정확하게 알 수 있습니다. 앞서 하나님께서 원하시는 것은 단순히 "나사로가 걸린 병이라는 증상"을 치료하는 것이 아니라, 보다 근본적인 "인간의 죄의 문제를 해결하시는 것"이라고 말씀드렸습니다. 그러면 **"하나님의 아들이 이로 말미암아 영광을 받"**는 것은 무엇을 의미하는 것일까요? 바로 인간의 죄 문제를 해결하기 위한 대속의 제물이 되는 것, 곧 십자가의 죽음을 통해서 인간의 죄를 용서하는 것을 의미합니다. 여러분 이것이 이해가 되십니까? 영광을 받는 것인데, 그 영광이 "저주받은 자의 상징이요, 수치와 고통을 죽음에 이르기까지 받게 되는 십자가의 형벌"이라고 합니다.

성경학자들은 십자가의 형벌을 받은 사람들 중 그 사람의 신체적 능력에 따라서 십자가에 달리고도 이틀에서 사흘까지도 죽지 않은 사람들이 있었다고 합니다. 십자가형으로 죽은 사람의 사망 원인은 과다출혈이 아니라 자기 몸의 무게를 버티지 못할 만큼 팔에 힘이 빠져서 근육에 눌린 질식이었기 때문입니다. 그렇게 비참하게 죽는 게 영광입니까? 하지만 예수님께서는, 그와 같은 십자가의 죽음이 영광이었습니다. 어떻게 이런 일이 가능할 수 있을까요? 그것은 예수님의 십자가 사건이야말로 하나님의 하나님 되심을 가장 잘 증명하는 사건이기 때문입니다.

그러면 예수님은 왜 십자가의 죽음을 당하셔야만 했습니까? 본인의 죄 때문입니까? 아닙니다. 예수님은 죄가 없으신 분입니다. 죄는 누가 지었습니까? 인간이 지었습니다. 그런데 인간이 지은 죄의 문제를 해결하기 위해서 예수님께서 저주와 수치의 십자가를 지셨습니다. 다시 질문을 드립니다. 나사로가 병든 것은 왜 그렇게 된 것입니까? 그가 죽을병이 걸려야 예수님께서 영웅처럼 나타나셔서 그를 고치시고, 죽은 사람이라도 다시 살리시는 예수님을 보면서 사람들이 환호하고, 그런 모습을 보면서 하나님께서 영광을 받으시는 것입니까? 그런 것이 아니라는 것을 이제 저와 여러분 모두 알게 되었습니다.

나사로가 병든 것은 왜 그렇게 된 것입니까? 죄 때문에 병든 것입니다. 저와 여러분이 병에 걸리고, 여러 가지 좋지 않은 상황 가운데 처하게 되는 것은 왜 그렇게 되는 것입니까? 그것도 역시 죄 때문에 그렇게 되는 것입니다. 그렇게 누군가 병에 걸리고, 좋지 않은 상황 가운데 처했을 때, 아직 믿음이 연약한 사람들이 할 수 있는 최선의 방법은 예수님께 와 달라고 초청하는 것입니다. 그래서 믿음이 연약한 사람이 있는 곳에는 기적이 자주 나타납니다.

본문의 마리아와 마르다도 아직 예수님께서 죽으시고 부활하시기 전이어서, 예수님에 대한 분명한 신앙의 지식이 없었기 때문에, 오빠 나사로의 병 고침을 위해서 예수님께 와 달라고 부탁했던 것입니다. 하지만 저와 여러분은 예수님의 십자가 죽으심도, 그분의 부활과 승천의 사실도 다 알고 있습니다. 또한 우리의 죄를 대신해 속죄의 희생 제물이 되신 그리스도로 말미암아 우리의 모든 죄가 다 사해졌고, 예수님께서 행하신 그 모든 일들로 인해서 우리들이 하나님 앞에서 의롭다 인정하심을 받게 되었음을 알고 있습니다.

그러므로 저와 여러분은 오늘 본문과 같은 사건을 대할 때, 그것을 바라보는 시선이 달라져야 합니다. 마리아와 마르다가 했던 방법과 달라야 합니다. "예수님께서 병든 사람을 고치셨구나, 예수님은 죽은 사람도 살리시는구나, 그래서 병 고침 받고 죽었다가 살아난 사람이 하나님께 영광을 돌리는 것을 보면서 하나님께서 기뻐하시는구나." 이런 식의 단편적인 신앙만 가져서는 안 됩니다. 어쩌면 이런 신앙은 지극히 세속적이고, 여타 다른 종교들과 다를 바 없는 천박한 신앙이기 때문입니다.

나사로가 병들었다는 소식을 들으신 예수님께서, **"이 병은 죽을병이 아니라 하나님의 영광을 위함"**이라고 하셨습니다. 또한 예수님은 이 일로 인해서 영광을 받게 되실 것입니다. 그 영광은 단순히 육체적 병이 고침받고, 문제가 해결된 뒤에 기뻐하는 그런 영광이 아닙니다. 보다 근본적으로 우리의 죄 문제가 완전히 해결되어, 더 이상 죄와 사망의 권세가 우리를 붙잡지 못하게 된 것에 대한 기쁨이요, 이 일을 하나님의 지혜와 방법으로 해결하신 하나님 스스로의 영광입니다. 그래서 우리가 진심으로 기뻐해야 할 것이 무엇입니까?

누가복음 10:19-20, "내가 너희에게 뱀과 전갈을 밟으며 원수의 모든 능력을 제어할 권능을 주었으니 너희를 해칠 자가 결코 없으리라 20. 그러나 귀신들이 너희에게 항복하는 것으로 기뻐하지 말고 너희 이름이 하늘에 기록된 것으로 기뻐하라 하시니라"

'하나님께 영광'을 여러분의 눈높이와 신앙의 수준에서 생각하지 마시고, 하나님께서 어떤 것으로 영광을 삼으시는지 성경을 통해서 깨달아 알아 가시기를 주님의 이름으로 축원합니다. 그리고 그 하나님의 영광을 위해서 자신의 목숨까지도 아끼지 않으시고 내주신 예수 그리스도께서, 그와 같은 희생의 순종을 자신의 영광으로 삼으셨다는 사실도 기억하시기 바랍니다. 다시 4절 말씀을 함께 읽어 보겠습니다.

요한복음 11:4, "예수께서 들으시고 이르시되 이 병은 죽을병이 아니라 하나님의 영광을 위함이요 하나님의 아들이 이로 말미암아 영광을 받게 하려 함이라 하시더라"

영광은 무엇입니까? 하나님의 뜻에 순종하는 것입니다. 예수님께서 하나님의 뜻에 순종함으로 취하셨던 이 영광이, 오늘 이 자리에 모인 저와 여러분의 영광이 되기를 주님의 이름으로 축원합니다.

### 요한복음 11:5~16

## 내가 깨우러 가노라

"5. 예수께서 본래 마르다와 그 동생과 나사로를 사랑하시더니 6. 나사로가 병들었다 함을 들으시고 그 계시던 곳에 이틀을 더 유하시고 7. 그 후에 제자들에게 이르시되 유대로 다시 가자 하시니 8. 제자들이 말하되 랍비여 방금도 유대인들이 돌로 치려 하였는데 또 그리로 가시려 하나이까 9. 예수께서 대답하시되 낮이 열두 시간이 아니냐 사람이 낮에 다니면 이 세상의 빛을 보므로 실족하지 아니하고 10. 밤에 다니면 빛이 그 사람 안에 없는 고로 실족하느니라 11. 이 말씀을 하신 후에 또 이르시되 우리 친구 나사로가 잠들었도다 그러나 내가 깨우러 가노라 12. 제자들이 이르되 주여 잠들었으면 낫겠나이다 하더라 13. 예수는 그의 죽음을 가리켜 말씀하신 것이나 그들은 잠들어 쉬는 것을 가리켜 말씀하심인 줄 생각하는지라 14. 이에 예수께서 밝히 이르시되 나사로가 죽었느니라 15. 내가 거기 있지 아니한 것을 너희를 위하여 기뻐하노니 이는 너희로 믿게 하려 함이라 그러나 그에게로 가자 하시니 16. 디두모라고도 하는 도마가 다른 제자들에게 말하되 우리도 주와 함께 죽으러 가자 하니라"

예수님께서 나사로가 병들었다는 소식을 들으셨지만, 예수님은 그곳에 이틀을 더 머무셨습니다. 6절에서는 **"나사로가 병들었다 함을 들으시고 그 계시던 곳에 이틀을 더 유하시고"**라고 하십니다. 그럼, 예수님에 머물고 계시던 곳은 어디였을까요? 예루살렘에서 날 때부터 맹인이었던 사람을 고친 후 바리새인들과의 논쟁이 있었습니다. 그 후 사람들이 예수님을 잡으려고 하자, 예수님은 그곳을 떠나서 세례 요한이 세례를 베풀던 애논 지역으로 가셨습니다.

> 요한복음 10:39-40, "그들이 다시 예수를 잡고자 하였으나 그 손에서 벗어나 나가시니라 40. 다시 요단 강 저편 요한이 처음으로 세례 베풀던 곳에 가사 거기 거하시니"

아마도 마리아와 마르다는 예수님께서 애논 지역에 머물러 계시는 것을 미리 알았던 것으로 생각됩니다. 재미있는 것은 나사로의 소식을 듣고도 이틀을 더 머무셨던 예수님께서, 제자들에게 병든 나사로에게로 가자고 하시면서 하신 말씀입니다.

> 요한복음 11:7, "그 후에 제자들에게 이르시되 유대로 다시 가자 하시니"

왜 예수님은 "병든 나사로에게 가자" 또는 "베다니로 가자"라고 하시지 않고 "유대로 다시 가자"라고 하셨을까요? 베다니가 유대 땅에 속한 것은 맞습니다. 하지만 유대 땅의 대표 도시는 수도인 예루살렘입니다. 또한 유대 땅에는 출애굽한 이스라엘이 가나안 땅을 정복할 때 처음 만났던 큰 성 여리고도 있습니다. 그래서 예수님의 말씀을 들은 제자들은, 얼마 전까지만 해도 유대 사람들은 예수님을 잡아 죽이려고 했는데 왜 그리로 다시 가려고 하느냐고 물었습니다.

> 요한복음 11:8(현대인의 성경), "제자들이 예수님께 '선생님, 얼마 전에도 유대인들이 선생님을 돌로 치려고 했는데 또 그리로 가려고 하십니까?' 하자"

만약 예수님께서 "나사로에게 가자" 또는 "베다니로 가자"라고 했다면, 모두 다 알고 있는 사실이기 때문에 제자들이 이런 질문은 하지는 않았을 것입니다. 예수님께서 이 땅에 오신 이유가 단지 사람들의 병을 고쳐 주시고, 아쉬운 문제를 해결해 주려고 오신 것이 아니라고 말씀드린 이유가 바로 이것입니다. 예수님께서 사람들의 병을 고쳐 주려고 오신 것이었다면, "나사로에게 가자"라고 하셨을 것입니다. 하지만 그것보다 더 큰 이유가 있었기 때문에 "유대로 다시 가자"라고 하신 것입니다.

11장부터는 요한복음의 2부가 시작되는 것이라고 말씀드렸습니다. 앞서 1부에서는, 유대인들에게 약속되었던 메시아가 바로 예수님이시며, 예수님께서 세상에 오신 이유가 사람들의 죄를 대신해 죽게 될 속죄양이라는 것을 가르쳐 주셨지만, 사람들은 그 말씀을 듣지 않았다고 말씀드렸습니다. 또한 하나님의 아들이신 예수님께서 이 복음의 진리를 아무리 설명해 줘도 알아듣지 못했을 뿐 아니라, 오히려 돌로 쳐서 죽이려고 하는 존재가 바로 인간이라는 사실을 나타내는 것이 10장까지의 내용입니다. 요한복음은 예수님께서 아무리 잘 설명해 주셔도, 우리는 알아들을 수 없고 선택할 수 없는 사람들이었다는 사실을 거꾸로 증명해 주는 책입니다.

그래서 제2부인 11장부터는, 예수님께서 인간에게 말로써 복음을 설득하거나 어떤 결심을 이끌어 내러 오신 것이 아니라, 이미 죽은 인간을 살리기 위해 오신 예수님께서 십자가 죽음까지 완성해 가시는 여정을 보여 주고 있습니다. 그리고 그 첫 사건으로, 예수님께서 사랑하셨던 나사로를 등장시키고 있습니다. 예수님께서 나사로를 언제 만나러 가십니까? 비록 병들어 있지만 그가 살아 있는 동안 가서 만나 주시는 것이 아니라, 이미 죽은 지 나흘이나 지나 썩은 냄새가 나는 상태에서 찾아가시는 것입니다.

일반 종교와 기독교의 차이가 바로 여기에 있습니다. 일반 종교는 인간이 터득하고 깨달은 지혜와 도, 그리고 그것을 집약하여 만든 경전 등을 가지고 사람들의 지성과 감성을 설득하여 동의를 이끌어 냅니다. 적어도 인간이 이 땅을 살아가면서 마땅히 가져야 할 도덕적 교양과 이웃을 이해하고 보듬을 줄 아는 애민의 정신을 고취시키기에 종교보다 더 뛰어난 수단은 없습니다. 그리고 그 도덕적 가치 지향의 가장 꼭대기에 종교인들이 있습니다.

물론 모든 종교인들이 다 그렇다는 것은 아닙니다. 하지만 적어도 일반적인 사람들이 종교인에 대해서 거는 기대는 그와 같습니다. 모든 사람이 세속의 욕심을 품고 살 때, 한걸음 뒤에 물러서서 세상의 욕심을 내려놓는 대신, 인간의 근본 가치와 내면세계에 집중하면서 인간이 동물화되고, 맹수처럼 되지 않도록 중심을 잡아 주는 것이 종교요, 종교인들입니다.

하지만 일반 종교의 한계는 무엇입니까? 일생을 수련하고, 수양도 하고, 도를 닦아도 인생의 근본 문제인 생로병사의 문제를 풀지 못한다는 것입니다. 또한 죽음 이후의 문제를 해결하지 못한다는 것입니다. 왜 그렇습니까? 애초에 그 문제는 피조물에 불과한 인간에게는 해결 방법이 없었기 때문입니다.

그러면 기독교는 무엇입니까? 처음부터 인간은, 마치 죽은 나사로와 같아서 스스로에게 방법이 없었다는 것을 인정하는 것입니다. 오늘 본문에서 확인하는 것처럼, 예수님께서 다 죽어 가는 나사로를 찾아오셔서 이 방법, 저 방법을 동원해서 기필코 고쳐내고 있지 않습니다. 기독교는, "가쁜 숨을 몰아쉬면서 간신히 생명의 마지막 끈을 붙잡고 있는데, 홀연히 예수님께서 나타나서 손을 붙잡아 일으키시니까 벌떡 일어나게 되었다. 그리고 청년처럼 건강해졌다"라는 식의 이야기가 아닙니다. 우리는 이미 죽은 자들이었습니다. 성경의 내용으로 표현하면, 이미 죽은 지 나흘이나 지나 썩은 냄새가 진동하던 사람들이었습니다. 그런데 예수님께서 오셔서 우리를 살려내신 것입니다.

어떤 사람은 말합니다. 예수님께서 "나사로야 나오너라" 하고 부르시니까 나사로가 나오지 않았느냐? 결국 예수님의 부르심에 나사로가 응답했으니까 살아난 것 아니냐? 그러면 여러분은 어떻게 생각하십니까? 정말로 나사로가 예수님의 부르심을 듣고 나왔으니까 살아난 것입니까? 예수님의 이 말씀은, 죽음과 사망이라도 깨고 일으키시는 하나님의 능력이 선포되는 선언문일 뿐입니다. 이 사실을 알지 못하면 기독교를 알지 못하는 것입니다. '은혜'가 무엇인지 하나도 모르는 것입니다. 교회마다 '은혜, 은혜' 하니까 '은혜'는 좋은 거라고 생각합니다. 물론 '은혜'는 좋은 것입니다. 그런데 사람들이 생각하는 '은혜'는 무엇입니까? 나한테 잘되는 것입니다. 소득이 짭짤해지고 내게도 뭔가 남는 것이 돌아오는 것입니다.

또 '은혜'는 무엇입니까? 내 마음에 드는 것입니다. 감정선이 움직여서 '감동'이 왔다거나, 눈물을 흘리기도 하고, 전에는 깨닫지 못했던 새로운 지식이 생기는 것입니다. 이것이 정말 '은혜'입니까? 각종 강연 프로그램에 나오는 강사들의 강연을 들어 보십시오. 하나 같이 그런 '은혜'가 충만합니다. 감동도 있고, 눈물도 있고, 울음도 있고, 웃음도 있고, 새로운 깨달음도 있습니다. 하지만 기독교의 '은혜'는 그런 것이 아닙니다.

여러분은 어떻게 이 자리에 나오게 되셨습니까? 여러분들 마음에 주를 향한 마음이 생기고, 주의 말씀을 듣고 싶은 갈망이 생겨서 나오셨습니까? 아닙니다. 여러분에 그런 마음이 생겨서 나오신 것이 아니라, 죄와 사망으로 이미 끝장이 난 우리를 주님께서 살려내시고 붙잡아서, 바로 이 자리에 오게 하셔서 우리가 온 것입니다. 죽었던 우리가 살아났고, 눈을 뜨게 됐고, 귀로 듣게 되었기 때문에 우리가 예배하게 된 것입니다. 그래서 이것을 가리켜서 은혜라고 말하는 것입니다.

이 사실을 모르면, 사람들은 자꾸 자기가 잘나서 신앙생활을 하는 줄 압니다. 남들보다 성경 좀 많이 읽고, 남보다 기도 좀 오래 한다 싶으면 자기가 믿음이 좋다고 하고, 너보다는 내가 낫다고 속으로 뻐

깁니다. 하와이에도 곳곳에 공동묘지가 있습니다. 납골묘지도 있고, 평장한 묘지도 있습니다. 혹시 공동묘지에 가 보셨습니까? 거기 누워 있는 사람들 중에서 어떤 사람이 제일 나아 보이던가요? 물론 묘지석을 보면 그 사람이 어떤 사람이었는지 알 수 있고, 묘지의 상태를 보면 남아 있는 가족들이 얼마나 괜찮은 사람인지도 알 수 있을 것입니다. 하지만 거기 누워 있는 사람들은 다 똑같습니다. 그렇지 않습니까?

거기 누워 있는 어느 한 사람이라도 혹시 부러운 사람이 있습니까? 그래서 거기 누워 있는 사람과 자신의 처지를 바꿨으면 싶은 사람이 있습니까? 없죠? 보십시오. 그게 나사로의 상태였고, 저와 여러분의 상태였습니다. 우리는 어느 날 내 스스로 성경을 읽다가 깨달음을 얻어서 기독교를 선택한 것이 아닙니다. 내가 여기저기 많은 종교 시설을 가 봤지만, 그나마 교회가 제일 나은 것 같아서 찾아온 것도 아닙니다. 내가 성경을 많이 읽고, 기도도 많이 해 봤더니 예수가 분명히 구세주라는 것을 깨닫게 된 것도 아닙니다. 우리는 사실 왜 자신이 구원받았는지 잘 모릅니다.

나사로를 생각해 보십시오. 나사로가 예수님의 음성을 듣고 나온 것입니까? 앞서 말씀드렸던 것처럼 예수님께서 나사로에게 나오라고 하신 것은, 하나님께서 명령하시면 사망과 죽음이라도 그 경계를 깨 버리고, 하나님께서 죽었던 인간이라도 원하시는 상태로 되돌려 놓는다는 것을 말하는 것입니다.

요한복음 11:44, "죽은 자가 수족을 베로 동인 채로 나오는데 그 얼굴은 수건에 싸였더라 예수께서 이르시되 풀어 놓아 다니게 하라 하시니라"

여기 보시면, 죽은 자가 수족을 베로 동인 채로 나왔다고 되어 있습니다. 우리나라도 죽은 사람을 염할 때, 수의를 먼저 입힌 후에는 손은 몸에 붙여서 묶고, 두 발도 묶습니다. 죽은 이의 뼈가 흩어지지 않고 최대한 원형을 보호하려는 매장 문화입니다. 그런데 나사로의 경우도 그와 같았던 것 같습니다. 손과 발이 꽁꽁 묶인 채로 나왔다는 것입니다. 게다가 **"그 얼굴은 수건에 싸였더라"**라고 했습니다. 사도 요한은 굳이 왜 이런 표현을 사용했을까요? 이것은 동굴에 매장되었던 나사로가 예수님의 말씀을 듣고 바깥으로 나올 때, 자신의 의지로 나온 것이 아님을 말씀하는 것입니다.

만약 예수님의 음성을 들은 나사로가 자신의 의지로 나온 것이라면, 제일 먼저 무엇을 했을까요? 성경에 기록되어 있지는 않지만, 우리들의 합리적인 경험칙에 의하면, 제일 먼저 묶여 있던 손발의 베를 풀고, 얼굴을 싼 수건을 거둬 낸 뒤에 바깥으로 나오는 것이 훨씬 자연스럽습니다. 그렇지 않습니까? 하지만 나사로는 두 동생과 사람들이 매장했을 때의 모습 그대로 나왔습니다. 그리고 예수님은 사람들에게 나사로를 풀어 줘서 다닐 수 있도록 하라고 말씀하셨습니다. 이런 상황을 종합해 볼 때, 기독교 신앙은 나의 결심, 나의 의지, 나의 행위로 인해서 결정되는 것이 아닙니다. 죄로 인해서 영원히 죽은 우리가 하나님의 택하심과 은혜로 다시 살아나게 된 것입니다.

그러면 거듭난 우리는 현재 어떤 상태입니까, 어떤 상태일 것 같습니까? 완전한 상태, 의지대로 움직일 수 있는 상태입니까? 여전히 묶여 있는 상태입니다. 손발이 묶이고, 얼굴은 수건에 싸여 있는 상태라고 보는 것이 자연스럽습니다. 한마디로 매장되기 이전의 상태와 똑같은 상태, 거듭나기 전과 똑같은 상태라는 것입니다. 그런 의미에서 "교회 다니는 사람이 왜 저러나? 하나도 착하지 않네, 실망했네, 믿지 않는 사람보다 더 못됐네"라는 말들을 듣게 되는 경우가 가끔 있는데, 사실 그런 말을 듣는 것은 조금도 이상할 것이 없습니다.

왜냐하면 죽었다가 이제 살아난 사람은, 비록 생명은 다시 살았는지 모르겠지만, 아직 몸은 베로 묶여 있는 상태 그대로이기 때문입니다. 심지어 나사로의 동생은 예수님께 뭐라고 말했습니까? 죽은 지 오래되어 썩은 냄새가 난다고 했습니다. 우리들의 원래 상태가 어땠는지 아십니까? 죽은 지 오래되어 썩은 냄새가 나는 상태였습니다.

신앙생활을 좀 했다는 사람들이 자꾸 착각하는 것이 있는데, 자기는 믿음이 좋아서 오류가 없고, 실수도 없으며, 잘못할 일은 전혀 하지 않는 줄 압니다. 착각입니다. 그건 당신 생각입니다. 우리 모두는 원래 썩어서 냄새가 나는 상태였습니다. 그러나 그리스도 예수의 대속의 은혜로 다시 살아났습니다. 그리고 이제 살아났기 때문에 손과 발을 묶은 것과 얼굴을 둘러싼 수건을 하나씩 제거해 가는 것입니다. 자기 몸에서 썩고 냄새나는 부분을 하나씩 제거해 가는 것이 신앙생활입니다. 우리 가운데 좀 더 많이 풀어내거나 아직 덜 풀린 사람의 차이는 있을 것입니다. 하지만 근본적으로 우리가 이미 죽어서 썩은 냄새가 나던 사람이었다는 사실은 변하지 않습니다.

지금이야 화장실이 아주 좋지만, 옛날 화장실은 잠시라도 들어가는 자체가 곤욕이었습니다. 아무리 깨끗이 씻고, 화장을 하고, 향수를 몸에 뿌린 사람이었다 하더라도 화장실만 다녀오면 몸에서 화장실 냄새가 났습니다. 그래서 옛날엔 방금 화장실을 다녀온 사람 몸에서 화장실 냄새가 난다고 해서 서로 비난하고 하지는 않았습니다. 어차피 나도 화장실을 다녀오면, 몸에서 그런 냄새가 나게 될 것이기 때문에 서로 이해하는 것입니다.

그와 같은 이치로, 우리는 함께 신앙생활을 하는 지체된 성도들에 대해서 좀 더 많은 이해가 필요합니다. 누구나 실수할 수 있고, 예전의 습관을 아직 바꾸지 못해서 드러나는 모습도 있을 수 있습니다. 그때 우리가 해야 할 말은 무엇이겠습니까? "이해합니다. 저도 그랬습니다"입니다.

요한복음 11:15, "내가 거기 있지 아니한 것을 너희를 위하여 기뻐하노니 이는 너희로 믿게 하려 함이라 그러나 그에게로 가자 하시니"

앞서 예수님께서 제자들에게 다시 유대로 가자고 했을 때, 얼마 전까지만 해도 유대인들이 예수님을 죽이려고 했는데, 왜 다시 유대로 가자고 하시는지 제자들이 물었습니다. 그때 예수님께서 이렇게 말씀하셨습니다.

요한복음 11:11, "이 말씀을 하신 후에 또 이르시되 우리 친구 나사로가 잠들었도다 그러나 내가 깨우러 가노라"

제자들은 자고 있는 나사로를 깨우려고, 굳이 목숨 걸고 유대로 가려고 하시는 예수님을 이해할 수 없었습니다. 그래서 이렇게 말합니다.

요한복음 11:12, "제자들이 이르되 주여 잠들었으면 낫겠나이다 하더라"

나사로가 병들었다는 소식은 이미 들어서 알고 있습니다. 그리고 어떤 병들은 며칠 푹 쉬면서 잠을 잘 자면 스스로 회복되기도 합니다. 하지만 예수님께서 잠들었다고 하신 표현은 그가 죽었다는 말이었습니다.

요한복음 11:13-14, "예수는 그의 죽음을 가리켜 말씀하신 것이나 그들은 잠들어 쉬는 것을 가리켜 말씀하심인 줄 생각하는지라 14. 이에 예수께서 밝히 이르시되 나사로가 죽었느니라"

앞서 나사로가 병들었다는 소식을 들으셨을 때, 예수님은 그 병이 죽을병이 아니라고 말씀하셨습니다.

요한복음 11:4, "예수께서 들으시고 이르시되 이 병은 죽을 병이 아니라 하나님의 영광을 위함이요 하나님의 아들이 이로 말미암아 영광을 받게 하려 함이라 하시더라"

그런데 이제 와서는 나사로가 죽었다고 하시면서, 이제 나사로에게 가자고 말씀하십니다. 또한 나사로가 병들었을 때, 예수님께서 그곳에 계시지 않은 것이 제자들을 위해 기뻐할 일이라고 합니다.

요한복음 11:15, "내가 거기 있지 아니한 것을 너희를 위하여 기뻐하노니 이는 너희로 믿게 하려 함이라 그러나 그에게로 가자 하시니"

나사로가 죽은 것, 그리고 그가 죽기 전에 예수님께서 그곳에 계시지 않은 것이 기쁜 이유가 무엇입니까? **"이는 너희로 믿게 하려 함이라"** 제자들에게 믿음을 주기 위해 이 순간을 기다리셨다는 것입니다. 4절과 15절을 통해서 우리가 확인할 수 있는 것은, "예수님은 무엇으로 기뻐하시는가?"입니다. 예수님의 생애는 이 두 가지로 설명될 수 있을 것입니다. 첫째는, "하나님의 영광을 위하는 것"을 기뻐하십니다. 둘째는, "너희로 믿게 하는 것"입니다.

지난 시간에 "하나님의 영광"에 대해서 설명해 드리면서, "하나님은 나사로가 걸린 병을 고치시는 것이 아니라, 그 병의 원인이 되는 '죄'의 문제를 해결하시는 것을 통해 영광을 받으신다"라고 말씀드렸습니다. 또한 하나님의 아들이 영광을 받는 것은, "인간의 죄 문제를 해결하기 위해 스스로 대속의 제물이 되는 것, 곧 십자가의 죽음을 감당하시는 것"이라고 말씀드렸습니다. 나사로가 병든 것은, 인간의 연약함에서 나오는 단순한 증상이 아닙니다. 로마서 3장 말씀처럼 모든 인간이 죄를 범하여 하나님의 영광에 이르지 못하기 때문에 나타나는, 그래서 나사로뿐만 아니라 모든 인간이 겪을 수밖에 없는 현상입니다.

예수님께서 이 땅에 오신 것은 모든 문제의 근원인 죄를 해결하기 위해 오신 것입니다. 따라서 15절 말씀은, 예수님께서 그와 같은 목적을 가지고 오셨다는 것을 알지 못하는 제자들에게, 구원의 진리를 눈으로 보며 확인하고, 깨닫게 해 줄 수 있는 기회가 온 것에 대해서 기뻐하신다는 말씀입니다. 죽은 나사로를 다시 살리시는 사건을 통해서 예수님께서 제자들에게 주려고 하시는 것이 무엇입니까? 그들로 하여금 예수께서 그리스도이심을 믿게 하는 것입니다.

신앙생활을 하는 우리가 반드시 알아야 하는 것이 있습니다. 그것은 예수님께서 무슨 목적으로 세상에 오셨는지, 우리에게 무엇을 주려고 하시는 건지, 그리고 주님께서 기뻐하시는 것이 무엇인지 알아야 합니다. 인간관계에서도 좀 더 친밀하고 특별한 관계에 있는 사람들은, 그 대상이 되는 사람에 대해서 다른 사람들보다 더 많은 것을 알고 있습니다. 만약 남들만큼만 알고 있다고 한다면, 그들이 특별히 친밀하다고 할 수 없을 것입니다. 그러면 여러분들은 예수님에 대해서 남들보다 무엇을 더 알고 있습니까? 여러분이 예수님에 대해서 가진 믿음이 다른 사람들이 가진 믿음보다 특별한 것은 과연 무엇입니까?

예를 들겠습니다. 여러분에게 어떤 친구가 있습니다. 마음이 짠하고, 도와주고 싶은 친구입니다. 여러분이 그 친구를 도와주는 것을 좋아했기 때문에, 그 친구가 어떤 요청을 할 때마다 언제나 최선을 다해서 그 친구를 도와주었습니다. 사실 한편으로는 이 친구를 위해서라면 내 목숨이라도 내놓을 수 있겠다는 생각도 듭니다. 그런데 가끔 생각해 보면, 그 친구는 도움이 필요할 때만 여러분을 찾아왔지 사실 여러분 개인에게는 별로 관심이 없는 것처럼 느껴질 때가 많았습니다. 그러던 어느 날 이 친구가 모르는 사람을 데리고 와서 소개를 해 주었습니다. 친구가 말했습니다. "내 친구는 정말 좋은 사람이야. 내가 어떤 부탁을 하더라도 다 들어줘. 그러니 너도 한번 사귀어 봐. 너도 어려울 때 이 친구한테 부탁하면 뭐든지 다 해결해 줄 거야. 이 친구는 정말 착해. 그리고 무엇보다 돈이 많아."

여러분은 이 친구가 어떤 사람이라고 생각되십니까? 그 친구는 정말 여러분과 친밀한 것입니까? 이용한 것으로 여겨지십니까? 그러면 그렇게 소개받은 친구라면, 그리고 그런 목적으로 여러분께 접근했다면 그런 친구가 많이 있으면 좋겠습니까, 소개 안 받았으면 좋겠습니까? 그런데 사람들은 전도라는 이름으로 예수님을 이렇게 소개하고 있습니다. 예수만 잘 믿으면 병 낫고, 사업 잘되고, 만사형통하고 이런 식입니다.

오늘 본문에 예수님께서 우리에게 이렇게 말씀하고 있습니다. "내가 이것을 기뻐한다." 우리가 예수님과 정말 친밀한 관계라면, 적어도 예수님이 기뻐한다고 하신 이런 말씀은 기억해 둬야 하지 않겠습니까? 특별히 이 말씀은 여러분이 꼭 기억하시기 바랍니다. 복음서 전체에서 예수님께서 "내가 이것을 기뻐한다"라고 말씀하신 것이 오직 이 말씀뿐입니다. 예수님의 생애 전체를 통틀어서 유일하게 "내가 이것을 기뻐한다"라고 말씀하셨는데, 이것도 우리가 기억하지 못한다면 우리가 예수님을 믿는다고 할 수 있습니까? 예수님을 사랑한다고 말할 수 있겠습니까?

우리가 누군가를 위하고 사랑한다고 할 때, 비록 그 사람으로부터 받은 것이 없어도 그 사람이 좋아하는 것, 기뻐하는 것을 신경 써서 해 주지 않습니까? 반대로 우리가 상대로부터 그런 사랑을 받고 있다면, 적어도 그 사람이 무엇을 좋아하고 기뻐하는지 정도는 알아야 하지 않겠습니까? 그리고 만약 알았다면, 다른 것은 몰라도 그가 기뻐하는 것은 해 줄 것입니다. 그런데 늘 내가 위해 주고, 상대가 원하는 것을 다 들어주다가 단 한 번, 정말 일생에 단 한 번 그 사람에게 "난 이런 걸 좋아해"라고 했는데, 들은 체도 안 한다면 어떻게 하시겠습니까? 그 사람, 계속 만나야 할까요? 다시 생각해 보지 않겠습니까?

예수님께서 기뻐하신다고 하신 것이 무엇입니까? 죽은 나사로를 살리는 것으로 예수님의 실력을 증명할 기회가 생겨서 기뻐한다는 것입니까? 기적을 보면서 깜짝 놀랄 사람들의 표정이 기대된다는 것입니까? 아니지요? 예수님이 기뻐하시는 것은, 제자들로 하여금 "믿게 하려는" 것이었습니다. 죽은 지 나흘이나 지나 이미 부패해서 썩은 냄새가 나는 나사로를 다시 살리시는 기적을 통해서, 인간의 죄를 대신하여 죽으시고 다시 부활하실 예수님이시라는 것을 믿게 하려는 것, 그들에게 믿음이 생길 것을 기뻐한다는 것입니다. 또한 기적을 보여 주면서, 단지 죄의 자리와 형벌과 지옥에서 꺼내시는 것뿐만 아니라, 제자들과 그곳에 모인 사람들로 하여금 그리스도로 오신 예수님에 대한 자발적인 믿음을 갖게 해 주려는 것입니다. 그래서 예수님께서 나사로를 살리실 때 이렇게 먼저 기도하셨습니다.

요한복음 11:41-42, "돌을 옮겨 놓으니 예수께서 눈을 들어 우러러 보시고 이르시되 아버지여 내 말을 들으신 것을 감사하나이다 42. 항상 내 말을 들으시는 줄을 내가 알았나이다 그러나 이 말씀 하옵는 것은 둘러선 무리를 위함이니 곧 아버지께서 나를 보내신 것을 그들로 믿게 하려 함이니이다"

마가복음 5장에서 회당장의 죽은 딸을 살리셨고, 누가복음 7장에서는 과부의 죽은 아들을 살리셨습니다. 하지만 그때는 오늘 본문의 경우와 같이 하나님께 따로 기도를 하지 않고, 말씀으로만 그들을 살리셨습니다. 그런데 오늘 본문에서는 하나님께 기도하시면서, "항상 내 말을 들으시는 줄 안다"라고 하시면서, 둘러선 므리들을 위해서 그리고 하나님께서 예수님을 보내신 것을 믿게 하기 위해 나사로를 살리려 한다고 기도했습니다.

예수님의 관심, 예수님께서 기뻐하시는 것이 무엇인지에 대해서 말씀드리고 있습니다. 나사로의 사건을 통해서 예수님께서 정말 우리에게 주시려고 하는 것이 무엇이겠습니까? 죽은 사람도 살리는 기적을 목격한 우리가 놀라고 환호하는 반응을 보이는 것입니까? 아닙니다. 사람들을 위해 하나님께서 예수님을 보내셨다는 것을 믿는 것입니다. 이 믿음은, 단순히 어떤 정보에 대해서 "신뢰할 만하다, 나는 그것을 좋아한다" 그런 것이 아닙니다. 하나님께로부터 도망간 우리의 마음이 항복하며 돌아오는 것이고, 도망간 진심들을 회복시켜 하나님 앞에 무릎을 꿇리는 것입니다.

하나님께서 우리에게 이러한 자원하는 믿음, 진심의 믿음을 원하신다는 사실에 감사하시기 바랍니다. 하나님은 얼마든지 당신이 가진 전능한 능력으로, 우리의 의지와는 상관없이 굴복시키실 수도 있습니다. 하지만 그렇게 하지 않으십니다. 하나하나 보여 주시고 확인시켜 주시면서, 스스로 자발적으로 돌아오게 하십니다. 기적이나 신비한 광경을 보고 환호하게 하거나, 하루도 일관되게 유지하지 못하는 인간의 감정에 맡겨서 어떤 때는 뜨겁고, 감격스럽고, 눈물 흘리고 하다가, 어떤 때는 바닥을 뚫고 지하 밑바닥까지 고꾸라지는 변덕스러운 인간의 마음에 기대서 믿음이 있고, 없고를 확인하게 하지 않습니다. 여러분의 마음을 드리십시오. 진심으로 하나님께로 돌아오십시오. 그리고 그분의 다스림에 순종하십시오. 그것이 죽은 나사로를 살리신 기적을 통해 저와 여러분에게 주기 원하시는 예수님의 마음이고, 기쁨입니다.

**요한복음 11:31~40**

# 예수께서 눈물을 흘리시더라

"31. 마리아와 함께 집에 있어 위로하던 유대인들은 그가 급히 일어나 나가는 것을 보고 곡하러 무덤에 가는 줄로 생각하고 따라가더니 32. 마리아가 예수 계신 곳에 가서 뵈옵고 그 발 앞에 엎드리어 이르되 주께서 여기 계셨더라면 내 오라버니가 죽지 아니하였겠나이다 하더라 33. 예수께서 그가 우는 것과 또 함께 온 유대인들이 우는 것을 보시고 심령에 비통히 여기시고 불쌍히 여기사 34. 이르시되 그를 어디 두었느냐 이르되 주여 와서 보옵소서 하니 35. 예수께서 눈물을 흘리시더라 36. 이에 유대인들이 말하되 보라 그를 얼마나 사랑하셨는가 하며 37. 그 중 어떤 이는 말하되 맹인의 눈을 뜨게 한 이 사람이 그 사람은 죽지 않게 할 수 없었더냐 하더라 38. 이에 예수께서 다시 속으로 비통히 여기시며 무덤에 가시니 무덤이 굴이라 돌로 막았거늘 39. 예수께서 이르시되 돌을 옮겨 놓으라 하시니 그 죽은 자의 누이 마르다가 이르되 주여 죽은 지가 나흘이 되었으매 벌써 냄새가 나나이다 40. 예수께서 이르시되 내 말이 네가 믿으면 하나님의 영광을 보리라 하지 아니하였느냐 하시니"

오늘 우리가 중점적으로 생각해 보려고 하는 것은, 33~35절 말씀입니다.

> 요한복음 11:33-35, "예수께서 그가 우는 것과 또 함께 온 유대인들이 우는 것을 보시고 심령에 비통히 여기시고 불쌍히 여기사 34. 이르시되 그를 어디 두었느냐 이르되 주여 와서 보옵소서 하니 35. 예수께서 눈물을 흘리시더라"

마리아와 사람들이 우는 것을 보신 예수님께서 비통하고 불쌍한 마음으로 그들과 함께 우셨습니다. 그런데 예수님께서 이처럼 눈물을 흘리신 이유가 무엇이었는지에 대해서 정확한 이유를 알려고 하기보다는 감성적으로만 이해하다 보면 성경이 의도하지 않은 다른 쪽으로 해석하게 되는 잘못을 범하게 됩니다. 가장 대표적인 오해가 예수님은 사랑과 긍휼과 자비가 많으신 분이어서, 인간의 아픔과 슬픔을 보실 때 그런 아픔에 공감하시고, 함께 슬퍼하시며 우신다고 하는 주장입니다. 물론 그와 같은 주장이나 이해가 완전히 틀렸다고 할 수는 없습니다. 선한 목자이신 우리 예수님은 인간을 대신하여 죽으실 만큼 사랑이 크신 분이기 때문입니다.

> 고린도후서 5:14, "그리스도의 사랑이 우리를 강권하시는도다 우리가 생각하건대 한 사람이 모든 사람을 대신하여 죽었은즉 모든 사람이 죽은 것이라"

보시는 것처럼 한 분 예수님께서 모든 사람을 위해 대신 죽으셨습니다. 예수님의 십자가 죽으심은 인간을 향한 예수님의 사랑을 더 이상 표현할 수 없는 최고의 방법이었습니다. 그런데 우리가 함께 생각해 봐야 할 것은, 예수님께서 흘리신 눈물을 본 인간의 반응입니다.

> 요한복음 11:36-37, "이에 유대인들이 말하되 보라 그를 얼마나 사랑하셨는가 하며 37. 그 중 어떤 이는 말하되 맹인의 눈을 뜨게 한 이 사람이 그 사람은 죽지 않게 할 수 없었더냐 하더라"

죄로 인해 영원히 멸망받을 수밖에 없는 인간, 그 죄의 결과로 인한 죽음을 바라보는 예수님의 비통함을 이해하지 못하는 인간의 반응이 이와 같습니다. 한편으로는 **"보라 그를 얼마나 사랑하셨는가"**라고 말하지만, 다른 한편으로는 **"맹인의 눈을 뜨게 한 이 사람이 그 사람은 죽지 않게 할 수 없었더냐"**라고 말합니다. 마치 나사로가 죽게 된 것이 예수님께서 일찍 와서 고쳐 주지 않아서 그런 것처럼 말합니다. 그런가 하면 맹인의 눈을 뜨게 해 주는 정도는 할 수 있을지 모르겠지만, 사람을 죽지 않도록 할 수 있는 능력은 없지 않느냐는 식으로 반응하는 것입니다. 이 사람이 하는 말을 자세히 보시기 바랍니다. 나사로가 죽게 된 것이 예수님께서 나사로가 죽도록 내버려둬서 그렇게 된 것입니까? 아니면 예수님은 병 고칠 능력은 있지만 사람을 살릴 능력은 없어서입니까?

우리가 신앙생활 하면서 갖게 되는 많은 불평과 불만들, 특히 예수님의 사랑, 하나님의 사랑에 대해 말할 때 이런 형태의 반응을 보일 때가 있습니다. 영원히 죽었던 우리를 다시 살리셨다, 영원한 지옥불에서 꺼내서 천국으로 옮겨 주실 만큼 우리를 사랑하셨다는 것을 증명해 보이라고 하는 것입니다. 사람들은 '사랑'이라고 하면 모든 소원을 다 들어주는 만능열쇠처럼 생각하는 경향이 있습니다. "사랑한다면서 그 정도도 못 해 주느냐?"라고 하고, "사랑한다고 했으니 내가 원하는 것을 이루어 달라"라고 당당하게 요구합니다.

요한복음 11:37, "맹인의 눈을 뜨게 한 이 사람이 그 사람은 죽지 않게 할 수 없었더냐 하더라"

마치 노동자가 회사와 임금 협상하듯이 자기가 원하고 바라는 소원의 크기를 크게 해 놓고, 이 정도는 해 줄 수 있지 않으냐? 너무 힘들면 내가 조금 포기할게, 이런 식입니다. '사랑'에 대한 이해가 가장 많이 부딪히는 장면을 공부하는 자녀와 부모의 관계에서 보게 됩니다. 자녀를 사랑하는 부모의 마음은 의심할 여지가 없습니다. 하지만 부모의 사랑을 받고 자라는 자녀들은 부모의 사랑을 의심합니다. "저 사람들이 정말 내 부모가 맞는지, 날 사랑하는 것이 확실한지" 의문을 갖습니다. 왜 그렇습니까? 입으로는 사랑한다고 하는 엄마 아빠가, 자기가 하고 싶은 것들은 못 하게 막기 때문입니다. 하기 싫은 공부는 낮이고 밤이고 하라고 잔소리를 해 대고, 한창 집중해서 게임을 하고 있을 때는 이제 그만하고 컴퓨터를 끄라고 야단칩니다. 부모님들께 묻겠습니다. 왜 그렇게 하십니까? 왜 자녀들이 하고 싶은 대로 하도록 내버려두지 않습니까? 끝을 알기 때문에 그런 것 아니겠습니까? 살아 보고, 과정을 다 겪어 보고 지나 보고 나니까, 그렇게 하고 싶은 것 다 하고 살면 끝이 좋지 않더라는 것을 알기 때문에, 억지로라도 막게 되는 것입니다.

성경에도 마치 철없는 자녀처럼 말하는 사람들이 있었습니다.

말라기 1:2, "여호와께서 이르시되 내가 너희를 사랑하였노라 하나 너희는 이르기를 주께서 어떻게 우리를 사랑하셨나이까 하는도다 나 여호와가 말하노라 에서는 야곱의 형이 아니냐 그러나 내가 야곱을 사랑하였고"

하나님께서 **"내가 너희를 사랑하였노라"**라고 말씀하시니까 사람들이 뭐라고 대답하고 있습니까? **"주께서 어떻게 우리를 사랑하셨나이까"** 하고 묻습니다. 믿지 못하겠다는 거죠. 그런데 이스라엘 백성들의 이러한 항변은, 그들의 역사를 살펴보건 조금 이해되는 면이 있습니다. 우리가 볼 때 이스라엘은 하나님의 선택받은 백성 선민이고, 뭔가 특혜를 받은 것처럼 보입니다. 실제로 이스라엘은 영토의 크기나 그 나라 백성의 수적인 면에 있어서 세계에서도 아주 작은 나라이지만 노벨상을 비롯한 학문적인 영역이나 경제적인 면, 심지어 국방력에서도 아주 강한 나라입니다. 그래서 이스라엘 사람들에 대하여 일반적으로 인정하는 면이 있습니다. 그런데 이스라엘의 역사를 보면 그들의 조상들은 언제나 억압받고 수탈당하던 사람들이었습니다.

애굽에서는 430년 동안 노예로 살았고, 그들을 추격하는 애굽 군대를 피해서 홍해를 건너야 했습니다. 하나님께서 약속하신 땅으로 들어가기까지 40년 동안 광야 사막을 헤매야 했고, 가나안 땅에 정착한 이후로도 이스라엘의 역사는 끊임없는 전쟁의 역사였습니다. 하나님의 택하심과 사랑하심을 입은 백성이라는 특별한 은혜를 받았다고 했지만, 실제로 이스라엘이 이른바 제국을 이루었던 적이 없습니다. 오히려 이집트를 비롯해서 아람, 앗시리아, 페르시아, 바벨론, 헬라, 로마에 이르기까지 이스라엘의 주변 나라들은 제국을 이루었던 시기가 있었지만, 이스라엘은 언제나 그런 나라들로부터 핍박을 받았고 결국 멸망했습니다. 심지어는 나라를 잃은 것도 부족해서, 2차 세계대전 때는 히틀러의 독일에 의해서 민족 전체가 사라질 뻔했던 시기도 있었습니다.

지금도 이스라엘은 그들과 갈등을 빚고 있는 주변 나라들로 인해서 하루도 마음 편할 날이 없는 나라입니다. 그러니 이스라엘 백성들이 하나님께 하는 항변이 전혀 틀린 말은 아닌 것처럼 보입니다. **"주께서 어떻게 우리를 사랑하셨나이까"**입니다. 하나님께 사랑받았다고 하는데, 전혀 고맙게 여겨지지 않는다는 것입니다. 이런 항변에 대한 하나님의 대답은 무엇입니까? **"에서는 야곱의 형이 아니냐 그러나 내가 야곱을 사랑"**했다는 것입니다.

에서와 야곱의 차이가 무엇일까요? 이것을 알아야 하나님의 사랑을 알 수 있습니다. 지금이야 장남의 권한이 많이 줄어들었지만, 우리나라 역시 1990년까지만 해도 가장의 지위를 승계하는 장남이 갖게 되는 상속 비율이, 다른 자녀에 비해서 50%가 더 많았습니다 (1991. 1. 법 개정). 이스라엘은 본문의 야곱의 경우에서 확인하는 것처럼, 형을 속여서라도 장자의 권한을 빼앗고 싶을 만큼, 장자에게 내려지는 부모의 축복은 대체 불가능한 것이었습니다.

창세기 27:31-35, "그가 별미를 만들어 아버지에게로 가지고 가서 이르되 아버지여 일어나서 아들이 사냥한 고기를 잡수시고 마음껏 내게 축복하소서 32. 그의 아버지 이삭이 그에게 이르되 너는 누구냐 그가 대답하되 나는 아버지의 아들 곧 아버지의 맏아들 에서로소이다 33. 이삭이 심히 크게 떨며 이르되 그러면 사냥한 고기를 내게 가져온 자가 누구냐 네가 오기 전에 내가 다 먹고 그를 위하여 축복하였은즉 그가 반드시 복을 받을 것이니라 34. 에서가 그의 아버지의 말을 듣고 소리 질러 슬피 울며 아버지에게 이르되 내 아버지여 내게 축복하소서 내게도 그리하소서 35. 이삭이 이르되 네 아우가 와서 속여 네 복을 빼앗았도다"

33절과 35절에서 확인하는 것처럼, 아버지 이삭의 축복은 오직 장자에게만 내려지는 구조였습니다. 물론 창세기의 구조는 야곱이 형과 아버지를 속이고 장자가 받아야 할 축복을 빼앗은 모습으로 나타났지만, 하나님께서 말라기 선지자에게 하신 말씀은 "내가 에서보다 야곱을 사랑했다"라는 것이었습니다.

그러면 야곱이 하나님의 사랑을 받은 결과는 어떤 것이었습니까? 야곱의 일생은 사서 고생한 사람의 대표적인 사례라고 말할 수 있습니다. 혹시 첫눈에 반한 사람과 결혼하기 위해서 14년 동안 노예와 같이 살아야 한다면, 그렇게 하시겠습니까? 야곱은 자기가 원하는 여자와 결혼하기 위해서, 노예처럼 14년을 일했습니다. 그리고 그 후로도 6년을 더 일한 뒤에야 자기 재산을 만들 수 있었습니다.

창세기 31:41-42, "내가 외삼촌의 집에 있는 이 이십 년 동안 외삼촌의 두 딸을 위하여 십사 년, 외삼촌의 양 떼를 위하여 육 년을 외삼촌에게 봉사하였거니와 외삼촌께서 내 품삯을 열 번이나 바꾸셨으며 42. 우리 아버지의 하나님, 아브라함의 하나님 곧 이삭이 경외하는 이가 나와 함께 계시지 아니하셨더라면 외삼촌께서 이제 나를 빈손으로 돌려보내셨으리이다마는 하나님이 내 고난과 내 손의 수고를 보시고 어제 밤에 외삼촌을 책망하셨나이다"

야곱이 라반과 대화하는 이 장면은 라반과 그의 아들들, 즉 사촌 형제들이 자신을 죽이려는 것을 눈치챈 야곱이 가족들을 이끌고 도망가다가, 중간에 삼촌에게 붙잡힌 뒤에 하소연하듯 하는 말입니다. 그 후로도 고향으로 돌아가던 야곱은 형 에서가 자신을 죽이기 위해 오고 있다는 소식을 듣고서, 온 가족들을 먼저 보내고 혼자 뒤에 남아서 천사와 밤새 씨름을 할 만큼 심한 마음의 고통을 받았습니다.

세겜 땅에 도착한 뒤로는 외동딸 디나가 그곳의 추장 아들에게 강간을 당했고, 두 아들 시므온과 레위가 동생을 복수하러 나가서 세겜의 모든 남자들을 죽인 사건으로 인해서 또다시 도망자의 삶을 살아야 했습니다. 야곱이 제일 사랑했던 아들 요셉은, 들짐승에 의해 찢겨 죽은 줄 알고 일생을 슬픔과 고통 속에서 살아야 했습니다. 그렇게 오랜 시간이 지나 죽은 줄 알았던 요셉을 다시 만나고, 이집트의 총리였던 요셉으로 인해 바로 왕을 만났을 때 요셉이 한 말은, 그의 일생이 어떠한 삶을 살았었는지 확인할 수 있습니다.

창세기 47:9, "야곱이 바로에게 아뢰되 내 나그네 길의 세월이 백삼십 년이니이다 내 나이가 얼마 못 되니 우리 조상의 나그네 길의 연조에 미치지 못하나 험악한 세월을 보내었나이다 하고"

분명 말라기서에서는 하나님께서 야곱을 사랑하셨다고 하셨는데, 정작 야곱이 고백하는 본인의 인생은 험악한 세월이었다는 것입니다. 그래서 성경이 말씀하시는 하나님의 사랑을 이해하지 못하면, 우리는 기독교 신앙을 가지고 있으면서도 언제나 추상적이고, 자기 기대와 자기 연민에 빠진 신앙생활을 할 수밖에 없습니다. 우리가 기대하는 사랑은 무엇입니까? 내가 바라고 원하는 소원이 이루어지는 것입니다. "사랑한다고 했으니까 이제부터 책임져!" 이것이 우리들이 기대하는 사랑의 결과입니다. 하지만 하나님의 사랑은 대신 책임져 주고, 대신 인생을 살아 주는 쪽으로 간 적이 없습니다. 오히려 하나님의 사랑과 관심을 받았던 사람들이 살아간 인생의 면면들을 살펴보면 너무나 고달픕니다.

홍수로 멸망당한 세상에서 구원받은 노아의 인생이 부러우십니까? 미친놈 소리를 들으면서 120년 동안 산꼭대기에다 배를 만들며 살았습니다. 만약 끝까지 비가 오지 않았다면 세계에서 최고로 정신 나간 짓이었습니다. 아브라함, 모세, 다윗, 엘리야, 사도바울 등 성경의 인물들 가운데 그 인생의 여정이 순탄하고 좋아 보인 사람이 없습니다. 그러면 하나님은 무슨 근거로 "내가 야곱을 사랑했다", "내가 너희를 사랑한다"라고 말씀하시는 겁니까? 하나님께서 주시는 사랑은, 우리 인생이 죽을 것을 위해서 돌진하는 것을 가로막는 것을 말합니다.

**"에서는 야곱의 형이 아니냐 그러나 내가 야곱을 사랑하였고"**(말 1:2)
이 말씀은, 야곱의 인생 전반을 하나님께서 찾아오시고, 길을 제시하시고, 마침내 그가 하나님께로 돌아오도록 했다는 것입니다. 야곱과에서가 등장하는 창세기 말씀을 보면, 인간성 면에 있어서나 인생을 개척하고 살아가는 방법 면에 있어서, 에서가 훨씬 좋은 사람이었습니다. 에서는 동생이나 부모를 속인 적도 없고, 다른 사람을 속이고 재산을 빼앗은 적도 없습니다. 주변에 도와주는 동료들도 많아서 에서가 요청하면 400명이나 되는 사람들이 따를 정도로 리더십도 있었고, 20년 만에 만난 원수 같은 동생을 부둥켜안고 울면서 용서할 만큼 따뜻한 마음도 있었습니다.

하지만 하나님은 그런 에서보다 야곱을 사랑하셨습니다. 야곱의 인생 갈림길마다 오셔서 간섭하시고 길을 가르쳐 주시고, 그의 인생이 완전히 하나님께로 돌아올 때까지 끝까지 포기하지 않으시는 것으로, 야곱을 향한 하나님의 사랑을 나타내 보이셨습니다. 앞서 말씀드린 것처럼 야곱은, 바로 왕 앞에서 "험악한 세월을 살았나이다"라고 고백할 만큼 쉽지 않은 인생을 살아왔습니다. 하지만 그럼에도 야곱의 인생은 하나님께서 사랑하신 인생이었습니다.

> 이사야 41:8-9, "그러나 나의 종 너 이스라엘아 내가 택한 야곱아 나의 벗 아브라함의 자손아 9. 내가 땅 끝에서부터 너를 붙들며 땅 모퉁이에서부터 너를 부르고 네게 이르기를 너는 나의 종이라 내가 너를 택하고 싫어하여 버리지 아니하였다 하였노라"

이스라엘은 하나님께서 야곱에게 주신 새로운 이름입니다. 즉 이스라엘과 야곱은 같은 사람입니다. 그 야곱을 향해 하나님께서 **"내가 땅 끝에서부터 너를 붙들며 땅 모퉁이에서부터 너를"** 불렀다고 했습니다. 이것이 바로 하나님께서 말씀하는 사랑입니다. 땅끝, 땅 모퉁이에 숨어 있어도 찾고 부르시는 사랑입니다. 하나님께서 무엇 때문에 부르시는 것입니까? 그렇게 불러서 무엇을 주려고 하시는 것입니까? 구원입니다. 그래서 기독교의 사랑은 하나님이 주시는 '구원'이 그 기준이라는 것을 분명하게 알고 있어야 합니다.

요한복음을 강해하는 동안 반복해서 말씀드린 것이 있습니다. 예수님께서 세상에 오셔서 병을 고치시고, 귀신을 쫓아내시고, 각종 기적을 행하신 것은, 단순히 인간의 형편이 가련하고 불쌍해서 그들을 돕고 싶은 마음에 행하신 것이 아니라고 말씀드렸습니다. 그 모든 기적은 예수님이 하나님의 아들 되심과 메시아 되신 것을 증명해 보임으로, 예수님께서 인간을 구원하기 위해 오셨다는 목적을 확인시켜 주기 위한 수단이요 방법이었습니다.

또한 예수님께서 당시 세상에서 소외된 사람들이었던 가난하고 병든 자, 죄인, 창녀 등과 같은 사람들과 늘 함께하셨던 이유도, 하나님께서 구원하기 원하시는 대상에 그들도 포함되어 있음을 가르쳐 주기 위함이었던 것입니다. 그래서 구원을 주시려는 하나님의 사랑, 예수님의 사랑을 이해하지 못하면, 인간들은 언제나 자기들이 이해하는 방법으로 하나님의 사랑을 이야기하면서 그것이 바로 기독교 정신이라고 주장하면서 그저 정신 승리만 할 것입니다.

요한복음 11:38-39, "이에 예수께서 다시 속으로 비통히 여기시며 무덤에 가시니 무덤이 굴이라 돌로 막았거늘 39. 예수께서 이르시되 돌을 옮겨 놓으라 하시니 그 죽은 자의 누이 마르다가 이르되 주여 죽은 지가 나흘이 되었으매 벌써 냄새가 나나이다"

예수님께서 마음으로 비통히 여기시면서 나사로의 무덤을 막은 돌을 옮기라고 말씀하셨습니다. 그때 마르다가 이미 죽은 지 나흘이나 지나서 냄새가 난다고 대답합니다. 그때 예수님께서 하신 말씀이 무엇입니까?

> 요한복음 11:40, "예수께서 이르시되 내 말이 네가 믿으면 하나님의 영광을 보리라 하지 아니하였느냐 하시니"

"하나님의 영광"은 무엇입니까? 다시 살리는 것입니다. 구원입니다. 예수님을 세상에 보내신 하나님의 목적, 예수님께서 이 땅에서 이루고 완성하기 원하셨던 하나님의 뜻과 목적은 오직 '인간의 구원' 한 가지입니다. 그리고 이 구원은 '믿음'이라는 개인의 자발적인 동의를 통해 우리의 눈으로 확인하게 되고, 그 '믿음'은 '세례'를 통해 여러 증인 앞에서 확증이 됩니다.

예수님께서 나사로의 죽은 무덤 앞에서 비통하고 불쌍한 마음을 품으시고, 눈물까지 흘리셨습니다. 그 비통해하심과 흘리신 눈물의 참뜻은, 죄로 인해서 영원히 죽게 된 영혼들 앞에서의 눈물입니다. 자기 연민에 빠져서 예수께서 흘리신 눈물을 감성적인 자기 위로로 바꾸지 마시기 바랍니다. 내가 힘들고 고통스러울 때 기도만 열심히 하면, 교회만 열심히 나오면 그 고통이 면해질 거라는 식으로 단순하게만 생각하지 마십시오. 성경의 어떤 신앙의 인물들도 그런 식으로 자기에게 주어진 인생의 짐을 하나님께 떠맡긴 사람이 없습니다.

　모세는 이스라엘 백성들이 애굽을 떠나 홍해 앞이 도착했던 순간부터, 가나안 땅이 건너다보이는 곳까지 도착했던 광야 40년의 여정 동안, 늘 자기 백성들로부터 위협을 당하고 죽음을 목전에 둔 싸움을 싸워야 했습니다. 하나님께로부터 이스라엘 백성들을 가나안 땅으로 인도하라고 하신 명령을 받았지만, 광야 40년이라는 실제로 인생이 견뎌내야 하는 삶 속에서, 차라리 애굽에서 살 때가 더 좋았다고 말하며 선동하는 사람들이 있었기 때문입니다. 그리고 마침내 가나안 땅에 들어갈 준비가 되었을 때, 하나님께서는 모세에게 "너는 그 땅으로 들어갈 수 없다"라는 청천벽력과 같은 말씀을 하셨습니다.

> 신명기 4:21-22, "여호와께서 너희로 말미암아 내게 진노하사 내게 요단을 건너지 못하며 네 하나님 여호와께서 네게 기업으로 주신 그 아름다운 땅에 들어가지 못하게 하리라고 맹세하셨은즉 22. 나는 이 땅에서 죽고 요단을 건너지 못하려니와 너희는 건너가서 그 아름다운 땅을 얻으리니"

　하나님께서 모세에게 너는 이 땅, 광야에서 죽고 요단을 건너가지 못한다고 말씀하셨습니다. 이게 말이 됩니까? 모세가 무엇을 바라고 기대하면서 그곳까지 왔습니까? 그 40년 동안 돌에 맞을 뻔하고, 고라를 비롯한 젊은 장로들에게 목숨의 위협을 당하면서 가나안이 보이는 곳까지 이끌고 온 결과가 그런 것이란 말입니까? 하지만 그것이 바로 모세에게 베푸신 하나님의 사랑이었습니다.

마태복음 17:1-3, "엿새 후에 예수께서 베드로와 야고보와 그 형제 요한을 데리시고 따로 높은 산에 올라가셨더니 2. 그들 앞에서 변형되사 그 얼굴이 해 같이 빛나며 옷이 빛과 같이 희어졌더라 3. 그 때에 모세와 엘리야가 예수와 더불어 말하는 것이 그들에게 보이거늘"

비록 모세는 이스라엘 백성들과 함께 가나안 땅에 들어가지는 못했지만, 하나님께서 약속해 주셨던 땅에서 예수님과 함께 만나게 되는 복을 주셨습니다. 우리는 영원하신 하나님, 무한하신 하나님에 대한 이해가 너무 없습니다. 우리는 언제나 우리 눈에 보이고, 우리 손으로 확인하는 것에만 연연합니다. 모세가 가나안 땅에 들어가지 못한다는 말씀을 들었을 때, 그 말씀에 순종할 수 있었던 것은 영원하신 하나님에 대한 이해가 있었기 때문입니다.

어릴 적에는 아무리 설명해 주고 가르쳐 줘도 이해하지 못하던 자녀가, 장성하여 자기도 부모가 되고 난 뒤에 부모님께서 자기에게 했던 말들을 이해할 때가 많지 않습니까? 100년도 살지 못하는 인생 속에서 우리가 이해하지 못하는 것들이 많습니다. 겪어 보고 지나 봐야 알고, 지지리도 말을 듣지 않다가 직접 고생하고 실패한 뒤에야 교훈을 얻게 되는 경우도 너무나 많습니다. 그렇게 깨달은 교훈은 무엇입니까? 그때는 알지 못했다는 것입니다. 저도 길지 않은 인생이었지만 사는 동안에 경험한 목회의 현장에서 직간접적으로 얻은 교훈들이 많이 있습니다. 당장은 좋아 보이지만 끝이 좋지 않은 일도 있었고, 제가 경험한 일들이 주위의 교회에서도 비슷한 형태로 수없이 나타나는 것을 보면서 스스로 조심하는 것들도 있습니다.

어떤 분은 유별나다고 합니다. 혼자만 잘난 척한다고도 말합니다. 하지만 길이 아닌 것을 알고도 걸어갈 수는 없지 않습니까? 우리에게 성경이 유익한 것은, 우리보다 앞서간 사람들이 실패한 지혜들을 주기 때문입니다. 하나님의 사랑은, 우리가 받은 구원이 하나님 앞에서 확증되는 그 순간까지 우리를 포기하지 않는 것입니다. 우리가 어떤 지경, 어떤 최악의 순간까지 떨어지더라도, 땅끝 땅 모퉁이에 서게 되더라도 우리를 부르시고 붙들어 오셔서 붙잡아 주실 것입니다. 그것이 바로 하나님의 사랑입니다. 하지만 우리의 인생길은 스스로 걸어가는 것입니다. 결단코 주님께서 우리 대신 살아 주지 않습니다. 그러니 '신앙'이라는 이름으로 감상에 빠지고, '사랑'이라는 언어에 최면이 걸려서 교회만 열심히 다니면 모든 것이 다 해결된다는 식의 미혹에 마음을 뺏기지 마시기 바랍니다.

실제로 성경에 나오는 믿음의 사람들이 그런 식으로 인생의 짐을 모면한 경우가 없습니다. 간절한 마음으로 하나님께 열심히 기도했더니 어려운 문제들이 술술 다 풀렸다는 식의 이야기가 없습니다. 오히려 그들이 지켜 냈던 믿음으로 인해 고난을 당하고, 죽임을 당한 사례들이 훨씬 더 많습니다. 그러면 왜 우리가 굳이 믿음을 지켜야 합니까? 교회에 열심히 다녀도 힘들고 지친 인생길에서 어떤 도움도 받지 못한다면 신을 의지하고 기도해야 할 이유가 무엇이겠습니까? 예수님께서 마르다에게 그 대답을 해 주십니다. **"네가 믿으면 하나님의 영광을 보리라 하지 아니하였느냐"**

우리가 기독교 신앙을 갖고 예수를 믿는 주된 이유를 망각하면, 본질이 아닌 것에 붙잡히게 됩니다. 성경은 인간을 구원하기 위한 하나님의 약속과 그 약속을 지키기 위해서 일하시는 하나님의 역사하심을, 수많은 성경의 인물들과 사건들을 통해서 증명하고 확인시켜 줍니다. 그리고 그 약속의 실체가 되시는 예수님께서 이 땅에 오셔서 행하신 일들을 우리가 살펴보고 있습니다. 성경의 어떤 부분에서 인간의 소원을 들어주시는 하나님이 등장하고 있습니까? 예수님께서 행하신 수많은 기적들이 인간의 연약함과 필요를 도운 것은 분명한 사실이지만, 만약 그러한 것들이 예수님께서 세상에 오신 목적이었다면, 예수님의 십자가 죽음은 말도 안 되는 사건입니다. 예수께서 그 일을 위해 오셨다면 오래오래 사시면서 더 많은 인간을 도와주셔야 했지 않았을까요?

결국 성경이 의도하지 않고 목적하지 않은 것들에, 종교적 소원과 관심을 담아 빌고 있는 것이 우리들의 신앙생활의 모습이라면, 그것은 우상을 섬기는 여타 종교들과 전혀 다를 바가 없을 것입니다. 또한 그런 목적으로 신앙생활을 하고 있기 때문에 **"맹인의 눈을 뜨게 한 이 사람이 그 사람은 죽지 않게 할 수 없었더냐"** 하면서, 마치 소원을 들어주지 않는 예수가 부족한 것처럼 여기게 됩니다. 성경적 기독교 신앙은 우리의 소원이 성취되고, 각종 어려움을 면하는 것에 목적이 있는 것이 아닙니다. 우리는 나사로와 같이 이미 죽었던 자들이었고, 죽은 지 오래되어 냄새가 나던 자들이었습니다. 그런 우리들을 예수께서 살리셨고 거듭난 사람, 새로운 사람이 되었습니다.

많이 가진 사람이나 적게 가진 사람이나, 젊은 사람이나 나이 든 사람이나 이 세상은 영원히 머물 곳이 아닙니다. 언젠가 때가 되면 우리 모두는 다 빈손으로 돌아가게 될 것입니다. 우리에게 영원히 남게 될 것은 무엇입니까? 구원을 얻는 참된 지식과 우리가 가진 신앙이 그리스도의 장성한 분량에 이르기까지 우리의 인격이 자라고 성품이 변화되는 것입니다. 인간이기 때문에 실수하고, 넘어지고, 어긋난 길로 갈 때도 있을 것입니다.

하지만 우리를 죽기까지 사랑하신 주님의 크신 사랑이 우리를 끝까지 붙잡아 주실 것입니다.

인격적으로나 인생을 살아가는 방법에 있어서, 도무지 동의할 수 없을 것 같은 모습으로 살았던 야곱조차도 하나님께서는 사랑하셨습니다. 그래서 다행입니다. 현재 우리의 모습이 그리 좋아 보이지 않는다 할지라도, 하나님께서 야곱을 사랑하셨던 기준이라면 비집고 들어갈 틈이 보이지 않습니까? 끝까지 사랑하실 주님의 사랑을 기대하시고, 그 사랑에 의지하면서 더욱 믿음의 길을 잘 걸어가시길 축원합니다.

### 요한복음 11:39~40

# 네가 믿으면 하나님의 영광을 보리라

"39. 예수께서 이르시되 돌을 옮겨 놓으라 하시니 그 죽은 자의 누이 마르다가 이르되 주여 죽은 지가 나흘이 되었으매 벌써 냄새가 나나이다 40. 예수께서 이르시되 내 말이 네가 믿으면 하나님의 영광을 보리라 하지 아니하였느냐 하시니"

오늘 본문에 예수님께서 죽은 지 나흘이나 되어 썩은 냄새가 나는 나사로를 다시 살리시는 기적을 행하셨습니다.

요한복음 11:43-44, "이 말씀을 하시고 큰 소리로 나사로야 나오라 부르시니 44. 죽은 자가 수족을 베로 동인 채로 나오는데 그 얼굴은 수건에 싸였더라 예수께서 이르시되 풀어 놓아 다니게 하라 하시니라"

놀라 자빠질 일입니다. 이미 죽어서 썩기 시작한 사람이 어떻게 무덤에서 다시 살아 나올 수가 있습니까? 그런데 나사로가 나오는 모습이 뭔가 이상합니다. 죽었다가 다시 살아난 사람치고는 멋있지가 않습니다. 기왕이면 다시 살아났을 때, 얼굴에 싸인 수건과 몸을 묶었던 끈들을 다 풀어 버리고, 옷도 깨끗한 것으로 갈아입고 멀쩡한 모습으로 나왔다면 훨씬 더 좋지 않았겠습니까? 죽은 사람을 다시 살리는 것이 어렵겠습니까? 살아난 사람이 자기를 감싸고 묶었던 것을 다 풀어 버리고 새 옷으로 갈아입고 나오는 것이 어렵겠습니까?

그런데 굳이 예수님은 다시 살아난 나사로를 처음에 매장했던 모습 그대로 사람들 앞에 불러 세우시고, 사람들에게 풀어 줘서 다니도록 하라고 말씀합니다. 그래서 예수님께서 '죽은 나사로'를 다시 살리신 이 기적을 통해서, 우리에게 가르쳐 주려고 하시는 내용이 있다는 것을 발견해야 합니다.

> 마가복음 16:17-18, "믿는 자들에게는 이런 표적이 따르리니 곧 그들이 내 이름으로 귀신을 쫓아내며 새 방언을 말하며 18. 뱀을 집어올리며 무슨 독을 마실지라도 해를 받지 아니하며 병든 사람에게 손을 얹은즉 나으리라 하시더라"

여러분, 이 말씀을 믿으십니까? "그러면 예배 끝난 뒤에 무슨 독까지는 아니라 할지라도, 설거지하는 세제나 샴푸 같은 것을 마셔도 괜찮을까요?" "하와이에는 뱀이 없으니까 쥐나 바퀴벌레는 맨손으로 막 잡아도 될까요?" 하실 수 있는 분 계십니까? 우리가 성경 말씀은 믿는다고 쉽게 말하지만, 막상 뱀을 집어 올리고, 독을 마시는 일을 할 수 있느냐고 물어보면, 그렇게 하겠노라고 나서는 사람은 별로 없습니다. 저도 목사지만 그렇게는 못 하겠습니다. 그러면 우리가 성경 말씀을 믿는다는 것과 자기가 믿는 믿음을 실제로 행하는 것이 차이나는 이유는 뭘까요?

2002년도에 대통령 선거가 있었는데, 그때 대통령 후보로 나오셨던 한 분이 선거유세를 할 때마다 첫마디로 했던 말이 지금도 기억에 남아 있습니다. "국민 여러분! 행복하십니까? 살림살이 좀 나아지셨습니까?"입니다. 물론 그분은 대통령이 되지 못하셨지만, 그 선거 구호는 오랫동안 사람들의 마음에 울림을 주었습니다. 그분의 선거 구호와 마가복음 말씀을 연관 지어서 이렇게 물어보겠습니다. "여러분은 주님께서 행하셨던 성경의 기적을 믿으십니까? 그래서 그 기적을 경험해 보셨습니까?"

예수님을 믿는 성도들, 특히 우리 교회처럼 개혁주의 신앙 노선을 따르고, 보수적인 성경 해석을 따르는 성도들이 늘 고민하게 되는 문제가 이런 것입니다. 성령 운동을 하는 교회들, 방언과 신유와 각종 은사들을 받았다고 하는 것, 또는 그런 것들을 나눠 준다고 하는 교회나 성도들이나 그런 일들을 행하는 목사님들은 아주 믿음이 있어 보이고 특별해 보입니다. 그런데 오랫동안 신앙생활을 해도 그런 것들과는 전혀 거리가 먼 우리들은 뭔가 부족해 보입니다.

어떤 사람은 '망나니같이 살다가 예수님 만나서 회개하고 돌아왔더니 방언을 하게 되었다', '천국과 지옥을 갔다 왔다'고 하는데, 일생을 신앙생활해도 기적은 본 적도 없고, 웬만한 사람은 다 한다는 방언도 아직 못 합니다. 그러니 방언을 한다, 무슨 은사를 받았다는 사람 앞에 가면 왠지 나는 믿음이 없는 사람처럼 느껴지고, 하나님께 뭔가 덜 받은 사람처럼 느껴지는 것입니다. 결국 그런 경험을 할 수 있는 길을 찾아 떠나지요. 나도 방언 정도는 받아 봐야겠다 하고, 그걸 준다는 기도원, 목사님들을 찾아다니면서 구하는 것입니다. 그래서 오늘 본문에서 예수님께서 행하신 기적, 그중에서 핵심이 되는 믿음과 하나님의 영광을 다시 눈여겨봐야 합니다

> 요한복음 11:40, "예수께서 이르시되 내 말이 네가 믿으면 하나님의 영광을 보리라 하지 아니하였느냐 하시니"

여기 우리가 좋아하는 말씀이 등장하고 있습니다. **"네가 믿으면 하나님의 영광을 보리라"** 이것보다 더 좋아하는 말씀도 있죠.

> 마가복음 11:24, "그러므로 내가 너희에게 말하노니 무엇이든지 기도하고 구하는 것은 받은 줄로 믿으라 그리하면 너희에게 그대로 되리라"

정말 너무 아름다운 말씀 아닙니까? 무엇이 되었든지 일단 기도하고, 기도했으면 받은 줄로 믿고 기다리면 그대로 된다고 합니다. 우리가 이 말씀만 붙잡고 기도하면, 우리가 바라는 모든 것들을 다 받을 수 있을 것 같습니다. 그런데 현실은 어떻습니까? 여러분이 바라고 원하는 것들을 기도했을 때 모두 다 이루어졌습니까? 당연히 믿고 기도도 하고 간절하게 믿었음에도 이루어지지 않은 것들이 많습니다.

그때 목사님들이 하는 대답이 무엇입니까? "될 때까지 기도하라"입니다. 이쯤 되면 사람들은 뭘 생각하겠습니까? "아 내가 아직 정성이 부족하구나! 믿음이 아직 적어서 그렇구나!" 하면서 지극한 정

성으로 들어가거나, 더 간절한 믿음을 증명해 보이기 위해 많은 헌금을 합니다. 그러면 마가복음 11장 말씀이, 정말 그렇게 될 때까지 열심히 기도하란 뜻인지는 앞뒤의 문맥을 살펴봐야 합니다.

> 마가복음 11:12, "이튿날 그들이 베다니에서 나왔을 때에 예수께서 시장하신지라"

오늘 본문의 죽은 나사로를 살리신 곳이 베다니인데, 마가복음 11장의 배경도 베다니입니다. 예수님께서 지나가시다가 한 무화과나무에 가까이 가서 열매를 찾았지만, 잎만 무성했지 아무 열매도 얻지 못하셨습니다. 그러자 예수님께서 이제부터 영원토록 열매를 맺지 못하리라고 나무에게 말씀했습니다. 이상한 것은, 예수님께서 무화과나무에서 열매를 찾으셨던 때가 열매를 맺을 시기가 아니었다는 것입니다.

> 마가복음 11:13, "멀리서 잎사귀 있는 한 무화과나무를 보시고 혹 그 나무에 무엇이 있을까 하여 가셨더니 가서 보신즉 잎사귀 외에 아무 것도 없더라 이는 무화과의 때가 아님이라"

아직 무화과나무가 열매를 맺을 시기가 아닌데 가서 열매를 찾으시더니 열매가 없다고 하면서 나무를 저주하는 것은 뭔가 합리적이지 않습니다. 그런데 다음 날 아침 제자들과 함께 그 나무 근처를 지나가는데, 예수님께서 말씀하셨던 그 무화과나무가 정말로 뿌리째 말라 있는 것을 보게 되었습니다.

마가복음 11:20-21, "그들이 아침에 지나갈 때에 무화과나무가 뿌리째 마른 것을 보고 21. 베드로가 생각이 나서 여짜오되 랍비여 보소서 저주하신 무화과나무가 말랐나이다"

이쯤 되면 정말 많이 이상합니다. 무화과나무야 하나님께서 창조하신 원리를 따라 자기가 열매를 맺을 계절이 되면 열매를 만들어 낼 텐데, 계절도 아직 오지 않았는데 열매가 없다고 하는 것이 이상하지 않습니까? 그렇다고 말라 죽게까지 할 이유는 없지 않을까요? 그래서 예수님께서 무화과나무를 저주하신 사건은, 이 사건 하나만으로는 해석하기가 힘들고, 그 후에 예수님께서 행하셨던 어떤 행위와 연결해서 통으로 봐야 해답을 얻을 수 있습니다.

마가복음 11장 15~19절에 보면, 무화과나무를 저주하신 후 십자가의 죽음을 앞두신 예수님께서 성전에 들어가셔서 성전 안에서 장사하는 사람들의 상을 뒤집어엎으시고 그들을 내쫓으시며, 성전을 정화한 사건이 기록되어 있습니다. 무화과나무가 말라 죽은 이 기적은, "배가 고픈 예수님께서 원하셨을 때 무화과나무가 즉시 열매를 만들어 내지 못했기 때문에 예수님이 죽이신 것이다" 이런 것을 본보기로 보여 주려고 행하신 기적이 아닙니다. 하나님의 택하신 백성들, 그중에서도 남들보다 당연히 믿음이 좋다고 여겼던 제사장과 바리새인들과 같은 종교적인 기득권을 가진 사람을, 잎만 무성한 무화과나무로 비유해서 꾸짖은 말씀입니다.

주목해서 보셔야 하는 것이, "예수님께서 행하셨던 기적, 무화과나무를 저주하신 사건이 어떤 목적으로 사용되고 있는가?" 하는 것입니다. 이 목적을 알지 못하고 단지 기적이라는 결과물만 쳐다보고 있으면, 열매 맺을 계절이 아닌 무화과나무를 저주해서 뿌리까지 말라 죽게 한 예수님은 성격이 대단히 괴팍하고 이상한 분이 되고 맙니다.

같은 맥락에서 우리가 살펴보려고 했던, **"무엇이든지 기도하고 구하는 것은 받은 줄로 믿으라"** 라는 말씀이 어떤 의도로 하신 말씀인지, 우리가 그 내용을 제대로 살펴봐야 합니다. 베드로가 "예수님께서 말씀하셨던 무화과나무가 말랐다"라고 하자 예수님께서 이렇게 대답하십니다.

> 마가복음 11:22-23, "예수께서 그들에게 대답하여 이르시되 하나님을 믿으라 23. 내가 진실로 너희에게 이르노니 누구든지 이 산더러 들리어 바다에 던져지라 하며 그 말하는 것이 이루어질 줄 믿고 마음에 의심하지 아니하면 그대로 되리라"

대단하지 않습니까? 누구든지 산이 들려서 바다에 던져지라고 말하면, 그리고 그 말한 것이 이루어질 줄 알고 마음에 의심하지 않으면 그렇게 된다고 합니다. 그런데 이 말씀은 전제되는 조건이 있습니다. 그것은 22절 마지막에 기록된 **"하나님을 믿으라"** 입니다. 내가 원하는 소원, 내가 바라는 기대를 이루기 위해서 "산이여 들려서 바다에 던져져라!" 외치는 것이 아니라, 하나님께서 말씀하시면 산이 들려서 바다에 던져지는 것이라도 될 수 있는 것을 의심하지 말고 믿으라는 것입니다.

그러니까 이 말씀은 내가 바라는 기대, 내가 원하는 소원을 의심하지 않는 믿음을 가지고 기도만 하면 다 이루어진다는 것이 아니라, 하나님의 말씀이 이루어지는 것을 우리가 하는 기도라는 방법을 통해 보게 된다는 뜻입니다.

마가복음 11:24, "그러므로 내가 너희에게 말하노니 무엇이든지 기도하고 구하는 것은 받은 줄로 믿으라 그리하면 너희에게 그대로 되리라"

그런데 이렇게만 말씀드리면 잘 수긍하지 못하시는 분이 있습니다. "내가 원하는 소원이 아니라 하나님의 말씀이 이루어지는 거라면, 그건 하나님 소관인데 우리가 꼭 기도해야 하는 이유는 뭐야?" 이렇게 생각합니다. 그래서 곧이어 이런 말씀이 등장하는 것입니다.

마가복음 11:25, "서서 기도할 때에 아무에게나 혐의가 있거든 용서하라 그리하여야 하늘에 계신 너희 아버지께서도 너희 허물을 사하여 주시리라 하시니라"

24절 말씀과 25절 말씀은 분리된 문장이 아니라 20절부터 함께 묶여 있는 말씀입니다. 그러니까 이 말씀의 결론은 24절이 아니라 25절 말씀입니다. 예수님께서 제자들에게 '기도'에 대해서 말씀하시고 있습니다. 그리고 그 기도에는 우리가 좋아하는 내용도 있지만, 별로 하고 싶지 않은 기도도 있습니다. 우리가 좋아하는 기도는 무엇입니까? "산이 들려서 바다에 옮겨지는 것"과 같은 기도입니다. 무엇이든지 받을 줄로 믿고 기도하면 다 이루어지는 그런 기도는 밤새워 해도 지겹지가 않습니다.

그런데 누군가를 용서해야 하는 기도는 어떻습니까? 별로 생각하고 싶지 않습니다. 기도까지 해 가면서 용서해야 할까 싶습니다. 그런데 25절 말씀을 잘 보십시오. **"서서 기도할 때에 아무에게나 혐의가 있거든 용서하라"**라고 했습니다. '혐의'는 무엇입니까? '사실'로 드러난 것입니까, 아니면 '그럴 것 같다는 의심이 드는 것'입니까? 아직 사실로 밝혀지지 않은 것입니다.

다시 말해서 누군가 나에게 뭔가 큰 잘못을 했다는 것이 아니라, 그런 것 같은데? 하는 의심이 드는 그런 상태인 사람이라도 용서하라는 것입니다. 이 말씀을 왜 하셨다고 생각되십니까? 그게 진짜 우리의 실력이라는 것입니다. 우리는 자꾸 스스로를 괜찮은 사람이라고 생각하는 경향이 있는데, 착각하지 마십시오. 우리는 전혀 괜찮은 사람이 아닙니다. 우리에게 명백하게 잘못을 행한 사람이 아니라, "그럴 것 같은데?" 하는 '혐의'만 있어도 우리는 쉽게 용서하지 못합니다. 그래서 우리가 기분 나빠 하는 것이 뭐죠? "쟤 눈빛이 이상해, 째려본 것 같아! 말투가 기분 나빠!" 아닙니까? 그런데 우리가 이렇게 '혐의' 정도의 수준인 사람을 용서하면, 하늘에 계신 하나님께서 우리의 모든 허물을 용서해 주신다고 말씀하셨습니다.

잘 생각해 보시기 바랍니다. 산을 옮기는 기적과 같은 성공을 만들어 내는 것이 쉬울 것 같습니까? 마음속에 산처럼 짐이 되는 사람, 생각하기 싫을 만큼 미운 사람을 용서하는 것이 쉬울 것 같습니까? 산을 옮기는 편이 훨씬 쉽습니다. 가장 대표적인 사람들이 정치인들입니다. 그 사람들은 권력만 잡으면 산을 옮기는 정도는 쉽게 합니다. 하지만 미운 사람은 절대 용서하지 않습니다. 여러분, 우리가 우리 스스로의 실력으로 사람을 용서할 수 있습니까? 우리는 그만한 사람이 못 됩니다. 그래서 하나님께 기도가 필요한 것입니다.

하나님께서 용서할 수 있도록 마음을 바꿔 주시지 않으면, 우리는 '혐의' 정도만 있는 사람도 쉽게 용서하지 못합니다. 바리새인들, 제사장들, 그리고 그들에게 선동된 유대인들이 예수님을 죽이려고 했던 이유가 무엇이었습니까? 예수님께 사형에 해당할 만큼 명백한 죄가 있기 때문에 죽이려고 했습니까? 아니었지요. 자기들 생각에 예수님이 하나님의 신성을 모독하고 있다는 '혐의'가 있다고 생각했기 때문 아니겠습니까? 그러면 그 '혐의'는 실체가 있는 '혐의'였습니까? 아니요. 많은 사람이 예수님을 믿고 따름으로 인해, 자기들이 로마 정부로부터 받고 있던 혜택을 빼앗기게 될까 봐, 예수님을 제거하기 위해 만든 것이었습니다.

> 요한복음 11:47-48, "이에 대제사장들과 바리새인들이 공회를 모으고 이르되 이 사람이 많은 표적을 행하니 우리가 어떻게 하겠느냐 48. 만일 그를 이대로 두면 모든 사람이 그를 믿을 것이요 그리고 로마인들이 와서 우리 땅과 민족을 빼앗아 가리라 하니"

누가복음 11장에서 무화과나무를 저주하여 죽게 하신 기적을 통해 예수님께서 제자들에게 가르쳐 주려는 내용은, 생경을 살리게도 하시고 죽게 하실 수도 있는 하나님을 제대로 알고 믿으라는 것입니다. 사람들의 관심사는, 산이 들려서 바다로 옮겨지는 것과 같은 기적입니다. 그런데 산이 들려서 바다로 옮기는 것이 대단한 기적처럼 보이기는 하지만, 거기에 생명이 있습니까? 죽은 사람을 살게 하는 능력이 있습니까? 없습니다. 우리의 관심, 우리가 좋아하는 것은 언제나 생명이 아니라 물질적인 것입니다.

그런데 예수님의 관심은 무엇입니까? 산이 옮겨지는 것이 아니라, 아무에게나 '혐의' 정도의 섭섭한 마음이 드는 사람이라도 있다면 용서하라는 것입니다. 그리고 그 기도는 내가 그 사람을 용서하겠노라고 마음잡고 작정해서 기도해야만 할 만큼, 나에게 심각한 잘못을 행한 사람을 말하는 것이 아닙니다. **"서서 기도할 때에"**라고 했습니다. 길을 가다가 문득 생각난 것입니다. 이 정도면 나에게 뭘 대단한 잘못을 한 사람이 아닐 수도 있을 것입니다. 그런데 그런 정도의 '혐의'가 있는 사람도 용서하지 못하는 사람이 바로 우리들이라는 것을 지적하시면서, 그 정도의 용서도 얼마나 어려운지 산이 들려서 바다에 옮겨지는 기적까지 동원해서 우리들에게 확인시켜 주시는 것입니다.

그래서 우리는 주제 파악을 잘해야 합니다. 현재 내 수준이 어느 정도인지 가늠이 돼야 기도를 하든, 용서를 하든, 믿음 생활을 하든 하지 않겠습니까? 아직 걸음마도 못 뗀 갓난아기가 올림픽 육상경기에 나간다고 하면 말이 되겠습니까? 그래서 먼저 내 수준을 정확히 알고, 기도할 때도 아무 말씀이나 다 끌어다가 "마음으로 믿으면 다 준다고 했으니까 욕심껏 다 구하자!" 그게 아닙니다. 그러지 마시고 성경이 무엇을 말씀하는지 정확히 알고 기도하시기 바랍니다.

다시 본문으로 돌아오면, **"네가 믿으면 하나님의 영광을 보리라 하지 아니하였느냐"**라고 하셨습니다. "믿음만 있으면 네가 원하는 기적이 이루어질 것이고, 네가 감격하고 감동받는 것을 보면서 하나님이 영광을 받으실 것이다." 성경이 말하는 믿음과 영광은 그런 말씀이 아닙니다. 예수님께서 나사로를 다시 살리는 것을 통해서 하나님께서 보여 주기 원하시는 근본적인 이유와 목적이 있다는 것입니다. 그것이 무엇입니까?

> 요한복음 11:41-42, "돌을 옮겨 놓으니 예수께서 눈을 들어 우러러 보시고 이르시되 아버지여 내 말을 들으신 것을 감사하나이다 42. 항상 내 말을 들으시는 줄을 내가 알았나이다 그러나 이 말씀 하옵는 것은 둘러선 무리를 위함이니 곧 아버지께서 나를 보내신 것을 그들로 믿게 하려 함이니이다"

우리의 관심은 언제나 기적이라는 결과물만 바라보고 있습니다. 하지만 예수님께서 왜 그 기적을 행하신 것인지, 기적을 통해서 무엇을 가르쳐 주려고 하시는 것인지, 그리고 기적을 본 사람들이 어떤 반응을 보였는지, 그런 반응이 나온 이유가 무엇인지에 대한, 전체 내용에는 관심이 없습니다. 그러니 우리들의 신앙이라는 것이, 우상을 섬기는 여타 다른 종교들과 별로 다를 바 없는 것입니다. 소원을 빌 일이 있으면 신을 찾아가서 열심히 빌고, 좋은 길로 구해서 안 되면 새벽에도 기도하고, 잠 안 자고 기도하고, 그래도 안 되면 밥 안 먹고 기도해서라도 어쨌든 원하는 결과를 얻으려고 합니다.

그런데 그런 기도는 우리만 하는 것이 아닙니다. 툴교는 삼천 배, 삼보일배를 하고, 몇 년 동안 자리에 눕지 않고 앉아 있거나, 사람들과 대화도 하지 않고 묵언수행, 면벽수행을 합니다. 인도의 요가를 하는 사람은 인간이 취할 수 있는 가장 고통스럽고 기이한 자세를 만들면서 기도하고, 높은 나무 꼭대기나 절벽 바위 모서리 같은 곳에 앉아서 목숨을 걸고 기도합니다. 그렇게 기도하는 이유가 무엇입니까? 그게 무엇이든 내가 원하는 것을 달라는 것입니다. 그리고 보면 기독교인이 특별기도라며 하는 행위들은, 다른 종교들에 비해 별로 나을 것도 없습니다. 금식기도 많이 해서 신령하다고 하는 사람들도, 불교의 수도승이나 인도의 요가승과 비교하면 새 발의 피와 같습니다.

무슨 말씀을 드리려고 하는지 이해되십니까? 우리가 기도해야 하는 이유, 기도를 통해서 얻어야 하는 교훈, 기도 응답을 통해서 하나님께서 받으시기 원하는 영광, 이런 것에 대한 이해는 없고, 단지 소원 성취를 위한 기도라면, 각종 우상과 잡신을 믿는 세상 종교가 드리는 정성의 기준에도 미치지 못할 것입니다. 그래서 우리가 믿음으로 드리는 기도, 그 기도의 응답, 그리고 하나님께서 받으실 영광에 대해서 보다 깊은 이해가 필요합니다.

하나님은 천지신명이나 여타 종교가 섬기는 우상과 같은 분이 아닙니다. 하나님은 인간의 소원이나 계획을 이루어 주기 위해 계시는 분이 아닙니다. 오히려 인간을 선택하시고 구별하셔서 당신의 자녀와 백성을 삼기 원하시는 하나님의 뜻과 목적 속에 우리가 있는 것입니다. 그리고 그 하나님의 뜻을 믿는 자에게 하나님의 영광을 나타내 보이십니다. 그것이 바로 예수님께서 마리아와 마르다, 그리고 그들을 따라온 많은 사람들 앞에서 죽은 나사로를 살리시는 것으로 나타내 보이신 것입니다. 40절의 믿음과 하나님의 영광을 어떻게 이해해야 하는지를 말씀드리고 있습니다.

우리가 믿는 것은 무엇입니까? 초월적인 하나님의 능력을 끌어오기 위해서 창조의 순리를 역행하여 기적을 베푸실 뜻께, 우리도 초월적인 정성과 열심을 드리면 그 정성이 마침내 하늘에 닿아서 소원이 성취되는 것입니까? 그런데 정작 성경에 보면, 그 어떤 사람도 그런 식으로 하나님께 기도하고 예수님께 빌어서 소원 성취를 얻어 내는 사람이 없습니다. 때로는 예수님께서 지나가시다가 먼저 병자를 찾아와서 고쳐 주시고, 때로는 멀리서 나병 환자가 불쌍히 여겨 달라고 소리치니까 고쳐 주시고, 때로는 군중들 속에 숨어서 몰래 예수님의 옷자락을 만졌더니 고침을 받았습니다. 여기에 남다른 정성이 있습니까? 금식이나 철야가 있습니까? 특별헌금이 있습니까? 없습니다.

우리는 인간의 본능에 따른 종교심에 너무 익숙해 있습니다. 그래서 그런 종교심에 자극이 오면 마치 조건반사처럼, 열심과 정성을 바치고 돈을 드리는 것이 너무나 자연스럽습니다. 주일이 되면 교회에 오고, 입으로는 기독교 신앙인이라고 말을 하지만, 실제로는 우상을 섬기는 종교와 전혀 다르지 않은 신앙생활을 하고 있습니다. 그러니 기억에 남고 주로 좋아하는 성경 구절을 물어보면, "시작은 미약하였으나 끝은 창대해진다", "무엇이든지 믿고 기도하면 받은 줄로 믿으라", "능력 주시는 자 안에서 모든 것을 할 수 있다" 등을 이야기합니다.

성경의 기독교를 자기 욕심의 종교로 만들지 마시고, 성경에 가르쳐 주신 대로 믿어야 하지 않겠습니까? 팀 켈러 목사님이 이런 말씀을 하셨습니다. 벽에 못을 박아야 하는데 망치가 없어서 손목에 찬 시계로 못을 박았습니다. 당연히 시계의 유리는 박살 났습니다. 그러면 박살 난 시계가 잘못한 것입니까? 시계를 잘못 사용한 것입니까? 시계는 시계의 용도대로 사용해야지, 용도가 아닌 것으로 사용하고서 왜 시계가 깨졌느냐고 말할 수 없는 것입니다.

기독교는 성경의 종교입니다. 기독교는 하나님의 뜻과 목적을 믿고 순종하며 따라가는 종교입니다. 그래서 "네가 믿으면 하나님의 영광을 본다"라는 말씀은, "무엇이든지 믿고 기도하면 너의 소원이 성취된다"라는 말이 아닙니다. 이 말씀의 뜻은 하나님의 뜻과 목적을 내 뜻과 목적으로 믿는다는 것입니다.

> 요한복음 11:23, "예수께서 이르시되 네 오라비가 다시 살아나리라"
> 요한복음 11:25-27, "예수께서 이르시되 나는 부활이요 생명이니 나를 믿는 자는 죽어도 살겠고 26. 무릇 살아서 나를 믿는 자는 영원히 죽지 아니하리니 이것을 네가 믿느냐 27. 이르되 주여 그러하외다"

여기에 마르다가 믿는다고 하는 것이 무엇입니까? 하나님께서 예수 그리스도를 통해 하실 일을 믿는다는 것입니다. 그런데 그전에 예수님께서 죽은 나사로가 다시 살아날 것이라고 말씀했을 때, 마르다는 뭐라고 말했을까요?

> 요한복음 11:24, "마르다가 이르되 마지막 날 부활 때에는 다시 살아날 줄을 내가 아나이다"

마지막 부활 때에는 다시 살아날 것을 안다, 다시 말해서 지금 다시 살리신다는 말은 믿지 않았습니다. 결단코 마르다가 자기 오빠를 살려 달라는 간절한 소원과 믿음이 넘쳐서 "내가 믿나이다" 한 것이 아닙니다. 그래서 무덤을 가로막은 돌문을 옮기도록 하신 뒤에 **"네가 믿으면 하나님의 영광을 보리라"**라고 하신 말씀은, 마리아의 믿음이 전제된 것이 아니라 "하나님께서 하실 일을 믿으면, 하나님의 영광을 보게 된다"라는 뜻입니다.

그러면 오늘 우리들의 기도, 우리의 믿음은 어떤 모습이어야 할까요? 하나님의 존재, 그분 자체에 대한 믿음을 가져야 합니다. 또한 하나님의 뜻과 목적이 우리의 뜻과 목적이 되어야 하고, 하나님께서 하실 일을 우리가 믿음으로 구할 때, 우리는 하나님의 영광을 보게 될 것입니다. 그래서 예수님께서 공생애 첫 사역인 산상수훈에서 기도를 가르쳐 주실 때, **"그런즉 너희는 먼저 그의 나라와 그의 의를 구하라 그리하면 이 모든 것을 너희에게 더하시리라"**(마 6:33)라고 하신 것입니다.

저와 여러분, 우리 하와이한빛장로교회가 성경의 하나님을 믿는 교회가 되길 소원합니다. 내 소원, 내 바람, 내 기쁨, 이런 것들은 어떤 한 가지 원하는 것이 이루어졌다고 채워지지 않습니다. 하나가 이루어지면 또 다른 요구가 생기고, 또 다른 갈증이 생기지 하나로 만족하는 법이 없습니다. 언제까지 우리가 세상의 것에 목적을 두고, 그것 채우려고 우리의 인생을 쏟아붓겠습니까? 그러한 것들이 필요하다는 것을 하늘 아버지께서 이미 다 알고 계신다고 하지 않으셨습니까? 우리는 우리의 할 일만 하면 됩니다. 하나님을 하나님으로 인정하고 믿으시기 바랍니다.

하나님을 세상의 잡신들과 똑같은 수준으로 끌어내리지 마시고, 전능하신 하나님, 그분께서 우리를 위해 행하시는 일을 믿으시기 바랍니다. 그리고 하나님께 합당한 영광, 그분이 기뻐하시는 일에 여러분 마음의 소원과 목적을 두시고 기도하시기 바랍니다. 그리고 혹여라도 여러분 마음에 누군가의 '혐의'가 생각나시거든, 진심으로 용서하시기 바랍니다. 그것이 바로 저와 여러분을 구원하신 하나님의 뜻입니다. 누군가의 '혐의' 정도도 용서하지 못하는 우리가, 하나님께 우리의 죄를 용서해 달라고 기도하며 회개하기는 너무 뻔뻔하지 않습니까? '믿음'과 '하나님의 영광'에 대한 바른 이해를 하게 되셨기를 기원합니다.

요한복음 12:1~8

# 나사로는 예수와 함께 있더라

"1. 유월절 엿새 전에 예수께서 베다니에 이르시니 이 곳은 예수께서 죽은 자 가운데서 살리신 나사로가 있는 곳이라 2. 거기서 예수를 위하여 잔치할새 마르다는 일을 하고 나사로는 예수와 함께 앉은 자 중에 있더라 3. 마리아는 지극히 비싼 향유 곧 순전한 나드 한 근을 가져다가 예수의 발에 붓고 자기 머리털로 그의 발을 닦으니 향유 냄새가 집에 가득하더라 4. 제자 중 하나로서 예수를 잡아 줄 가룟 유다가 말하되 5. 이 향유를 어찌하여 삼백 데나리온에 팔아 가난한 자들에게 주지 아니하였느냐 하니 6. 이렇게 말함은 가난한 자들을 생각함이 아니요 그는 도둑이라 돈궤를 맡고 거기 넣는 것을 훔쳐 감이러라 7. 예수께서 이르시되 그를 가만 두어 나의 장례할 날을 위하여 그것을 간직하게 하라 8. 가난한 자들은 항상 너희와 함께 있거니와 나는 항상 있지 아니하리라 하시니라"

오늘 본문의 시간적 배경은 유월절 엿새 전으로, 예수님의 공생애 가운데 마지막 유월절이었습니다. 장소적 배경은 예수님께서 죽은 자 가운데서 살리신 나사로가 있는 곳이었습니다.

요한복음 12:1, "유월절 엿새 전에 예수께서 베다니에 이르시니 이곳은 예수께서 죽은 자 가운데서 살리신 나사로가 있는 곳이라"

예수님은 왜 베다니에 오셨을까요? 오늘 본문은 예수님을 위한 잔치가 있어서 그곳에 오셨다고 말씀합니다.

요한복음 12:2, "거기서 예수를 위하여 잔치할 새 마르다는 일을 하고 나사로는 예수와 함께 앉은 자 중에 있더라"

이 잔치를 끝으로 예수님은 예루살렘으로 들어가실 것입니다. 그리고 그곳에서 마지막 한 주간을 보내신 뒤에 십자가의 죽음을 당하시게 됩니다.

요한복음 12:12-13, "그 이튿날에는 명절에 온 큰 무리가 예수께서 예루살렘으로 오신다는 것을 듣고 13. 종려나무 가지를 가지고 맞으러 나가 외치되 호산나 찬송하리로다 주의 이름으로 오시는 이 곧 이스라엘의 왕이시여 하더라"

예수님께서 자신을 위해 준비된 베다니의 잔칫집에 오신 일에 대해서, 마태복음과 마가복음에도 동일하게 기록하고 있습니다. 그런데 요한복음에는 없는 기록이 마태복음과 마가복음에는 기록되어 있습니다. 그것은 예수님을 위하여 준비된 잔칫집이, '나병환자 시몬'의 집이었다고 하면서 구체적인 장소를 말한 것입니다.

마가복음 14:3, "예수께서 베다니 나병환자 시몬의 집에서 식사하실 때에 한 여자가 매우 값진 향유 곧 순전한 나드 한 옥합을 가지고 와서 그 옥합을 깨뜨려 예수의 머리에 부으니"

요한복음만 보면, 마르다와 마리아가 예수님께서 죽은 나사로를 살려 주신 것에 감사해서 잔치를 준비한 것처럼 보일 수 있는데, 사실은 나병 환자 시몬의 집에서 잔치를 베풀었고, 나사로 삼 남매는 초대를 받은 것으로 보입니다. 예수님과 제자들, 그리고 나사로 삼 남매를 포함해서 사람들이 나병 환자 시몬의 집에 들어갈 수 있었다는 것은, 나병 환자였던 시몬이 예수님으로부터 고침을 받아서, 이제는 더 이상 나병 환자가 아니라는 뜻입니다. 나병 환자는 율법에 따라 자기 집은 물론이요, 성안에서도 살 수 없었기 때문입니다.

그럼에도 마태복음과 마가복음에서 공통으로 '나병 환자 시몬의 집'이라고 표현한 것은, 시몬을 비하하려는 뜻으로 기록한 것이 아니라 예수님께서 그를 고쳐 주신 은혜를 강조하는 표현입니다. 같은 맥락에서 본문 1절에서도 **"예수께서 죽은 자 가운데서 살리신 나사로가 있는 곳이라"**라고 하면서, 나사로가 죽은 자였다가 다시 살아난 사람이라고 분명하게 밝히고 있습니다.

인생을 살아가는 자세에 있어서 구원받은 그리스도인과 그렇지 않은 사람들 사이에는 근본적인 차이가 있습니다. 그것은 자신의 약점, 즉 콤플렉스를 대하는 자세입니다. 동물들도 자신을 보호하기 위해서 주변 환경에 따라 피부색을 바꾸지(보호색) 않습니까? 같은 맥락에서 사람들도 자신의 강점은 최대한 드러내고, 자신의 약점은 최대한 감추면서 삽니다. 여자들이 화장을 하는 이유도 예쁜 곳은 잘 보이게 하고, 티나 주름은 감추려고 하는 것 아니겠습니까? 그런데 약점은 감춘다고 해서 쉽게 감춰지는 것이 아닙니다. 의도치 않게 드러나는 때도 있고, 누군가 의도적으로 나를 욕보이게 할 목적으로 나의 약점을 폭로하는 때도 있습니다.

그런데 성경에 나타난 믿음의 사람들의 경우, 감추고 싶었을 자신의 약점이 공개되는 것에 대해 오히려 자랑스럽게 여기고 있는 것을 볼 수 있습니다. 예수님의 제자인 마태가 마태복음에서 열두 제자의 이름을 소개할 때도, 자신을 가리켜서 '세리 마태'라고 말했습니다.

> 마태복음 10:2-4, "열두 사도의 이름은 이러하니 베드로라 하는 시몬을 비롯하여 그의 형제 안드레와 세베대의 아들 야고보와 그의 형제 요한,
> 3. 빌립과 바돌로매, 도마와 세리 마태, 알패오의 아들 야고보와 다대오,
> 4. 가나나인 시몬 및 가룟 유다 곧 예수를 판 자라"

나병 환자 시몬, 죽었다가 살아난 나사로, 세리 마태, 예수님을 세 번 부인한 베드로, 죄인 중 괴수 바울 등 이렇게 감추고 싶은 약점들을 드러내서 원래 그들이 어떤 사람이었다는 것을 성경에 기록하여 공개하는 것입니다. 왜 성경은 감춰 줘도 됐을 만한 사람들의 약점을 의도적으로 드러냈을까요?

그것은 예수님으로 인해 그들이 약점으로 있었던 것들이, 이제는 더 이상 약점이 아니기 때문입니다. 나병은 이미 고침받았고, 죽었으나 다시 살았고, 손가락질받던 세리였지만 현재는 예수님의 제자가

되었으며, 누구는 예수님을 부인했었고, 죄인 중 괴수였지만 예수님의 은혜로 복음을 전하는 자가 되었습니다. 예전에 자기가 가지고 있었던 약점을 당당하게 드러낼 수 있다는 것은, 현재는 그렇지 않다는 것입니다. 오히려 자신이 가졌던 약점이 예수 그리스도로 인해 이제는 사라져서 이 땅에서뿐만 아니라 영원한 천국에서까지도 마치 훈장처럼 가질 수 있는 것이라면, 그것을 드러내는 것이 훨씬 더 영광일 것입니다.

또 다른 효과도 있습니다. 약점을 감출 때는 약점 그대로 있지만, 그것을 드러내는 순간 오히려 그 약점에서 벗어난다는 것입니다. 나는 이런 약점이 있다고 떳떳하게 공개하고 나면, 누구도 그것을 빌미로 해서 나를 공격하지 못합니다. 내 약점을 어떤 한 사람만 알고 있어야 그 사람이 그걸 무기로 삼아 공격할 텐데, 모두가 알고 있다면 그 약점은 더 이상 약점이 아닌 게 됩니다. 그런 면에서 우리 성도들은, 우리가 가진 약점들이 그리스도 예수로 인해서 고침받고 해결되어서, 은혜와 감사의 표로 자랑할 수 있었으면 좋겠습니다.

"나는 나병 환자였다, 나는 죽었던 사람이었다, 나는 손가락질받던 세리였다, 나는 예수를 배반했던 자요, 예수 믿는 사람을 잡아 죽이던 사람이었다." 이런 약점들이 예수 앞에서 전혀 흠이 아니었습니다. 왜 그렇습니까? 그 모든 약점들을 예수님께서 해결해 주셨고, 용서해 주셨기 때문입니다. 그래서 성도들은 어떤 사람입니까? 예수 앞에 나와서 모든 죄를 고백하고 용서받는 사람들입니다.

"예수 앞에 나오면 모든 죄 사하고 주의 품에 안기어 편히 쉬리라.

우리 주만 믿으면 모두 구원 얻으며 영생 복락 면류관 확실히 받겠네." 세상에 이런 뻔뻔한 찬송이 또 어디에 있겠습니까? 죄인이었던 주제에 주의 품에 안겨서 편히 쉴 뿐만 아니라, 영생 복락 무슨 뜻입니까? 영원토록 잘 먹고 잘사는 복도 누리고 거기에 더해 면류관까지 확실히 받겠다, 어떻게 이런 노래를 부를 수 있습니까? 그런데 이게 바로 복음입니다.

우리가 예전에 어떤 사람이었느냐가 중요한 것이 아니라, 예수를 만나고 난 뒤에 우리가 어떤 사람이 되었느냐가 중요합니다. 우리는 누구입니까? 하나님의 자녀요 백성입니다. 만왕의 왕이신 하나님이 우리 아버지이시니, 아버지가 가진 면류관은 누구 것도 됩니까? 우리 것입니다. 그러니 혹시 여러분에게 어떤 약점이 있다고 생각되시거든, 그걸 감추려고 하기보다는 주님 앞에 내놓으시고 해결받으시기 바랍니다. 감춘다고 감춰지지도 않을뿐더러, 오래 가지고 있을수록 여러분만 더 답답하고 손해 보는 인생을 살게 됩니다.

두 번째로 살펴보려고 하는 것은, 예수님을 모신 잔칫집에 죽은 자 가운데 살리셨던 나사로도 함께 있었다는 것입니다. 복음은 무엇입니까? 죄로 인해 죽었던 우리가 예수님과 같은 상에 앉을 수 있다는 것입니다. 예수님은 사시는 동안 죄인, 창녀, 세리, 나병 환자, 혈루병자 등과 같이 당시 사회적 분위기 속에서 사람들이 전혀 어울리거나 상대하지 않았던 사람들, 심지어는 율법에 의해 따로 격리됐던 사람들까지도 찾아가시고 만나 주셨습니다. 그런데 그나마도 그런 부류의 사람들은 살아 있는 사람들입니다.

하지만 나사로는 그런 사람과 비교해도 결이 조금 다릅니다. 나사로는 이미 죽었던 사람이었고, 나흘이나 지나 썩은 냄새가 났던 사람이었습니다. 그런데 그 나사로까지도 예수님과 함께 잔칫상에 앉아 있습니다. 이게 무슨 뜻일까요? 천국이 마치 그와 같다는 것입니다. 그 어떤 사람, 그 어떤 죄인, 그 어떤 상태의 사람이라도 예수님을 만나지 못할 사람은 없습니다. 다시 말씀드려서 과거나 현재의 모습과 조건 때문에 구원받지 못할 사람은 없습니다. 그래서 복음은 희망입니다. 그래서 복음은 우리가 기댈 수 있는 유일한 산성이요 요새입니다.

골로새서 1:21, "전에 악한 행실로 멀리 떠나 마음으로 원수가 되었던 너희를"

전에 우리는 어떤 사람들이었습니까? 악한 행실로 인해 하나님을 멀리 떠나서 마음으로부터 하나님과 원수가 되었던 사람들이었습니다. 그런데 지금은 어떻게 되었습니까?
**"이제는 그의 육체의 죽음으로 말미암아"**(골 1:22) 누구의 죽음입니까? 예수님의 죽음입니다. **"화목하게 하사"**(골 1:22) 누구와 화목하게 하셨습니까? 하나님과 화목하게 하셨습니다. 그래서 어떻게 되었습니까? **"너희를 거룩하고 흠 없고 책망할 것이 없는 자로 그 앞에 세우고자 하셨으니"**(골 1:22) 하나님 앞에서 흠도 없고 책망할 것이 없는 자로 설 수 있도록 만들어 주셨다는 것입니다. 그래서 이제 우리는 어떻게 하면 됩니까?

골로새서 1:23, "만일 너희가 믿음에 거하고 터 위에 굳게 서서 너희 들은 바 복음의 소망에서 흔들리지 아니하면 그리하리라"

복음의 소망에서 흔들리지 않는 것, 이건 누구를 위해 좋은 것입니까? 하나님을 위해 좋은 것입니까? 아니요, 우리 자신을 위해 좋은 것입니다. 그러면 우리가 흔들리면 복음도 같이 흔들리는 것입니까? 아닙니다. 복음은 그대로 가만히 있는데 자기 혼자 흔들리는 것입니다. 이걸 알아야 합니다. 이 복음의 비밀을 알지 못하는 사람은, 자기가 복음을 받아들이면 복음이 되는 것이고, 거절하면 복음이 되지 못하는 것이라고 생각합니다. 하지만 그건 그 사람 생각이지 실제로 복음이 그런 것은 아닙니다.

제가 어릴 적에 어린이날이 되면, 어린이대공원 같은 시설들이 무료로 개방할 때가 있었습니다. 그날은 누구든지 가기만 하면 공짜로 들어갈 수 있었습니다. 안 가면 어떻게 됩니까? 자기만 못 들어가는 겁니다. 자기가 안 갔으니 다른 사람도 못 들어갑니까? 다른 사람들은 다 들어갑니다. 그래서 바울이 말하지요. **"이 복음은 천하 만민에게 전파된 바요 나 바울은 이 복음의 일꾼이 되었노라"**(골 1:23) 바울의 고백처럼 이 복음은 천하 만민에게 다 전파된 것입니다.

베다니 나병 환자 시몬의 집에 예수님을 위한 잔치가 열렸습니다. 그곳에 초청된 사람들은 단지 잔치에 초대받아 온 것이지만, 예수님은 이미 자신의 끝을 알고 있습니다. 이제 일주일 후면 저주의 십자가에 못 박히실 것입니다. 그리고 비참과 고통의 죽음을 당하실 것입니다. 하지만 그곳에 모인 사람들은 예수님께서 그렇게 죽게 되실 거라는 것을 아무도 알지 못합니다. 이것이 인간의 현실이고, 우리들의 문제입니다. 우리가 받은 구원은 너무나 쉽습니다. 누구든지 예수님을 믿기만 하면 구원을 받게 될 것입니다. 하나님의 자녀가 될 것입니다. 하지만 우리를 구원하기 위해서, 예수님은 수치와 저주의 십자가를 지시고 못 박혀 죽으셔야 합니다.

베다니 나병 환자 시몬의 집에 모였던 사람들은 이 사실을 모를 수 있습니다. 왜냐하면 예수님의 십자가 사건이 저들에게는 미래에 있을 일이기 때문입니다. 그러면 우리는 어떻습니까? 우리에게도 미래의 사건입니까? 아니지요. 우리에게는 과거의 사건입니다. 시몬의 집에 모였던 사람들은 몰랐지만 우리들은 성경을 통해, 역사적 기록과 증언들을 통해 다 알고 있습니다. 그렇다면 예수님을 믿는 모습이 시몬의 집에 있던 사람들과 비교했을 때 오늘 우리들의 신앙은 달라야 하지 않겠습니까?

그래서 세 번째로 우리가 살펴봐야 하는 것이 **"예수께서 이르시되 그를 가만 두어 나의 장례할 날을 위하여 그것을 간직하게 하라"**라고 하신 말씀입니다. 마리아가 값비싼 향유를 예수님의 발에 붓고 자신의 머리털로 씻는 장면을 보고 있던 가룟 유다는, 그것을 팔아서 가난한 사람들을 도와주지 왜 돈을 낭비하느냐고 투덜거렸습니다. 그때 주님께서는 **"가만 두어 나의 장례할 날을 위하여 그것을 간직하게 하라"**라고 말씀하셨습니다. 이 말씀의 뜻은, 예수님의 죽음이라는 기초가 있어야, 그 위에 잔치가 있을 수 있다는 말입니다. 가난한 사람은 항상 우리와 함께 있을 것입니다. 하지만 예수님의 죽음이 없다면 우리가 가난한 자들과 함께 있는 것이 아무 소용이 없습니다.

요한복음 12:8, "가난한 자들은 항상 너희와 함께 있거니와 나는 항상 있지 아니하리라 하시니라"

기독교 복음을 십자가의 죽음과 떼어 놓고서 바라보면, 예수님의 이 말씀은 도무지 해석할 수 없습니다. 이런 면에서 자유주의 성경 해석을 하는 사람들과 개혁주의 성경 해석을 하는 사람들의 성경 해석은 전혀 다른 관점에서 출발합니다. 자유주의 성경 해석을 하는 사람들이 보는 관점은 예수님께서 가르치신 복음의 핵심을 사랑으로 해석합니다. 그래서 그 사람들이 중요하게 생각하는 것이 가난한 자, 소외된 자, 소수와 약자입니다. 그들을 돕고 편드는 것입니다. 예수님께서 그런 사람들을 찾아가셨고, 그들의 편이 되어 주셨기 때문에, 예수님의 제자들이라면 당연히 그 일을 해야 한다고 주장합니다.

하지만 그런 시각으로 8절 말씀을 보면, 마지막 순간이 되면 예수님도 어쩔 수 없는 보통의 한 인간에 불과하게 됩니다. 예수님의 인생이 이제 일주일밖에 남지 않았는데, 마지막에 좋은 것, 비싼 향수 한 번 받아 보면 안 되냐? 이런 식으로밖에 해석되지 못하는 것입니다.

그런데 7~8절 말씀은 그런 뜻이 아닙니다. 우리 기독교 신앙의 근본 기초는 예수님의 죽음 위에 있습니다. 자유주의신학을 하는 사람들이 말하는 것처럼, 가난한 사람, 소외된 사람, 소수와 약자들을 아무리 찾아다녀 봐도 그리스도의 십자가가 없다면 그곳에는 구원도 없고 그곳에는 천국도 없습니다. 그래서 우리의 신앙에 있어서 항상 강조되어야 하는 것이 무엇일까요? 바로 그리스도의 십자가입니다.

그리스도의 십자가는 무엇입니까? 죄를 못 박는 것입니다. 하나님을 떠나 자기 스스로 무엇인가 할 수 있다고 여겼던 것을 포기하는 것입니다. 그리고 하나님께 항복하고 나오는 것입니다. 하나님께 항복하지 않았는데, 단지 가난하기 때문에, 단지 소수고 약자이기 때문에 구원받을 수 있습니까? 그건 인간의 기대와 바람일 수는 있겠지만, 하나님께서 주신 성경의 법에 맞지 않기 때문에 불가능입니다. 그래서 그리스도의 십자가를 강조하는 성도, 그리스도의 죽으심을 믿는 성도는 어떻게 살아갑니까?

> 갈라디아서 5:24, "그리스도 예수의 사람들은 육체와 함께 그 정욕과 탐심을 십자가에 못 박았느니라"

육체에 속한 것, 자신을 위한 정욕과 탐심을 십자가에 못 박는 것입니다. 세상 누가 자기 자신을 위해서 살지 않겠습니까? 무엇 때문에 자기의 것을 포기하겠습니까? 하지만 예수 안에 소망이 있고, 예수 안에 부활과 영생의 기쁨이 있기 때문에 포기할 수 있는 것입니다. 포기하고 새로 얻게 되는 것이 전에 가졌던 것보다 못하다면 포기할 수 있습니까? 포기할 수 없죠. 하지만 새로 얻게 되는 것이 비교할 수 없을 만큼 좋은 것이라면, 얼마든지 포기할 수 있습니다. 그래서 바울 사도가 이렇게 말합니다.

> 빌립보서 3:7-9, "그러나 무엇이든지 내게 유익하던 것을 내가 그리스도를 위하여 다 해로 여길뿐더러 8. 또한 모든 것을 해로 여김은 내 주 그리스도 예수를 아는 지식이 가장 고상하기 때문이라 내가 그를 위하여 모든 것을 잃어버리고 배설물로 여김은 그리스도를 얻고 9. 그 안에

서 발견되려 함이니 내가 가진 의는 율법에서 난 것이 아니요 오직 그리스도를 믿음으로 말미암은 것이니 곧 믿음으로 하나님께로부터 난 의라"

그동안 나에게 유익하다고 생각했던 것들을, 이제는 다 해로운 것으로 여긴다고 합니다. 왜 그렇습니까? 내 주 예수 그리스도를 아는 지식, 그분을 알고 믿게 된 것이 가장 좋기 때문입니다. 따라서 내가 예수를 얻을 수만 있다면, 그동안 내가 좋아했던 것들을 다 잃어버려도 상관없을 뿐 아니라, 이제는 그것들을 배설물처럼 여겨진다는 것입니다. 이것이 바로 예수 그리스도를 얻은 바울 사도의 고백입니다.

그렇다면 바울과 똑같이 예수를 얻은 우리들의 고백은 어때야 하겠습니까? 너무나 안타깝게도 우리들의 신앙은, 기독교 신앙의 뿌리와 근거보다는 나뭇가지 끝에 매달려 있는 열매에 관심이 있는 것이 사실입니다. 기독교 신앙을 생각할 때, 그리스도의 고난과 대속의 십자가를 생각하기보다는, 기도하여 응답받는 것을 믿음의 열매로 생각하고, 그런 응답을 많이 받은 사람이 믿음이 좋은 사람이라는 인식이 강합니다. 교회에 오래 다녔어도 우리가 원래 죄인이었다는 사실과 빛이신 주님 앞에 섰을 때 어둠 속에 감춰 뒀던 우리의 죄가 드러나고 용서받아야 하는 사람이라는 것을 별로 생각하지 않습니다.

그리스도께서 이 땅에 오신 이유가 우리의 죄를 용서해 주기 위함이고, 우리들은 죄 용서함을 받고 새사람이 되어야만 비로소 그 위에 무엇인가를 쌓을 수 있다는 것에 대한 신앙의 지식이 없습니다. 그러한 무지에서 나오는 부작용이 무엇입니까? 자꾸 멋있는 척을 하려고 합니다. 하나님께서 어떤 일을 하려고 하는데 누구한테 일을 맡겨야 하나 고민하다가, 다른 사람들에게는 없는 탁월한 능력이 자기에게 있는 것을 발견하시고, 자기를 불러서 맡겨 주신 거라고 생각합니다.

죄인인 자기는 오간 데 없고, 능력 있고 인간성 좋은 자기 같은 사람이 하나님의 일을 하는 거라 생각합니다. 그런 사람들이 가진 공통적인 특징이 무엇인지 아십니까? 자기가 모든 일을 다 한다고 생각합니다. 자기가 없으면 잘되던 일도 중단되거나 실패하게 된다고 생각합니다. 죄송하지만 그건 당신 생각입니다. 그건 심각한 오해요, 착각입니다.

> 요한복음 2:19, "예수께서 대답하여 이르시되 너희가 이 성전을 헐라 내가 사흘 동안에 일으키리라"
> 마가복음 13:2, "예수께서 이르시되 네가 이 큰 건물들을 보느냐 돌 하나도 돌 위에 남지 않고 다 무너뜨려지리라 하시니라"

기독교 복음은 무엇입니까? 먼저 죽는 것입니다. 예수와 함께 십자가 위에서 죽는 것입니다. 죽어야 부활이 있습니다. 죽고 다시 살아나야 새로운 것을 시작할 수 있습니다. 이것을 모르면 기독교 신앙에 대해서 전혀 알지 못하는 것입니다. 우리에게 있는 부족하고 모자란 부분을 조금만 고치면, 그런대로 쓸 만할 거라고 생각하십니까? 아니요. 그럴 수 있을 것 같으면 예수님이 세상에 오실 이유가 없습니다. 예수님이 오셔서 직접 가르쳐 주셨어도, 그냥 가르칠 뿐 아니라 하나님만 행하실 수 있는 수많은 기적과 이적을 보여 주셨어도 사람들은 깨닫지 못했습니다. 오히려 예수님을 십자가에 못 박아 죽였습니다.

그러면 지금은 다릅니까? 지금 우리들도 예수님 당시의 사람들과 다르지 않습니다. 당시의 바리새인들과 유대인들이 예수가 없어도 지금까지 자기들이 지켜 오던 전통만 잘 지키면 구원받을 거라고 생각했던 것처럼, 오늘날 교회들도 자기들이 만든 커다란 교회, 성공의 탑이 믿음의 결과라고 생각합니다.

마가복음 13:1, "예수께서 성전에서 나가실 때에 제자 중 하나가 이르되 선생님이여 보소서 이 돌들이 어떠하며 이 건물들이 어떠하니이까"

예수님의 제자가 예수님께 하고 싶었던 말이 무엇이었을까요? 좋은 재료로 웅장하게 만들어진 예루살렘 성전과 용도를 따라 편리하게 만들어진 건물들이 너무 훌륭하지 않습니까? 하나님께서 기뻐하시지 않을까요? 영광 받지 않으실까요? 하는 것이었을 겁니다. 하지만 예수님의 대답은 무엇이었습니까? "돌 하나도 돌 위에 남지 않고 다 무너질 것"이라는 대답이었습니다. 기독교 신앙에 있어서 중요한 것은 크고 웅장한 예루살렘 성전이 아닙니다. 이러저러한 모양으로 사람들이 쌓아 올린 성공이나 성과의 기념탑이 아닙니다. 주님께서 찾으시는 사람은 심령이 가난한 사람입니다. 그래서 하나님께 도움을 구하고 나오는 사람입니다. 심령이 부자인 사람은 어떤 사람일까요?

누가복음 12:16-21, "또 비유로 그들에게 말하여 이르시되 한 부자가 그 밭에 소출이 풍성하매 17. 심중에 생각하여 이르되 내가 곡식 쌓아 둘 곳이 없으니 어찌할까 하고 18. 또 이르되 내가 이렇게 하리라 내 곳간을 헐고 더 크게 짓고 내 모든 곡식과 물건을 거기 쌓아 두리라 19.

또 내가 내 영혼에게 이르되 영혼아 여러 해 쓸 물건을 많이 쌓아 두었으니 평안히 쉬고 먹고 마시고 즐거워하자 하리라 하되 20. 하나님은 이르시되 어리석은 자여 오늘 밤에 네 영혼을 도로 찾으리니 그러면 네 준비한 것이 누구의 것이 되겠느냐 하셨으니 21. 자기를 위하여 재물을 쌓아 두고 하나님께 대하여 부요하지 못한 자가 이와 같으니라"

세상에 부요하고 하나님께 대하여 부요하지 못한 자는 자기가 이룬 성과나 성공에 도취하여 하나님이 필요 없는 자입니다. 실제로 세상에서 성공한 사람, 잘난 사람들은 하나님께 나올 생각을 별로 하지 않습니다. 하나님의 도움이 없더라도 이미 성공을 이루었기 때문에, 굳이 신의 도움까지 받으려고 하지 않습니다. 그래서 세상에서 돈 많은 사람, 권력의 최고까지 오른 사람들 중에 믿음 가진 사람이 별로 없습니다. 그러면 심령이 가난한 자는 어떤 사람입니까? 자신의 영적 파탄을 솔직하게 인정하고, 하나님을 의지하는 것 외에는 다른 방법이 없다는 것을 인정하고, 하나님께 항복하고 나오는 자입니다.

말씀을 마치겠습니다. 오늘 세 가지를 생각해 봤습니다. 그리스도 안에서 우리들의 약점은 더 이상 약점이 아닙니다. 예수와 함께 죽고 예수와 함께 살았습니다. 예전에 우리가 가졌던 약점들은 그리스도로 말미암아 새롭게 되었고, 그 은혜를 자랑하는 사람이 바로 성도입니다. 세리 마태, 배신자였던 베드로, 죄인 중 괴수 바울이 우리가 본받아야 할 믿음의 사람들입니다. 저와 여러분도 그렇게 되길 기원합니다.

나사로가 예수님과 함께 잔치 자리에 앉을 수 있었던 것은, 그가 죽었다가 다시 살아났기 때문입니다. 죽지 않은 사람은 부활의 자리에 있을 수 없습니다. 저와 여러분은 모두 죽은 자들입니다. 죽었다는 말은 죄에 속했던 것, 예전에 가졌던 나쁜 것들을 그리스도와 함께 십자가에 못 박은 것입니다. 그리고 이제는 새사람이 되었습니다.

바울과 같이 예전에 좋게 여겼던 세상에 속한 것들을 배설물처럼 여기고 그리스도 안에서 새롭게 발견되기 바랍니다. 이전에 자랑으로 삼던 것, 내 자존심, 몸에 익은 나쁜 습관, 복음에 맞지 않는 것들을 죽이시기 바랍니다. 그리고 무엇보다 복음은 변화될 가능성이 있는 사람, 남보다 착하고 훌륭한 사람, 하나님 나라에 무언가 공헌할 것이 있는 사람이 받는 것이 아닙니다. 복음은 죄인들을 위한 것이고, 심령이 가난한 자들에게 주신 것입니다. 저와 여러분은 영적으로 이미 파산된 사람임을 인정하시기 바랍니다. 그래서 하나님의 은혜가 아니면 살 수 없고, 그리스도 예수의 십자가가 없다면 존재할 수 없는 사람인 것을 인정하시고, 하나님께 항복하고 나오시기 원합니다.

요한복음 12:1~8

# 자기 머리털로 그의 발을 닦으니

"1. 유월절 엿새 전에 예수께서 베다니에 이르시니 이 곳은 예수께서 죽은 자 가운데서 살리신 나사로가 있는 곳이라 2. 거기서 예수를 위하여 잔치할새 마르다는 일을 하고 나사로는 예수와 함께 앉은 자 중에 있더라 3. 마리아는 지극히 비싼 향유 곧 순전한 나드 한 근을 가져다가 예수의 발에 붓고 자기 머리털로 그의 발을 닦으니 향유 냄새가 집에 가득하더라 4. 제자 중 하나로서 예수를 잡아 줄 가룟 유다가 말하되 5. 이 향유를 어찌하여 삼백 데나리온에 팔아 가난한 자들에게 주지 아니하였느냐 하니 6. 이렇게 말함은 가난한 자들을 생각함이 아니요 그는 도둑이라 돈궤를 맡고 거기 넣는 것을 훔쳐 감이러라 7. 예수께서 이르시되 그를 가만 두어 나의 장례할 날을 위하여 그것을 간직하게 하라 8. 가난한 자들은 항상 너희와 함께 있거니와 나는 항상 있지 아니하리라 하시니라"

지난 시간에 예수님께서 초대받은 잔칫집이 베다니에 있는 나병환자 시몬의 집이었다고 말씀드렸습니다. 예수님께서 시몬의 집에 계실 때, 죽었다가 다시 살아난 나사로의 동생 마리아가 매우 귀한 향유 한 옥합을 가지고 와서 예수님께 붓고, 자기의 머리카락으로 예수님의 발을 씻었습니다. 마리아가 행한 이 일은 마태복음과 마가복음에서도 똑같이 기록하고 있는데, 마태복음, 마가복음의 기록과 요한복음의 기록에 약간의 차이가 있습니다.

> 마태복음 26:6-7, "예수께서 베다니 나병환자 시몬의 집에 계실 때에 7. 한 여자가 매우 귀한 향유 한 옥합을 가지고 나아와서 식사하시는 예수의 머리에 부으니"

마태복음에서는 예수님께 향유를 부은 사람의 이름은 말하지 않고, 한 여자가 매우 귀한 향유를 예수님의 머리에 부었다고 했습니다.

> 마가복음 14:3, "예수께서 베다니 나병환자 시몬의 집에서 식사하실 때에 한 여자가 매우 값진 향유 곧 순전한 나드 한 옥합을 가지고 와서 그 옥합을 깨뜨려 예수의 머리에 부으니"

마가복음 역시 예수님께 향유를 부은 사람의 이름은 말하지 않았지만, 매우 값진 향유를 예수님의 머리에 부었는데 그 향유의 종류는 '순전한 나드'였다고 말하고 있습니다. 이에 반해 오늘 본문에서는 이렇게 말씀하십니다.

> 요한복음 12:3, "마리아는 지극히 비싼 향유 곧 순전한 나드 한 근을 가져다가 예수의 발에 붓고 자기 머리털로 그의 발을 닦으니 향유 냄새가 집에 가득하더라"

마태, 마가복음과는 달리 요한복음에서는 마리아가 향유를 예수님의 머리가 아닌 발에 붓고, 자기 머리털로 예수님의 발을 닦았다고 하고 있습니다. 성경의 기록을 토대로 당시 상황을 재현해 보면, 마리아가 옥합에 담긴 나드 향유를 가지고 와서 병을 깬 후, 식사를 위해 앉아 계신 예수님의 머리부터 발끝까지 향유를 부은 것으로 보입니다. 그러면 요한복음은 왜 향유를 예수님의 발에 부은 것만 기록하고 있을까요? 그것은 마리아가 자신의 머리털로 예수님의 발을 닦았다는 것을 강조하기 위해서, 향유를 머리에 부은 것은 생략한 것입니다. 대신 그 자리에 함께 있었던 마태와 마가가 마리아가 행한 일을 다른 시각으로 기록한 것으로 보입니다.

　혹시 여성분들, 자신의 머리털로 누군가의 발을 닦아 보신 분이 계신가요? 아마도 없을 것입니다. 머리털로 누군가의 발을 닦기 위해서는 그만큼 머리카락이 길어야 할 텐데 그렇게 길기가 쉽지 않습니다. 또한 여자에게 있어서 머리카락은 아주 깊은 복합적인 의미가 있습니다. 그래서 여자가 말을 하지 않고 단지 머리 스타일이 바뀐 것만으로도, 많은 의사 표현을 한 것으로 여겨지기도 합니다. 그런데 여인에게 있어서 소중한 머리카락으로 예수님의 발을 씻었다면 그 모습이 어땠을까요? 예수님을 높은 곳에 앉게 하지 않는 이상, 머리카락으로 예수님의 발을 씻으려면 무릎을 꿇은 정도가 아니라 거의 엎드린 상태가 되어야 했을 것입니다. 그러면 마리아의 이 행위는 오늘 우리들에게 어떤 것을 가르쳐 주는 것일까요?

　요한복음의 기록이 마태, 마가복음의 것과 다른 이유가, 마리아가 예수님의 발에 향유를 붓고 자신의 머리카락으로 발을 씻은 것을 강조하기 위한 것이었다고 말씀드렸습니다. 마리아의 행위가 강조되려면, 그녀의 행위를 도드라지게 하는 어떤 요소가 함께 등장해야 합니다. 예를 들어 그냥 노란색만 있는 것보다 검정색 바탕에 노란색이 있으면 노란색이 더욱 강조되는 이치입니다. 그렇게 마리아의 행위가 강조되는 요소로 등장하는 사람이, 바로 가룟 유다와 제자들입니다. 마리아가 순전한 나드 향유가 담긴 옥합을 깨서 예수님의 머리와 발에 부은 행위에 대해서, 마태복음과 마가복음에서는 제자들이 화를 내며 분개했다고 기록하고 있습니다.

> 마가복음 14:4, "어떤 사람들이 화를 내어 서로 말하되 어찌하여 이 향유를 허비하는가"
> 마태복음 26:8, "제자들이 보고 분개하여 이르되 무슨 의도로 이것을 허비하느냐"

그리고 요한복음에서는 제자들이 분개하고 화를 내도록 시작점 역할을 한 사람이 바로 가룟 유다였다고 말씀합니다.

> 요한복음 12:4-5, "제자 중 하나로서 예수를 잡아 줄 가룟 유다가 말하되 5. 이 향유를 어찌하여 삼백 데나리온에 팔아 가난한 자들에게 주지 아니하였느냐 하니"

여기서 우리가 먼저 확인할 수 있는 것은, 예수님을 믿고 섬기는 자의 신앙고백과 그의 행위에 대하여, 극단적인 반대 의견이 나올 수 있다는 것입니다. 마리아의 신앙 행위에 가룟 유다를 비롯한 제자들이 화를 내고 분개하며 반대하고 있다는 사실은, 예수님을 믿고 섬기는 우리들에게 더 많은 생각을 해야 한다는 것을 가르쳐 주는 사건입니다. 8절 말씀처럼, 가난한 자들은 항상 우리와 함께할 것입니다. 그리고 어떤 면에서 기독교는 가난한 사람들을 도와주고 그들에게 힘과 위로를 줘야 합니다. 하지만 가룟 유다가 가난한 자들을 도와주는 것이 더 낫다고 말했던 것이 정말 예수님께서 그동안 가난한 자들을 대하셨던 것과 동일한 의미를 가진 내용이었느냐고 할 때, 성경은 그렇지 않다고 분명히 말씀하고 있습니다.

> 요한복음 12:6, "이렇게 말함은 가난한 자들을 생각함이 아니요 그는 도둑이라 돈궤를 맡고 거기 넣는 것을 훔쳐 감이러라"

당시의 제자들은 가룟 유다가 어떤 사람인지 마지막까지 알지 못했습니다. 가룟 유다가 로마 군병들과 성전에서 일하는 사람들을 이끌고 예수님을 붙잡기 위해 겟세마네 동산으로 찾아오기기 전까지, 제자들은 가룟 유다를 자기들과 같은 동료라고 생각했습니다. 하지만 오늘 우리들은 가룟 유다가 대제사장들에게 돈을 받고 예수님을 팔았다는 것과, 그렇게 예수님을 팔고 받은 돈을 하나도 쓰지 못하고 스스로 목숨을 끊었다는 사실을 알고 있습니다.

그렇다 보니 6절 말씀처럼 가룟 유다는 도둑이라서 돈궤를 맡고 있으면서 거기 있는 돈을 자주 훔쳐 갔다는 말씀을 읽을 때, 가룟 유다라는 캐릭터와 일치시켜서 "맞지, 가룟 유다는 도둑이었지"라고 생각하기 쉽습니다. 그런데 성경이 이러한 사실을 기록하여 우리에게 가르쳐 주는 것은, 가룟 유다만 그런 사람이 아니라 오늘 저와 여러분도 얼마든지 가룟 유다와 같은 사람이 될 수 있다는 것을 깨닫게 해 주는 말씀입니다.

우리도 가룟 유다와 같을 수 있다는 증거는, 가룟 유다가 그렇게 먼저 말을 꺼냈을 때, 마태복음과 마가복음의 말씀처럼 주변에 있던 제자들도 가룟 유다의 말에 동조하면서 함께 화를 내고 분개했었다는 것에서 확인할 수 있습니다. 그곳에는 가룟 유다만 있었던 것이 아니라 수제자인 베드로를 비롯해서, 그 광경을 바로 옆에서 함께 목격하고 성경에 기록한 마태, 마가, 요한도 있었습니다. 물론 다른 모든 제자들도 함께 있었을 것입니다. 그런데 그 누구도 마리아를 나무라는 가룟 유다에게 그런 식으로 말하지 말라고, 마리아가 잘하는 거라고 말하지 않았습니다. 오직 예수님만이 그 여인을 괴롭게 하지 말라고 하시면서 마리아가 좋은 일을 했다고 말씀했습니다.

> 마태복음 26:10, "예수께서 아시고 그들에게 이르시되 너희가 어찌하여 이 여자를 괴롭게 하느냐 그가 내게 좋은 일을 하였느니라"

마가복음에서도 예수님께서 이와 똑같은 말씀을 하셨다고 기록하고 있습니다. 신약성경은 마리아와 같은 성별상 여자뿐만 아니라, 신약교회의 모든 성도들을 그리스도의 신부, 즉 여자로 묘사하고 있습니다. 그래서 예수님께서 마태복음 25장에서 말씀하신 열 처녀 비유는, 단지 혼기가 찬 젊은 여성들에 대한 이야기가 아니라, 마지막 날에 다시 오실 예수 그리스도를 기다리며 준비한 슬기로운 다섯 처녀를 성도에 비유한 말씀입니다. 따라서 오늘 본문에 등장하는 마리아가, 값비싼 향유가 든 옥합을 깨서 예수님의 발에 붓고 자신의 머리카락으로 예수님의 발을 씻은 일은, 오늘날 성도들이 배워야 하는 신앙의 자세라고 말할 수 있습니다. 그래서 예수님도 화를 내며 분개하는 제자들에게, 복음이 전파되는 곳마다 이 여인이 행한 일도 말해서, 그녀가 행한 일을 기억하게 하라고 말씀하셨습니다.

> 마태복음 26:13, "내가 진실로 너희에게 이르노니 온 천하에 어디서든지 이 복음이 전파되는 곳에서는 이 여자가 행한 일도 말하여 그를 기억하리라 하시니라"

어쩌면 우리는 자기 자신의 믿음에 대해 평가할 때, "나는 마리아"에 가깝다고 생각할 것입니다. 하지만 천천히 따져 보면 오히려 가룟 유다에 더 가깝거나, 가룟 유다가 한 말을 들으면서 함께 화를 내고 분개했던 제자들에 더 가까울 수도 있습니다. 자신을 돌아보시기 바랍니다. 우리는 값비싼 내 옥합을 깨뜨려서 예수님의 죽으심을 기념하는 것보다는, 돈궤를 챙기는 데 훨씬 빠르고 익숙한 사람들입니다.

좀 더 구체적으로 말씀드리겠습니다. 여러분은 여러분의 신앙 행위에 있어서 그리스도의 고난받으심과 죽으심이 자랑이 되고 여러분도 그렇게 되길 원하십니까, 아니면 예수 믿음으로 말미암아 얻게 되는 축복이 기대되십니까? 물론 하와이한빛장로교회 성도님들은, 예수 믿음으로 인해 세상의 축복과 잘되는 것에 대해서 많은 기대를 하기보다는, 예수님과 함께 또는 예수님 때문에 고난받게 되는 것을 더 좋아할 거라고 생각합니다.

하지만 아직도 여전히 많은 성도들이 예수님의 그난과 죽으심에 동참해야 한다는 말씀을 듣는 것보다는, 예수 잘 믿으면 받게 될 자손만대로 이어지는 축복, 소원 성취, 만사형통에 관심이 많습니다. 그러나 사실이 그렇다 하더라도 자신의 욕심과 이기심을 민낯 그대로 드러내는 사람들은 별로 없습니다. 대신 그 비싼 향유를 돈으로 바꿔서 가난한 사람들에게 나눠 줘야 한다고 하면서, 자신의 믿음이 아주 좋은 것처럼 포장합니다.

확실히 시대가 많이 변했습니다. 예전에는 기복신앙을 가르치는 교회들마다 성도들이 가득 찼습니다. 하지만 지금은 기복신앙을 가르치는 대신, 교회가 사회봉사나 사회적 기여, 가난하고 소외된 곳을 돌아보고 그들을 돕자는 쪽으로 관심을 가집니다. 그리고 그 일에 자원하고 나서는 사람들이 얼마나 많은지 모릅니다. 좋은 현상이지요.

그런데 교회의 본질이 그것이냐고 할 때, 우리는 좀 더 생각해 보아야 합니다. 교회마다, 성도들마다 관심이 어디에 있습니까? 착해지는 것에 있습니다. 예수님 같아지는 것에 있습니다. 그래서 교회마다 경쟁하듯이 자기를 희생하고 손해를 봐 가면서까지, 예수 같아지려고 노력합니다. 그런데 어감이 이상합니다만, 예수님이 계셔야 할 자리에 자기가 들어가 있는 것이 바로 도둑입니다. 내가 예수 같아지면 다른 사람을 구원할 수 있습니까? 그러면 내가 예수 같아지면 자기 자신은 구원할 수 있습니까? 없습니다.

성도들이 자꾸 혼동하는 것이 있습니다. 자기가 예수 같아지는 것과 그리스도의 장성한 분량까지 자라는 것을 동일한 것이라고 생각하는 것입니다. 하지만 성경은 어디에도 예수 같아지라는 말씀은 없습니다. 그 대신 예수를 닮으라고 했고, 그리스도의 장성한 분량까지 자라라고 했습니다. 그러면 예수를 닮고 그리스도의 장성한 분량까지 자라는 것은 무엇입니까? 그것은 예수님께서 어떻게 사셨는지를 정확하게 알아야 그 대답을 찾을 수 있습니다.

> 요한복음 6:38, "내가 하늘에서 내려온 것은 내 뜻을 행하려 함이 아니요 나를 보내신 이의 뜻을 행하려 함이니라"

예수님은 누구십니까? 하나님과 그 위에 있어서 동등이신 분이십니다. 그래서 삼위일체라고 합니다. 그런데 하나님과 동등하신 예수님께서 자신이 이 땅에 오신 이유에 대해서 설명할 때, 자기의 뜻을 행하려는 것이 아니라 자신을 보내신 하나님의 뜻을 행하려고 오셨다고 말씀합니다. 그런데 거기서 그치지 않고 더 나가서 이렇게 말씀하십니다.

> 요한복음 5:30, "내가 아무 것도 스스로 할 수 없노라 듣는 대로 심판하노니 나는 나의 뜻대로 하려 하지 않고 나를 보내신 이의 뜻대로 하려 하므로 내 심판은 의로우니라"

**"내가 아무것도 스스로 할 수 없노라"** 예수님은 자기를 세상에 보내신 하나님의 뜻대로만 한다고 하셨습니다. 여러분 아시겠습니까? 이것이 바로 우리가 닮아야 하는 예수님의 모습이고, 우리가 자라야 하는 분량입니다. 예수님은 이 땅에 사시는 동안 철저하게 하나님의 말씀과 하나님의 뜻을 따라 살았던 분입니다. 그리고 우리도 이 땅에 살면서 예수님처럼, 철저히 하나님의 말씀과 하나님의 뜻을 따라 살아야 합니다. 하나님의 말씀과 하나님의 뜻을 빼놓고, 인간으로 오신 예수님처럼 되려고 하고, 예수 같아지려는 것이 바로 도둑입니다.

가난한 자들에게 돈을 나눠 주는 모습을 취했다고 해서, 도둑이 아닌 것이 아닙니다. 많은 사람을 위해서 자신의 목숨을 의롭게 내놓았다고 해서 도둑이 아닌 것이 아닙니다. 만약 예수님께서 세상에 오셔서 하신 일이 하나님의 뜻과는 전혀 상관없이 자기 뜻대로 살면서, 가난한 사람을 돕고 소외되고 버림받은 사람들을 찾아다니셨다면, 예수님은 그리스도가 될 수 없었을 것입니다. 예수께서 그리스도가 되시고 구세주가 되실 수 있는 것은, 예수님이 철저하게 하나님의 뜻을 따라 사셨기 때문에 가능했던 것입니다.

예수님의 고백이 "내가 아무것도 스스로 할 수 없다", "내가 온 것은 나를 보내신 이의 뜻을 행하려 하는 것이다"라고 말씀하셨습니다. 기독교의 본질은 무엇입니까? 그리스도의 고난과 십자가의 죽음, 부활의 신앙을 믿는 것입니다. 왜 그렇습니까? 그것이 하나님의 뜻이기 때문입니다. 우리의 죄를 대신할 대속의 제물로 예수님을 십자가 위에서 죽게 하시고, 그 예수님을 믿는 사람을 구원하시는 것이 하나님의 뜻입니다. 그리고 예수님은 그 하나님의 뜻에 철저하게 순종하셨습니다.

그래서 예수 그리스도를 닮아 가는 사람은, 하나님의 뜻과 하나님의 말씀에 죽기까지 순종하셨던 예수님의 순종의 분량에 이르기까지 연습하고, 연단하는 것입니다. 그것이 바로 그리스도의 장성한 분량까지 자라는 것입니다. 그런데 기독교의 본질인 하나님의 말씀과 예수님의 십자가 죽으심 앞에 나오는 대신, 가난한 자에게 나눠 주는 일에 집중하도록 하면서 본질을 흐리고 호도하는 자가 있다면, 그가 바로 도둑입니다.

그 누구도 기독교 신앙의 본질인 예수님의 십자가 신앙 안으로 올바로 들어오지 않고, 교회 주변에 머물면서 흉내 내는 것만으로는 구원을 받을 수 없습니다. 예수님의 제자는 다 구원받고, 교회에만 들어오면 무조건 구원을 받고, 가난한 사람들을 잘 도와주면 구원받습니까? 그렇지 않을 수도 있습니다. 알곡과 가라지의 비유를 가르쳐 주시고, 양과 염소의 비유를 가르쳐 주신 이유, 혼인 잔치에 참여할 수 있는 슬기로운 다섯 처녀와 그렇지 않은 어리석은 다섯 처녀의 비유를 가르쳐 주신 이유를 생각해야 합니다.

같은 땅에서 자란 것 같은데 창고에 들어갈 알곡이 있고, 바깥에 버려져서 불태워질 가라지가 있습니다. 어떤 목사님은 교회 생활 열심히 안 하는 사람을 가라지인 것처럼 말하는데 그렇지는 않습니다. 본질인 예수 그리스도에 대한 정확한 이해와 믿음이 없이, 마치 절에 다니고 서낭당에 다니듯이 종교 생활로 교회만 왔다 갔다 하는 사람들은, 그 신앙의 행위가 예수님의 십자가 죽으심과 전혀 관계가 없다는 것입니다.

어떤 종교를 믿든지, 자기가 믿는 종교를 위해서 열심히 신앙생활 하지 않겠습니까? 간절하지 않겠습니까? 그들이 오직 자기 자신이 축복받을 것만 기대하면서 그렇게 열심히 한다고 생각되십니까? 아닐 수도 있습니다. 불교 신앙을 가진 사람들도, 사람들을 돕고 구제하는 일을 열심히 합니다. 우리나라 역사에서 불교의 승려와 승병들로 조직된 민간군대가 명나라, 청나라, 왜적들의 침략에 맞서 싸운 일들이 얼마나 많았는지 모릅니다. 그 사람들이 신을 믿는 사람들이기 때문에 칼과 창을 들고 활을 쏘며 전쟁을 하고 전투를 벌일 때 다치지 않고 죽지 않았을까요? 아니요. 그들도 똑같은 사람들이기 때문에 칼과 활을 맞으면 죽었습니다. 하지만 그들은 일반 백성들이 무서워 숨을 곳을 찾을 때에도, 그들이 가진 신앙의 힘으로 나라를 지키고 구하겠노라는 분명한 목표를 가지고 초개와 같이 자신의 목숨을 던진 것입니다.

그러면 우리나라 사람들만 목숨도 아끼지 않는 그런 신앙의 열정이 있었을까요? 중세 십자군 전쟁에 나섰던 사람들도 종교적 신념을 지닌 채 전쟁터에서 불꽃처럼 산화했습니다. 이처럼 예수 그리스도를 믿는 성도들뿐만 아니라, 다른 종교를 믿는 사람들도 자기들이 가진 종교적 신앙을 따라, 또는 사회적 도덕성의 가치를 따라 다른 사람을 위해 자신의 목숨까지도 아끼지 않는 사람들도 있습니다. 그러면 구원받을 방법도 없는데 그 사람들은 왜 자기를 희생하면서까지 다른 사람을 돕기도 하고, 심지어는 목숨까지도 버릴 수 있는 것입니까? 그것이 궁극적으로 자기 자신을 위한 일이기 때문입니다.

그런 일반적인 종교심의 극치를 확인할 수 있는 것이 바로 〈심청전〉입니다. 고전 소설에 불과하다고 생각할 수 있겠지만, 소설이라 할지라도 그 내용이 포함하고 있는 종교적, 사상적, 내용적 공감대가 있었기 때문에 시대가 변해도 그 소설의 내용이 전해져 내려오는 것입니다. 우리가 알고 있는 것처럼, 심청이는 맹인인 아빠의 눈을 뜨게 해 주기 위해 스스로 제물이 됩니다. 공양미 삼백 석이라는 돈을 부처에게 바쳐서라도 아빠의 눈을 뜨게 해 주는 것이 자녀인 자기가 해야 할 일이고, 자기에게 더 유익한 일이라고 생각했기 때문에 기꺼이 인당수 강물에 몸을 던질 수 있었던 것입니다.

그와 같은 맥락에서 천주교의 경우 외세의 침략으로부터 나라를 지키기 위해 민병으로 나섰던 승병들이나 심청이처럼 다른 사람을 위해 목숨을 바친, 이른바 의병 의인들은 피로 세례를 받은 '혈세'를 받았기 때문에 구원받는다고 말합니다. 예수님을 믿지 않았더라도, 남을 위해 죽었으니 구원받을 수 있다는 것입니다. 정말 그럴 수 있을까요? 예수님을 믿지 않아도 인간의 자기희생이나 그가 한 의로운 행동으로 자신을 구원할 수 있을까요? 그렇지 않습니다. 예수 그리스도 외에 천하 어느 곳에도 구원을 받을 수 있는 다른 길은 없습니다.

> 사도행전 4:12, "다른 이로써는 구원을 받을 수 없나니 천하 사람 중에 구원을 받을 만한 다른 이름을 우리에게 주신 일이 없음이라 하였더라"

가롯 유다가 마리아가 예수님의 발에 향유를 붓고 자신의 머리카락으로 예수님의 발을 씻기는 것을 보면서, "왜 저 비싼 향유를 돈으로 바꿔서 가난한 자들에게 주지 않았느냐?"라고 말했던 이유는, 그가 도둑이었기 때문이라고 했습니다. 가롯 유다가 지적한 것은 가난한 자를 돕지 못했다는 안타까움보다, 그 자신이 도둑이었기 때문이라는 것입니다. 도둑은 어떤 자입니까? 돈을 훔쳐 가는 자입니까? 아니요, 예수에게서 멀어지게 하는 자입니다. 목자와 분리시키는 자입니다. 요한복음 10장에는 도둑이 오는 목적과 예수님께서 오신 목적에 대해서 이렇게 비교해서 설명해 줍니다.

> 요한복음 10:10, "도둑이 오는 것은 도둑질하고 죽이고 멸망시키려는 것뿐이요 내가 온 것은 양으로 생명을 얻게 하고 더 풍성히 얻게 하려는 것이라"

우리의 초점을 흐리게 하는 자들을 조심해야 합니다. 우리의 관심을 목자이신 예수님이 아닌 다른 곳으로 두게 하고, 멀어지게 하는 자들을 조심해야 합니다. 그게 아무리 좋아 보이고, 착한 일처럼 보여도 조심해야 합니다. 마리아가 예수님께 행한 일을 보면서 화를 내며 분개하는 제자들에게, 예수님께서 하신 말씀을 다시 생각해 보십시오. **"어찌하여 이 여자를 괴롭게 하느냐 그가 내게 좋은 일을 하였느니라"** 어떤 좋은 일이었습니까? 예수님 머리와 발에 향수를 부어 주고, 여자 머리카락으로 발 닦아 준 것이 좋은 일입니까? 그렇게 저급하게 성경을 읽으면 안 됩니다.

마리아는 "예수님의 장례, 곧 예수님의 십자가 죽으심을 미리 준비한 것"이었습니다. 그래서 마리아가 행한 일은 복음이 전파되는 온 천하에 함께 전해서 기억하라고 하신 것입니다. 이 말씀을 오해하면, 여인이 깨서 예수님께 부었던 값비싼 향유의 가격에 초점을 맞춰서,

여러분도 여러분이 가진 가장 비싼 것을 예수님께 드리십시오, 헌금 하십시오! 이렇게 갈 수 있습니다. 지금 성경이 말씀하는 것은 그런 내용을 말하는 것이 아닙니다. 예수님의 십자가 죽으심 앞에서는, 인간이 가진 가장 비싼 것이라도 아무것도 아니라는 것을 말하는 것입니다.

우리가 가진 어떤 값비싼 것을 주님께 드려서 구원을 받을 수 있겠습니까? 그렇게 구원을 얻을 수 있다면, 세상의 부자들은 다 구원을 받을 것입니다. 하지만 그게 아니라 예수님의 장례, 예수님의 십자가 죽으심과 부활하심이 바로 기독교의 근본이라는 것을 말씀하는 것입니다. 여기에서 초점을 다른 곳으로 옮기는 것, 예수님의 죽으심과 상관없이 단지 가난한 자들에게 돈을 나눠 주는 것이 바로 도둑입니다.

물론 가룟 유다의 캐릭터는 예수님이 아니라 돈을 사랑한 사람이었고, 그 돈을 훔쳤던 사람입니다. 하지만 사도 요한이 마태와 마가와 달리 '가룟 유다'를 지목해서 그가 도적이었다고 말하면서까지 우리에게 가르쳐 주려고 하는 핵심은, 우리도 가룟 유다와 같은 신앙을 가질 수 있으니 조심하라는 것입니다. 가룟 유다의 신앙은, 예수님의 십자가 죽으심이 없더라도 얼마든지 가난한 사람 돕고, 착한 일 하면서 자기 나름대로의 신앙생활을 할 수 있는 것입니다. 이게 무엇입니까? 도둑입니다.

마리아가 값비싼 향유 옥합을 깨뜨려 예수님의 머리와 발에 붓고, 자기 머리카락으로 예수님의 발을 닦은 것은, 예수님의 죽으심을 준비하는 것이었습니다. 십자가의 신앙, 부활의 신앙을 믿는 믿음의 행위였습니다. 우리가 가져야 할 신앙도 바로 십자가 신앙이고, 부활의 신앙입니다. 예수님의 십자가와 부활의 신앙이 없다면, 인간의 선행, 착함, 의로움, 사랑, 이런 모든 것들은 구원을 얻는 것과 전혀 상관없는, 그냥 종교 생활이고 자선활동에 불과한 것입니다.

저와 여러분은 마리아의 신앙을 가져야 합니다. 가룟 유다의 신앙을 따르면 안 됩니다. 하지만 우리들은 언제든지 그 경계선에서 왔다 갔다 할 수 있습니다. 그래서 조심해야 합니다. **"그는 도둑이라"** 우리의 죄를 대속하기 위해 예수님을 보내신 하나님의 뜻, 그 하나님의 뜻에 죽기까지 순종하신 예수님의 낮아지심, 그리고 그 예수님의 죽으심과 부활하심이 없는 자는 도둑입니다.

저와 여러분, 우리 하와이한빛장로교회는 예수 그리스도를 보내신 하나님의 뜻과 그 하나님의 뜻에 죽기까지 순종하신 예수님의 십자가 희생을 기억하면서, 우리도 예수님처럼 하나님의 말씀에 순종하는 신앙을 갖게 되길 기원합니다.

### 요한복음 12:12~16

## 어린 나귀를 타신 예수

"12. 그 이튿날에는 명절에 온 큰 무리가 예수께서 예루살렘으로 오신다는 것을 듣고 13. 종려나무 가지를 가지고 맞으러 나가 외치되 호산나 찬송하리로다 주의 이름으로 오시는 이 곧 이스라엘의 왕이시여 하더라 14. 예수는 한 어린 나귀를 보고 타시니 15. 이는 기록된 바 시온 딸아 두려워하지 말라 보라 너의 왕이 나귀 새끼를 타고 오신다 함과 같더라 16. 제자들은 처음에 이 일을 깨닫지 못하였다가 예수께서 영광을 얻으신 후에야 이것이 예수께 대하여 기록된 것임과 사람들이 예수께 이같이 한 것임이 생각났더라"

나병 환자 시몬의 집에서 나사로의 여동생 마리아가 값비싼 향유를 예수님의 머리와 발에 붓고, 자신의 머리카락으로 예수님의 발을 닦았습니다. 이 모습을 본 가룟 유다와 제자들은 화를 내며 분개했지만, 예수님께서는 마리아가 한 행동이 당신의 장례를 준비하기 위한 것이라 하시면서, 복음이 전파되는 곳마다 마리아의 행위도 함께 전하라고 했습니다. 그리고 다음 날 예수님께서 어린 나귀를 타고 예루살렘으로 입성하시는 모습이 오늘 본문의 내용입니다.

요한복음 12:12-13, "그 이튿날에는 명절에 온 큰 무리가 예수께서 예루살렘으로 오신다는 것을 듣고 13. 종려나무 가지를 가지고 맞으러 나가 외치되 호산나 찬송하리로다 주의 이름으로 오시는 이 곧 이스라엘의 왕이시여 하더라"

예수님께서 어린 나귀를 타고 예루살렘에 들어오실 때 어떤 광경이 벌어졌었는지는, 사복음서 모두에 기록되어 있습니다. 요한복음에는 없는 내용이지만 마태복음엔 다음과 같이 기록되어 있습니다.

마태복음 21:8-9, "무리의 대다수는 그들의 겉옷을 길에 펴고 다른 이들은 나뭇가지를 베어 길에 펴고 9. 앞에서 가고 뒤에서 따르는 무리가 소리 높여 이르되 호산나 다윗의 자손이여 찬송하리로다 주의 이름으로 오시는 이여 가장 높은 곳에서 호산나 하더라"

예수님께서 예루살렘으로 들어오실 때 큰 무리가 모였었는데, 그들 중에 어떤 사람들은 자기의 겉옷을 길에 폈고, 또 어떤 사람들은 나뭇가지를 베어서 길에 펴서 마치 레드카펫처럼 만들었습니다. 이러한 모습은 마치 전쟁에서 승리하고 돌아온 개선장군의 퍼레이드 행차처럼 보이기도 합니다. 많은 사람들이 예수님 앞에서 가고 뒤에서 따라오면서 **"호산나 다윗의 자손이여"** 하면서 찬송했습니다. 우리가 직접 그 광경을 목격하지는 않았지만, 그 모습을 생각으로만 그려봐도 장관이었을 것 같습니다. 그런데 우리는 이렇게 감격스럽고 영광스러운 모습만 봐서는 안 됩니다. 예수님께서 예루살렘에 들어오실 때 이렇게 환영하고 호산나 찬송했던 무리들이, 불과 5일 만에 자세가 돌변해서 예수님을 십자가에 못 박으라고 하면서 죽음 앞으로 내몰았기 때문입니다.

마태복음 27:23-24, "빌라도가 이르되 어찜이냐 무슨 악한 일을 하였느냐 그들이 더욱 소리 질러 이르되 십자가에 못 박혀야 하겠나이다 하는지라 24. 빌라도가 아무 성과도 없이 도리어 민란이 나려는 것을 보고 물을 가져다가 무리 앞에서 손을 씻으며 이르되 이 사람의 피에 대하여 나는 무죄하니 너희가 당하라"

24절에서 보시는 것처럼 예수를 십자가에 못 박으라고 외치는 자들의 기세가 얼마나 대단했던지, 빌라도가 민란이 날 것을 걱정해야 하는 지경까지 이르렀습니다. 어떻게 이런 일이 가능할 수 있을까요? "호산나 주의 이름으로 오실 이, 이스라엘의 왕"이라고 찬송했던 무리들이 어떻게 일주일도 지나지 않아서 예수님을 죽이라고 하면서 민란이라도 일으킬 것 같은 폭도들처럼 변했을까요? 똑같은 예수님에 대해서 찬송에서 증오로 입장을 돌변하게 된 이유를 알지 못하면, 기독교 신앙에 대해 심각한 오해를 하게 됩니다.

만약 여러분이 저 자리에 있었다면 여러분은 어떻게 하셨을 것 같습니까? 찬송하는 무리 속에는 있었겠지만, 십자가에 못 박으라고 외치는 자리에는 없었을 것 같습니까? 그랬으면 정말 좋겠습니다. 저도 그런 사람이면 좋겠습니다. 그런데 성경을 읽으면서 마치 역사 실록을 읽고 위인전을 읽듯이 다른 사람의 이야기로만 읽으면, 하나님께서 성경을 통해 우리에게 가르쳐 주려고 하시는 참뜻은 전혀 발견하지 못하게 됩니다. 비록 성경은 수천 년 전에 있었던 사실들에 대한 기록이지만, 그 당시에 있었던 일들이 드러나는 모습과 형태만 다를 뿐이지 오늘날 우리에게도 동일한 이치로 찾아올 수 있다는 것을 늘 염두에 두어야 합니다.

그래서 오늘 본문에 기록된 것처럼 예루살렘으로 들어오시는 예수님을 향해 호산나 찬송했던 사람들이, 어떻게 저렇게 얼굴을 바꾸고 마음을 바꿔서 예수님을 못 박게 하라고 말할 수 있는지 살펴봐야 합니다. 왜냐하면 오늘 저와 여러분도 예수님에 대한 어떤 부분에 있어서 찬송하고 열광하다가, 또 어떤 부분에서 실망하면 그 태도를 바꿔서 믿음을 포기하거나 떠날 수 있는 사람이 될 수도 있기 때문입니다.

오늘 본문에 나귀의 등에 타고 사람들의 환영과 환호를 받으며 예루살렘으로 들어가시는 예수님은 얼마나 영광스러웠을까요? 어쩌면 예수님 일생에 있어서 가장 가슴 벅찬 순간이었을지도 모릅니다. 그리고 우리는 성경을 통해 마치 영화의 한 장면처럼, 그 환호의 현장을 함께 참여할 수 있을 것입니다. 그런데 여기서 우리는 예수님께서 예루살렘 입성 행렬을 잠시 멈추고, 그 안에 숨겨진 모습을 자세히 들여다볼 필요가 있습니다. 먼저 우리가 알아야 할 것은, 사람들이 소리 높여 부르고 있는 '호산나'라는 외침입니다.

'호산나'는 무슨 뜻일까요? 성경에 "호산나 찬송하리로다"라고 했기 때문에, '호산나'를 '찬송'이라는 뜻으로 생각하는 분들이 많은데, '호산나'는 "이제 구원하소서", "지금 나를 구원해 주소서" 이런 뜻입니다. 예루살렘에 모인 사람들은 왜 예수님을 보면서 '호산나'와 "이스라엘의 왕이여"를 외치며 찬송했을까요? 이스라엘 백성들은 모세가 예언했던 이스라엘을 구원할 선지자가 바로 예수님이라고 생각했기 때문입니다.

> 신명기 18:15, "네 하나님 여호와께서 너희 가운데 네 형제 중에서 너를 위하여 나와 같은 선지자 하나를 일으키시리니 너희는 그의 말을 들을지니라"

모세는 이스라엘 백성들이 430년 동안 애굽에서 노예로 살고 있을 때, 그들을 애굽에서 이끌어 가나안 땅까지 인도했던 사람입니다. 그래서 예수님이 모세와 같은 선지자로 오신 분이시라면, 모세가 했던 것처럼 저들의 왕이 되어 이스라엘을 로마로부터 독립시켜 줄 위인으로 생각했기 때문에, 예루살렘으로 들어가시는 예수님을 환영하고 환호했던 것입니다. 그러면 예루살렘으로 들어오시는 예수님을 보면서 "호산나, 주의 이름으로 오시는 이스라엘의 왕이여"라고 찬송하는 사람들은 어떤 사람들이었을까요? 지난 여러 번의 설교에서도 말씀드렸지만, 예루살렘에 거주하던 사람들은 예수님께 호의적인 사람들이 아니었습니다. 당시 예루살렘에는 바리새인들과 제사장 반열의 사두개인들, 그리고 그들의 영향력 아래에 있을 수밖에 없었던 사람들이 살고 있었고, 불과 며칠 전까지만 해도 예수님을 붙잡아 죽이려고 했던 사람들이었습니다. 그래서 나사로가 병들었다는 소식을 들은 예수님께서, 유대로 다시 가자고 했을 때 제자들이 이렇게 말했습니다.

요한복음 11:8, "제자들이 말하되 랍비여 방금도 유대인들이 돌로 치려 하였는데 또 그리로 가시려 하나이까"

제자들의 물음에 예수님께서 나사로가 죽었기 때문에 가야 한다고 말하자 도마가 이렇게 말했습니다.

요한복음 11:16, "디두모라고도 하는 도마가 다른 제자들에게 말하되 우리도 주와 함께 죽으러 가자 하니라"

보시는 것처럼 원래 예루살렘의 분위기는 예수님을 붙잡아서 죽이려고 하는 분위기였습니다. 그리고 그런 분위기는 제자들도 다 알고 있어서, 우리도 죽으러 가자고 말할 정도였습니다. 따라서 예수님께서 베다니에서 예루살렘으로 들어가실 때, 예수님을 죽이려고 했던 예루살렘 사람들이 불과 며칠 만에 마음을 바꿔서 예수님을 환영하고 호산나를 외치며 찬송하게 되는 그런 분위기는 분명 아니었습니다. 그러면 예수님을 보면서 자기의 겉옷과 종려나무 가지를 길바닥에 깔고 환영하며 찬송하는 사람들은 도대체 어떤 사람들이었을까요? 그 해답은 12절 말씀처럼, 유월절 명절을 맞이하여 예루살렘으로 온 '큰 무리들'이라는 말에서 찾을 수 있습니다. 성경은 이스라엘 백성들을 말할 때 예루살렘 주민들과 유다 모든 백성들로 구분해서 표현하는 곳이 많이 있습니다.

예레미야 25:2, "선지자 예레미야가 유다 모든 백성과 예루살렘의 모든 주민에게 말하여 이르되"

따라서 "명절에 온 큰 무리들"은 예루살렘에 살던 사람들이 아닌 유다 모든 백성이었던 것입니다. 두 부류 사이에 분위기가 달랐습니다. 명절을 맞아 예루살렘으로 온 사람들은 예수님께서 행하셨던 각종 이적과 표적들을 직접 목격한 사람이거나, 그 이적에 대한 소식을 들었던 사람들이었고, 모세와 선지자를 통해 예언된 메시아가 바로 예수님이라고 생각했습니다. 그리고 세례 요한은 메시아를 기다리는 그들의 기대에 확신을 심어 주었습니다. 세례 요한은 모든 이스라엘 백성들이 선지자로 알고 있던 사람이었고, 바리새인들조차도 세례 요한에 대해서 선지자가 아니라고 말할 수 없을 만큼 영향력 있던 사람이었습니다. 그리고 예루살렘이 아닌 외곽 대논에서 살던 사람입니다.

누가복음 20:4-7, "요한의 세례가 하늘로부터냐 사람으로부터냐 5. 그들이 서로 의논하여 이르되 만일 하늘로부터라 하면 어찌하여 그를 믿지 아니하였느냐 할 것이요 6. 만일 사람으로부터라 하면 백성이 요한을 선지자로 인정하니 그들이 다 우리를 돌로 칠 것이라 하고 7. 대답하되 어디로부터인지 알지 못하노라 하니"

그런 세례 요한이 예수님을 이렇게 소개하고 있습니다.

요한복음 1:29, "이튿날 요한이 예수께서 자기에게 나아오심을 보고 이르되 보라 세상 죄를 지고 가는 하나님의 어린 양이로다"

이처럼 모세와 구약의 선지자들 그리고 누구보다도 선지자인 세례

요한으로부터 확인받은 메시아가 바로 자기들 앞에 있습니다. 그뿐만 아니라 유월절 명절을 지키려고 왔더니, 예수님께서 불과 며칠 전에 죽은 나사로를 무덤에서 살려내신 것을 보았다고 증언하는 사람들도 많이 있어서, 그 어느 때보다 예수님에 대한 기대와 열망이 강력했던 때였습니다.

> 요한복음 12:17-18, "나사로를 무덤에서 불러내어 죽은 자 가운데서 살리실 때에 함께 있던 무리가 증언한지라 18. 이에 무리가 예수를 맞음은 이 표적 행하심을 들었음이러라"

명절을 맞이하여 예루살렘을 찾은 이스라엘 백성들에게 있어서 이제 더 이상 예수님이 행하시는 다른 기적들은 볼 필요가 없습니다. 이미 지금까지 행하신 기적들만으로도 충분합니다. 이제 예수님은 모세가 애굽 왕에게 했던 것처럼 로마 정부에 재앙을 내리고 이스라엘을 해방시키면 됩니다. 그래서 그 예수님께 힘을 실어 드리기 위해서 길바닥에 자기의 옷을 깔고, 승리를 상징하는 종려나무 가지를 깔아 드리면서 독립에 대한 희망과 염원을 예수님께 드리고 있는 모습이 오늘 본문의 내용입니다.

그런데 예루살렘에 입성하시는 예수님의 모습이 조금 이상합니다. 그것은 바로 예수님께서 타고 계신 '어린 나귀' 때문입니다. 누가 봐도 정말 이상합니다. 예루살렘에 몰려든 사람들과 그들이 환호하며 찬송하는 소리, 예수님께서 가시는 길 앞에 깔린 형형색색의 옷가지들과 종려나무 가지들 위로 지나가시는 예수님이 어린 나귀를 타고 가고 있습니다. 고대 사회에서 가장 큰 전쟁 무기는 '말'입니다. 특히 예수님 당시 로마 군대의 기마병과 전차 군단은 세계를 제패했던 최강의 무기이자 무력의 상징이었습니다. 아마도 영화 〈벤허〉를 보신 분들이라면, 원형경기장에서 경주하는 전차들의 바퀴 소리와 전차를 이끄는 말발굽 소리, 그리고 전차를 이끄는 사람들의 기합 소리가 얼마나 대단한지 느끼셨을 것입니다. 고대 사회에서 말은 최강의 전쟁 무기입니다. 오늘날로 비교하면 육상 전투에서 가장 강력한 무기인 탱크와 같습니다.

이에 반해서 나귀는 전쟁 무기가 아니라 농사를 하거나 짐을 운반할 때 쓰는 가축입니다. 굳이 오늘날의 농기구와 비교한다면 아마도 그 용도가 경운기와 비슷하지 않을까 싶습니다. 거대한 탱크 위에서 거리 양쪽에 몰려든 사람들의 환호를 받으며 퍼레이드를 하고 있는 전쟁 영웅과 경운기 뒤에 서서 손을 흔들고 있는 사람, 어느 쪽이 더 멋져 보일 것 같습니까? 그런데 예수님께서 나귀를 타고 예루살렘으로 들어가신 것은 선지자의 예언을 이루기 위함이었습니다.

> 요한복음 12:14-15, "예수는 한 어린 나귀를 보고 타시니 15. 이는 기록된 바 시온 딸아 두려워하지 말라 보라 너의 왕이 나귀 새끼를 타고 오신다 함과 같더라"

15절에 '기록된 바'라고 한 말씀은 스가랴에 기록된 예언의 말씀입니다.

> 스가랴 9:9, "시온의 딸아 크게 기뻐할지어다 예루살렘의 딸아 즐거이

부를지어다 보라 네 왕이 네게 임하시나니 그는 공의로우시며 구원을 베푸시며 겸손하여서 나귀를 타시나니 나귀의 작은 것 곧 나귀 새끼니라"

말과 대비되는 짐승이 나귀입니다. 말은 전쟁의 용도로 사용되었지만, 나귀는 평화의 상징으로 여겨집니다. 그런데 예수님께서 타신 나귀는 그냥 나귀도 아닌 어린 나귀입니다. 이스라엘을 구원할 개선장군과 같은 위용은 전혀 없습니다. 오히려 너무 초라해 보이고, 우스꽝스럽습니다. 차라리 예수님께서 나귀를 타지 않고 그냥 걸어가시는 편이 훨씬 나았지 않았을까 하는 생각도 듭니다. 그럼에도 예수님은 철저하게 하나님께서 구약의 선지자를 통해 주셨던 예언의 말씀에 순종하셨습니다.

이것이 중요합니다. 만약 예수님께서 원하셨다면 말이 아니라 그보다 더 좋은 것도 타실 수 있었을 것입니다. 예수님의 십자가 죽음 이후에 아무도 챙기지 않은 예수님의 시신을 장사 지냈던 아리마대 요셉은 큰 부자였습니다. 예수님께서는 회당장이었던 야이로의 딸도 살리셨습니다. 당시의 회당장은 종교적 영향력뿐만 아니라 돈도 많았던 사람입니다. 죽은 외동딸을 살려 주신 예수님께서 말이 필요하다고 하면 구해 주지 않았겠습니까? 하지만 예수님은 자신의 체면, 사람들 눈에 비치는 자신의 모습보다 하나님의 말씀에 순종했습니다.

우리가 보고 배워야 하는 성경의 비밀이 여기에 있습니다. 사람들이 보고 감격하는 것은 무엇일까요? 예루살렘으로 들어가는 성문 좌우에 늘어선 사람들이 예수님의 가시는 길 앞과 뒤에 겉옷을 깔고,

종려나무 가지를 깔면서 "호산나! 이스라엘의 왕으로 오시는 이여!" 하며 찬송하고 환호하는 것입니다. 하지만 그 환호성 사이로 지나가는 예수님의 모습은 어떻습니까? 멋져 보이십니까? 부럽게 느껴지십니까? 위용을 갖춘 말을 타고 지나가시는 것이 아닙니다. 다리도 짧고 볼품없는 어린 나귀를 타고 지나가십니다. 이스라엘 사람들은 호산나 다윗의 자손이라고 찬송하고 있지만, 그 모습을 지켜보고 있는 로마 병사들이나 지휘관들은 어떻게 느꼈을까요? 예수님이 자기들에게 위협적인 존재로 여겨졌을까요? 아니었을 것입니다.

우리가 신앙생활을 하면서 놓치지 말아야 하는 부분이 바로 이 지점입니다. 당시 예루살렘 성문 앞에 몰려든 사람들이 예수님을 바라보면서 기대했던 것이 무엇이었을까요? 죽은 자를 살리시고, 오병이어의 기적을 행하실 수 있는 예수님, 바다 위를 걸으시고 풍랑도 멈추게 하실 수 있는 예수님, 병든 자를 고치는 것은 기본이고 귀신도 쫓아내시는 예수님이 자기들 편입니다. 당연히 그곳에 모인 사람들은 예수님께서 자기들을 로마로부터의 독립뿐 아니라, 세상에서 보란 듯 잘되게 해 줄 거라고 기대했을 것입니다. 하지만 예수님은 사람들의 그런 기대를 보란 듯이 깨 버리는 모습으로 예루살렘으로 들어가고 있습니다. 나귀, 그것도 아직 아무도 타 보지 않은 어린 나귀를 타고 들어가시는 것입니다.

누가복음 19:29-30, "감람원이라 불리는 산쪽에 있는 벳바게와 베다니에 가까이 가셨을 때에 제자 중 둘을 보내시며 30. 이르시되 너희는 맞은편 마을로 가라 그리로 들어가면 아직 아무도 타 보지 않은 나귀 새

끼가 매여 있는 것을 보리니 풀어 끌고 오라"

하와이에는 로데오 경기가 없지만, 본토만 가도 길들지 않은 황소나 말을 타는 로데오 경기가 있습니다. 프로 선수로서 로데오 경기를 하는 사람들도, 길들지 않은 황소나 말의 등 위에서 오래 버티는 사람이 별로 없습니다. 불과 몇 분도 버티지 못하고 다 떨어지고 맙니다. 로데오 경기를 보신 분들은 아시겠지만, 소나 말이 간신히 들어갈 수 있는 좁은 통로로 시합용 말이나 소를 끌고 와서 그 위에 사람이 앉습니다. 그리고 출입문을 여는 순간 수천수만 관중의 환호 소리와 함께 경기가 시작되면, 수많은 군중이 내지르는 함성들로 인해 놀란 황소나 말이 뛰기 시작합니다. 예수님께서 사람이 타 보지 않은 어린 나귀를 타고 군중들 사이로 지나가는 모습이 그와 같았을 수도 있었다는 것입니다. 그런 맥락에서 예수님께서 어린 나귀를 타고 예루살렘으로 들어가시는 모습을 생각해 보면, 결코 이스라엘을 구원할 구세주로서의 모습은 아닌 것으로 보입니다.

설교를 시작하면서 드렸던 말씀처럼, 예수님을 향한 기대와 환영과 찬송의 반응이 미움과 적대적 감정으로 바뀌어서, 예수님을 십자가에 못 박으라고 외치기까지는 불과 5일 정도밖에 걸리지 않았습니다. 인간의 기대나 믿음이라고 하는 것이 얼마나 그 깊이가 얕은가 하는 것을 확인할 수 있는 사건입니다. 그래서 이 말씀을 읽을 때, "유대인들은 예수님이 자기들에게 좋은 일을 해 줄 때는 쫓아다니다가, 자기들이 원하는 것을 해 주지 않으니까 십자가에 못 박았다. 그러니 우리는 그러지 말자" 이렇게 쉽게 결론 내리면 안 됩니다. 당시 예루살렘에 모인 사람들은 최소한의 의리와 양심도 없는 사람들이었지만 나는 그 정도 의리와 생각은 있는 사람으로 여기면서 자기는 그렇게 하지 않을 거라는 근거 없는 확신에 빠질 수 있기 때문입니다.

예수님께서 어린 나귀를 타고 예루살렘으로 들어가시는 것을 기록하여 보여 주는 것은, 예수님께서 자기에게 환호하는 백성들의 기대와 요구를 채워 주기 위해서 온 것이 아니라는 것을 확인시켜 주는 사건입니다. 그리고 예루살렘으로 들어가신 예수님의 결말이 어떻게 될지에 대해서도 성경은 분명하게 말씀해 줍니다.

스가랴 12:10, "내가 다윗의 집과 예루살렘 주민에게 은총과 간구하는 심령을 부어 주리니 그들이 그 찌른 바 그를 바라보고 그를 위하여 애통하기를 독자를 위하여 애통하듯 하며 그를 위하여 통곡하기를 장자를 위하여 통곡하듯 하리로다"

언젠가 이스라엘 백성은 자기네들이 그토록 기다렸던 메시아를 자기들의 손으로 십자가에 못 박아 죽였다는 사실을 깨닫고, 거기에 대하여 회개하는 날이 올 것이라고 성경이 이미 예언하고 있습니다. 또한 예수님께서 어린 나귀를 타고 예루살렘에 입성한다는 예언이 이루어진 것처럼, 예수님의 십자가 죽으심에 대한 예언도 이루어질 것은 너무도 당연한 일일 것입니다. 이 말씀이 중요한 이유는, 예수님께서 육신의 몸을 입고 이 땅에 오시고, 곧생애의 사역 속에서 하나님의 뜻을 이루시고, 마지막 십자가의 죽음을 앞두고 볼품없는 모습으로 예루살렘으로 가시는 이유가 있기 때문입니다.

그것은 처음부터 끝까지 예수님은 하나님의 말씀에 순종하셨다는 것입니다. 하나님께서 말씀하신 것이 예수님 자신에게 유리한 것인지, 적어도 체면은 유지하게 해 주는 것인지, 어차피 해야 할 일이니 너무 고통스럽지는 않게 죽게 해 줄 것인지 등등 이런 것들이 순종의 조건이 아니었습니다. 3년을 함께했던 제자로부터 배신당해서 노예처럼 팔리고, 가장 결정적인 순간에는 자기들 살겠다고 예수님을 버리고 다 도망가고, 모욕과 매 맞음과 수치와 죽는 순간까지도 고통을 당해야 하는 것까지 다 견디는 것이었습니다.

하나님의 뜻을 몰랐던 당시 유다 사람들은, 예루살렘으로 들어가시는 예수님을 향해 단지 자기들의 기대와 염원을 담아서 예수님을 환영했습니다. 병 고치는 기적, 귀신을 쫓아내는 기적, 오병이어의 기적, 죽은 사람을 살려내는 기적을 볼 때까지만 해도 사람들은 "호산나 다윗의 자손이여, 이스라엘의 왕이여" 하면서 찬송했습니다. 그들은 예수님께서 행하신 기적들을 보면서 기대했고, 뭔가 자기들에게 좋은 일이 있을 거라 기대했습니다. 하지만 자기들의 기대와 달리 예수님께서 하나님의 뜻에 순종하여 자신을 대속의 제물로 드렸을 때, 예루살렘에 살던 바리새인들이 "저를 없이 하소서, 십자가에 못 박으소서" 하는 선동에, 함께 소리 지르며 못 박는 데 동참했습니다.

예수님은 누구십니까? 예수님은 왜 세상에 오신 것입니까? 하나님의 공의와 하나님의 사랑을 동시에 완성하려고 오신 분입니다. 하나님은 우리를 사랑하시는 분이지만, 그러나 동시에 하나님은 우리의 죄를 공의로 심판하시는 분입니다. 우리에게 있는 죄의 문제가 해결되지 않으면, 하나님의 사랑은 우리에게 임할 수 없습니다. 그래서 우리에 대한 사랑을 확증하시기 위해 그리스도를 우리 대신 죽이셨습니다. 그것이 기독교입니다.

> 로마서 5:8, "우리가 아직 죄인 되었을 때에 그리스도께서 우리를 위하여 죽으심으로 하나님께서 우리에 대한 자기의 사랑을 확증하셨느니라"

이것을 모르면 우리의 관심은 언제나 우리의 욕심을 채우기 위해 예수님을 부르고, 하나님의 능력을 끌어오는 쪽으로 우리의 종교심을 이용하게 됩니다. 2천 년 전에 예루살렘으로 들어가시는 예수님을 환영하면서 자신의 겉옷을 길바닥에 깔고 호산나 찬송했던 사람들이 오늘날 우리들의 모습일 수 있습니다. 하지만 자기의 기대와 바람이 이루어지지 않을 것 같으니까 곧바로 돌변하여 "예수는 필요 없다. 십자가에 못 박으라"라고 외치는 사람들의 모습도 저와 여러분의 모습이 될 수 있습니다.

기독교는 그런 종교가 아닙니다. 기독교는 우리가 멸망받아 마땅한 죄인이라는 것을 알고 인정한 사람들이. 예수 그리스도 외에는 다른 답이 없다고 입으로 시인하며 나온 사람들이 모인 종교입니다. 당연히 예수님을 믿는 사람들은 그 관심의 초점을, 예수님의 십자가 죽으심과 부활에 둡니다. 세상의 것은 마치 액세서리와 같은 것입니다. 있으면 좋지만 없다고 해서 살지 못하는 건 아닙니다. 하지만 죄 사함과 칭의에 의한 부활의 소망은 반드시 있어야 하는 것입니다. 그것이 기독교의 전부입니다. 지금 말씀드린 이 신앙의 진리는 예수님의 제자들도 처음에는 몰랐던 것입니다. 하지만 예수님께서 부활하시고, 오순절 성령께서 깨닫게 해 주신 이후에는 예수님께서 왜 그와 같은 모습으로 들어가셨는지 알게 되었습니다.

> 요한복음 12:16, "제자들은 처음에 이 일을 깨닫지 못하였다가 예수께서 영광을 얻으신 후에야 이것이 예수께 대하여 기록된 것임과 사람들이 예수께 이같이 한 것임이 생각났더라"

여러분이 성경을 읽고 깨달을 수 있다는 사실에 대해서 감사하시기 바랍니다. 예수님의 제자들도 처음에는 깨닫지 못했었다고 말씀하고 있지 않습니까? 기독교는 성경의 종교이고, 예수님에 대한 종교입니다. 예수님에 대해서 제대로 알지 못하면 헛된 기대에 빠져서, 자기들의 유불리에 따라 호산나 찬송하다가도, 십자가에 못 박으라고 소리 지르고 선동되는 신앙생활을 할 수 있습니다.

예수를 바로 알아야 합니다. 예수님은 철저하게 하나님의 말씀과 뜻을 따르고 순종하며 사신 분이었습니다. 자기에게 불리하고, 괴롭고, 수치가 되는 일이라도 하나님의 뜻에 철저하게 복종하신 분이었습니다. 저와 여러분들도 예수님의 순종하심을 배워 가기 원합니다. 그렇게 닮아 가기 원합니다. 그리고 우리들의 믿음은 예루살렘에 몰려든 사람들처럼 쉽게 선동되고, 쉽게 변절하는 그런 믿음이 아니길 바랍니다. 우리의 죄를 대신 감당하신 예수 그리스도에 대한 감사와 하나님의 말씀에 순종하는 참된 믿음을 갖게 되기를 주님의 이름으로 축원합니다.

요한복음 12:20~26

# 한 알의 밀이 땅에 떨어져

"20. 명절에 예배하러 올라온 사람 중에 헬라인 몇이 있는데 21. 그들이 갈릴리 벳새다 사람 빌립에게 가서 청하여 이르되 선생이여 우리가 예수를 뵈옵고자 하나이다 하니 22. 빌립이 안드레에게 가서 말하고 안드레와 빌립이 예수께 가서 여쭈니 23. 예수께서 대답하여 이르시되 인자가 영광을 얻을 때가 왔도다 24. 내가 진실로 진실로 너희에게 이르노니 한 알의 밀이 땅에 떨어져 죽지 아니하면 한 알 그대로 있고 죽으면 많은 열매를 맺느니라 25. 자기의 생명을 사랑하는 자는 잃어버릴 것이요 이 세상에서 자기의 생명을 미워하는 자는 영생하도록 보전하리라 26. 사람이 나를 섬기려면 나를 따르라 나 있는 곳에 나를 섬기는 자도 거기 있으리니 사람이 나를 섬기면 내 아버지께서 그를 귀히 여기시리라"

20~22절에 유월절 절기를 지키기 위해 헬라인 몇 사람도 예루살렘으로 올라왔다고 말씀하고 있습니다. 그들은 이방인이었지만 유대교로 개종한 사람들이었을 것으로 보입니다. 그들은 빌립을 찾아와 예수님을 만나고 싶다고 요청했고, 빌립은 예수님께 그들의 요청을 전달했습니다. 빌립으로부터 헬라인 몇 사람이 만나고 싶어 한다는 말

을 들은 예수님께서는, 그들을 데리고 오라고 하시든지 또는 만날 생각이 없다든지 하는 뜻을 말씀하시는 대신에 이렇게 말씀하셨습니다.

요한복음 12:23, "예수께서 대답하여 이르시되 인자가 영광을 얻을 때가 왔도다"

예수님께서 말씀하신 **"인자가 영광을 얻을 때"**는 언제일까요? 이방 사람들조차도 예루살렘까지 찾아와서 예수님을 만나고 싶다고 요청할 만큼 예수님의 인기가 많았다는 것을 표현한 것일까요? 그건 아닙니다. 성경 전체의 흐름으로 보면 예수님의 십자가 죽으심과 부활로 인해, 이방 사람들이라도 예수님을 믿으면 구원을 얻게 될 때가 이르렀음을 말씀하신 것입니다. 그동안 예수님은 아직 자신의 때가 이르지 않았다고 무수히 말씀하셨습니다. 예수님께서 가나 혼인 잔치에서 처음 기적을 일으키셨을 때도, 술이 떨어졌다는 마리아의 요청에 대해, "내 때가 아직 이르지 않았다"라고 말씀하셨습니다. 예수님을 미워하는 바리새인들이 예수님을 잡으려고 했을 때도, 아직 때가 이르지 않았기 때문에 잡지 못했다고 기록하고 있습니다.

요한복음 7:30, "그들이 예수를 잡고자 하나 손을 대는 자가 없으니 이는 그의 때가 아직 이르지 아니하였음이러라"

하지만 예수님께서 말씀하신 때가 오면, 무덤 속에 있는 자라도 그의 음성을 듣게 된다고 말씀하셨습니다.

> 요한복음 5:25, "진실로 진실로 너희에게 이르노니 죽은 자들이 하나님의 아들의 음성을 들을 때가 오나니 곧 이 때라 듣는 자는 살아나리라"
>
> 요한복음 5:28, "이를 놀랍게 여기지 말라 무덤 속에 있는 자가 다 그의 음성을 들을 때가 오나니"

무덤 속에 있는 자는 어떤 사람들일까요? 가능성이 전혀 없는 사람입니다. 세상의 그 어떤 사람이 무덤에 있는 사람을 찾아가서 희망을 이야기해 주면서, 내일을 기대하도록 만들 수 있을까요? 그런데 구원의 문제에 관하여 당시 유대 사회와 유대 종교의 분위기 속에서 볼 때, 마치 무덤에 있는 사람들처럼 전혀 희망이 없는 사람들이 있었습니다. 바로 이방 사람들입니다. 유대 사람들은 같은 민족이었던 사마리아 사람들도 이방인 취급을 할 만큼 순수 혈통에 대한 자부심이 대단했던 사람들입니다. 그런데 본문은 마치 무덤에서 살아나게 될 대표적인 사람들로, 이방 사람인 헬라인을 등장시키고 있습니다.

> 요한복음 12:20-21, "명절에 예배하러 올라온 사람 중에 헬라인 몇이 있는데 21. 그들이 갈릴리 벳새다 사람 빌립에게 가서 청하여 이르되 선생이여 우리가 예수를 뵈옵고자 하나이다 하니"

보시는 것처럼 **"명절에 예배하러 올라온 사람 중에 헬라인 몇"**이라고 했기 때문에 별로 대수롭지 않게 생각될 수 있는데, 이 몇 사람과 23절에 예수님께서 말씀하신 "인자가 영광을 얻을 때"가 만나면 큰 의미를 갖게 됩니다. 예수님께서 탄생하실 때, 동방에서 별을 보고 찾아온 박사들이 몇 사람이었을까요? 그들이 황금과 유향과 몰약을 가지고 왔기 때문에 보통 세 사람이라고 말하고 있는데, 성경학자들은 적어도 그보다는 많았을 것으로 추정합니다. 그 먼 거리를 국경을 넘어서, 그것도 별을 보고 찾아왔기 때문에 주로 밤에 이동해야 했을 텐데, 강도와 야생동물들의 위험을 견뎌 내고 오려면, 최소한 세 명 이상은 되었을 것으로 추정하는 것입니다.

이렇듯 멀리 동방에서부터 예수님의 탄생을 축하하기 위해 찾아온 이방 사람들이 몇 명이 있었습니다. 그리고 예수 탄생을 축하하기 위해 찾아왔던 또 다른 사람들이 있었습니다. 바로 양을 치던 목자들입니다. 천사들이 목자들에게 예수 탄생을 알려 주면서 했던 말이 있었습니다.

> 누가복음 2:14, "지극히 높은 곳에서는 하나님께 영광이요 땅에서는 하나님이 기뻐하신 사람들 중에 평화로다 하니라"

보시는 것처럼 예수님의 탄생을 축하하기 위해 최초로 찾아왔던 사람들이 이방 사람들이었습니다. 또한 목동들은 천사들로부터 예수님의 오심이 하나님께 영광이 된다는 것을 들었습니다. 그런데 예수님의 십자가 죽으심을 앞두고 예수님을 만나러 온 사람들이 누구입니까? 헬라인들입니다. 그리고 그들의 방문 소식을 들으신 예수님께서 **"인자가 영광을 얻을 때가 왔도다"**라고 말씀하셨습니다. 마치 미술의 데칼코마니처럼 예수님의 탄생을 축하하기 위해 찾아온 동방의 사람들과 십자가의 죽으심을 앞두고 찾아온 헬라인 몇 사람의 구성이 "하나님께 영광"이라는 공통점을 중심으로 대비되고 있습니다.

그러고 보면 하나님께서 유대 민족을 더 사랑해서, 또는 그들이 다른 민족과 구별될 만큼 특별히 더 나은 점이 있어서 그들을 선택한 것이 아님을 알 수 있습니다. 다시 말씀드려서 이스라엘이라는 나라나 유대인이라는 민족성이 다른 나라가 다른 민족들보다 특별히 하나님께 더 잘해서 구원을 받게 된 것이 아닙니다. 오히려 이스라엘 나라와 민족은 하나님의 사랑과 은혜를 받았던 인간들이 얼마나 최악의 상태까지 하나님을 배신하고 떠날 수 있는지를 확인시켜 주는 샘플과 같습니다.

이스라엘이라는 나라나 민족이라는 집단이 아직 만들어지기도 전에 하나님께서 아브라함을 찾아오셨고, 그 후 하나님께서는 아브라함에게 주셨던 약속을 지키기 위해서 이삭, 야곱, 요셉을 만나 주셨고 그들과 함께하셨습니다. 모세를 통해서 출애굽을 시키시고, 여호수아를 통해 가나안을 정복하게 하시면서 그들에게 땅을 주셨습니다.

하나님께서 그들을 위해서 베푸셨던 기적이 한두 개였습니까? 40년 광야의 삶과 가나안 땅 정복 전체가 기적이었습니다. 그런데 이스라엘은 은혜로 가나안에 들어가서 그 땅에 살고 있던 일곱 족속 모두를 죽이고 쫓아내라는 하나님의 말씀을 순종하지 않고 남겨 두었다가, 그들로부터 침략을 당하고 다스림을 당하게 되는 고난을 스스로 자처했습니다. 그들의 고통이 극심해질 때마다 하나님께서 사사들을 보내어 그들을 구원하시고 회복시키셨지만, 그들은 하나님을 버리고 자기들을 위하여 왕을 세워 달라고 요청했습니다.

사무엘상 8:7-8, "여호와께서 사무엘에게 이르시되 백성이 네게 한 말을 다 들으라 이는 그들이 너를 버림이 아니요 나를 버려 자기들의 왕이 되지 못하게 함이니라 8. 내가 그들을 애굽에서 인도하여 낸 날부터 오늘까지 그들이 모든 행사로 나를 버리고 다른 신들을 섬김 같이 네게도 그리하는도다"

그렇게 하나님께서 자기들의 요청대로 왕을 세워 주었더니 그들이 하나님께 감사하고 하나님의 말씀에 순종했습니까? 오히려 하나님에게서 더 멀리 도망가 버렸습니다. 아니 하나님을 격렬히 대적했습니다. 성경에 기록된 그 어떤 왕도 하나님의 말씀에 온전히 순종한 왕이 없었습니다. 그나마 다른 악한 왕들보다 조금 나았던 왕들이 몇 명 있었을 뿐이었습니다. 결국 어떤 방법으로도 구제 불능인 인간들을 구원하기 위해 예수님께서 세상에 오셨지만, 하나님의 백성이라고 하는 유다 민족은 예수님을 영접하지 않았을 뿐 아니라 자기들의 행위가 악하기 때문에 죄악을 더 사랑했습니다.

요한복음 3:19, "그 정죄는 이것이니 곧 빛이 세상에 왔으되 사람들이 자기 행위가 악하므로 빛보다 어둠을 더 사랑한 것이니라"

우리 인간은 어떤 존재입니까? 빛이 비치고 진리를 가르쳐 주고, 그것이 진리임을 확인시켜 주기 위해 수많은 기적을 보여 줘도, 떡 먹고 배부른 것이나 좋아하지 빛을 좋아하지 않고 진리이신 예수님께로 나오지 않는 존재입니다.

요한복음 1:5, "빛이 어둠에 비치되 어둠이 깨닫지 못하더라"

결국 무엇을 해도 구제 불능인 인간들을 위한 '영광의 때'를 위해 예수님께서 하신 일이 무엇입니까?

요한복음 12:24, "내가 진실로 진실로 너희에게 이르노니 한 알의 밀이 땅에 떨어져 죽지 아니하면 한 알 그대로 있고 죽으면 많은 열매를 맺느니라"

한 알의 밀알이 땅에 떨어져 죽음으로 많은 열매를 맺히는 방법인, 십자가 죽음을 말씀하고 있습니다. 여기서 우리가 주목해야 할 말씀은, **"죽으면 많은 열매를 맺느니라"**라는 것입니다. 예수님의 죽음으로 인해, 많은 열매를 맺게 될 것이라고 말씀하고 있습니다. 이에 대해서 사도 바울은 **"그러나 이제 그리스도께서 죽은 자 가운데서 다시 살아나사 잠자는 자들의 첫 열매가 되셨도다"**(고전 15:20)라고 했습니다. 보시는 것처럼 예수님은 부활의 첫 열매였지 '유일한 열매'가 아니었습니다. 첫 열매는 그 뒤를 이어 무수히 많은 열매들이 따라 맺게 될 것입니다. 그리고 뒤따라 맺게 되는 열매들은 질적으로 첫 열매와 동일한 것입니다. 부활에 있어서 우리가 받게 될 부활의 열매가, 예수님께서 부활하신 것과 다르지 않다는 것입니다.

고린도전서 15:23-24, "그러나 각각 자기 차례대로 되니니 먼저는 첫 열매인 그리스도요 다음에는 그가 강림하실 때에 그리스도에게 속한 자요 24. 그 후에는 마지막이니 그가 모든 통치와 모든 권세와 능력을 멸하시고 나라를 아버지 하나님께 바칠 때라"

그러면 우리가 어떻게 그리스도와 똑같은 부활의 열매들을 얻을 수 있을까요? 예수님께서 한 알의 밀알이 되어 죽으시고 부활의 첫 열매가 되심으로 인해, 저와 여러분들은 예수님처럼 십자가의 죽음을 똑같이 당하지 않더라도, 성령의 은혜로 인해 거듭남으로 부활의 열매를 맺을 수 있습니다.

> 요한복음 3:3, "예수께서 대답하여 이르시되 진실로 진실로 네게 이르노니 사람이 거듭나지 아니하면 하나님의 나라를 볼 수 없느니라"

요한복음 3장의 말씀은 우리가 이미 배운 대로 예수님께서 율법교사였던 니고데모와 나눈 대화입니다. 니고데모가 예수님께 사람이 어떻게 다시 태어날 수 있느냐고 물었을 때 주셨던 말씀입니다. 거듭남, 부활의 열매, 이와 같은 것들은 인간이 자신의 힘으로 만들어 낼 수 없는 것입니다. 예수님께서 거듭나야 한다, 한 알의 밀이 땅에 떨어져 죽어서 많은 열매를 만들어 낸다고 하신 말씀을 주목하시기 바랍니다. 이 말씀은 원래 모습은 그대로 두고, 부족하거나 고장 난 부분을 좀 고치면 새롭게 된다는 말이 아닙니다. 기존에 있던 것은 아무것도 쓸 것이 없다, 주님과 함께 죽고 새로운 존재로 다시 나야 한다는 말입니다. 그 뜻에 대해서 오늘 본문은 이렇게 설명합니다.

> 요한복음 12:25, "자기의 생명을 사랑하는 자는 잃어버릴 것이요 이 세상에서 자기의 생명을 미워하는 자는 영생하도록 보전하리라"

여기 두 종류의 사람이 등장합니다. 자기의 생명을 사랑하는 자와,

자기 생명을 미워하는 자입니다. 자기 생명을 사랑하는 자는 한 알의 밀알로 땅에 떨어졌지만 죽지 않은 자, 여전히 자신의 힘으로 무엇인가를 해 보려고 하는 자를 가리켜서 말합니다. 자기 생명을 미워하는 자는, 땅에 떨어져서 죽은 자, 자신의 힘으로는 아무것도 할 수 없음을 인정하고 예수 그리스도께 항복하고 나온 자, 하나님의 은혜에 자기 자신을 맡긴 자를 가리켜서 말합니다.

예수님께서 "자기 생명을 미워하라, 이 세상을 미워하라"라고 하신 말씀을 주목하시기 바랍니다. 이 말씀은 우리가 죽기 전에 갖고 있던 것들이, 우리에게 새 생명을 주신 그리스도께서 우리들에게 새롭게 얻게 하시려는 것과 얼마나 적대적인 것인가를 가장 잘 설명하고 있습니다. 기독교 신앙의 어려운 점이 무엇인가 하면, 이론적으로는 성경의 내용이 무슨 말씀인지 이해를 했더라도, 그 말씀이 실제의 생활과 교회 공동체의 생활 속에서 실제로 녹여 내는 것이 쉽지 않다는 것입니다.

예를 들면 이런 것입니다. 구원받고 거듭나서 하나님의 자녀가 되어 하나님의 방법대로 살겠다고 모인 사람들의 공동체가 교회입니다. 혹시 여러분들 중에 하나님의 방법은 별 관심 없다고 생각되는 분 있습니까? 구원받은 하나님의 자녀라고 생각하는 사람이라면 적어도 교회는 세상과는 달라야 한다, 세상의 가치나 세상의 방법이 아닌 하나님의 말씀인 성경의 가치와 성경의 방법을 따라야 한다고 생각할 것입니다. 하지만 교회나 성도들이 실제로 성경의 가르침과 성경의 뜻을 따라 살고 있느냐고 물어본다면, '글쎄요'라는 대답을 할 것입니다.

빌립보서 3:5-8, "나는 팔일 만에 할례를 받고 이스라엘 족속이요 베냐민 지파요 히브리인 중의 히브리인이요 율법으로는 바리새인이요 6. 열심으로는 교회를 박해하고 율법의 의로는 흠이 없는 자라 7. 그러나 무엇이든지 내게 유익하던 것을 내가 그리스도를 위하여 다 해로 여길뿐더러 8. 또한 모든 것을 해로 여김은 내 주 그리스도 예수를 아는 지식이 가장 고상하기 때문이라 내가 그를 위하여 모든 것을 잃어버리고 배설물로 여김은 그리스도를 얻고"

바울이 예전에 가졌던 것은 당시 사회에서 그 누구와 비교해도 부족함이 없었고, 충분히 자랑할 만한 것들이었습니다. 하지만 그 모든 것들을 가지고 그리스도 앞에 섰을 때, 그것들은 해로웠고, 배설물과 같았다고 말했습니다. 우리가 새로운 피조물이라고 말하고, 새것이 되었다고 말하고 있지만, 우리의 생각이나 습관, 어떤 일을 할 때 결정하고 실행하는 모든 방법이 실제로는 여전히 세상적인 것에 무게중심이 있을 때가 많습니다. 학벌 좋고 능력 좋은 성도와 그렇지 않은 성도 가운데 누가 하나님의 일을 하는 데 도움이 되겠습니까? 같은 신앙이라면 당연히 학벌 좋고 능력 좋은 성도라고 생각될 것입니다. 이왕이면 돈 많은 사람, 능력 있는 사람, 똑똑한 사람이 봉사하는 것이 그렇지 않은 사람이 하는 것보다 낫다고 생각하고 그렇게 맡기는 것입니다. 그런데 교회 생활을 하다 보면 그 반대의 경우를 자주 발견하게 됩니다.

지금 이 고백을 한 사도 바울은 이방인 전도를 위해 초대교회에서 파송한 선교사입니다. 바울은 세상의 모든 조건을 다 갖춘 사람이었습니다. 게다가 로마 시민으로서 세계 어디를 가든지 어려움 없이 복음을 전할 수 있는 최적의 조건을 가졌다고 생각되는 사람이었습니다. 하지만 바울은 가장 치명적인 약점을 자신의 몸에 가지고 있었습니다. 바울 스스로 그것을 가리켜서 "내 육체에 있는 가시, 사탄의 사자"라고 말할 만큼 괴로운 것이었습니다. 복음을 전하는 자에게 있어서 외부로 드러나는 신체의 질병은 치명적인 약점일 수밖에 없습니다. 하지만 바울은 이에 대해서 이렇게 말합니다.

고린도후서 12:7-10, "여러 계시를 받은 것이 지극히 크므로 너무 자만하지 않게 하시려고 내 육체에 가시 곧 사탄의 사자를 주셨으니 이는 나를 쳐서 너무 자만하지 않게 하려 하심이라 8. 이것이 내게서 떠나가게 하기 위하여 내가 세 번 주께 간구하였더니 9. 나에게 이르시기를 내 은혜가 네게 족하도다 이는 내 능력이 약한 데서 온전하여짐이라 하신지라 그러므로 도리어 크게 기뻐함으로 나의 여러 약한 것들에 대하여 자랑하리니 이는 그리스도의 능력이 내게 머물게 하려 함이라 10. 그러므로 내가 그리스도를 위하여 약한 것들과 능욕과 궁핍과 박해와 곤고를 기뻐하노니 이는 내가 약한 그 때에 강함이라"

내 능력이 약한 데서 온전해지고, 내 약한 것들이 도리어 그리스도의 능력이 되었고, 내가 약한 그것이 오히려 자신을 강하게 만들게 했다고 고백합니다. 그 강함이 바울 스스로 노력해서 된 것입니까? 아니요, 바울이 죽고 나니 그리스도께서 일하신 것입니다.

빌립보서 3:9, "그 안에서 발견되려 함이니 내가 가진 의는 율법에서 난 것이 아니요 오직 그리스도를 믿음으로 말미암은 것이니 곧 믿음으로 하나님께로부터 난 의라"

바울이 새롭게 되기 전에 가졌던 자랑은, 세상적으로 잘나고 갖춘 것입니다. 그런데 바울이 그리스도와 함께 죽고 나서 믿음으로 새롭게 되고 나니, 그런 것들이 '하나님의 의'와는 전혀 상관이 없으며 자기가 원인이 되어 결과를 만들어 낸 것이 아니었다는 것을 깨닫게 되었습니다. 그래서 다시 이렇게 고백합니다.

빌립보서 3:10-11, "내가 그리스도와 그 부활의 권능과 그 고난에 참여함을 알고자 하여 그의 죽으심을 본받아 11. 어떻게 해서든지 죽은 자 가운데서 부활에 이르려 하노니"

바울이 본받고 싶다고 말한 '죽는 것'은 무엇에 대한 죽음입니까? 자기가 갖고 있던 세상 법칙, 세상에 목적을 둔 것, 내가 알고 있는 지식, 능력 등 내 것에 관한 모든 것을 죽인다는 뜻입니다. 이 신앙은 쉽게 결정하고 쉽게 흉내 내고 따라 할 수 있는 신앙이 아닙니다. 이 신앙은 죽는 것을 각오해야 결정할 수 있는 것이고, 죽음과 똑같은 희생을 치르고서라도 지켜 내겠다는 결단이 있어야만 비로소 따를 수 있는 신앙입니다.

그런 맥락에서 박영선 목사님께서 하신 말씀이 늘 제 가슴에 마치 비수처럼 닿아 있습니다. 목사님께서 설교 중에 이런 말씀을 하셨습니다. "어떤 면에서 우리 목사들은 전부 악당이다. 그래서 고쳐야 한다." 왜 그런 말씀을 하셨는가 하면, 성도들과 목사들이 서로에게 유리하도록 계약을 맺고 신앙생활을 하기 때문이라는 것이었습니다. 그 계약의 내용이 뭐냐 하면, "이 세상을 사는 동안 우리도 목사님을 알아서 잘 대접해 드릴 테니까, 목사님도 성경에 있는 좋은 소리들로 힘들게 사는 우리를 위로해 주십시오!" 이렇게 하고 있다는 것입니다. 결국 목사는 어려운 설교를 안 하게 되었고, 성도들은 교회는 다녀도 성경에 무슨 말씀이 있는지 들을 기회도 없고, 별로 관심도 없이 그저 교회에 다니면서 위로받는 것으로 만족하는 종교 생활만 하게 되었다는 말씀을 하셨습니다.

목사님께서 이런 설교를 하신 때가 1980년대 중반이었습니다. 그 당시 한국교회가 로버트 슐러 목사의 번영의 신학을 받아들이고, 많은 목사님들이 LA크리스탈교회, 윌로우크릭교회 등 미국의 초대형교회를 견학하면서, 교회마다 교회 성장과 성공을 꿈꾸며, 교회 성장 세미나에 몰려들던 때였습니다. 옥한음, 이동원, 하용조 목사와 함께 한국 복음주의 4인방이라고 불렸던 남서울은혜교회 원로목사인 홍정길 목사님은 작년 부활절을 맞아 신문 인터뷰를 통해, 자신이 미국 대형 교회를 흉내 내고 따라 한 것을 인정하고 회개했습니다.

대형 교회의 예배는 잘 만들어진 쇼처럼 되었고, 돈사는 엔터테이너가 되어 복음을 잃어버렸다고 했습니다. 제자훈련과 성경공부를 만든 것도, 성도들이 교회에 잘 나오도록 네트워킹을 만들기 위한 수단으로 한 것이었기 때문에, 제자훈련이 지식과 정보 전달에 머물렀지 그것을 통해 실제적인 삶의 변화로 이끌지 못했다고 고백했습니다. 그런 면에서 자신은 목회가 아닌 매니지먼트를 한 사람이었고, 주님 앞에서는 가짜 목사였다고 말했습니다. 인터뷰를 마치면서 후배 목사들을 향한 당부의 말로서, 대형 교회의 성공 사례를 본받지 말고 예수를 잘 믿으라고 부탁했습니다.

충격적이지 않습니까? 현재 목회를 하는 목사들에게 예수를 잘 믿으라는 말을 한다는 게 이해가 되십니까? 그런데 저는 이 말이 이해가 됩니다. 목사도 예수를 잘 믿어야 합니다. 예수가 아닌 성공을 믿는 목사도 있기 때문입니다. 성경이 아닌 성공을 말하고, 밀알이 되어 죽어야 할 것을 말하기보다는, 인간 내면에 숨겨진 가능성을 발견하고 긍정적인 마음과 적극적 사고방식으로 성과의 열매를 만들어 내라는 설교가 오늘날 대세입니다. 마지막으로 홍정길 목사는 후배 목사들에게 부활의 영광만을 강조하지 말고, 부활 이전에 성도들이 감당해야 할 고난과 죽음을 가르쳐야 한다고 했습니다.

오늘 본문이 우리 성도들과 교회에게 주시는 말씀도 그와 다르지 않습니다.

> 요한복음 12:24-25, "내가 진실로 진실로 너희에게 이르노니 한 알의 밀이 땅에 떨어져 죽지 아니하면 한 알 그대로 있고 죽으면 많은 열매를 맺느니라 25. 자기의 생명을 사랑하는 자는 잃어버릴 것이요 이 세상에서 자기의 생명을 미워하는 자는 영생하도록 보전하리라"

교회는 어떤 곳입니까? 아무 걱정 없이 계획하는 것마다 잘 이루어지는 곳입니까? 죄송하지만 아닙니다. 쉬운 문제도 쉽게 해결하지 못해서 끙끙거리며 기도하고, 애타는 마음과 눈물로 하나님께 매달리는 곳이 교회입니다. 그러는 가운데 인간의 생각과 방법을 뛰어넘는 하나님의 손길을 발견하는 곳이 교회이고 성도입니다. 그래서 교회는 세상의 방법이 죽어야 사는 곳입니다. 성도는 누구입니까? 내가 알고 경험한 것, 내 능력이나 내 손에 쥐고 있는 것으로 사는 것이 아니라는 것을 인정하는 사람입니다.

하지만 안타깝게도 많은 성도들과 교회들이, 자기들의 이해와 지식의 범주 속에 하나님을 가둡니다. 자기 능력치만큼만 하나님을 믿고, 자기들이 손에 쥐고 있는 것만큼만 하나님을 기대하면서 삽니다. 그런데 그런 믿음으로 어떻게 무덤에서 죽은 자를 살려 내시는 주님의 은혜를 경험할 수 있겠습니까? 세상은 늙지 않고, 아프지 않고, 영원히 죽지 않는 것을 꿈꿉니다. 그리고 현대 의학과 과학은 점점 더 그런 쪽으로 발전해 나갈 것입니다. 아프지 않고 늙지 않는 약들과 수술 방법을 만들어 낼 것입니다.

하지만 성경은 우리에게 무엇을 가르쳐 줍니까? 늙지 않고, 아프지 않고, 죽지 않는 것을 말하지 않고, 죽어야 다시 산다고 말씀합니다. 우리에게 있는 어떤 것도 조금만 다듬고, 조금만 고치면 쓸 만한 것으로 변화되고 바뀌지 않습니다. 우리가 가진 모든 것들은 이미 죽었고, 썩었고, 냄새나는 것들입니다. 하나도 건질 것이 없습니다. 그래서 주님께서 지신 십자가에 함께 못 박혀 죽고, 주님 부활하실 때 함께 살아나야 합니다. 여러분에게 괜찮은 면이 있을 거라고 생각하지 마십시오. 아직 쓸 게 남았다고 생각하지 마십시오. 빨리 버리고 죽이십시오.

땅에 씨앗을 심으면서 아까워하는 농부는 없습니다. 그 씨앗의 형태가 없어지고 죽게 될 것을 걱정하는 농부는 없습니다. 그게 죽어야 새것이 나옵니다. 자기의 생명을 사랑하는 자는 영생의 것을 얻지 못할 것입니다. 하지만 세상에 속한 것, 지금까지 자기가 가지고 있었던 것을 미워하고 죽이는 자는 영원한 것을 얻게 될 것입니다. 이것이 복음입니다. 교회를 다니고 성경을 읽어도, 그 말씀을 주신 하나님의 뜻을 발견하지 못하고, 그 말씀의 뜻을 따라 살지 못하면 껍데기만 남고 맙니다.

요한복음 12:26, "사람이 나를 섬기려면 나를 따르라 나 있는 곳에 나를 섬기는 자도 거기 있으리니 사람이 나를 섬기면 내 아버지께서 그를 귀히 여기시리라"

주님을 섬기고 따르는 사람은, 세상에서 자기 생명을 미워하는 사람입니다. 그리고 주님을 섬기는 사람은, 주님 계신 곳에 함께 있게 될 것입니다. 주님이 계신 곳은 어디입니까? 하나님의 영광의 보좌 우편에 계십니다.

마가복음 16:19, "주 예수께서 말씀을 마치신 후에 하늘로 올려지사 하나님 우편에 앉으시니라"

이렇게 하나님 우편에 앉으신 주님께 천사들과 권세들과 모든 능력들이 복종합니다.

베드로전서 3:22, "그는 하늘에 오르사 하나님 우편에 계시니 천사들과 권세들과 능력들이 그에게 복종하느니라"

그리고 하나님께서는 26절 말씀을 통해, 주를 섬기는 사람을 귀히 여기신다고 말씀했습니다.

지난번 휴가차 한국에 다녀올 때, 할머니가 제 막내딸에게 빨간색 지갑과 함께 20불 지폐를 한 장 줬습니다. 한동안 딸 지갑에 20불이 있었는데, 어느 날 보니까 5불짜리 2장과 1불짜리 3장으로 바뀌었습니다. 엄마가 딸에게, 지갑에 20불 있었는데 왜 이것밖에 없느냐고 물었더니 딸이 "아니야, 지금은 다섯 개나 있어" 하면서 더 많이 있다고 자랑했습니다. 그게 왜 바뀌었는지 잘 모릅니다. 하여간 바뀌었습니다.

우리들의 신앙생활이 이와 같을 수 있습니다. 당장 개수가 많은 것, 눈에 더 많아 보이는 것이 더 많은 거라고 생각할 수 있습니다. 그런데 신앙생활은 그런 것이 아닙니다. 하나님의 법칙은 죽음 뒤에 있는 부활에 있습니다. 죽지 않으려고 애쓰면 도무지 걷지 못하는 것이 부활입니다. 여러분의 생각들, 경험들, 지식들, 세상의 가치와 방법들을 내려놓으십시오. 그러면 새것을 얻게 될 것입니다. 하지만 이것은 강요한다고 되는 것이 아니고, 윽박질러 되는 것도 아닙니다.

여러분 스스로가 결단하셔야 하는 것이고, 죽기까지의 고난과 공포도 견디셔야 하는 것입니다. 그래서 신앙생활이 쉽지 않을 수 있습니다. 한 주간 동안 힘들게 일하고 온 사람에게 고난받으라고, 죽으라고 말하는 목사를 용서하십시오. 하지만 이것이 제가 말해야 하는 사명이기 때문에 저도 선포할 수밖에 없습니다.

우리 모두가 함께 고난받고, 함께 죽고, 함께 부활의 영광에 참여하고, 함께 하나님께 귀히 여기심을 받게 되는 저와 여러분이 되길 주님의 이름으로 축원합니다.

### 요한복음 12:37~50

# 나는 그의 명령이 영생인 줄 아노라

"37. 이렇게 많은 표적을 그들 앞에서 행하셨으나 그를 믿지 아니하니 38. 이는 선지자 이사야의 말씀을 이루려 하심이라 이르되 주여 우리에게서 들은 바를 누가 믿었으며 주의 팔이 누구에게 나타났나이까 하였더라 39. 그들이 능히 믿지 못한 것은 이 때문이니 곧 이사야가 다시 일렀으되 40. 그들의 눈을 멀게 하시고 그들의 마음을 완고하게 하셨으니 이는 그들로 하여금 눈으로 보고 마음으로 깨닫고 돌이켜 내게 고침을 받지 못하게 하려 함이라 하였음이더라 41. 이사야가 이렇게 말한 것은 주의 영광을 보고 주를 가리켜 말한 것이라 42. 그러나 관리 중에도 그를 믿는 자가 많되 바리새인들 때문에 드러나게 말하지 못하니 이는 출교를 당할까 두려워함이라 43. 그들은 사람의 영광을 하나님의 영광보다 더 사랑하였더라 44. 예수께서 외쳐 이르시되 나를 믿는 자는 나를 믿는 것이 아니요 나를 보내신 이를 믿는 것이며 45. 나를 보는 자는 나를 보내신 이를 보는 것이니라 46. 나는 빛으로 세상에 왔나니 무릇 나를 믿는 자로 어둠에 거하지 않게 하려 함이로라 47. 사람이 내 말을 듣고 지키지 아니할지라도 내가 그를 심판하지 아니하노라 내가 온 것은 세상을 심판하려 함이 아니요 세상을 구원하려 함이로라 48. 나를 저버리고 내 말을 받지 아니하는 자를 심판할 이가 있으니 곧 내가 한 그 말이 마지막 날에 그를 심판하리라 49. 내가 내 자의로 말한 것이 아니요 나를 보내신 아버지께서 내가 말할 것과 이를 것을 친히 명령하여 주셨으니 50. 나는 그의 명령이 영생인 줄 아노라 그러므로 내가 이르는 것은 내 아버지께서 내게 말씀하신 그대로니라 하시니라"

오늘 본문은 예수님께서 붙잡히시기 직전에 사람들에게 공개적으로 전하신 마지막 말씀입니다. 그중에서 우리가 주목해서 봐야 할 내용은 이렇습니다.

요한복음 12:44-47, "예수께서 외쳐 이르시되 나를 믿는 자는 나를 믿는 것이 아니요 나를 보내신 이를 믿는 것이며 45. 나를 보는 자는 나를 보내신 이를 보는 것이니라 46. 나는 빛으로 세상에 왔나니 무릇 나를 믿는 자로 어둠에 거하지 않게 하려 함이로라 47. 사람이 내 말을 듣고 지키지 아니할지라도 내가 그를 심판하지 아니하노라 내가 온 것은 세상을 심판하려 함이 아니요 세상을 구원하려 함이로라"

보시는 것처럼 예수님께서 "나를 믿는 자는 나를 보내신 이를 믿는 것이다. 나는 빛으로 세상에 왔고 나를 믿는 자는 어둠에 거하지 않는다. 나는 세상을 심판하러 온 것이 아니라 구원하러 온 것"이라고 했습니다. 그런데 중요한 것은 **"나를 저버리고 내 말을 받지 아니하는 자를 심판할 이가 있으니 곧 내가 한 그 말이 마지막 날에 그를 심판하리라"**라는 말씀입니다. "예수님을 믿었느냐 안 믿었느냐 하는 것이 왜 중요한지 지금은 잘 모를 것이다. 하지만 마지막에 중요한 문제가 된다. 왜냐하면 마지막에는 심판이 있기 때문"이라고 말씀하셨습니다. 예수님의 이 말씀은 기독교 신앙을 이해하는 데 있어서 대단히 중요한 개념을 가르쳐 주고 있습니다.

사람들은 어떤 것을 결정하거나 실행할 때, 자기가 배우거나 보고 들은 것, 경험한 것들을 근거로 해서 판단을 하고 확신의 근거로 삼습니다. 믿음을 갖게 될 때도 그와 비슷한 과정을 거쳐 갖는 경우가 많습니다. 신뢰 관계가 있는 사람으로부터 좋은 영향을 받았거나, 학습을 통해 스스로 판단하고 확신을 갖거나, 일반적인 상식으로 설명할 수 없는 기적을 체험하거나, 감성을 움직이는 특별한 경험을 통해서 믿음을 갖게 되는 것입니다. 그래서 사람들이 기독교 신앙을 갖게 된 이유를 설명할 때, 본인의 결심이나 경험을 근거로 말하는 경우가 많습니다.

간증하시는 분들의 이야기를 들어 보면, 어떤 분은 평소에 예수 믿는 것에 전혀 관심이 없었는데 어렵고 힘든 일을 당했을 때, 누군가의 권유로 성경을 읽다가 진리를 깨닫게 되었다고 말합니다. 또 어떤 분은 힘든 일을 겪고서 낙심 중에 길을 지나가다가 교회가 보여서 들어갔는데, 그렇게 눈물이 나고 죄가 생각나서 회가했다고도 합니다. 사업이 실패하고, 건강에 심각한 문제가 생겨서 지푸라기라도 잡는 심정으로 하나님께 매달렸는데, 기적적으로 하나님께서 회복시켜 주셨을 뿐만 아니라, 더 잘되고 더 건강하지 만들어 주셨다는 간증도 많이 듣습니다. 그래서 하나님께 감사해서 이제부터는 간증하며 복음을 전하기로 했다고 합니다. 감동이고 은혜가 됩니다. 제가 그분들의 경험이나 판단과 결심에 대해서 폄훼하고 싶은 마음은 전혀 없습니다. 그런데 사람이 예수를 믿게 되는 근본적인 원인에 대해서, 예수님은 이렇게 말씀하셨습니다.

요한복음 12:37, "이렇게 많은 표적을 그들 앞에서 행하셨으나 그를 믿지 아니하니"

예수님께서 복음을 전하실 때, 바리새인이나 사두개인들처럼 율법을 공부한 사람들만 알아들을 수 있는 말씀으로 가르치신 것이 아니라, 누구든지 심지어 어린아이라도 쉽게 이해할 수 있는 말씀으로 가르쳐 주셨습니다. 예수님은 말로만 가르치신 것이 아니라, 수많은 표적들을 사람들 앞에서 행하심으로 예수님이 하나님의 아들이심을 그들 눈앞에서 확인시켜 주셨습니다. 하지만 사람들은 예수님을 믿지 않았습니다. 왜 믿지 않았을까요? 성경은 그 이유를 이사야 선지자의 예언이 이루어진 것이라고 말씀합니다. 사람들이 예수님을 믿지 않은 이유가, 이사야 선지자의 예언이 이루어진 것이라는 말은 무슨 뜻일까요? 예수님이 세상에 오신 것은 사람들에게 복음을 설명하고 가르쳐 줘서 그들의 마음과 생각을 바꿔 주기 위해 오신 것이 아니고, 각종 기적과 표적을 보여 주면서 예수님이 하나님의 아들임을 확인시켜 주려고 오신 것이 아니라는 것입니다.

예수님은 자신이 사람들에게 무엇을 가르쳐 주시고, 어떤 기적을 행해 보여 주셔도 사람들이 예수님을 믿지 않을 것을 이미 알고 세상에 오셨습니다. 어떻게요? 이사야는 기원전 740년~680년까지 남

유다에서 활동했던 선지자로 예수님보다 적어도 700년 전에 활동했던 선지자입니다. 그런데 그 이사야 선지자가 예수님에 대해서 예언하면서 이렇게 말했습니다.

요한복음 12:38, "이는 선지자 이사야의 말씀을 이루려 하심이라 이르되 주여 우리에게서 들은 바를 누가 믿었으며 주의 팔이 누구에게 나타났나이까 하였더라"

예수님께서 가르쳐 주시니 사람들이 듣고 배워서 믿었다고 하지 않았습니다.

요한복음 12:39-41, "그들이 능히 믿지 못한 것은 이 때문이니 곧 이사야가 다시 일렀으되 40. 그들의 눈을 멀게 하시고 그들의 마음을 완고하게 하셨으니 이는 그들로 하여금 눈으로 보고 마음으로 깨닫고 돌이켜 내게 고침을 받지 못하게 하려 함이라 하였음이더라 41. 이사야가 이렇게 말한 것은 주의 영광을 보고 주를 가리켜 말한 것이라"

그들이 믿지 못한 것은 그들의 눈이 멀고 마음이 완고하게 되었기 때문입니다. 그들의 눈이 멀고 마음이 완고하게 된 이유는 무엇일까요? 인간들이 자기 스스로 뭔가 깨닫고 마음을 돌이켜서, "내가 깨닫고 돌아와서 고침을 받았다" 이렇게 말하지 못하게 하기 위함이라고 말씀합니다.

요한복음 첫 장이 "빛이 세상에 왔으되 아무도 알아보지 못했다,

사람들이 빛보다 어두움을 사랑했다, 세상을 지은 주인이 왔으되 사람들이 영접하지 않았다"라는 말씀으로 시작한 것을 우리가 확인했었습니다. 바로 이것이 사도 요한이 이 복음서를 기록한 목적입니다. 하나님께서 인간들에게 의와 진리와 사랑과 생명을 보여 주셔도, 인간들은 그게 무엇인지 모릅니다. 왜 모를까요? 죽은 자이기 때문입니다. 병원 응급실에 중상을 입은 사람이 실려 오면 의사는 제일 먼저 눈동자에 빛을 비춰서 동공의 반응을 확인합니다. 그때 살아 있는 사람은 강한 빛을 보면 반응을 하지만, 죽은 사람은 강한 빛을 비춰도 아무 반응을 보이지 않습니다.

예수님께서 세상에 오셔서 직접 천국 복음을 가르쳐 주시고, 수많은 비유로 알아듣게 설명도 해 주시고, 예수님께서 행하신 기적들을 다 기록하려고 하면 세상이라도 쌓을 곳이 없도록 많은 기적을 행하셨습니다. 하지만 그럼에도 불구하고 사람들은 예수님을 믿지 않았습니다. 왜 그랬을까요? 그들이 영적으로 죽은 자들이었기 때문입니다. 그리고 사람들이 예수님을 믿지 않을 거라는 사실은, 이사야 선지자의 예언을 통해서 다 알고 있었던 내용입니다.

기독교 신앙을 오해하고, 기독교 신앙이 무엇인지 모르는 사람들은, 예수 믿는 사람들이라면 예수님처럼 살아야 한다고 주장합니다. 예수님께서 가난하고 소외받은 사람들, 상처받고 버려진 사람들을 찾아가셨던 것처럼, 사회의 어두운 곳을 헤매고 있는 사람들을 찾아가서 그들을 도와주고, 그들의 친구가 되어 주는 것이 예수 정신이라고 합니다. 그들이 여전히 죄에서 떠나지 못하고 있는 사람이라 할지라도, 예수의 사랑으로 그들을 품어 주고 이해해 주면 스스로 자신의 죄를 뉘우치고 돌아올 것이며, 예수님께로 돌아오지는 않더라도 예수의 사랑을 실천하는 사람을 존중하고 따라올 것이라고 합니다. 하지만 이 말은 그럴듯해 보이지만 복음이 아닙니다. 그런 주장은 예수님께서 세상에 오신 이유와도 전혀 맞지 않습니다.

성경은 예수 잘 믿는 어떤 사람이, 죄인인 어떤 사람에게 따뜻하게 잘 대해 주면, 스스로 죄를 뉘우치고 예수님께로 돌아온다고 말하지 않습니다. 만약 그게 가능했다면 예수님이 십자가에 못 박혀 죽게 되는 일은 없었을 것입니다. 세상에 그 어떤 사람이 다른 사람들에게 예수님보다 더 따뜻하게 잘 대해 줄 수 있겠습니까? 우리가 아무리 예수님을 닮아 간다 해도, 그래서 100% 똑같이 닮았다고 해도 그건 닮은 것이지, 그렇다고 예수님이 될 수 없습니다. 또한 "사람들이 예수님께로 돌아오지는 않더라도, 예수의 사랑을 잘 실천하는 사람이 있다면 그 사람을 존중하고 따라오게 될 것이다"라고 이렇게 생각하는 것 자체가 이단적인 생각입니다. 우리가 누구관터 예수께로 돌아와야 할 사람을 자기에게로 이끈단 말입니까? 그 누구라도 예수님께로 가는 길목을 막아서는 사람이 있다면, 그가 바로 이단의 괴수입니다.

그런데 우리는 그런 말에 너무 익숙하고 귀가 솔깃합니다. 어떤 성도들은 사람들이 기독교를 욕하고 예수를 욕하는 것을 견디지 못해서, 예수를 반대하는 사람이 예수께로는 돌아오지 않더라도, 나를 봐서라도 예수를 욕하지 못하게 착해지고 관대해져야겠다고 생각합니다. 여러분은 그것이 복음이라고 생각하십니까? 그게 예수를 편드는 것이라고 생각되십니까? 그게 바로 이단적인 생각입니다. 예수님이 세상에 사실 때 사람들에게 인정받고, 존중받고, 사랑받으셨습니까? 오히려 사람들로부터 미움과 배척을 받다가, 결국 십자가 처형으로 세상의 삶을 끝내셨습니다. 그러면 예수님이 착하지 않아서 죽으신 것입니까? 사람들을 돕지 않아서 죽으신 것입니까? 아닙니다. 사람들은 빛보다 어둠을 더 사랑했기 때문에 빛이신 예수님을 죽이는 것으로, 빛을 꺼 버리는 쪽을 택했던 것입니다.

그래서 어떤 면에서 예수를 잘 믿는 사람은, 세상 사람들에게 착하다고 인정받고 좋은 사람이라고 환영받는 것이 아니라, 오히려 세상에서 욕을 먹고 핍박을 당하게 됩니다.

마태복음 5:11-12, "나로 말미암아 너희를 욕하고 박해하고 거짓으로 너희를 거슬러 모든 악한 말을 할 때에는 너희에게 복이 있나니 12. 기뻐하고 즐거워하라 하늘에서 너희의 상이 큼이라 너희 전에 있던 선지자들도 이같이 박해하였느니라"

우리가 예수 편에 확실하게 서 있으면 세상이 우리를 좋아할까요? 아니요, 오히려 우리를 욕하고 박해합니다. 거짓말로 온갖 악담을 하고 우리를 반대합니다. 그리고 그런 일은 우리만 당하는 것이 아니라 우리보다 앞에 있던 선지자들이 먼저 당했던 일들입니다. 여러분이 예수 잘 믿는 사람이라는 것을 세상에서 증명받으려고 하지 마십시오. 만약 여러분이 세상에서 증명받고 있다면 오히려 어떤 면에서 여러분은, 예수님과 같은 편이 아니기 때문에 인정받고 있는 것인지도 모릅니다. 지금 드리는 말씀은 성도의 생활에 대한 면을 말씀드리는 것이 아니라, 기독교 진리에 대한 면을 말씀드리는 것입니다. 기독교 신앙의 근본 진리에 대해서 외면한 채, 단지 사람들로부터 좋은 사람이라는 말을 듣기 위해서 성경의 가르침을 외면하는 성도와 교회들이 있습니다. 그리고 그들이 마치 진짜인 것처럼 나서는 것이 오늘날 현실입니다.

예수님께서 세상에 살면서 복음을 가르치시고 기적을 보이신 것은, 우리를 설득시켜서 결심하게 하고 변화시키려고 하신 것이 아닙니다. 오히려 어떤 방법으로도 인간을 바꿀 수 없다는 것을 확인시켜 주신 것입니다. 예수님은 무엇을 위해 세상에 오셨습니까? 처음부터 죽기 위해 오셨습니다. 예수님께서 우리 앞에서 무엇을 가르쳐 주시고 어떤 기적을 행해 주셔도 우리가 믿지 않을 것을 이사야 선지자를 통해 미리 알려 주셨습니다.

백번 양보해서 일반 사람들은 이사야의 예언을 몰랐다 하더라도, 성경을 연구하고 율법에 능통한 바리새인들이나 사두개인들은 알아야 하지 않겠습니까? 그런데 예수님을 누가 죽였습니까? 율법에 능통한 바리새인들과 사두개인들이 죽였고, 대제사장이 죽였습니다. 그래서 기독교 신앙은 인간에게서 믿음의 근거를 찾지 않습니다. 인간에게는 아무 원인이 없습니다. 오직 하나님의 무조건적인 선택의 은혜와 불가항력적인 구원의 은혜가 우리에게 있을 뿐입니다.

어제 아침 기도회에 참석하신 분들과 대화하면서 이런 말씀을 드렸습니다. "가장 살기 좋은 사회는 어떤 사회냐? 평범한 소시민들이 정치 이야기를 할 일이 없는 사회입니다." 어떤 사람들이 정권을 잡았든지 정치를 잘해서 살기 좋은 세상이 되면, 사람들이 정치 이야기를 할 일이 없을 것입니다. 그런데 진보니 보수니 하면서 정치 이야기를 할 때, 반대 생각을 하더라도 분위기상 자기 생각을 말하지 못하는 침묵하는 보수, 침묵하는 진보가 생기는 사회는 건강한 민주주의 사회라고 말할 수는 없을 것입니다. 오늘 본문에도 예수를 믿는 사람들이 많았는데, 사회 분위기상 말하지 못하는 사람들이 있었다고 말하고 있습니다. 이른바 침묵하는 신자가 있었다는 것입니다.

요한복음 12:42-43, "그러나 관리 중에도 그를 믿는 자가 많되 바리새인들 때문에 드러나게 말하지 못하니 이는 출교를 당할까 두려워함이라 43. 그들은 사람의 영광을 하나님의 영광보다 더 사랑하였더라"

여러분은 어떠십니까? 언제 어느 자리에서도 예수 믿는 사람이라고 당당하게 말씀하실 수 있습니까? 성경은 여러 곳에서 예수 믿는 것을 마음으로만 요구하지 않고, 반드시 입으로 시인할 것을 요구합니다.

누가복음 12:9-10, "사람 앞에서 나를 부인하는 자는 하나님의 사자들 앞에서 부인을 당하리라 10. 누구든지 말로 인자를 거역하면 사하심을 받으려니와 성령을 모독하는 자는 사하심을 받지 못하리라"

어떤 사람들은 이렇게 말합니다. "예수님을 마음으로 믿으면 됐지 꼭 입으로 시인까지 해야 하나?" 여러분도 이런 생각이 들지 않으십니까? 왜 그렇죠? 우리 주변에 예수 믿는다고 말하는 사람들 중에 말과 행동이 너무나 다른 사람들도 참 많기 때문입니다. 그래서 차라리 예수 믿는다고 말이나 하지 말았으면 하는 그런 사람들도 있습니다. 그렇지 않나요? 그럼에도 성경이 예수 믿는 것을 입으로 시인할 것을 요구하는 것은 그래야만 하는 더 깊은 이유가 있기 때문입니다. 즉 우리가 마음으로 생각하는 것이, 다 자기의 것이 아니라는 것을 성경은 말씀하는 것입니다.

로마서 7:14-20, "우리가 율법은 신령한 줄 알거니와 나는 육신에 속하여 죄 아래에 팔렸도다 15. 내가 행하는 것을 내가 알지 못하노니 곧 내가 원하는 것은 행하지 아니하고 도리어 미워하는 것을 행함이라 16. 만일 내가 원하지 아니하는 그것을 행하면 내가 이로써 율법이 선한 것을 시인하노니 17. 이제는 그것을 행하는 자가 내가 아니요 내 속에 거하는 죄니라 18. 내 속 곧 내 육신에 선한 것이 거하지 아니하는 줄을 아노니 원함은 내게 있으나 선을 행하는 것은 없노라 19. 내가 원하는 바 선은 행하지 아니하고 도리어 원하지 아니하는 바 악을 행하는도다 20. 만일 내가 원하지 아니하는 그것을 하면 이를 행하는 자는 내가 아니요 내 속에 거하는 죄니라"

이 말씀은 인간이 어떤 존재인지에 대하여 성경이 설명해 주는, 그래서 반드시 기억해야 할 중요한 내용입니다. 다시 말씀드려서 인간이란 생각은 할 수 있어도, 생각하고 결심한다고 그렇게 실제로 살 수 있는 존재가 아닙니다. 인간은 생각하는 존재이니까 스스로 주인이라고 생각할지 모르지만, 성경은 자신의 주인이 자기가 아니라고 말씀합니다. 로마서 말씀에서 확인하는 것처럼, 성경은 인간의 주인이 따로 있는데, 그것이 바로 죄라고 말씀합니다. 죄는 무엇입니까? 누군가 큰 잘못을 했더라도, 그 사람을 변호해 주는 사람은 "원래 저 사람이 마음은 착해. 그런데 어쩌다가 저런 실수를 했대?" 하면서 그가 마음마저 나쁜 사람은 아니라고 말합니다.

그런데 문제는 무엇입니까? 마음으로 착한 것이 실제 행동으로까지 연결되지 않는다는 것입니다. 심지어는 사도 바울조차 본인은 마음으로 선한 것을 원했지만, 실제로는 선을 행하지 못했다고 했습니다. 우리가 마음으로 원하는 선을 실제로 행할 수 없는 이유에 대해서 성경은 우리가 마귀에게서 태어났고, 마귀의 욕심을 따라 살아가고 있으며, 거짓말쟁이이기 때문이라고 합니다.

요한복음 8:44, "너희는 너희 아비 마귀에게서 났으니 너희 아비의 욕심대로 너희도 행하고자 하느니라 그는 처음부터 살인한 자요 진리가 그 속에 없으므로 진리에 서지 못하고 거짓을 말할 때마다 제 것으로 말하나니 이는 그가 거짓말쟁이요 거짓의 아비가 되었음이라"

"마귀는 거짓말쟁이요 거짓의 아비이다. 너희도 너희 아비 마귀의 욕심을 따라 산다"라는 말이 무엇일까요? 우리가 착각하는 것이 있습니다. 자기가 옳은 일에 공감하고, 좋은 결심을 하게 되면 실제로 자기가 옳다고 생각하는 것입니다. 좋은 결심을 했으니 이제는 괜찮아졌다고 인정해 버리는 것입니다. 정말 그렇습니까? 옳은 일에 공감하고 좋은 결심만 하면 결과도 좋게 나옵니까? 로마서 7장에서 바울이 이렇게 말했습니다. "하나님께서 주신 율법이 신령하다는 것과 그 율법이 선하게 만들어졌다는 것을 시인한다." 율법어 공감한다는 것이고 그 율법대로 살면 선한 열매가 맺힐 것도 알고 있다는 것입니다.

그런데 문제는 우리가 율법대로 살 수 없다는 것입니다. 유대인들이 어릴 적부터 외운 것이 율법입니다. 그뿐입니까? 옷소매와 미간에 써서 붙이고, 문인방과 설주와 천정에까지 율법을 써 붙이고 살고 있습니다. 하지만 그렇게 율법에 대해서 잘 알고, 공감하고, 매일 율법을 읽어서 마음으로 인정하고 시인해도 그렇게 살지 못합니다. 왜 그렇게 살지 못한다고요? 거짓의 아비인 마귀가 우리를 속이고 있기 때문입니다.

마귀가 속이는 것은 무엇일까요? 율법에 대해서 잘 알고 있으면, 그래서 그중에 몇 가지라도 지키고 있으면 모든 율법을 다 지켰다고 생각하게 만들고 그래서 자기는 죄가 없고 예수님도 필요 없다고 생각하도록 만드는 것입니다. 대표적인 사람이, 바울이 예수님 만나기 전에 사울이었던 시절 아니었습니까? 당시 유대 사호에서 사울보다 더 스펙이 좋은 사람이 없고, 그만큼 율법에 완벽한 사람이 없을 만큼 대단한 사람이었습니다.

그랬던 사울이 예수님을 만나고 나니 예전에 자기가 가졌던 스펙들과 자랑들에 대해서 뭐라고 말했지요? 그 모든 것들이 다 배설물과 같았다고 했습니다. 이처럼 사람이 옳은 것을 알고 있고, 그것을 마음으로 동의했다고 해서 그 사람이 실제로 옳게 되는 것은 아닙니다. 그럼 우리는 어떻게 해야 옳게 될 수 있고, 올바른 믿음을 가질 수 있습니까?

요한복음 12:44-45, "예수께서 외쳐 이르시되 나를 믿는 자는 나를 믿는 것이 아니요 나를 보내신 이를 믿는 것이며 45. 나를 보는 자는 나를 보내신 이를 보는 것이니라"

**"예수께서 외쳐 이르시되"**라고 말씀하고 있습니다. 설교를 시작하면서 이 내용이 예수님께서 십자가에 달리시기 전에 사람들에게 공개적으로 가르쳐 주신 마지막 말씀이라고 했습니다. 지금까지 예수님께서 무엇을 가르쳐 주셨든지, 어떤 기적을 행하셨든지 사람들은 예수를 믿지 않았습니다. 예수님도 이사야 선지자의 예언처럼 사람들이 예수님을 믿지 않을 것임을 알고 세상에 오셨습니다. 하지만 그럼에도 예수님은 목소리를 높여서 마지막까지 사람들에게 복음을 가르쳐 주셨습니다. 그 내용이 무엇입니까? "나를 믿는 것은 나를 보내신 이를 믿는 것이다."

거듭 말씀드리지만, 이 말씀을 읽으면서, "그래! 예수님께서 저렇게 외치면서까지 말씀하시는데 내가 믿어 드리자" 이런 식으로 이해하면 안 됩니다. 우리는 그렇게 깨닫고 결심한다고 결과를 만들어 낼 수 있는 사람이 아닙니다. 왜냐하면 우리는 이미 죽은 사람들이기 때문입니다. 죽은 자가 무슨 결심을 하고 뭘 만들겠습니까? 그러면 예수님은 왜 이런 말씀을 하시는 것입니까? 예수님의 이 말씀은 살아난 자들에 대한 말씀입니다. 이 비밀을 깨달아야 기독교 신앙을 비로소 알 수 있습니다. 성경은 믿지 않는 자들이 아닌, 구원받은 사람들에게 주신 말씀입니다. **"나를 믿는 자는 나를 믿는 것이 아니요 나를 보내신 이를 믿는 것이며 나를 보는 자는 나를 보내신 이를 보는 것이니라"** 이 말씀이 동의가 되시고 믿어지십니까? 그렇다면 여러분은 이미 살아난 사람이고 구원받은 사람입니다.

우리가 예수님을 마음으로 믿었다고 끝나는 것이 아니라, 입으로 시인해야 한다는 것을 말씀드리고 있습니다. 예수님께서 이런 말씀을 하실 때, 유대인의 관리들 가운데도 예수님을 믿은 사람들이 많이 있었지만, 바리새인들 때문에 드러내 놓고 말하지 못했다고 말씀했습니다. 그들이 두려워했던 것은 유대교로부터 쫓겨나게 되는 것이었습니다.

오늘날도 그와 비슷한 상황이 벌어지고 있습니다. 이미 오래전부터 신학대학에서 그와 같은 가르침이 있었고, 교회에서도 예수에 대한 뉘앙스만 전하지 정작 예수님에 대해서 잘 가르쳐 주지 않습니다. 대신 무엇을 가르칩니까? 번영의 신학이라고 해서 사랑이 많으신 하나님께서 믿는 자에게 쌓을 곳이 없도록 복을 부어 주시고, 인간의 연약함이나 죄는 다 이해하고 용서해 주시고 사랑해 준다는 것입니다.

한동안 성령 은사에 대해서 열심히 가르치고 성령 운동하는 교회가 많았었는데, 요즘에는 너도나도 다 관상기도로 가고 있습니다. 들숨 날숨 쉬면서 깊은 명상 가운데 들어가서 복음서에 기록된 현장의 예수님을 만나고 오라는 것입니다. 그러면 예수님과 똑같은 마음을 갖게 될 것이고, 그다음에는 사람들을 이해하고 용서하고 사랑하게 된다고 합니다. 그렇게 예수님처럼 되는 것이 최고의 신앙, 경지에 이른 신앙이라고 가르치고 있습니다. 그런데 예수님께서 뭐라고 말씀하셨습니까?

요한복음 12:44, "나를 믿는 자는 나를 믿는 것이 아니요 나를 보내신 이를 믿는 것이며 45. 나를 보는 자는 나를 보내신 이를 보는 것이니라"

예수님이 아닌 다른 것을 보게 하는 자가 가짜이고 거짓 선지자입니다. 예수님을 믿게 하는 것이 아니라 몽환적인 환상에 빠져서, 예수님의 뒷모습이나 희미한 형상을 보게 하는 자가 거짓 선지자입니다. 우리가 아무리 좋은 생각, 좋은 결심을 해도 여전히 우리 속에 남아 있는 죄의 습관과 흔적들 때문에, 원치 않는 죄를 만들어 낼 때가 더 많습니다. 이 말씀은 박건일 목사의 주장이 아니라 사도 바울의 진실된 고백입니다.

그래서 우리는 어떻게 해야 합니까? 더욱 예수 그리스도께로 나가야 합니다. 우리 개인의 자격으로는 예수님께 갈 수가 없겠죠. 하지만 하나님께서 우리를 값 주고 사셨기 때문에, 우리의 신분이 하나님의 자녀로, 우리의 소속이 하나님의 백성으로 바뀌었기 때문에 할 수 있습니다. 여러분이 설교 말씀을 듣고 성경을 읽을 때, 이 말씀이 동의가 되고 이해가 되십니까? 그렇다면 그것이 바로 여러분이 거듭났다는 증거입니다. 다시 살아났기 때문에 말씀에 반응할 수 있는 것입니다. 그럼 이제 무엇을 해야 합니까? 살아났으니 여러분의 삶의 현장에서 살아난 반응을 보여야 합니다.

하지만 세상은 할 수 있으면 여러분의 입을 막으려고 할 것입니다. 예수 믿는 사람임을 시인하지 못하게 할 것입니다. 대신 착한 사람이 되라고 할 것입니다. 예수 믿으니 당연히 착해야 하는 것 아니냐고 할 것입니다. 그런데 여러분, 예수 외면하고 착해지려 하지 마시고, 예수 때문에 욕먹는 사람이 되십시오. 차라리 그런 것도 이해하지 못하느냐고 하면서 독하다는 소리를 들으십시오. 그게 바른 신앙입니다. 정통 교회가 성경을 제대로 가르치지 않으니까, 신천지 이단이 "자기들은 오직 성경만 가르친다"라고 하면서 이단 사상을 주입하고 있습니다.

가장 위험한 것이 인간이 주인이라고 하는 인본주의 사상입니다. 모든 사상과 종교와 철학이 인본주의 앞에 서면 무릎을 꿇습니다. 이른바 인권이 최고 가치가 되고, 다른 사람의 종교나 생각을 침해하지 않는 것이 최고선이 됐습니다. 거기에 복음이 있습니까? 거기에는 복음이 없습니다. 오직 더불어 잘 살고, 착한 것만 남습니다. 마지막 마귀의 전략은 무엇일까요? 아직 믿지 않는 사람들에게 예수 믿는 것보다 착해지는 것이 더 낫다고 하는 것입니다. 예수 믿는 사람에게는 예수만이 답이 아니라, 모든 종교가 다 답이 될 수 있다고 설득하는 것입니다.

많은 신학대학과 교회들이 그 거짓말에 넘어갔고, 또 넘어가고 있습니다. 차라리 기독교 진리에 대해서는 고집불통이 되십시오. 성경의 가르침을 양보해 주고 착한 사람이 되기보다는, 대화가 통하지 않는 상종 못 할 사람이 되십시오. 그렇게 예수 편이 되시고, 예수를 시인하면서 여러분의 신앙을 지키십시오.

오늘 본문에 많은 사람들이 바리새인들이 두렵고, 그들로부터 출교당할 것이 두려워서 예수 믿는 믿음을 시인하지 못했다고 했습니다. 마지막이 가까울수록 예수를 시인하는 것이 더욱 어려워질 것입니다. 어쩌면 신앙 때문에 여러분 주변에 좋은 사람이 남아 있지 않을 수도 있습니다. 그때 외로워하지 마시고 견디십시오. 그렇게 주님 재림을 기다리십시오. 저와 여러분, 우리 하와이한빛장로교회가 우리끼리만이라도 끝까지 믿음을 지키며 견뎌낼 수 있기를 주님의 이름으로 축원합니다.

### 요한복음 13:1~11

## 제자들의 발을 씻으심

"1. 유월절 전에 예수께서 자기가 세상을 떠나 아버지께로 돌아가실 때가 이른 줄 아시고 세상에 있는 자기 사람들을 사랑하시되 끝까지 사랑하시니라 2. 마귀가 벌써 시몬의 아들 가룟 유다의 마음에 예수를 팔려는 생각을 넣었더라 3. 저녁 먹는 중 예수는 아버지께서 모든 것을 자기 손에 맡기신 것과 또 자기가 하나님께로부터 오셨다가 하나님께로 돌아가실 것을 아시고 4. 저녁 잡수시던 자리에서 일어나 겉옷을 벗고 수건을 가져다가 허리에 두르시고 5. 이에 대야에 물을 떠서 제자들의 발을 씻으시고 그 두르신 수건으로 닦기를 시작하여 6. 시몬 베드로에게 이르시니 베드로가 이르되 주여 주께서 내 발을 씻으시나이까 7. 예수께서 대답하여 이르시되 내가 하는 것을 네가 지금은 알지 못하나 이 후에는 알리라 8. 베드로가 이르되 내 발을 절대로 씻지 못하시리이다 예수께서 다답하시되 내가 너를 씻어 주지 아니하면 네가 나와 상관이 없느니라 9. 시몬 베드로가 이르되 주여 내 발뿐 아니라 손과 머리도 씻어 주옵소서 10. 예수께서 이르시되 이미 목욕한 자는 발밖에 씻을 필요가 없느니라 온 몸이 깨끗하니라 너희가 깨끗하나 다는 아니니라 하시니 11. 이는 자기를 팔 자가 누구인지 아심이라 그러므로 다는 깨끗하지 아니하다 하시니라"

오늘 본문은 예수님께서 세상을 떠나 하나님께로 돌아갈 때가 된 것을 아시고 제자들의 발을 씻기시는 내용으로, 신앙생활을 하는 사람들은 대부분 알고 있고, 믿지 않는 사람들도 곧잘 따라 하는 내용입니다. 1절에 예수님께서 제자들의 발을 씻기신 때는 **"유월절 전에"** 라고 말씀하셨고, 같은 내용을 기록한 마태복음 26장과 마가복음 14장 말씀과 비교해서 보면, 최후의 만찬을 나누시던 도중에 제자들의 발을 씻기신 것으로 보입니다.

3절에서, **"저녁 먹는 중"** 이라고 했고, 4~5절에서는 **"저녁 잡수시던 자리에서 일어나 겉옷을 벗고 수건을 가져다가 허리에 두르시고 이에 대야에 물을 떠서 제자들의 발을 씻으시고 그 두르신 수건으로 닦기를 시작하여"** 라고 했습니다. 유대인들은 식사 전에 반드시 손을 먼저 씻은 후에 음식을 먹는 것을 전통으로 지켜 왔습니다.

> 마가복음 7:2-3, "그의 제자 중 몇 사람이 부정한 손 곧 씻지 아니한 손으로 떡 먹는 것을 보았더라 3. (바리새인들과 모든 유대인들은 장로들의 전통을 지키어 손을 잘 씻지 않고서는 음식을 먹지 아니하며"

보시는 것처럼 손을 씻는 것은 음식을 먹기 전에 하는 일이지, 식사 중간에 씻는 일은 별로 없습니다. 그런데 예수님은 식사 중간에 일어나서 제자들의 발을 씻기시고, 다시 식사를 이어 가셨습니다. 예수님께서 갑자기 발을 씻겨 주시자 제자들은 당황했습니다. 특히 베드로는 어떻게 선생님이 종처럼 자기의 발을 씻겨 줄 수 있느냐고 거부할 정도였습니다. 예수님은 자신이 제자들의 발을 씻어 주어야 하는 이유를 설명하시면서, 제자 중의 한 사람이 예수님을 팔 것이라는 말씀을 하셨습니다. 제자들이 예수님께서 말씀하신 사람이 누군지 서로 의심하고 있을 때, 예수님께서 떡 한 조각을 적셔서 가룟 유다에게 주셨습니다.

요한복음 13:26, "예수께서 대답하시되 내가 떡 한 조각을 적셔다 주는 자가 그니라 하시고 곧 한 조각을 적셔서 가룟 시몬의 아들 유다에게 주시니"

예수님께서 제자들과 함께 최후의 만찬을 하시던 도중에 제자들의 발을 씻기셨고, 발을 씻겨 주신 후에 다시 식사를 이어 가셨다는 것이 왜 중요한가 하면, 예수님께서 제자들의 발을 씻기신 이 사건이 오늘날 신앙생활을 하고 있는 우리들에게 어떤 신앙적 교훈을 주는지에 대한 근본적인 고민 없이, 예수님께서 제자들의 발을 씻겨 주신 일만 부각하여 너무 희화화되고 있기 때문입니다. '희화화'의 사전적인 뜻은, "어떤 인물의 외모나 성격, 또는 사건을 의도적으로 우스꽝스럽게 묘사하거나 풍자함. 또는 그렇게 만듦"이라는 뜻입니다.

예수님께서 제자들의 발을 씻겨 주신 이 사건은 오늘날 예수님을 믿는 사람들뿐만 아니라, 믿지 않는 사람들도 세족식이라는 이름으로 MT나 수련회, 단합대회 등에서 곧잘 따라 하는 이벤트가 됐습니다. 교회 선생님이나 학교의 선배가 교회학교 학생이나 후배들의 발을 씻겨 주면서, 마치 자기들이 대단한 희생이나 배려를 하고 있는 것처럼 하기도 하고, '아버지 학교' 이런 곳에서도 자녀들의 발을 씻겨 주는 일을 합니다. 어떤 면에서 그렇게 신분적 권위가 있는 사람이, 그렇지 않은 사람의 발을 씻겨 주는 것은 상당히 긍정적인 효과를 주는 면이 있습니다. 하지만 그런 행사를 '희화화'한 것이라고 말씀드리는 것은, 예수님께서 제자들의 발을 씻겨 주신 것이 어떤 의미인지 전혀 알지 못한 채, 단지 외적인 모습만 따라 함으로 인해서 성경이 가르쳐 주려는 원래의 뜻을 크게 왜곡하고 있기 때문입니다.

본문에 예수님께서 제자들의 발을 씻기신 이 사건은, 단지 예수님께서 자신을 낮추시고 제자들의 발을 씻겨 주시면서, 섬김의 모범을 보여 주기 위해서 행하신 사건이 아닙니다. 물론 표면적으로만 보면 그렇게 보일 수도 있지만, 그것보다 더 중요한 근본적인 이유가 있습니다.

설교를 시작하면서 예수님께서 제자들의 발을 씻기신 시점이, 식사를 시작하기 전이 아니라 식사 중이었음을 말씀드렸습니다. 그리고 발을 씻기신 후에 다시 식사를 이어 가셨습니다. 만약 예수님께서 제자들의 발을 씻기신 것이, 스승으로서 제자들을 섬기는 모습을 보여 주면서 모범을 보이기 위한 것이었다면, 유대인의 전통을 따라 식사를 시작하기 전에 씻기시는 것이 훨씬 자연스럽습니다. 하지만 이 사건은 식사 도중에 하신 일입니다. 그래서 왜 예수님께서 식사하시다 말고, 갑자기 제자들의 발을 씻기셨는지를 알아야 합니다. 예수님께서 제자들의 발을 씻겨 주기 직전, 식사 자리에서는 어떤 일이 있었을까요?

고린도전서 11:23-26, "내가 너희에게 전한 것은 주께 받은 것이니 곧 주 예수께서 잡히시던 밤에 떡을 가지사 24. 축사하시고 떼어 이르시되 이것은 너희를 위하는 내 몸이니 이것을 행하여 나를 기념하라 하시고 25. 식후에 또한 그와 같이 잔을 가지시고 이르시되 이 잔은 내 피로 세운 새 언약이니 이것을 행하여 마실 때마다 나를 기념하라 하셨으니 26. 너희가 이 떡을 먹으며 이 잔을 마실 때마다 주의 죽으심을 그가 오실 때까지 전하는 것이니라"

이 말씀은 우리가 성찬식을 할 때마다 늘 들었던 말씀입니다. 예수님은 이 식사의 자리가 마쳐지고 나면 겟세마네 동산으로 가셔서 기도하시고 잡히실 것입니다. 그리고 그날 저녁에 불의한 재판을 받으시고 다음 날 십자가의 죽음을 당하게 되실 것입니다. 만약 예수님께서 제자들의 발을 씻기신 것이 스승으로서 제자들에게 베푸셨던 사랑과 섬김의 한 방법뿐이었다면, 굳이 1절 말씀처럼 세상에 있는 자기 사람들을 사랑하셨다는 거창한 표현을 쓸 이유가 없습니다. "예수님께서 제자들의 발을 씻겨 주시면서 마지막으로 석별의 정을 나누셨다." 이 정도면 충분합니다.

그래서 예수님께서 제자들의 발을 씻기신 사건은, 최후의 만찬에서 있었던 전체 식사 자리와 연결해서 하나의 사건으로 바라볼 때, 이 사건을 통해서 우리에게 주시려고 하는 참뜻을 발견해 낼 수 있습니다. 예수님께서 최후의 만찬에서 제자들에게 나눠 주신 떡과 포도주를 자신의 살과 피로 비교해서 가르쳐 주시면서, 인간의 죄 용서를 위해 자신을 대속의 제물로 희생하여 사람들에게 나눠 주시는 것임을 가르쳐 주셨습니다. 또한 예수님께서 다시 오실 때까지 성도들이 성만찬의 예식을 행할 때마다 그와 같은 가르침을 기억하고 기념하라고 말씀하셨습니다. 다시 말씀드려서 최후의 만찬 자리는 단순히 예수님께서 죽으시기 전에 마지막으로 제자들과 함께 맛있는 것을 먹는 회식 자리가 아니라, 속죄의 제물로 오신 예수님에 대하여 가르쳐 주시는 자리입니다.

그러면 제자들의 발을 씻겨 주신 것은 어떤 의미입니까? 한 명씩 제자들의 발을 씻겨 주시던 예수님께서 베드로가 있는 곳까지 오자, 베드로는 예수님께서 자기 발을 씻으시는 것을 거절했습니다. 예수님께서는 **"내가 너를 씻어 주지 아니하면 네가 나와 상관이 없느니라"**라고 말씀했습니다. 그러자 베드로가 그러면 발뿐 아니라 손과 머리도 씻겨 달라고 부탁했습니다. 그때 예수님께서는 이렇게 대답하셨습니다.

> 요한복음 13:10, "예수께서 이르시되 이미 목욕한 자는 발밖에 씻을 필요가 없느니라 온 몸이 깨끗하니라 너희가 깨끗하나 다는 아니니라 하시니"

만약 교회학교 선생님이나 학교 선배, 또는 아빠나 엄마가 자기 발을 씻어 주는 것이 부담스러워서 싫다고 거절했다고 했을 때, **"내가 너를 씻어 주지 아니하면 네가 나와 상관이 없"**다고 하겠습니까? 그렇게까지 하지는 않죠. 예수님께서 제자들의 발을 씻기신 사건이, 알지 못하는 사람들에 의해서 희화화되고 있다고 말씀드린 이유가 바로 여기에 있습니다.

이 사건에서 가장 중요한 내용은 예수님께서 베드로와 제자들의 발을 씻겨 주셔야만 하는 이유를 아는 것인데, 그 이유는 전혀 알지 못한 채 단지 세족식이라는 행위를 따라 하면서 흉내를 내고 있을 뿐입니다. 그렇게 해서 얻는 유익은 "내가 너의 발을 씻어 줬다" 그 정도입니다. 다른 사람의 발을 씻어 주면서 자기 스스로 감동하기도 하고, 발 씻음을 받는 사람도 누군가 자기 발을 씻어 주는 모습을 보면서 고마워하기도 할 것입니다. 그래서 남는 것은 무엇입니까? 씻어 준 사람은 스스로 대견해하고, 씻김을 받은 사람은 고마워합니다. 그 이상의 의미는 없습니다.

예수님께서 제자들의 발을 씻기신 것은, 자기가 세상을 떠나 하나님께로 돌아가실 때가 된 것을 아시고, 제자들을 포함해서 세상에 있는 자기 사람들을 끝까지 사랑하신 하나의 상징으로 하신 것입니다.

> 요한복음 13:1, "유월절 전에 예수께서 자기가 세상을 떠나 아버지께로 돌아가실 때가 이른 줄 아시고 세상에 있는 자기 사람들을 사랑하시되 끝까지 사랑하시니라"

그리고 예수님께서 제자들의 발을 씻기신 이 사건을 이해하기 위해서는 요한복음 6장 말씀과 비교해서 살펴볼 때 그 뜻을 확실히 알 수 있습니다. 요한복음 6장에서 벳새다 언덕에서 오병이어의 기적을 행하신 예수님과 제자들을 찾아 가버나움까지 따라온 사람들에게 예수님께서 말씀하신 내용입니다.

요한복음 6장의 말씀이 이론과 같다면, 요한복음 13장 최후의 만찬에서 제자들에 다시 가르쳐 주시고 몸으로 보여 주신 것은 실습과 같은 내용입니다. 예수님께서 바다 건너편 동네까지 먼 길을 마다하지 않고 당신을 찾아온 사람들을 반가워하고 고마워하신 것이 아니라, 너희가 나를 찾는 것은 떡 먹고 배부른 것 때문이라고 하시면서 오히려 책망했습니다. 그러면서 주셨던 말씀이 생명의 떡과 참된 음료에 대한 말씀이었습니다.

요한복음 6:48-52, "내가 곧 생명의 떡이니라 49. 너희 조상들은 광야에서 만나를 먹었어도 죽었거니와 50. 이는 하늘에서 내려오는 떡이니 사람으로 하여금 먹고 죽지 아니하게 하는 것이니라 51. 나는 하늘에서 내려온 살아 있는 떡이니 사람이 이 떡을 먹으면 영생하리라 내가 줄 떡은 곧 세상의 생명을 위한 내 살이니라 하시니라 52. 그러므로 유대인들이 서로 다투어 이르되 이 사람이 어찌 능히 자기 살을 우리에게 주어 먹게 하겠느냐"

요한복음 6장과 13장에서 발견되는 첫 번째 공통점이 바로 이것입니다. 유다 백성들은 자기들이 하나님의 선택을 받은 선민이라고 생각해 왔습니다. 그 근거는 광야에서 하늘에서 내려 주신 만나를 먹고, 반석에서 내주신 물을 마셨으며, 하나님께서 인도해 주신 가나안 땅에서 살고 있다는 것이었습니다. 그들은 하나님의 백성이기 때문에 당연히 영생을 얻을 것으로 생각했습니다. 하지만 예수님께서는 너희 조상이 먹었던 만나가 너희를 살리는 것이 아니라, 하늘에서 내려온 살아 있는 떡을 먹어야 영생할 수 있다고 말씀하셨습니다. 그러면서 살아 있는 떡이 무엇이냐 하면, 예수님의 살과 피가 참된 양식이고, 참된 음료가 된다고 가르쳐 주셨습니다.

요한복음 6:53-58, "예수께서 이르시되 내가 진실로 진실로 너희에게 이르노니 인자의 살을 먹지 아니하고 인자의 피를 마시지 아니하면 너희 속에 생명이 없느니라 54. 내 살을 먹고 내 피를 마시는 자는 영생을 가졌고 마지막 날에 내가 그를 다시 살리리니 55. 내 살은 참된 양식이요 내 피는 참된 음료로다 56. 내 살을 먹고 내 피를 마시는 자는 내 안에 거하고 나도 그의 안에 거하나니 57. 살아 계신 아버지께서 나를 보내시매 내가 아버지로 말미암아 사는 것 같이 나를 먹는 그 사람도 나로 말미암아 살리라 58. 이것은 하늘에서 내려온 떡이니 조상들이 먹고도 죽은 그것과 같지 아니하여 이 떡을 먹는 자는 영원히 살리라"

이 말씀은 요한복음에는 생략되었지만, 마가복음 14장과 고린도전서 11장에 기록된 최후의 만찬 때 예수님께서 제자들에게 정해 주신 성만찬의 내용과 같은 내용입니다.

두 번째 공통점은 제자들이 떠났다는 것입니다. 요한복음 6장에서 예수님께서 하신 이 말씀은 떡 먹고 배부른 이유로 예수님을 따라온 사람들이 이해하기에는 너무 어려운 말씀이었습니다. 그래서 예수님의 말씀을 들은 후 많은 제자들이 예수님을 떠났습니다.

요한복음 6:66, "그 때부터 그의 제자 중에서 많은 사람이 떠나가고 다시 그와 함께 다니지 아니하더라"

세 번째 공통점은, 예수님께서 너희도 나를 떠나겠느냐고 말씀하셨을 때, 베드로가 자기는 예수님을 떠나지 않을 거라고 장담했던 것입니다.

요한복음 6:68-69, "시몬 베드로가 대답하되 주여 영생의 말씀이 주께 있사오니 우리가 누구에게로 가오리이까 69. 우리가 주는 하나님의 거룩하신 자이신 줄 믿고 알았사옵나이다"

요한복음 13:36-37, "시몬 베드로가 이르되 주여 어디로 가시나이까 예수께서 대답하시되 내가 가는 곳에 네가 지금은 따라올 수 없으나 후에는 따라오리라 37. 베드로가 이르되 주여 내가 지금은 어찌하여 따라갈 수 없나이까 주를 위하여 내 목숨을 버리겠나이다"

네 번째 공통점은, 예수님은 자기를 팔 자가 누구인지 처음부터 아셨다는 것입니다.

요한복음 6:64, "그러나 너희 중에 믿지 아니하는 자들이 있느니라 하시니 이는 예수께서 믿지 아니하는 자들이 누구며 자기를 팔 자가 누구인지 처음부터 아심이러라"

오늘 본문에도 **"이는 자기를 팔 자가 누구인지 아심이라 그러므로 다는 깨끗하지 아니하다 하시니라"**라고 말씀하고 있습니다. 그리고 그 사람은 가룟 유다를 가리켜 말씀하신 것이었습니다.

요한복음 13:26, "예수께서 대답하시되 내가 떡 한 조각을 적셔다 주는 자가 그니라 하시고 곧 한 조각을 적셔서 가룟 시몬의 아들 유다에게 주시니"

요한복음 6:71, "이 말씀은 가룟 시몬의 아들 유다를 가리키심이라 그는 열둘 중의 하나로 예수를 팔 자러라"

보시는 것처럼 요한복음 6장의 결론은 예수님을 팔 자가 가룟 유다였다는 것을 밝히고 끝이 납니다. 어찌 보면 허두한 결말입니다. 그런데 요한복음 6장에는 없는 내용이 요한복음 13장에는 있습니다. 그것이 바로 예수님께서 제자들의 발을 씻기신 사건입니다. 요한복음 6장이 이론이라면, 요한복음 13장이 실제라고 말씀드린 이유가 바로 이것입니다. 최후의 만찬은 예수님께서 제자들의 발을 씻기신 사건과 결합되어야 비로소 그 참된 의미를 발견할 수 있습니다. 예수님께서 제자들의 발을 씻기신 이유는 성막에서 힌트를 찾을 수 있습니다.

성막에는 성소와 지성소가 있는 실내 성소와 번제단과 물두멍이 있는 성소 마당이 있었습니다. 사람들이 성소에 들어갈 때 속죄의 제물을 가지고 들어가서 번제단에 피를 뿌리고 제물을 태웠습니다. 그리고 제사장이 성소에 들어갈 때는 번제단과 성소 사이에 있는 물두멍에서 손과 발을 씻고 들어갔습니다.

출애굽기 30:17-20, "여호와께서 모세에게 말씀하여 이르시되 18. 너는 물두멍을 놋으로 만들고 그 받침도 놋으로 만들어 씻게 하되 그것을 회막과 제단 사이에 두고 그 속에 물을 담으라 19. 아론과 그의 아들들이 그 두멍에서 수족을 씻되 20. 그들이 회막에 들어갈 때에 물로 씻어 죽기를 면할 것이요 제단에 가까이 가서 그 직분을 행하여 여호와 앞에 화제를 사를 때에도 그리 할지니라"

성소는 하나님을 만나는 거룩한 장소이기 때문에 그 누구도 죄가 남아 있는 상태로는 그냥 들어갈 수 없습니다. 그래서 성소에 들어가기 전에 속죄하는 피로 제사를 먼저 드리고, 죄 용서함을 받은 뒤에 들어갈 수 있습니다. 신약식으로 말하면 이미 구속받아 죄 용서함을 받았음에도 불구하고, 번제단과 성소 사이에 물그릇(물두멍)이 놓여 있어서 손발을 씻어야만 했습니다.

히브리서 9:19-22, "모세가 율법대로 모든 계명을 온 백성에게 말한 후에 송아지와 염소의 피 및 물과 붉은 양털과 우슬초를 취하여 그 두루마리와 온 백성에게 뿌리며 20. 이르되 이는 하나님이 너희에게 명하신 언약의 피라 하고 21. 또한 이와 같이 피를 장막과 섬기는 일에 쓰는 모든 그릇에 뿌렸느니라 22. 율법을 따라 거의 모든 물건이 피로써 정결하게 되나니 피흘림이 없은즉 사함이 없느니라"

성소에 들어가기 전에 먼저 피로 죄를 속합니다. 하지만 죄를 속하여 신분적으로 거룩해진 자라도, 수준적으로 성결을 위하여 물로 씻는 일이 더 필요하다는 것을 말씀하는 것입니다. 예수님께서 베드로를 씻기지 않으면 **"네가 나와 상관이 없느니라"**라고 하셨습니다. 예수 그리스도의 속죄로 인하여 하나님의 자녀가 되었으니 그냥 성소에 들어갈 수 있다고 쉽게 생각해서는 안 된다는 것입니다. 물론 예수 그리스도의 십자가 대속으로 우리의 구원은 다 이루어졌습니다. 그러나 오늘 본문이 말씀하는 것은, 구원이 단지 우리의 죄를 용서해 주고 천국에 들어갈 수 있게 해 주는 것만이 목표가 아니라, 그 이후에 완성해 가야 할 신앙의 목표가 있다는 것을 가르쳐 주는 사건입니다.

우리가 은혜로 구원을 얻었습니다. 구원에 있어서 우리가 해야 할 것은 아무것도 없습니다. 하지만 우리가 구원받았다고 하는 것이, 그 후로 아무렇게나 살아도 된다는 것은 아닙니다. 예수 그리스도의 피와 십자가로 구원을 얻은 자녀라면, 그다음에 당장 요구되는 것이 발을 씻는 것입니다. 성결하게 되고, 거룩하게 되고, 그리스도의 성품에 참여하는 자로서 완성의 길을 걷도록 요구받고 있습니다.

번제단에서 피를 뿌리고 제물을 드렸으면 죄가 용서받은 상태 아닙니까? 그럼에도 사람들이 성소에 들어갈 때는 물두멍에서 수족을 씻어야만 했습니다. 만약 씻지 않으면 죽게 되었습니다. 성경에서 씻음이라고 했을 때 가장 큰 의미는 '죄를 씻음', '죄를 대속'한다는 의미가 있지만, 그와 더불어서 성결의 의미도 가지고 있습니다. 성막에 번제단만 있는 것이 아니라, 성소에 들어가기 전에 물두멍을 두어서 손과 발을 씻게 한 것은, 죄 용서함을 받은 인생이 하나님을 만나기 위해 성소에 들어갈 때 반드시 성결해야 할 것을 의미한 것입니다.

본문 1절에서는 예수님께서 **"세상에 있는 자기 사람들을 사랑하시되 끝까지 사랑"**하셨다고 했습니다. 발 한 번 씻어 주고 끝까지 사랑했다고 하긴 민망하지 않습니까? 혹시 배우자 되시는 분께서 어느 날 발 한 번 씻어 주시고, "내가 당신을 끝까지 사랑하는 거야" 이렇게 말한다면, 그 말이 마음에 감동으로 와닿겠습니까? 예수님께서 발을 씻으신 것은, 십자가의 죽음으로 예수님께서 하셔야 할 일을 마쳤으니 이제 내 의무는 끝났다 하고 손 털고 일어나는 것이 아니었습니다. 제자들의 발을 씻어 주시면서, 목욕을 한(구원받은) 사람이라도, 발을 씻어야 함을 가르쳐 주고 계신 것입니다.

여기서 우리가 주목해야 할 것은, 성결에 관한 부분도 그것을 행하시는 분이 예수 그리스도시라는 것입니다. 십자가의 죄 사함은 예수님 외에 다른 어느 누구도 해 줄 수 없는 일입니다. 그런데 발을 씻는 부분까지도 예수님께서 해 주셨다고 말씀하고 있습니다. 예수님께서 씻겨 주시는 것을 거절하려는 베드로에게, 예수님께서 씻겨 주지 않으시면 나와 상관이 없는 자라고 분명하게 말씀하고 있습니다. 믿음을 갖는 것, 성결한 삶을 사는 것, 이 모든 것들이 예수 그리스도가 아니면 인간의 힘으로는 할 수 없는 것들입니다. 만약 누구든지 스스로 할 수 있다고 생각한다면 그것은 예수님과 관계없는 일입니다.

예수님께서 **"세상에 있는 자기 사람들을 사랑하시되 끝까지 사랑"** 하신 것은 어차피 모든 죄를 용서했으니 그들이 무슨 죄를 지어도 덮어 주고, 실수도 덮어 주고 뭘 해도 괜찮다고 해 주는 것이냐고 했을 때, 그건 아니라는 것입니다. 우리 죄를 용서해 주시고 성소에 들어갈 수 있는 자격을 주신 주님께서, 물로 우리를 씻는 일까지도 하신다는 것입니다. 예수님께서는 우리의 전 인생에 간섭하셔서 고쳐 내는 일을 친히 하고 계십니다. 그러면 왜 성결의 과정까지도 예수님께서 친히 해 주셔야만 할까요?

홍해를 건너 광야에 들어와서 성막의 삶을 시작했던 이스라엘 백성들이 끊임없이 하나님께 원망하고 불평했던 것을 기억하십니까? 출애굽 사건은 우리가 받은 구원과 비교되는 그림자요 거울로 등장하는 사건입니다. 애굽은 우리가 사는 세상으로, 광야 40년은 우리의 인생으로, 가나안 땅은 천국으로 비교됩니다. 이스라엘 백성들이 애굽을 떠나 광야로 들어온 순간 그들은 더 이상 종 된 자가 아니라 자유인이 되어 하나님께서 약속해 주신 땅으로 들어가게 될 것입니다. 하지만 광야의 40년 동안 그들이 하나님을 원망하고, 모세를 원망했던 말들은 무엇이었습니까? "애굽에서 살 때는 고기와 생선도 마음껏 먹었고 부추, 마늘, 파 이런 것도 풍족하게 먹었었는데, 지금은 이게 뭐냐, 차라리 그때가 더 좋았다." 이것이 그들의 불만이었습니다.

애굽에서 살던 이스라엘 백성들에게는 가나안이 목표 지점이긴 하지만, 그들이 걸어가고 있는 길은 광야였습니다. 그래서 애굽과 가나안을 비교하는 것이 아니라, 애굽과 자신이 처한 광야를 비교하게 되었습니다. 비록 종으로 살긴 했지만 애굽이 더 나았더라는 것입니다. 가나안이 어떤 곳인지 아직 모르니까요. 그래서 하는 말이, 그때는 먹고 싶은 것들은 풍족하게 먹고 살았는데 이럴 바에는 왜 나왔느냐는 것입니다. 젖과 꿀이 흐르는 땅은 가나안이지 광야가 아닙니다. 그들이 밟고 있는 땅도 가나안으로 가는 길인 광야이기 때문에, 비교가 가능한 것은 언제나 옛날에 경험했던 애굽에서의 삶일 수밖에 없습니다.

결국 홍해를 건넜던 사람들 가운데 여호수아와 갈렙 외에 모든 사람들은 광야에서 다 죽고, 광야에서 태어난 사람들이 가나안 땅을 밟을 수 있게 되었습니다. 하나님께서 구름 기둥과 불기둥으로 그들과 함께하셨고, 만나로 먹이시고 반석에서 물을 내어 먹이셨어도, 그들은 끊임없이 하나님을 원망하고 불평함으로 하나님께서 요구하셨던 자격을 만들지 못했습니다.

예수님께서 제자들의 발을 씻기셔야 하는 이유가 바로 여기에 있습니다. 예수님께서 구원하셨다고 가만히 내버려두면 구원받은 사람들이 스스로 성결과 거룩한 삶을 살아갑니까? 자유는 그것의 소중함과 가치를 잘 모르는 사람에게 주어졌을 때, 방종과 타락으로 이어지게 됩니다. 가장 대표적으로 우리는 잠언에서 예를 얻을 수 있습니다. 잠언에서는 자녀들, 아들들에게 부모의 훈계를 듣고, 아버지의 명령과 어머니의 법을 따르라고 말합니다. 심지어 아이를 채찍으로 때릴지라도 죽지 않으리라고 하면서 훈계하지 않으려고 하지 말라고 합니다.

> 잠언 23:13-14, "아이를 훈계하지 아니하려고 하지 말라 채찍으로 그를 때릴지라도 그가 죽지 아니하리라 14. 네가 그를 채찍으로 때리면 그의 영혼을 스올에서 구원하리라"

이 말씀이 주는 교훈은 무엇입니까? 아무것도 알지 못하는 자녀가 가치의 소중함을 깨닫고, 몸에 습관으로 가질 때까지 부모가 가르치고 훈계하는 일을 소홀히 해서는 안 된다는 것입니다. 자녀를 낳는 것으로 부모의 책임이 끝나는 것이 아닙니다. 자녀가 사람답게 살아갈 수 있는 인격과 실력을 갖출 수 있도록 끝까지 가르치고 붙잡아 주는 것이 부모의 책임이고 사랑 아니겠습니까?

구원의 도리 역시 마찬가지입니다. 예수님께서 으리를 구원하신 것은 단지 천국에 들어갈 자격만 부여해 주기 위해서 하신 것이 아닙니다. 구원받은 자로서 갖춰 나가야 할 소양과 실력, 성결과 거룩의 삶을 살아갈 수 있도록, 제자들의 발을 씻겨 주시는 것으로써 모범을 보여 주신 것입니다. 그렇게 예수님께로부터 잘 배워서 성도의 삶과 제자의 삶이 몸에 배고 나면, 제자들도 다른 사람의 발을 씻겨 줄 수 있는 사람이 될 수 있는 것입니다.

> 요한복음 13:14-15, "내가 주와 또는 선생이 되어 너희 발을 씻었으니 너희도 서로 발을 씻어 주는 것이 옳으니라 15. 내가 너희에게 행한 것 같이 너희도 행하게 하려 하여 본을 보였노라"

오늘 저와 여러분이 예수님께서 제자들의 발을 씻기신 이 사건을 통해 성경의 진리를 배우기 원합니다. 우리 주님께서 저와 여러분의 발을 씻기시면서, 구원받은 자로서 마땅히 이루어 가야 할 성결과 거룩의 삶을 살아 낼 수 있는 실력을 만들어 낼 것을 요구하고 있습니다. 언제까지 예수님 앞에 발만 내밀고 앉아서 씻겨 달라고 요구할 수는 없습니다. 이제는 우리들도 서로 발을 씻어 줄 스 있는 사람이 될 수 있도록, 그리스도의 분량까지 자라 가야 합니다. 잘 배우고 훈련받아서 구원받은 자의 삶이 우리 몸에 배고, 다른 이들도 씻겨 줄 수 있는 저와 여러분이 되길 축원합니다.

요한복음 13:12~17

## 본을 보였노라

"12. 그들의 발을 씻으신 후에 옷을 입으시고 다시 앉아 그들에게 이르시되 내가 너희에게 행한 것을 너희가 아느냐 13. 너희가 나를 선생이라 또는 주라 하니 너희 말이 옳도다 내가 그러하다 14. 내가 주와 또는 선생이 되어 너희 발을 씻었으니 너희도 서로 발을 씻어 주는 것이 옳으니라 15. 내가 너희에게 행한 것 같이 너희도 행하게 하려 하여 본을 보였노라 16. 내가 진실로 진실로 너희에게 이르노니 종이 주인보다 크지 못하고 보냄을 받은 자가 보낸 자보다 크지 못하나니 17. 너희가 이것을 알고 행하면 복이 있으리라"

본문에 예수님께서 제자들의 발을 씻겨 주신 것은, 예수님께서 당신의 택한 백성들을 사랑하시되 끝까지 사랑하신 것을 상징적으로 보여 준 사건입니다. 최후의 만찬에서 예수님은 제자들에게 떡을 떼어 주고 포도주를 따라 주시면서, 그것들은 예수님의 살과 피를 상징하는 것으로서 그것을 먹고 마실 때마다 예수님께서 다시 오실 때까지 기념하라고 말씀했습니다. 비록 이 사건은 예수님께서 십자가에 못 박히시기 전에 있었던 일이지만, 예수님은 **"자기가 세상을 떠**

나 아버지께로 돌아가실 때가 이른 줄 아시고"(요 13:1) 십자가의 대속을 전제로 이 같은 말씀을 해 주신 것입니다. 그래서 최후의 만찬은 그리스도의 죽으심에 대한 상징이라고 말할 수 있습니다.

예수님께서 제정하여 주신 성만찬에 참여하는 사람이라면, 이미 구원받은 사람인 것을 확인시켜 주는 실제적인 표징이 된다고 말할 수 있을 것입니다. 그런데 예수님께서는 구원받고 성찬에 참여한 제자들을 위하여, 허리에 수건을 동이시고 제자들의 발을 다 씻어 주시면서 목욕을 한 사람 즉, 죄 용서함을 받고 구원받은 사람이라도 발을 씻어야 함을 가르쳐 주셨습니다. 그래서 예수님께서 제자들의 발을 씻겨 주신 이 사건은, 죽으심 이후의 사역에 대한 상징이 됩니다.

지난주일 설교를 들은 집사람이 제게 물었습니다. "설교의 결론이 뭐예요?" 오늘 예수님께서 제자들의 발을 씻겨 주신 이유에 대하여 말씀드리겠습니다. 예수님의 십자가 대속이 우리에게 주는 가장 큰 은혜는, 죄인인 우리가 하나님 나라의 백성과 자녀로 그 신분이 바뀌게 되었다는 것입니다. 이제 예수님을 자신의 주와 그리스도로 고백하고 세례를 받은 사람이라면, 그 세례의 효력을 보증해 주신 성삼위일체 하나님의 이름으로 인해서, 그가 받은 구원이 절대로 취소되거나 효력을 잃게 되지 않을 것입니다.

그런데 우리가 예수 그리스도로부터 받은 은혜가 그것뿐이냐, 즉 예수를 믿는 믿음이라는 것이 죽어서 천국 가는 것이 보장된 것뿐이냐고 할 때, 그렇지 않다는 것이 오늘 본문의 핵심입니다. 기독교 신앙이 가장 크게 오해받는 점이 무엇이냐 하면, 우리가 구원이라는 아름답고 찬란한 결론을 미리 보장받고 있는 것으로 인해서, 지금 우리가 걸어가고 있는 과정까지도 늘 아름답고 찬란할 것이라고 기대하는 것입니다. 그래서 우리가 하나님의 자녀다, 천지 만물을 창조하신 하나님께서 우리 아버지이시므로 우리가 하나님만 잘 믿으면, 범사에 잘되고 강건하게 될 것이라는 기대를 너무나 당연하게 갖고 있습니다.

어떤 면에서 성경에 약속하신 그와 같은 말씀은, 이 땅에서 믿음을 지키며 살아가는 사람들에게 큰 용기와 희망을 주는 것이 사실입니다. 하지만 성경은 성도가 가는 길의 끝이 잘되고 좋을 것이라는 말씀만 가르쳐 주는 것이 아니라, 하나님께서 약속해 주신 젖과 꿀이 흐르는 가나안 땅을 향해 가는 성도들에게, 광야의 훈련도 받아야 할 것을 동시에 가르쳐 줍니다.

> 고린도전서 10:1-4, "형제들아 나는 너희가 알지 못하기를 원하지 아니하노니 우리 조상들이 다 구름 아래에 있고 바다 가운데로 지나며 2. 모세에게 속하여 다 구름과 바다에서 세례를 받고 3. 다 같은 신령한 음식을 먹으며 4. 다 같은 신령한 음료를 마셨으니 이는 그들을 따르는 신령한 반석으로부터 마셨으매 그 반석은 곧 그리스도시라"

여기 보시면 애굽을 떠난 이스라엘 백성들이 홍해를 건너면서 함께 세례를 받았다고 했습니다. 또한 그들이 광야에서 만나를 먹고 반석의 물을 마신 것을 가리켜서, 신령한 음식을 먹고 신령한 음료를 마셨다, 그리고 그 반석은 곧 그리스도시라고 하면서 그들이 성찬에 참여한 것으로 말씀하고 있습니다. 그들이 애굽을 떠나기 전날에는 어떤 일이 있었습니까? 예수 그리스도의 십자가를 상징하는 유월절 장자 재앙이 있었습니다. 장자 재앙은 애굽 백성들에게는 절망과 비참의 사건이었지만, 반대로 이스라엘 백성들에게는 구원과 희망의 사건이었습니다.

예수님의 십자가 죽으심이 믿는 우리들에게는 구원과 소망을 주는 사건이지만, 믿지 않는 자들에게는 영원한 형벌과 심판이 되는 것과 같은 이치입니다. 그런 의미에서 이스라엘 백성들이 홍해를 건너며 세례를 받고, 광야에 들어와서 신령한 음식과 신령한 음료를 마시게 된 것은, 신분의 변화로 보거나 하나님의 인도하시는 면에 있어서 전과 비교할 수 없습니다.

가나안 땅을 향해 가고 있는 이스라엘 백성들은 더 이상 종의 신분이 아니라 자유인의 몸이 되었습니다. 구름 기둥과 불기둥으로 상징되는 하나님의 함께하심은 그들에게 더없는 힘과 요새가 되었을 것입니다. 그래서 출애굽한 이스라엘 백성들이 가장 기뻐했을 때가 언제였느냐 하면 홍해를 건넌 뒤였습니다.

출애굽기 15:1-2, "이 때에 모세와 이스라엘 자손이 이 노래로 여호와께 노래하니 일렀으되 내가 여호와를 찬송하리니 그는 높고 영화로우심이요 말과 그 탄 자를 바다에 던지셨음이로다 2. 여호와는 나의 힘이요 노래시며 나의 구원이시로다 그는 나의 하나님이시니 내가 그를 찬송할 것이요 내 아버지의 하나님이시니 내가 그를 높이리로다"

그런데 이렇게 하나님을 찬송하면서 좋아했던 이스라엘 백성들의 기쁨이 얼마나 오랫동안 지속하였을 것 같습니까?

출애굽기 15:20-21, "아론의 누이 선지자 미리암이 손에 소고를 잡으매 모든 여인도 그를 따라 나오며 소고를 잡고 춤추니 21. 미리암이 그들에게 화답하여 이르되 너희는 여호와를 찬송하라 그는 높고 영화로우심이요 말과 그 탄 자를 바다에 던지셨음이로다 하였더라"

보시는 것처럼 아론의 누이 미리암과 모든 여인들이 소고를 잡고 춤추며 여호와를 찬송하고 있습니다. 그런데 곧이어 반전이 일어납니다. 소고 치고 춤추며 찬송하던 사람들이 마음을 돌이켜 원망하는 것입니다.

출애굽기 15:22-24, "모세가 홍해에서 이스라엘을 인도하매 그들이 나와서 수르 광야로 들어가서 거기서 사흘길을 걸었으나 물을 얻지 못하고 23. 마라에 이르렀더니 그 곳 물이 써서 마시지 못하겠으므로 그 이름을 마라라 하였더라 24. 백성이 모세에게 원망하여 이르되 우리가 무엇을 마실까 하매"

찬송에서 원망까지 며칠이 걸렸습니까? 사흘 걸렸습니다. 이렇게 마실 물이 없는 것 때문에 시작된 원망은, 또 다른 원망으로 이어졌습니다. 먹을 것이 없다는 것이었습니다.

출애굽기 16:1-3, "이스라엘 자손의 온 회중이 엘림에서 떠나 엘림과 시내 산 사이에 있는 신 광야에 이르니 애굽에서 나온 후 둘째 달 십오일이라 2. 이스라엘 자손 온 회중이 그 광야에서 모세와 아론을 원망하여 3. 이스라엘 자손이 그들에게 이르되 우리가 애굽 땅에서 고기 가마 곁에 앉아 있던 때와 떡을 배불리 먹던 때에 여호와의 손에 죽었더라면 좋았을 것을 너희가 이 광야로 우리를 인도해 내어 이 온 회중이 주려 죽게 하는도다"

하나님께서 이스라엘 백성들을 인도해 내신 것이 죽이려고 인도하신 것입니까? 살리려고 인도한 것입니다. 그런데 이스라엘 백성들은 뭐라고 하면서 원망합니까? "이러다가 굶어 죽겠다. 차라리 애굽에서 잘 먹었을 때가 좋았다." 먼저 말씀드렸던 것처럼, 이스라엘 백성들이 약속받은 곳은 아직 가 보지 않은 가나안 땅입니다. 하지만 그들이 밟고 서 있는 땅은 모래사막 광야입니다. 그렇다 보니 이스라엘 백성들은 가나안 땅을 기대하며 가는 것이 아니라, 애굽과 광야를 비교하면서 차라리 애굽에서 살 때가 더 좋았다고 하고 있습니다. 지금 무슨 말씀을 드리고 있는지 이해가 되십니까? 우리의 신앙생활도 바로 이와 같을 수 있다는 것입니다.

홍해 바다를 건너면서 모든 이스라엘 백성들이 함께 세례를 받고, 만나와 반석의 물을 먹고 마시며 성찬을 나누었어도, 그들이 걸어가고 있는 땅은 끝이 보이지 않는 광야였습니다. 우리가 예수 믿고 구원받은 하나님의 백성이 된 것은 분명합니다. 하나님께서 우리를 개별적으로 부르시거나 주님께서 다시 오시면 우리가 아버지 앞에 서게 될 것입니다. 하지만 우리는 아직 천국에 도달한 자가 아닙니다.

우리는 세상이라는 광야에 살고 있으며, 여러 가지로 하나님께서 공급해 주시는 은혜를 받으며 살고 있음에도 불구하고, 여전히 우리의 삶 속에서 부족한 것들이 있고, 필요한 것들도 넘치게 많을 것입니다.

여러분이 출애굽기를 읽고, 레위기, 민수기, 신명기를 읽으면서 "왜 출애굽한 이스라엘 백성들은 저렇게 원망하고 불평하다가 광야에서 모두 멸망하고 말았을까?" 하면서 한심하다고 생각하실 수 있을 것입니다. 그런데 그 이스라엘 백성들이 바로 여러분일 수도 있을 것이라는 생각은 안 해 보셨습니까? 요구사항만 조금 다를 뿐이지 오늘 우리들이 믿는다는 이름으로 하나님께 요구하는 것이 그때와 다르지 않습니다. 그때 이스라엘 백성들이 요구했던 것은 무엇입니까? 옛날에 먹던 것입니다.

> 민수기 11:5, "우리가 애굽에 있을 때에는 값없이 생선과 오이와 참외와 부추와 파와 마늘들을 먹은 것이 생각나거늘"

여러분은 어떻습니까? 예수 믿은 것만으로 감사가 되고 찬송이 막 나옵니까? 살면서 광야 같은 어려움이 생겨도 욥이 했던 고백처럼 "주신 이도 여호와시고, 거두신 이도 여호와시니 감사할 것뿐"이라고 하면서 감사하며 사십니까? 아니면 예수 믿은 결과가 뭐 이래? 믿기 전이나 지금이나 달라진 게 없네? 하면서 실망하고 손해 보았다고 느끼시지는 않습니까? 그래서 생각해 낸 방법이 남보다 열심히 종교생활을 하는 것입니다.

이스라엘 백성들은 성경이 없었기 때문에 좀 막무가내였다면, 우리들은 성경을 보고 지식이 생겼기 때문에 공짜로 달라는 소리는 잘 하지 않습니다. "제가 제대로 믿겠습니다. 열심히 할게요" 하며 모든 예배에 빠지지 않고 참석하고, 십일조뿐만 아니라 각종 연보도 세게 내고, 봉사도 열심히 합니다. 누가 봐도 최선을 다했다고 인정할 만큼 열심히 했습니다. 그쯤 했으면 이제 뭔가 받을 만하지 않습니까? 그런데 내가 계산한 시간표와 하나님이 주시는 때가 잘 맞지 않습니다. 납품 기일에 맞춰서 오는 게 아니라 늦게 옵니다. 오지 않을 때도 있습니다. 그럼 목사님이 뭐라고 하죠? "받을 때까지 계속 하십시오." 이 말은 누가 좋아할 말일까요? 하나님께서 우리에게 무엇을 요구하는지 말씀을 듣고 순종하기보다는, 내가 원하는 조건을 충족시키기 위해서 내가 할 수 있는 일을 하고 있으면서 그게 신앙생활을 잘하는 거라고 착각하고 있습니다.

구원받은 이스라엘 백성들이 하나님께 요구한 것은 언제나 당장 먹을 것, 현세적인 것들이었습니다. 그러면서 그들이 하나님의 말씀을 듣지 않고 율법을 지키지 못하는 이유가 배가 고프기 때문이라고 변명했습니다. 그러자 하나님께서는 정말로 먹는 문제만 해결되면, 너희가 하나님의 법을 지켜 내는지 시험해 보겠다고 말씀하셨습니다.

출애굽기 16:4, "그 때에 여호와께서 모세에게 이르시되 보라 내가 너희를 위하여 하늘에서 양식을 비 같이 내리리니 백성이 나가서 일용할 것을 날마다 거둘 것이라 이같이 하여 그들이 내 율법을 준행하나 아니하나 내가 시험하리라"

자녀를 키우다 보면 부모가 자녀에게 요구하는 것과 자녀가 부모에게 요구하는 내용이 서로 맞부딪힐 때가 많습니다. 부모가 자녀에게 요구하는 것은 언제나 자녀 자신에게 좋은 일, 자녀를 유익하게 하는 일이지만, 자녀들은 부모의 요구를 언제나 귀찮게 여기고 당장 자기가 하고 싶은 것을 하게 해 달라고 요구합니다. 자녀가 강변하는 것은 무엇이죠? 지금 당장은 놀고 있는 것처럼 보이고, 공부는 안 하는 것처럼 보이지만, 그럼에도 부모가 자기를 믿어 주면 좋은 결과를 만들어 낼 수 있다는 것입니다. 그러면서 결국 지금 자기가 부모에게 야단맞는 이유는, 부모가 자기를 끝까지 믿어 주지 않기 때문이라고 주장합니다. 여러분은 어떻게 생각하십니까? 자녀가 자기 하고 싶은 대로 마음껏 하도록 믿어 주고 기다려 주면, 자녀가 자기 할 일을 스스로 알아서 하면서 유익한 쪽으로 발전하던가요? 만약 그런 아이라면 애초에 부모가 이래라저래라 말하지 않을 것입니다. 왜요? 이미 스스로 알아서 잘하고 있으니까요.

지금 하나님께서 이스라엘 백성들에게 하시는 말씀이 그런 것입니다. 정말 그러하냐? 너희가 하나님의 말씀을 지키지 못하는 이유가 배가 고파서 힘이 없기 때문인 거냐? 그럼 주겠다는 겁니다. 마치 공부 못하는 자녀가 좋은 참고서가 있으면 공부를 잘할 텐데, 참고서 없어서 못하는 거라고 하는 것과 같은 것입니다. 참고서가 없는 것이 공부를 못하는 이유라면 사 줄까요, 안 사 줄까요? 당장 사 주죠. 참고서뿐이겠습니까, 자녀의 성적을 올릴 수만 있다면 그보다 더한 것이라도 부모는 해 주려고 할 것입니다. 그래서 하나님께서는 저녁에는 고기를 주어 먹이시고, 아침에는 떡으로 배부르게 먹게 해 주시면서, 정말로 이스라엘 백성들이 잘 먹고 배부르면 하나님의 율법을 잘 준행하는지 지켜보겠다고 하셨습니다.

> 출애굽기 16:8, "모세가 또 이르되 여호와께서 저녁에는 너희에게 고기를 주어 먹이시고 아침에는 떡으로 배불리시리니 이는 여호와께서 자기를 향하여 너희가 원망하는 그 말을 들으셨음이라 우리가 누구냐 너희의 원망은 우리를 향하여 함이 아니요 여호와를 향하여 함이로다"

이렇게 아침저녁으로 떡과 고기를 배부르게 먹은 이스라엘 백성들이 하나님의 율법을 잘 지켰습니까? 떡 먹고 배부른 뒤에도 안 지켰습니까? 안 지켰습니다. 예수님께서 제자들의 발을 씻기신 의미가 무엇인지 살펴보기 위해서 출애굽 사건을 들여다보고 있습니다.

홍해 바다를 건너면서 함께 세례를 받고, 광야에서 신령한 떡과 신령한 음료를 함께 먹으면서 성찬에 참여한 자들이 만들어 낸 결과가 무엇이었습니까? 하나님을 원망하고 불평한 것이었습니다. 자기 욕심을 채우기 위해서 우상을 만들어 섬기고, 끊임없이 이방 나라의 종교와 문화를 따라 한 것입니다. 그래서 이스라엘 백성들의 결과가 어떻게 되었습니까? 애굽에서 나온 모든 사람들은 광야에서 다 죽었습니다. 그들이 광야에서 죽게 된 이유가 무엇입니까? 그들을 위해 하나님께서 약속해 주신 가나안 땅에 들어갈 수 있는 준비가 되지 못했기 때문입니다. 그 준비는 무엇일까요? 성결입니다. 애굽에서 종으로 살 때와 다른, 자유인으로서 살아갈 새로운 삶의 목표와 믿음을 갖는 것입니다.

한번 상상해 보십시오. 애굽에서 그들은 주인이 시키는 대로 하루 종일 노역을 해서 성과를 만들어 냈습니다. 그렇게 일하고 나면 고기 가마 옆에서 떡과 고기를 먹고, 부추, 마늘, 생선, 참외를 먹도록 해 주었습니다. 그러면 일하고 나서 떡과 고기를 먹고 있는 이스라엘 백성들과 종일 멍에를 끌고 일한 소가 여물을 먹는 것이 뭐가 다른가요? 당시 사회에서는 소나 노예나 똑같았습니다. 하나님께서 이스라엘 백성들을 구원해 내신 이유가 애굽에서는 일해야만 먹을 수 있는 소 같은 존재였는데, 구원해 낸 후에는 일하지 않고도 먹을 수 있는 소처럼 만들려고 구원해 내신 것입니까? 또는 하나님께서 원하시는 일을 시키기 위해서 소 시장에서 사 온 것입니까?

그런데 사람들의 생각은 언제나 그 수준에 머물러 있는 것입니다. 뭐라도 시키는 대로 해 줄 테니, 배부르게 먹을 수 있도록 해 달라. 우리는 먹고 싶은 음식만 잘 주면 어떻게 살든 상관없다. 먹는 게 최고다. 여러분! 애굽에서 가졌던 생활 습관, 가치와 우선순위, 삶의 목표를 그대로 가지고 가나안 땅으로 들어가면, 단지 사는 장소가 바뀌었다고 해서 새로운 사람이 되겠습니까?

미국의 TV 프로그램 중에 쓰레기장처럼 보이는 어떤 집을 청소해 주고 페인트부터 시작해서 실내 인테리어까지 과거와 다른 새로운 집으로 보일 만큼 바꿔 주는 방송이 있습니다. 한번은 방송국에서 바꿔 준 집을 몇 개월 후에 다시 찾아가서 보여 준 적이 있습니다. 새 집, 새 가구로 바꿔 줬던 그 집은 어떤 상태였을까요? 바꿔 주기 전과 똑같은 모습으로 돌아가 있었습니다. 그 집에서 살던 사람의 생각과 삶의 형태가 바뀌지 않으면, 단지 환경을 바꿔 줬다고 해서 변화되지 않습니다. 오히려 무엇 하러 집을 청소해 주고 고쳐 줬나 회의감이 들었습니다.

애굽을 나왔던 이스라엘 백성들이 가나안 땅에 들어가지 못한 이유가 바로 이것입니다. 그들은 애굽을 나왔어도 그들의 마음은 여전히 애굽에 있었습니다. 모세가 하나님을 만나 십계명을 받으러 시내산에 올라갔을 때도, 그들은 애굽에서 봐 왔던 송아지 우상을 만들어 섬기고 있었습니다. 하나님에 대한 생각, 그들이 가졌던 삶의 습관, 가치와 우선순위가 전혀 바뀌지 않았다는 것입니다.

오늘 본문에서 예수님께서 제자들의 발을 씻어 주시는 이유가 무엇입니까? 그들에게 구원받은 사람, 하나님의 백성과 자녀가 된 사람이 어떻게 살아야 하는지 삶의 자세를 가르쳐 주고 계시는 것입니다. 단지 세례받고, 성찬을 나누면서 주의 죽으심을 기념하는 정도로 신앙이 완성되는 것이 아니라, 구원받은 이후에도 여전히 남아 있는 죄를 회개하고 성결해야 할 것을 서로 발을 씻어 주면서 점검하는 것입니다. 그 일을 누가 가르쳐 주고 있습니까? 우리를 위해 대신 죽으신 예수님께서 직접 가르쳐 주고 있습니다. 왜 예수님께서 직접 가르쳐 주셔야 합니까? 우리 스스로는 깨달을 수도 없고, 할 수도 없기 때문입니다. 설교 서두에 고린도전서 10장 말씀을 우리가 살펴봤습니다.

고린도전서 10:1, "형제들아 나는 너희가 알지 못하기를 원하지 아니하노니"

이렇게 시작합니다. 그런데 원문을 보면 "형제들아" 앞에 '가르'(왜냐하면)라는 접속사가 있습니다. 다시 말씀드려서, 고린도전서 10장은 9장에 이어 연결되는 말씀이라는 것입니다. 그래서 9장을 보면 이렇습니다.

고린도전서 9:18-23, "그런즉 내 상이 무엇이냐 내가 복음을 전할 때에 값없이 전하고 복음으로 말미암아 내게 있는 권리를 다 쓰지 아니하는 이것이로다 19. 내가 모든 사람에게서 자유로우나 스스로 모든 사람에게 종이 된 것은 더 많은 사람을 얻고자 함이라 20. 유대인들에게 내가 유대인과 같이 된 것은 유대인들을 얻고자 함이요 율법 아래에 있는 자들에게는 내가 율법 아래에 있지 아니하나 율법 아래에 있는 자 같이 된 것은 율법 아래에 있는 자들을 얻고자 함이요 21. 율법 없는 자에게는 내가 하나님께는 율법 없는 자가 아니요 도리어 그리스도의 율법 아래에 있는 자이나 율법 없는 자와 같이 된 것은 율법 없는 자들을 얻고자 함이라 22. 약한 자들에게 내가 약한 자와 같이 된 것은 약한 자들을 얻고자 함이요 내가 여러 사람에게 여러 모습이 된 것은 아무쪼록 몇 사람이라도 구원하고자 함이니 23. 내가 복음을 위하여 모든 것을 행함은 복음에 참여하고자 함이라"

보시는 것처럼 바울이 유대인들이나 율법대로 사는 사람에게 복음을 전할 때, 그리고 율법을 모르는 사람이나 약한 사람에게 복음을 전할 때, 어떤 자세로 그들에게 다가가서 복음을 전했는지 말해 주고 있습니다. 바울이 복음을 전하면서 가졌던 원리는 18절 말씀처럼, 복음이 복음으로 전달되도록 하기 위해서 자기에게 있는 권리를 다 쓰지 않는 것이었고, 19절 말씀처럼 스스로 모든 사람의 종이 되는 것이었습니다.

예수님께서 제자들의 발을 씻겨 주시면서 가르쳐 주려고 하신 것도, 바로 이 두 가지입니다. 첫째, 구원받은 자라도 스스로를 돌아보고 성결해야 할 것을 가르쳐 주셨습니다. 둘째, 복음을 가진 자로서 마땅히 자기의 권리를 다 사용할 수 있음에도, 아직 복음을 알지 못하는 사람을 구원하기 위해 자기에게 있는 권리를 다 쓰지 않을 뿐 아니라, 스스로 종이 되는 것입니다.

요한복음 13:14-17, "내가 주와 또는 선생이 되어 너희 발을 씻었으니 너희도 서로 발을 씻어 주는 것이 옳으니라 15. 내가 너희에게 행한 것 같이 너희도 행하게 하려 하여 본을 보였노라 16. 내가 진실로 진실로 너희에게 이르노니 종이 주인보다 크지 못하고 보냄을 받은 자가 보낸 자보다 크지 못하나니 17. 너희가 이것을 알고 행하면 복이 있으리라"

예수님께서 제자들에게 가르쳐 준 말씀이나, 바울이 가졌던 신앙의 모습과 우리들의 신앙의 모습이 너무나 차이가 나지 않습니까? 우리는 예수를 잘 믿은 결과를, 범사에 잘되고 강건하게 되는 것이라고 생각합니다. 종이 되는 것보다는 주인이 되고, 주인공이 되고, 다스리는 위치에 서는 것을 더 좋아하지 않습니까? 교회에 오래 다녔어도 장로, 권사도 되지 못하고, 전도회 회장이나 무슨 대장이 되지 못하는 것을 부족하게 여기고 잘못되었다고 생각하지 않습니까?

하지만 성경은 그렇게 말씀하지 않습니다. 대장이 아니라 종이 되라고 합니다. 구원받았음에도 여전히 삶의 우선순위는 세상의 가치에 있고, 세상에서 잘나 보이고, 인정받는 것이라면 구원받기 전과 다를 것이 무엇이겠습니까? 결국 애굽을 떠난 뒤에도 끊임없이 애굽을 추억하면서, 옛날에 고기 가마 옆에서 떡과 고기를 마음껏 먹던 때가 더 좋았노라고 원망하던 이스라엘 백성들과 전혀 다르지 않은 신앙생활을 우리가 하고 있는 것입니다.

여러분 스스로를 돌아보십시오. 여러분의 일상생활에서 여러 가지 죄의 모습들이 발견될 때, 즉시 회개하고 하나님께로 돌아오십시오? 아니면 세상 사람들이 다 그렇게 살고 있는데, 어디까지가 죄인 거냐고 스스로를 합리화고 숨지 않습니까? 여러분이 구원받고 믿음을 가졌기 때문에 여러분이 마땅히 누릴 권리를 포기한 것이 있습니까? 복음을 전하기 위해서 스스로 다른 사람의 종이 되겠노라고 자청하신 적은 있습니까?

예수님께서 제자들의 발을 씻겨 주시면서 요구하시는 것이 바로 이런 것입니다. 다른 사람 발을 씻어 주는 행위를 따라 하는 것은 쉬운 일입니다. 하지만 발을 씻어 주는 행위가 의미하는 대로, 스스로 성결의 삶을 살아 내고 복음을 위해 자기 권리를 포기하고 다른 사람의 종이 될 것을 스스로 선택하는 것은 대단히 어려운 일입니다. 이러한 사람이 되는 것이, 떡과 고기를 먹고 배만 부르면 자연히 만들어지는 것입니까, 그것과는 별개의 문제입니까? 별개의 문제입니다. 그러면 떡 먹고 배부른 것이 어렵습니까, 그러한 사람이 만들어지는 것이 어렵겠습니까?

우리에게 일용할 양식이 필요하다는 것은, 하나님께서 이미 다 알고 있는 것이라고 말씀했습니다. 하나님께서 이스라엘 백성들을 출애굽시키신 목적이 굶겨서 죽이려고 애굽에서 빼낸 것이 아니라, 젖과 꿀이 흐르는 땅으로 인도해서 더 잘 먹이고, 더 좋게 해 주시려고 빼내신 것 아니겠습니까? 그런데 하나님의 뜻은 전혀 알려고 하지 않고, 맨날 고기 가마 옆에서 떡 먹던 시절만 추억하고 있습니다. 그때보다 잘 먹는 게 소원입니다. 그게 수천 년 전 이스라엘 사람들 이야기입니까? 솔직하게 말해서 우리들 이야기 아닙니까?

오늘 예수님께서는 **"내가 너희에게 행한 것 같이 너희도 행하게 하려 하여 본을 보였"**다고 말씀하십니다. 사람이 문제지 환경이 문제겠습니까? 사람만 잘 만들어지면, 어떤 환경에서도 좋은 것을 만들어 낼 것입니다. 하지만 사람은 전혀 준비되지 않았는데 환경만 좋게 바꿔 주면 어떻게 될까요? 그 욕심이 사람을 더 망칠 것입니다.

이스라엘 백성들이 광야에서 40년을 뺑뺑이 돈 이유가 바로 이것입니다. 하나님께서 원하시는 것은 이스라엘 백성들이 빨리 훈련받고 잘 준비되는 것인데, 40년을 훈련시켜도 바뀌지 않으니까 결국 광야에서 다 죽었습니다. 오늘 저와 여러분들도 어떻게 해서든지 세상에서 보란 듯 잘살아 보겠노라는 일념으로 신앙생활을 하고 있다면, 빨리 생각을 바꾸시고 좋은 말로 할 때 하나님께서 우리에게 원하시고 요구하시는 것이 무엇인지 발견하기 바랍니다.

시간을 내서 다른 사람의 발을 씻어 주는 것은 마음만 먹으면 언제든지 따라 할 수 있습니다. 하지만 실제로 내 권리를 포기하고 다른 사람의 종이 되는, 사람이 바뀌는 것은 연습하고 훈련되지 않으면 만들어질 수 없습니다. 하나님께서 우리에게 원하시는 것은, 세족식을 모방하고 따라 하면서 스스로 감동하는 사람이 아니라, 실제로 그런 사람이 되는 것입니다. 저와 여러분, 우리 하와이한빛장로교회가 예수님께서 자기 사람을 끝까지 사랑하심으로 제자들의 발을 씻겨 주시면서 '너희도 행하게 하려 하여 본을 보이셨다'고 하신 말씀의 뜻을 잘 배우기 원합니다.

요한복음 13:21~38

# 후에는 따라오리라

"21. 예수께서 이 말씀을 하시고 심령이 괴로워 증언하여 이르시되 내가 진실로 진실로 너희에게 이르노니 너희 중 하나가 나를 팔리라 하시니 22. 제자들이 서로 보며 누구에게 대하여 말씀하시는지 의심하더라 23. 예수의 제자 중 하나 곧 그가 사랑하시는 자가 예수의 품에 의지하여 누웠는지라 24. 시몬 베드로가 머릿짓을 하여 말하되 말씀하신 자가 누구인지 말하라 하니 25. 그가 예수의 가슴에 그대로 의지하여 말하되 주여 누구니이까 26. 예수께서 대답하시되 내가 떡 한 조각을 적셔다 주는 자가 그니라 하시고 곧 한 조각을 적셔서 가룟 시몬의 아들 유다에게 주시니 27. 조각을 받은 후 곧 사탄이 그 속에 들어간지라 이에 예수께서 유다에게 이르시되 네가 하는 일을 속히 하라 하시니 28. 이 말씀을 무슨 뜻으로 하셨는지 그 앉은 자 중에 아는 자가 없고 29. 어떤 이들은 유다가 돈궤를 맡았으므로 명절에 우리가 쓸 물건을 사라 하시는지 혹은 가난한 자들에게 무엇을 주라 하시는 줄로 생각하더라 30. 유다가 그 조각을 받고 곧 나가니 밤이러라 31. 그가 나간 후에 예수께서 이르시되 지금 인자가 영광을 받았고 하나님도 인자로 말미암아 영광을 받으셨도다 32. 만일 하나님이 그로 말미암아 영광을 받으셨으면 하나님도 자기로 말미암아 그에게 영광을 주시리니 곧 주시리라 33. 작은 자들아 내가 아직 잠시 너희와 함께 있겠노라 너희가 나를 찾을 것이나 일찍이 내가 유대인들에게 너희는 내가 가는 곳에 올 수 없다고 말한 것과 같이 지금 너희에게도 이르노라 34. 새 계명을 너희에게 주노니 서로 사랑하라 내가 너희를 사랑한 것 같이 너희도 서로 사랑하라 35. 너희가 서로 사랑하면 이로써 모든 사람이 너희가 내 제자인 줄 알리라 36. 시몬 베드로가 이르되 주여 어디로 가시나이까 예수께서 대답하시되 내가 가는 곳에 네가 지금은 따라올 수 없으나 후에는 따라오리라 37. 베드로가 이르되 주여 내가 지금은 어찌하여 따라갈 수 없나이까 주를 위하여 내 목숨을 버리겠나이다 38. 예수께서 대답하시되 네가 나를 위하여 네 목숨을 버리겠느냐 내가 진실로 진실로 네게 이르노니 닭 울기 전에 네가 세 번 나를 부인하리라"

21절 말씀을 개역한글에서는 **"심령에 민망하여 증거하여 가라사대"**라고 번역했습니다. 민망하다는 말은, "답답하고 딱하다"라는 뜻입니다. 오늘 본문은 최후의 만찬 이후에 일어나게 될 어떤 사건에 대한 예수님의 말씀을 기록하고 있습니다. 그런데 예수님께서 이 말씀을 답답하고 괴로운 심정으로 하십니다. 같은 맥락에서 저도 말씀을 준비하면서 그런 마음이 들었고, 그래서 오늘 말씀을 전하는 것이 상당히 조심스럽습니다. 이 말씀을 먼저 드리는 것은, 잘 들으셔야 한다는 뜻입니다. 설교의 전체적인 맥락을 듣지 못하면 전하는 자도, 듣는 여러분도 민망해질 수 있기 때문입니다.

본문에 예수님께서 두 가지 말씀을 하셨습니다. 첫째는, 예수님께서 심령에 괴로워하시며 제자 중 하나가 자신을 팔 것[21]이라고 하신 것입니다. 둘째는, 베드로가 닭 울기 전에 예수님을 세 번 부인할 것[38]을 말씀했습니다. 예수님의 제자들 중에 세리 출신의 재정 전문가 마태가 있었음에도 가룟 유다가 재정을 맡았다는 것은, 가룟 유다가 제자들 가운데 가장 신뢰받았던 사람이었음을 짐작할 수 있습니다. 또한 베드로는 예수님의 수제자였습니다. 이처럼 핵심 제자라고 볼 수 있는 두 사람인데, 한날 저녁에 가룟 유다는 예수님을 팔아넘긴 자로, 베드로는 예수님을 세 번 부인하는 사람이 됩니다.

오늘 본문이 우리에게 알려 주려고 하는 것은, 예수님의 제자가 되어 예수님과 함께 3년 이상을 함께 보낸 사람이라 할지라도, 자기 스스로의 힘으로는 믿음의 사람으로 변화될 수 없다는 것을 확인시켜 줍니다. 첫째는, 믿음이라는 것이 사람이 혼자의 힘으로 애써서 될 문제가 아니라는 것이며 둘째는, 예수님을 따라다녔어도 인간이란 본질적으로 진노의 자식이며, 죄짓는 것 말고는 선한 것을 만들지 못하는 존재인 것을 명백히 보여 줍니다.

베드로는 자신의 성격과 열심을 가지고 예수님을 따르는 성도들을 상징하는 대표 모델과 같은 사람입니다. 베드로가 예수님께 칭찬을 받은 것은 "주는 그리스도시요, 살아 계신 하나님의 아들입니다"라는 신앙고백을 했을 때입니다. 하지만 그때 말고는 언제나 제일 먼저 앞장섰다가 예수님께 야단맞을 때가 많았던 사람입니다. 유일하게 칭찬을 들은 뒤에도 "사탄아, 내 뒤로 물러가라. 네가 하나님의 일을 생각지 않는다"라는 책망을 들음으로, 앞에 들었던 칭찬이 무색해졌습니다.

인간적인 면으로 본다면 베드로는 정말 좋은 사람입니다. 의리가 있고, 용감한 사람입니다. 거친 풍랑 속에서도 예수님을 보고서 바다 위로 뛰어내릴 만큼 예수님에 대한 믿음도 제일 좋았던 사람입니다. 하지만 그럼에도 성경이 베드로를 등장시킬 때는, 성경이 우리에게 요구하는 신앙의 모습과 인간이 자기 나름대로 최선이라고 내놓는 신앙의 모습이 얼마나 차이가 날 수 있는지를 보여 주는 예로 사용하고 있습니다.

어떤 면에서 우리나라 성도들은 베드로를 닮은 부분이 있습니다. 뜨거운 열정과 감수성이 있습니다. 전 재산을 팔아서 헌금하면서도 아까워하지 않는, 내일을 생각하지 않는 믿음을 가졌습니다. 그런데 문제는 성경에 말씀하신 하나님께서 우리들에게 정말로 그런 것들을 요구하셨는가 하는 것입니다. 믿음이라는 이름으로 우리가 할 수 있는 최선의 결과물을 내놓았는데, 하나님께서 "나는 너에게 그런 것을 요구한 적이 없다"라고 말씀하신다면, 그동안 우리가 수고하고 애써서 만든 것들은 어떻게 되는 것입니까? 오늘 본문이 바로 그것을 말씀하고 있습니다. 예수님께서 자기가 세상을 떠나 아버지께로 돌아가실 때가 이른 줄 아시고 이렇게 말씀하셨습니다.

> 요한복음 13:31-33, "그가 나간 후에 예수께서 이르시되 지금 인자가 영광을 받았고 하나님도 인자로 말미암아 영광을 받으셨도다 32. 만일 하나님이 그로 말미암아 영광을 받으셨으면 하나님도 자기로 말미암아 그에게 영광을 주시리니 곧 주시리라 33. 작은 자들아 내가 아직 잠시 너희와 함께 있겠노라 너희가 나를 찾을 것이나 일찍이 내가 유대인들

에게 너희는 내가 가는 곳에 올 수 없다고 말한 것과 같이 지금 너희에게도 이르노라"

예수님께서 제자들에게 지금은 잠시 너희와 함께 있겠지만, 예전에 유대인들에게 말했던 것처럼 너희가 올 수 없는 곳으로 갈 것이라고 말씀했습니다. 그러자 베드로가 말합니다.

요한복음 13:36, "시몬 베드로가 이르되 주여 어디로 가시나이까 예수께서 대답하시되 내가 가는 곳에 네가 지금은 따라올 수 없으나 후에는 따라오리라"

베드로가 다시 대답합니다. "아니 어딜 가려고 하시기에 못 따라간다고 하십니까? 내가 주를 위해 목숨을 바칠 각오가 되어 있습니다." 예수님께서 다시 말씀하시죠. **"닭 울기 전에 네가 세 번 나를 부인하리라"** 이와 같은 알 수 없는 대화가 끝난 뒤에 예수님은 제자들과 함께 겟세마네 동산으로 기도하러 가십니다. 그리고 그곳에서 로마 군병들과 성전의 관원들을 이끌고 온 가룟 유다에 의해 붙잡혀 가게 됩니다. 그때 다른 제자들은 다 도망갔고, 베드로 혼자 멀리서 예수님을 쫓아갔다가 대제사장 가야바의 뜰에서 예수님을 세 번 부인한 뒤에, 닭 우는 소리를 듣고서야 예수님의 말씀이 생각나 밖에서 통곡했습니다.

마태복음 26:75, "이에 베드로가 예수의 말씀에 닭 울기 전에 네가 세 번 나를 부인하리라 하심이 생각나서 밖에 나가서 심히 통곡하니라"

성경학자들은 베드로가 주를 위하여 내 목숨까지도 버리겠다고 장담한 뒤에, 예수님을 모른다고 세 번 부인하기까지 3시간이 채 걸리지 않은 것으로 봅니다. 베드로는 누구입니까? 예수님께서 **"너는 베드로라 내가 이 반석 위에 내 교회를 세우리니"**(마 16:18)라고 약속했던 사람입니다. 또한 베드로는 예수님의 승천 후에 초대교회 안에서 수제자로서 맡아야 할 책임과 위치가 있는 사람입니다. 어차피 겟세마네 동산에서 다른 제자들은 다 도망갔고 오직 베드로 혼자 따라갔었기 때문에, 훗날 초대교회 안에서 베드로가 감당해야 할 역량을 감안해서 베드로가 예수님을 세 번 부인했던 사실은 감춰 줘도 될 만할 것 같은데, 모든 복음서에 다 기록해서 드러냈습니다.

이처럼 성경이 베드로가 예수님을 세 번 부인한 것을 공개한 것은, 그를 통해 우리에게 알려 주려고 하시는 뜻이 있기 때문입니다. 그것은 우리가 자기 나름대로 열심을 다하는 것이 온전한 신앙이라고 할 수 없음을 가르쳐 주는 것입니다. 당황스러운 전개입니다. 개인이 열심을 다해 신앙생활하는 것이 온전한 신앙이라고 할 수 없다면, 도대체 우리는 어떻게 신앙생활을 해야 할까요? 그러면 교회 봉사나 이런 것을 일체 하지 않는 것이 좋은 신앙입니까? 이것이 참으로 어려운 부분입니다. 그리고 그것을 설명하려고 베드로를 등장시키는 것입니다.

베드로가 예수님께 한 말이 무엇입니까? "예수님 드대체 어딜 가시려고 하기에 우리는 따라올 수 없다고 하는 것입니까? 예루살렘 분위기가 심상치 않습니다. 제가 목숨 걸고 지켜 드리겠습니다." 우리가 요한복음 11장에서 살펴봤던 것처럼, 예수님께서 죽은 지 나흘이나 지난 나사로를 살리신 일로 인해서 대제사장들과 바리새인들이 공회를 모으고 예수님을 죽이려고 모의를 했습니다. 그리고 그 분위기는 단지 회의 정도로 끝난 것이 아니라, 예수님께서 예루살렘으로 가자고 하셨을 때, 도마가 "우리도 주와 함께 죽으러 가자"라고 말했을 정도로 실제적인 위협이 감지되던 상황이었습니다. 이렇게 상황이 위험한데 예수님께서 혼자서 어디론가 가겠다고 하시니까, 베드로가 자기라도 목숨 걸고 따라가서 예수님을 지켜 주겠노라고 나섰던 것입니다.

그런데 성경은 이처럼 열정이 넘치는 베드로 같은 사람이라 할지라도, 하나님이나 예수 그리스도께서 하시는 일에 우리 인간의 도움은 그 어떤 것도 필요 없음을 명확하게 말씀하고 있습니다. 하나님은 완전하신 분이십니다. 그 자체로 부족한 것이 전혀 없다는 것입니다. 하나님께 영광이라는 것도 이미 하나님은 스스로 완전한 영광이신 분이시기 때문에, 우리가 신앙적으로 무엇을 잘하거나 어떤 공헌을 했다고 해도, 그것을 근거로 해서 추가로 하나님께 더 영광이 되는 것은 아닙니다. 그래서 우리가 무엇을 위해 신앙적인 열심을 내며, 어떻게 하나님의 일을 해야 하는지 정확하게 알아야 합니다.

왜냐하면 지금까지 우리는 나에게 익숙하고 내가 좋아하는 방법, 내가 남보다 잘할 수 있는 것들을 가지고 뭔가 성과를 만들어 낸 것을 근거로, 그것이 하나님께 영광이 된다고 생각해 왔기 때문입니다. 그래서 우리들은 우리가 가진 가장 좋은 것을 조금도 아끼는 마음 없이 모든 정성을 다해 하나님께 드릴 수 있다면, 그것이 좋은 믿음이라고 생각해 왔습니다. 하지만 그렇지 않습니다. 하나님께서 우리에게 원하시는 것은, 우리에게 있는 무엇인가를 달라고 하시는 것이 아니라, 너희가 하나님의 말씀을 듣고 그 말씀에 순종해야 한다고 말씀합니다.

본문에 등장하는 베드로가 바로 그런 상황에 대한 대표적인 예입니다. 베드로가 "주여, 제 목숨을 버리는 한이 있더라도 주를 따라가겠습니다"라고 했을 때, 예수님께서는 베드로의 결심과 의지를 받아주지 않으셨습니다. 오히려 "네가 오늘 밤 닭 울기 전에 나를 세 번 부인할 것"이라고 하면서, 그의 의지를 꺾으셨습니다. 하지만 **"내게 능력 주시는 자 안에서 내가 모든 것을 할 수 있느니라"**(빌 4:13)라고 했던 사도 바울의 고백은 빌립보교회 성도들뿐만 아니라, 오늘 우리에게도 귀한 도전을 주는 말씀입니다.

베드로가 '목숨을 버리고서라도 주를 따르겠다'고 한 것은 받아들여지지 않고, 바울이 '내가 모든 것을 할 수 있다'고 한 말이 받아들여진 차이는 무엇일까요? 그 자신감이 자기 자신에게서 나왔느냐, 아니면 모든 능력을 주시는 그리스도에게서 나왔느냐의 차이입니다. 물론 많은 성도들이 말할 것입니다. 당연히 "내 결심과 행함은 그리스도에게서 나왔습니다. 성령에게서 나온 것입니다"라고 확신할 것입니다. 그러면 정말로 그와 같은 결심과 행동이 그리스도에게서 나온 것인지 성경을 통해 검증해 봐야 할 것입니다.

오늘 본문에 등장하는 가룟 유다와 베드로는 시험 문제지의 보기와 같은 사람입니다. 서두에도 말씀드렸던 것처럼 가룟 유다는, 세리 출신의 회계 전문가였던 마태가 있었음에도 회계의 일을 맡았던 사람입니다. 당시 제자들 사이에서 가장 신뢰를 얻었던 사람이었다는 것입니다. 하지만 가룟 유다는 끝까지 주님의 제자가 되지 못하고 중간에 탈락했습니다. 그 이유가 무엇이었습니까? 3년이 넘도록 예수님의 제자로 살았음에도, 자기 이익(돈)의 문제가 걸리니까 예수님을 팔아 버린 것입니다.

예수님의 제자들도 가룟 유다가 예수님을 잡으려고 사람들을 이끌고 겟세마네 동산으로 찾아오기 전까지는 그가 예수님을 판 사람인 것을 몰랐습니다. 만약 미리 알았다면, 어떤 제자라도 가룟 유다가 하려는 일을 막았겠죠. 결국 예수님의 승천 이후에 복음서를 기록한 제자들은, 가룟 유다에 대해서 소개할 때마다 그는 예수를 파는 자가 될 사람이라고 썼습니다.

누가복음 6:16, "야고보의 아들 유다와 예수를 파는 자 될 가룟 유다라"

그러면 가룟 유다만 자기 이익에 눈이 멀어서 예수님을 팔았습니까? 우리들도 별로 다르지 않습니다. 나에게 큰 이익이 생길 어떤 일이 생겼는데 그러자니 믿음을 포기해야 할 사건이 생기거나, 믿음을 지키려고 하니 회복하기 어려운 큰 손해가 발생되는 일이 생겼을 때, 믿음을 지킬 수 있을까요? 우리는 성경을 읽으면서 2천 년 전에 누구, 구약시대 때 누구, 이런 식으로 마치 동화 속의 이야기를 보듯이 성경을 보는 경향이 있습니다. 그래서 자기는 그런 사람이 아니라고 쉽게 단정합니다. 하지만 솔직히 말하면 우리도 가룟 유다처럼 자기 이익에 민감한 사람 아닙니까?

두 번째 등장하는 베드로는 가룟 유다보다는 좀 더 나아 보입니다. 적어도 자기 이익 때문에 예수님을 배신하지는 않았기 때문입니다. 하지만 베드로도 결국 어떤 지점에 이르자 주를 배신했습니다. 그게 언제입니까? 자기 신상에 해를 입을 것 같은 순간이 왔을 때입니다. 다른 제자들과 달리, 베드로는 변장을 하고서라도 예수님을 따라서 가야바의 뜰까지 쫓아갔던 사람입니다. 적어도 베드로는 예수님에 대한 의리, 수제자로서 최소한의 책임감은 있었던 것으로 보입니다. 하지만 거기까지였습니다. 그날 밤 가야바 뜰에서 존재감도 없는 어린 여종이 베드로를 알아보고, 너도 예수와 함께 있었던 사람이라고 말하자 자기는 그 사람을 알지 못한다며 부인했습니다.

> 마태복음 26:69-72, "베드로가 바깥 뜰에 앉았더니 한 여종이 나아와 이르되 너도 갈릴리 사람 예수와 함께 있었도다 하거늘 70. 베드로가 모든 사람 앞에서 부인하여 이르되 나는 네가 무슨 말을 하는지 알지 못하겠노라 하며 71. 앞문까지 나아가니 다른 여종이 그를 보고 거기 있는 사람들에게 말하되 이 사람은 나사렛 예수와 함께 있었도다 하매 72. 베드로가 맹세하고 또 부인하여 이르되 나는 그 사람을 알지 못하노라 하더라"

보이십니까? 베드로를 알아보고 말한 사람이 69절에 한 여종이었고, 71절에도 다른 여종이었습니다. 성경은 왜 여종을 등장시켜서 말하는 것일까요? 당시 사회에서 여자는 사람의 숫자에 들지 않을 때입니다. 또한 남자라도 30세 이후에야 사람들 앞에서 공개적으로 자기의 의견을 말할 수 있었습니다. 예수님의 공생애 사역이 30세 이후에 시작된 이유가 바로 그것 때문입니다.

그러면 종은 어떤 존재입니까? 소나 낙타처럼 주인의 일을 시키기 위한 도구와 같은 존재로, 사실상 말을 알아듣는지, 못 알아듣는지의 차이가 있을 뿐이지, 시장에서 사고파는 물건과 다르지 않았습니다.

> 고린도전서 14:34, "여자는 교회에서 잠잠하라 그들에게는 말하는 것을 허락함이 없나니 율법에 이른 것 같이 오직 복종할 것이요"

이 말씀은 사도 바울이 고린도교회에 출석하고 있는 성도들에게 준 편지로, 고린도교회는 유다 땅에 세워진 교회가 아니라 이방에 세워진 교회입니다. 그럼에도 바울은 교회에서 여자들은 잠잠하라고 말하면서, 여자가 말하는 것을 허락한 적이 없으니 오직 복종만 하라고 했습니다. 그러면 초대교회에서 여자 성도의 존재감은 전혀 없었습니까? 그렇지 않습니다. 바울의 동역자였던 에베소교회의 브리스길라, 빌립보교회의 루디아, 디모데의 엄마와 할머니 등 대단한 믿음의 사람들이 많았습니다. 그럼에도 불구하고 교회에서조차 여자에게 말하는 것을 허락하지 않았습니다. 당시 이방에 세워진 교회의 성도들은, 유대인 출신 성도들과 달리 율법의 몇 가지만 지켜도 되는 것으로 허용이 되었음에도, **"여자가 교회에서 말하는 것은 부끄러운 것이라"**(고전 14:35)라고 말할 정도였습니다.

교회에서조차 그랬다면, 예수님께서 불의한 재판을 받으시던 대제사장 가야바의 뜰에서, 베드로를 향해 그가 예수와 함께 있던 사람이라고 증언한 여종의 말에 귀를 기울일 사람이 몇이나 있었을까요? 이 여종의 경우 첫째는 여자이기에 발언권이 없었고, 둘째는 같은 사람으로 인정되지 않는 종의 신분이었기에 더욱 존재감이 없었습니다. 다시 말씀드려서 그 자리에 모인 사람들 중에 여자 노예가 뭐라 하든, 그가 하는 말을 귀담아듣고 주목할 사람이 없었다는 것입니다. 그런데 무시해도 될 만한 여종의 말에 베드로가 겁을 먹고서 예수님을 부인하고 있습니다. 왜요? 그 여종의 증언이 베드로 자신의 신상에 문제가 될 수 있기 때문입니다. 예수님과 함께 들잡혀서 곤욕을 당하거나 죽을 수도 있기 때문입니다. 분명 베드로는 예수님을 위해 자기 목숨까지도 내놓겠다고 장담했던 사람이었지만, 실제로 그런 일이 생기니까 예수님을 세 번이나 부인한 후에 도망갔습니다.

그러면 베드로만 그런 사람입니까? 우리도 비슷한 상황을 만나게 되면, 별로 다르지 않을 것입니다. 열심히 신앙생활하는 사람들 가운데 베드로 같은 결심과 그런 다짐을 해 보지 않은 사람이 있을까요? '나는 선교하다가 죽을 것이다.' '나는 주가 필요하다고 하시면 그 무엇이라도 다 내놓을 준비가 되어 있다.' 실제로 그런 분들 중에는 자신의 것을 아끼지 않고 다 내놓을 뿐 아니라, 교회의 여러 분야에서 헌신의 봉사를 아끼지 않는 분들이 많습니다.

하지만 그렇게 믿음이 좋았고, 헌신의 봉사를 아끼지 않았던 분이었어도 끝까지 그 믿음을 지속하지 못하는 모습을 볼 때가 있습니다. 시험에 들거나 슬럼프에 빠지기도 하고 심지어 한동안 교회를 떠나

기도 합니다. 그렇게 되는 이유가 무엇일까요? 자기 신상에 해가 되는 일이 생겼기 때문입니다. 베드로처럼 목숨을 걸어야 하는 일이 생겼다는 것이 아니라, 아무도 신경 쓰지 않는 여종의 증언과 같은 것에 자기 혼자 위기감을 느끼고, 혼자 반응하다가 결국 넘어지는 것입니다.

아마도 신앙생활을 오래 하신 분들은 교회에서 발생하는 그런 예들을 많이 보셨을 것입니다. 다른 사람들은 잘 모르는데 혼자서 상처받고 시험에 듭니다. 자기가 상처받은 것을 사람들이 몰랐다는 것 때문에 더 시험에 드는 것입니다. 그리고 그렇게 되는 배경에는, 베드로처럼 자기에 대한 과신이 있습니다. "나는 주를 위해 목숨을 걸 준비가 되어 있다, 나에게는 주님만 있고 사심이 없다, 나는 나 자신을 유익하게 하려고 한 적이 없다." 이런 것들입니다. 모든 것이 교회를 위하고 공공을 위한 것이었고, 주님을 위한 것이었기 때문에 정당하다고 생각합니다. 그런데 성경은 그렇지 않다고 말씀합니다. 그건 베드로의 생각이었지, 예수님의 생각이 아니었습니다.

요한복음 13:36, "시몬 베드로가 이르되 주여 어디로 가시나이까 예수께서 대답하시되 내가 가는 곳에 네가 지금은 따라올 수 없으나 후에는 따라오리라"

예수님 말씀처럼 베드로가 지금은 예수님을 따를 수 없습니다. 하지만 후에는 따라갈 것입니다. 그러면 예수님께서 말씀하신 '후에는' 은 언제일까요? 베드로 자신이 버려진 뒤입니다. 그리스도 안에서 새롭게 발견된 후입니다. 하지만 그전에 베드로가 가진 것은 주님께 합당하지 않습니다.

빌립보서 3장 4~8절에 보면 바울이 육체적으로 얼마나 자랑할 만한 것이 많은 사람이었는지 스스로 소개합니다. 하지만 바울은 그 모든 세상의 자랑거리들을 배설물처럼 여겼다고 하면서 이렇게 고백합니다.

빌립보서 3:8, "또한 모든 것을 해로 여김은 내 주 그리스도 예수를 아는 지식이 가장 고상하기 때문이라 내가 그를 위하여 모든 것을 잃어버리고 배설물로 여김은 그리스도를 얻고"

우리가 주로 알고 있는 내용이 여기까지입니다. "바울이 자기 자랑거리들을 배설물처럼 여겼다, 참 훌륭하다." 그런데 바울이 어떻게 그런 사람이 될 수 있었는지까지, 찾아보고 배우려고 하지 않습니다. 한 구절만 더 읽으면 9절에서 바울이 어떻게 그렇게 할 수 있게 되었는지 그 답을 주고 있는데, 마침표도 없는 곳에서 끝내고 덮어 버립니다.

빌립보서 3:9, "그 안에서 발견되려 함이니 내가 가진 의는 율법에서 난 것이 아니요 오직 그리스도를 믿음으로 말미암은 것이니 곧 믿음으로 하나님께로부터 난 의라"

현대인의 성경에는 "그분과 완전히 하나가 되기 위한 것"이라고 번역했습니다. 바울이 히브리인과 바리새인으로서 가졌던 혈통적 자긍심, 율법으로는 흠이 없는 자라고 했을 만큼 강한 충성심, 그리고 로마의 시민권자와 같은 세상의 자랑들을 가지고 했던 일은 교회를 핍박하는 일이었습니다. 하지만 그리스도와 완전한 하나가 되어 새롭게 발견된 후에는, 전에 가졌던 세상의 자랑들을 다 버렸습니다.

"**그리스도를 얻고 그 안에서 발견되려 함이니**" 바울이 그렇게 그리스도 안에서 발견되고 나니 어떤 일을 했습니까? 죽기 직전까지 매를 맞고, 채찍에 맞고, 돌에 맞고, 풍랑 속에서 파선한 배에 타고, 춥고, 헐벗고, 배고픈 삶을 살면서도 끝까지 믿음을 지켰습니다. 우리가 배우고 도달해야 하는 믿음의 도가 바로 이것입니다. 그리스도를 얻고 그 안에서 새롭게 발견되는 것입니다. 우리의 진심과 열정, 그리스도를 향한 믿음, 교회를 위하고 성도를 위하는 마음. 이런 것이 100% 진심에 근거한 것일지라도, 그리스도 안에서 새롭게 발견되지 않으면, 우리는 언제든지 가룟 유다와 베드로처럼 될 수 있습니다.

예수님을 세 번 부인한 베드로는, 부활하신 예수님을 만난 뒤에도 다른 제자들과 함께 옛날에 고기 잡던 어부로 되돌아갔었습니다. 왜요? 자기가 가진 것으로는 주의 일을 할 수 없다는 것을 알았기 때문입니다. 그럼 베드로가 끝까지 예전에 고기 잡던 어부로 돌아가서 살다가 죽었습니까? 베드로도 그리스도 안에서 새롭게 발견되어, 예수님 말씀처럼 주님께서 가신 길을 따라갔습니다. 오순절 마가의 다락방에 임하셨던 성령으로 인해 예전의 베드로가 아닌, 새로운 베드로가 되었습니다.

지금 말씀드리는 것은, 성령이 불같이 임하시면 그 누구라도 믿음이 좋은 사람으로 변한다는 것을 말하는 것이 아닙니다. 베드로는 마가의 다락방에 임하신 성령으로 인해 예수님이 누구신지 분명히 알게 되었고, 그리스도께서 주시는 죄 사함과 구원의 은혜가 어떤 것인지 확실하게 알게 되었습니다. 그리고 베드로는 그리스도 안에서 발견된, 그리스도와 완전히 하나가 된 새로운 사람이 되었습니다. 그전에는 다른 제자들과 누가 큰지 다투기 바빴지요.

사도행전 2:38-41, "베드로가 이르되 너희가 회개하여 각각 예수 그리스도의 이름으로 세례를 받고 죄 사함을 받으라 그리하면 성령의 선물을 받으리니 39. 이 약속은 너희와 너희 자녀와 모든 먼 데 사람 곧 주 우리 하나님이 얼마든지 부르시는 자들에게 하신 것이라 하고 40. 또 여러 말로 확증하며 권하여 이르되 너희가 이 패역한 세대에서 구원을 받으라 하니 41. 그 말을 받은 사람들은 세례를 받으매 이 날에 신도의 수가 삼천이나 더하더라"

그리스도가 누구신지, 죄 사함의 은혜와 구원의 은혜가 무엇인지 제대로 알지 못한 채, 스승 예수님에 대한 의리와 신앙적인 열심만 앞세웠던 베드로는, 아무 존재감도 없는 여종의 말을 듣고 두려움에 빠져서 세 번이나 예수님을 모른다고 부인하고 어둠 속으로 도망갔습니다. 하지만 그리스도를 얻고, 그 안에서 발견되고 나니 군중들 앞에서 예수를 증언하며 회개를 선포했습니다.

오늘 요한복음의 말씀을 주신 하나님께서 저와 여러분에게 요구하시는 것도 바로 이것입니다. '개인적인 열심, 개인의 능력, 인간적인 의리, 충성심, 이런 것 가지고 오지 말고, 그리스도를 얻고 그 안에서 발견된 새로운 사람이 되어라. 그 후에야 나를 따를 수 있다.' 여러분의 진심을 믿을 수 없다는 것이 아닙니다. 교회를 위한 여러분의 헌신과 남을 위해 봉사하는 것이 '필요 없다, 그게 별것 아니다'라는 것도 아닙니다. 하지만 분명한 것은 그리스도 안에서 발견되고, 그리스도와 완전하게 하나가 되지 않으면, 끝까지 그 일을 계속할 수 없다는 것을 말씀드리는 것입니다.

우리가 요한복음을 배우면서 계속 확인하고 있는 것처럼, 예수님은 자기 스스로는 아무것도 할 수 없다고 말씀하시고, 말 한마디 하는 것조차 아버지께서 허락하신 것만 말한다고 하시지 않으셨습니까? 예수님조차도 그렇게 하셨다면, 저와 여러분은 어떻게 해야겠습니까? 하지만 우리는 대부분 어떻게 합니까? 내가 하고 싶은 것을 합니다. 내가 하고 싶은 말을 합니다. 교회에서도 내가 하고 싶은 말 다 하고, 내가 하고 싶은 방법대로 일하고 싶어서 더 열심히 해서 사람들에게 인정받으려고 합니다. 하지만 열심히 하다가 내 말대로 되지 않고, 내 방법대로 되지 않으면 치워 버리고 가 버리곤 합니다. 여러분, 그게 믿음입니까? 그게 바로 가룟 유다고, 베드로입니다. 가룟 유다, 베드로는 2천 년 전에 있던 사람이 아니라 현재 우리의 모습입니다. 그래서 무엇보다 그리스도 안에서 먼저 자신을 발견하시기 바랍니다. 내가 지금 무엇을 하고 있다고 말하기 전에, 그리스도께서 내게 주신 은혜가 어떤 것인지 생각하시기 바랍니다.

우리가 무엇을 하면 생명보다 더 귀한 결과물을 만들어 낼 수 있겠습니까? 우리가 어떤 공로를 세우면 천국과 영생의 면류관을 받기에 합당하겠습니까? 바울은 그리스도께 받은 은혜와 비교해 보니, 자기가 세상에서 이루었던 모든 게 배설물과 같다고 했습니다. 베드로도 그리스도 안에서 자신을 발견하고 나니, 예수님처럼 십자가에 달리는 것이 아니라 거꾸로 매달려 죽겠노라고 자청하여 순교했다고 기독교 역사에 기록되어 있습니다.

 이처럼 우리가 본받아야 할 믿음의 선조들은 그리스도 안에서 먼저 자신을 죽이고, 그리스도로 인해서 새롭게 된 사람들이었습니다. 저와 여러분들도 이와 같은 믿음을 본받기 원합니다. 성경이 우리에게 원하는 믿음의 경지가 이것입니다. 우리가 몰랐다고 해서 그 경지가 없는 것이 아니고, 모른 척한다고 해서 없어지는 것도 아닙니다. 바울도 이 푯대를 향하여 계속 달려간다고 말하지 않았습니까? 사람마다 다를 것입니다. 푯대를 향해 달려가는 사람, 쉬어 가는 사람, 포기하는 사람, 다양할 것입니다. 하지만 이 경주는 끝이 있는 싸움입니다. 그리고 그 결과물은 자기가 달려간 만큼 개별적으로 받게 될 것입니다.

 듣고 깨달아서 할 수 있는 사람이 있고, 들어도 할 수 없는 사람이 있습니다. 생명이 태어난 자체만으로도 감격인 사람도 있고, 자기 앞가림만 해도 고마운 사람이 있습니다. 그런가 하면 자기가 할 일을 다 끝내고, 다른 사람의 짐까지 대신 져 주는 사람이 있고, 베드로처럼 바울처럼 순교의 자리까지 갈 수 있는 사람이 있습니다. 이 경주를 누가 강요한다고 하겠습니까? 모든 사람이 다 하겠습니까? 하지만 끝까지 경주할 수 있는 사람은 복이 있을 것입니다. 끝까지 잘 싸워 승리하시는 저와 여러분, "후에는 따라오리라"라는 예수님의 말씀처럼 예수님께서 가신 길을 따라갈 수 있는 저와 여러분이 되길 축원합니다.

요한복음 14:1~3

# 또 나를 믿으라

"1. 너희는 마음에 근심하지 말라 하나님을 믿으니 또 나를 믿으라 2. 내 아버지 집에 거할 곳이 많도다 그렇지 않으면 너희에게 일렀으리라 내가 너희를 위하여 거처를 예비하러 가노니 3. 가서 너희를 위하여 거처를 예비하면 내가 다시 와서 너희를 내게로 영접하여 나 있는 곳에 너희도 있게 하리라"

본문은 예수님께서 붙잡히시기 전에 마지막으로 제자들에게 주신 말씀입니다. 앞서 13장에서 예수님께서 가시는 길을 함께 가겠노라고 말했던 베드로에게, 지금은 나와 함께 갈 수 없지만 후에는 따라올 수 있을 것이라고 하셨습니다. 예수님의 이 말씀은, 칼을 지닐 만큼 용맹했던 베드로가 예수님을 따라가서 반드시 지켜 드리겠다고 했던 그의 진심이나, 의리 등 개인에게 속한 것만 가지고는 예수님께서 가신 길을 따라올 수 없다는 뜻입니다. 또한 이 말씀은 베드로뿐만 아니라 그 자리에 있던 다른 제자들에게도 주신 말씀입니다.

예수님의 제자들은 최후의 만찬 자리에서 예수님과 함께 음식을 먹으면서도 자기들 가운데 누가 더 예수님과 가까운 사람인지, 누구의 공로가 더 큰지 다툴 정도로 자기들 나름대로는 충성심이 대단했다고 자부했던 사람들이었습니다. 또한 예수님께서 발을 씻어 주실 때, 말없이 자신의 발을 내밀 만큼 공로가 있다고 여겼던 제자들입니다. 하지만 예수님께서 겟세마네 동산에서 군병들에게 붙잡히실 때는, 예수님 곁에 남지 않고 모두 도망가 버렸습니다. 결국 예수님의 말씀처럼 지금은 그 누구도 예수님을 따라가지 못했습니다. 3년 동안 예수님께로부터 들었던 말씀들, 예수님께서 행하시는 기적을 직접 목격한 경험, 예수님을 향한 개인의 진심이나 의리와 같은 것만 가지고는 예수님께서 가신 길을 끝까지 따라갈 수 없다는 것입니다.

그러면 그리스도를 따라가는 것이 개인의 뜻과 결심인지, 그리스도 안에서 발견된 것인지 어떻게 알 수 있을까요? 이익과 관련된 순간이 오거나, 어려움과 위기의 순간을 지나고 나면 그 끝을 확인할 수 있습니다. 개인의 뜻과 결심으로 예수님을 따랐을 때는 어떤 상황이 닥쳤을 때 즉, 돈을 받고 예수님을 팔거나 군병들이 붙잡으러 왔을 때 다 도망가 버린 것입니다. 하지만 그랬던 제자들이 오순절 성령의 은혜로 인해 자기들이 따랐던 예수님이 누구신지 정확하게 알고, 그리스도께로부터 받은 구원의 은혜를 확실히 깨달은 뒤에는, 그리스도에 속한 사람이 되었습니다.

이처럼 성경은 예수를 따르겠다고 하는 것을 개인의 뜻과 결심에 맡기는 것이 아니라, 그리스도 안에서 새롭게 발견된 이후에야 따를 수 있는 것임을 분명히 가르쳐 줍니다. 개인의 뜻과 결심일 때는 어떤 상황이 벌어질 때마다, 그 사람이 더 중요하게 생각하는 우선순위에 따라 선택의 결과가 달라질 수 있습니다. 다시 말씀드려서 벌어진 상황이 그 사람의 선택을 이끌어 간다는 것입니다. 하지만 그리스도 안에서 새롭게 발견된 후에는 벌어진 상황이 선택을 이끌어 가는 것이 아니라, 그리스도에 대한 믿음이 그 상황을 이끌어 가게 됩니다.

> 고린도후서 11:23-27, "그들이 그리스도의 일꾼이냐 정신 없는 말을 하거니와 나는 더욱 그러하도다 내가 수고를 넘치도록 하고 옥에 갇히기도 더 많이 하고 매도 수없이 맞고 여러 번 죽을 뻔하였으니 24. 유대인들에게 사십에서 하나 감한 매를 다섯 번 맞았으며 25. 세 번 태장으로 맞고 한 번 돌로 맞고 세 번 파선하고 일 주야를 깊은 바다에서 지냈으며 26. 여러 번 여행하면서 강의 위험과 강도의 위험과 동족의 위험과 이방인의 위험과 시내의 위험과 광야의 위험과 바다의 위험과 거짓 형제 중의 위험을 당하고 27. 또 수고하며 애쓰고 여러 번 자지 못하고 주리며 목마르고 여러 번 굶고 춥고 헐벗었노라"

바울이 이러한 고난과 어려움을 견디면서도 끝까지 믿음을 지킬 수 있었던 이유가 무엇이었습니까? 바울이 스스로 자랑할 만했다고 했던 예전의 영광에 머물러 있었다면, 이런 어려움 속에서 믿음을 지킬 수 없었을 것입니다. 하지만 바울은 그와 같은 예전의 자랑거리들을 배설물과 같이 모두 버렸습니다. 그리고 그리스도 안에서 새롭게 발견되어 자신이 받은 구원의 은혜가 무엇인지, 그리스도 안에서 자기가 해야 할 사명이 무엇인지 안 이후에는, 그 은혜가 바울로 하여금 죽음 문턱까지 가는 상황도 견디고 이기게 한 것입니다. 하지만 문제는 아무리 생각해도 우리가 바울이나, 거꾸로 십자가에 매달려 순교한 베드로처럼 될 수 없을 것 같은 생각이 듭니다. 오늘 본문은 그런 우리에게 큰 위로를 주는 말씀입니다.

요한복음 14:1, "너희는 마음에 근심하지 말라 하나님을 믿으니 또 나를 믿으라"

우리는 "주를 위해서 내가 무엇인가를 해야 한다"라고 생각하는 경향이 많습니다. 왜냐하면 그런 생각이 우리에게 너무 익숙하기 때문입니다. 기독교가 세상의 다른 종교와 다른 점이 무엇인 줄 아십니까? 다른 종교는 인간이 자기가 섬기는 신을 위해서 무엇인가를 만들고, 해 줘야 합니다. 신상도 만들어야 하고, 신당도 꾸며야 하고, 그 안에 촛불도 켜 줘야 하고, 절을 하며 숭배도 해 줘야 합니다. 그렇게 해야 하는 이유가 무엇입니까? 세상에 사는 동안 나쁘고 해로운 것은 면해지고, 좋고 복된 것은 달라는 것입니다. 떵떵거리면서 살지는 못할지라도 작더라도 내 살 집이 있고, 먹을 양식은 떨어지지 않고, 아프지 않게 해 달라는 것입니다.

하지만 기독교는 우리 인간에게 뭘 해 달라고 하는 것이 아니라, 예수님께서 우리를 위해 다 해 주셨다고 합니다. 그러면서 **"너희는 마음에 근심하지 말라 하나님을 믿으니 또 나를 믿으라"**라고 합니다. 이렇게 나를 믿으라고 말씀하신 예수님의 약속, 기독교의 약속은 무엇입니까?

요한복음 14:2-3, "내 아버지 집에 거할 곳이 많도다 그렇지 않으면 너희에게 일렀으리라 내가 너희를 위하여 거처를 예비하러 가노니 3. 가서 너희를 위하여 거처를 예비하면 내가 다시 와서 너희를 내게로 영접하여 나 있는 곳에 너희도 있게 하리라"

우리가 거할 거처를 누가 준비합니까? 예수님께서 준비하러 가신다고 하십니다. 그리고 우리를 위한 거처가 준비되면, 예수님께서 다시 오셔서 우리를 영접하여 예수님이 계신 그곳에 있게 해 주신답니다. 기독교 신앙을 가지고 있으면서 이것을 알지 못하면, 사실상 세상 다른 종교를 믿는 사람과 조금도 다르지 않은 신앙생활을 하게 됩니다. 어떻게든 세상에 사는 동안 나쁘고 해로운 것은 면해지고, 복되고 좋은 것은 받기 위한 싸움을 하게 되기 때문입니다.

그런 갈망과 열정이 종교적 열심으로 나타나고, 남에게 해코지하지 않고 도와주는 것으로 나타납니다. 이웃을 사랑하고, 가난하고 어려운 사람을 도와주라는 말은 기독교만 합니까? 다른 종교도 다 합니다. 뿌린 대로 거둔다고 내가 누군가에게 잘해 주면, 하늘도 내가 어려울 때 도와준다는 믿음이 있습니다. 그래서 절에 다니던 사람이 개종해서 교회에 와서 예배드리고 나서는 목사님이 예전 스님과 똑같은 말씀을 해서 깜짝 놀랐다고 말하면서, 역시 종교는 섬기는 신만 다를 뿐 다 똑같다고 말합니다.

정말 종교는 섬기는 신만 다를 뿐이지 가르치는 내용은 다 똑같은 것일까요? 이것은 기독교에 대해서 전혀 알지 못하는 사람들이 하는 말입니다. 다시 말씀드리지만, 기독교는 내가 착하게 살고, 내가 공로를 세워서 천국에도 가고 세상에서 복도 받는 종교가 아닙니다. 기독교는 나에게 속한 것은 그 어떤 것도 조건이 되지 못하고 이유가 되지 못한다고 가르칩니다. 오히려 나에게 속한 것은 모두 죄뿐이어서 멸망받을 것 외에는 아무것도 없다고 고백하고 회개하는 것이 기독교입니다.

기독교는 하나님의 은혜 아니면 아무것도 할 수 없음을 고백하는 종교입니다. 베드로가 예수님을 따라가겠노라, 자기가 예수님을 지켜 주겠노라고 했을 때 예수님께서 따라올 수 없다고 하신 이유가 바로 이것입니다. 예수님께서 베드로의 용기를 허용해서 그의 도움을 받는 순간, 예수님의 십자가 죽음은 의미가 없어집니다. 기독교는 더 이상 은혜의 종교가 아니라, 인간이 신을 위해서 무언가를 해 주는 일반 종교와 똑같이 되는 것입니다.

이제 예수님은 얼마 후에 군병들에게 붙잡히게 되고, 곧 십자가의 죽임을 당하게 되실 것입니다. 제자들은 아무도 그 사실을 알지 못하고 있을뿐더러, 이제 곧 상상도 하지 못한 일이 벌어지게 될 것입니다. 예수님께서 마음에 심히 괴로워하시면서 제자들에게 이와 같은 말씀을 하시는 이유가 바로 이것입니다. 이렇게 예상하지 못한 사건으로 갑자기 예수님께서 죽게 되었을 때, 제자들이 얼마나 두려워하겠으며 근심하겠습니까? 그렇기 때문에 "너희는 마음에 근심하지 말고 나를 믿으라"라고 하신 것입니다. 그러면서 주신 약속이 **"내 아버지 집에 거할 곳이 많도다"**라고 하신 것입니다.

이 말씀은 첫째로, 이 세상의 죽음이 끝이 아니라 그 이후에 살게 될 참세상이 있다는 것이고, 둘째로, 이 세상은 우리가 거할 곳이 아니라는 뜻입니다. 기독교가 세상의 종교들과 구별되는 또 다른 이유가 바로 여기에 있습니다. 세상의 종교를 믿는 사람들은 이 세상에서 잘 살기 위해서 종교적 열심을 다하고 산을 섬깁니다. 하지만 예수 그리스도를 믿는 성도들은 예수님께서 준비해 놓으실 영원한 거처인 내 아버지 집에서 살기 위한 준비를 하면서 삽니다.

겉으로 볼 때는 예수님을 믿는 사람이나 다른 종교를 믿는 사람이나, 종교 생활을 하는 모습이 비슷해 보일 수 있을 것입니다. 똑같이 사랑을 말하고, 섬김을 말하며, 자기희생을 말하기 때문입니다. 하지만 다른 점은 무엇입니까? 우리는 세상에서 잘 살고, 잘되기 위해서 종교적 열심을 내는 것이 아니라, 예수님께서 우리를 위해 예비해 주신 집에 들어갈 준비를 하는 것입니다. 또한 그 준비는 평안하고 평탄한 일상에서뿐 아니라 세상에서 핍박을 받고 어려움을 견디면서도 하는 것입니다.

> 빌립보서 4:11-12, "내가 궁핍하므로 말하는 것이 아니라 어떠한 형편에든지 나는 자족하기를 배웠노니 12. 나는 비천에 처할 줄도 알고 풍부에 처할 줄도 알아 모든 일 곧 배부름과 배고픔과 풍부와 궁핍에도 처할 줄 아는 일체의 비결을 배웠노라"

보시는 것처럼 그리스도인은 어떠한 형편에 처했든지, 자족하기를 배우는 사람이라는 것입니다. 이것이 어떻게 가능할 수 있습니까? 단지 우리의 목적이 이 세상뿐이라면 이렇게 할 수 없습니다. 하지만 우리가 살게 될 거처가 세상이 아니라는 것을 알기 때문에 가능한 것입니다.

**"그렇지 않으면 너희에게 일렀으리라"**라고 말씀하셨습니다. 그냥 읽으면 무슨 뜻인지 이해하기 어렵습니다. 원어로 보면, "그렇지 않으면 내가 너희를 위하여 처소를 예비하러 간다고 말하였겠느냐?" 이런 뜻입니다. 예수님께서 우리를 위해서 처소를 예비하러 가신다는 것을 다시 한번 강조한 말씀으로, 이 말씀은 우리도 떠날 준비를 하고 있어야 한다는 말입니다. 그러면 우리는 어떤 준비를 해야 하는 것일까요? 아버지 하나님과 영원히 함께 살 수 있는, 새 나라에 걸맞은 사람으로 준비되어야 한다는 것입니다.

새 나라에 걸맞은 사람은 어떤 사람일까요? 성전을 건축한 사람일까요, 헌금 많이 한 사람일까요, 교회 봉사 열심히 하고, 열정적으로 찬양하고 예배하고, 뜨거운 기도와 금식으로 목소리가 허스키하게 변한 사람일까요? 이러한 부분에 있어서 오늘날 교회가 정확한 답을 갖지 못하고 있습니다. 이미 하나님께서는 성경을 통해서 하나님 나라에 걸맞은 사람이 어떤 사람인지 가르쳐 주셨지만 우리는 너무나 단편적인 신앙생활을 하고 있습니다. 그리고 우리에게 너무나 익숙한 신앙생활을 하다 보니, 하나님의 말씀은 귓등으로 흘려보내 버리고 세상의 종교와 다르지 않은 신앙생활을 하고 있습니다. 그래서 이런 말씀을 들을 때, "그래서 어쩌란 말이냐?"라고 오히려 반문합니다.

설교와 성경공부 시간을 통해서 여러 번 말씀드렸던 것처럼, 구약은 신약의 그림자요 거울입니다. 그래서 우리는 구약의 사건을 통해, 천국에 대한 교훈을 얻고 방법을 배울 수 있습니다. 출애굽한 이스라엘 백성들이 들어가게 될 가나안 땅은, 예수님께서 우리를 위해 거처를 예비하신 천국과 비교하여 가르쳐 준 것입니다. 하나님께서 애굽에서 노예로 살던 이스라엘 백성들을 빼내어 광야로 이끄신 이유가 무엇입니까? 물도, 음식도 없는 광야로 몰아넣어서 다 죽게 하려고 빼내신 것입니까? 가나안 땅을 주시기 위함입니다.

신명기 6:10-11, "네 하나님 여호와께서 네 조상 아브라함과 이삭과 야곱을 향하여 네게 주리라 맹세하신 땅으로 너를 들어가게 하시고 네가 건축하지 아니한 크고 아름다운 성읍을 얻게 하시며 11. 네가 채우지 아니한 아름다운 물건이 가득한 집을 얻게 하시며 네가 파지 아니한 우물을 차지하게 하시며 네가 심지 아니한 포도원과 감람나무를 차지하게 하사 네게 배불리 먹게 하실 때에"

그 가나안 땅은 그들이 건축하지 않은 크고 아름다운 성읍입니다. 그곳에는 그들이 채우지 않은 아름다운 집이 있고, 그들이 파지 않은 우물과 그들이 심지 않은 포도원과 감람나무가 있어서 배불리 먹을 수 있는 곳입니다. 하나님께서 예수 그리스도를 세상에 보내어 우리를 구원하신 이유가 무엇입니까? 영원한 가나안 땅인 천국에서 아버지 하나님과 함께 살기 위함입니다. 그렇게 당신의 백성들을 위해 거처를 예비해 놓으신 하나님께서, 구약의 이스라엘 백성과 오늘 우리에게 요구한 것은 무엇이었을까요?

신명기 6:12-15, "너는 조심하여 너를 애굽 땅 종 되었던 집에서 인도하여 내신 여호와를 잊지 말고 13. 네 하나님 여호와를 경외하며 그를 섬기며 그의 이름으로 맹세할 것이니라 14. 너희는 다른 신들 곧 네 사면에 있는 백성의 신들을 따르지 말라 15. 너희 중에 계신 너희의 하나님 여호와는 질투하시는 하나님이신즉 너희의 하나님 여호와께서 네게 진노하사 너를 지면에서 멸절시키실까 두려워하노라"

하나님께서 이스라엘 백성들에게 요구하신 것은, 너희를 종 되었던 애굽에서 인도하신 하나님을 잊지 말고 하나님만 경외하며 섬기라는 것입니다. 여기에 하나님께서 이스라엘 백성들에게, 너희가 먹고살 만해지거든 성전을 건축하라는 말이 있습니까? 이제는 너희가 살 집도 있고, 포도원도 감람나무도 주었으니 하나님을 위해 뭔가를 만들라고 했습니까? 그런 것도 없습니다. 다른 신들을 따르지 말고 오직 하나님을 경외하고 그분을 섬기라고 하십니다.

하나님께서 오늘 우리에게 요구하시는 것도 다른 것이 아닙니다. 하나님을 바로 알고, 바로 믿고, 바로 섬기라는 것입니다. 그러면 하나님께서 그들이 살 집과 수입원이 될 포도원과 감람나무, 그들을 보호할 성읍이 완성된 곳으로 인도하실 것입니다. 거기에 인간적으로 그들이 지급해야 할 어떤 조건도 없습니다. 은혜로 그냥 다 주시는 것입니다.

그런데 거기서 인간의 한계가 드러났습니다. 하나님의 약속을 믿지 못하고 의심했던 것입니다. 왜 믿지 못했을까요? 그들이 지금 밟고 있는 땅이 가나안이 아니라 광야이기 때문입니다. 그래서 끊임없이 애굽의 노예로 살던 시절을 추억하면서, 그때가 더 좋았다며 불평했습니다. 애굽의 고기 가마 옆에서 떡을 배부르게 먹었을 때가 좋았다고 하면서, 그들을 구원해 내신 하나님을 원망했습니다. 이것이 바로 우리 인간의 수준입니다. 지금도 예수님을 믿는다고 하는 사람들의 자랑과 불평이 무엇입니까? 세상에서 잘되고 성공한 것이 자랑이고, 그 자랑할 만한 것이 없는 것이 원망이고 불평입니다. 그것 좀 더 얻어 보겠다고 남보다 더 열심히 종교 생활하면서 그렇게 열심을 낸 것이 또 자랑이 됩니다.

질문을 드립니다. 그들이 광야에서 우상 섬기는 일을 할 때, 그들의 진영 정중앙에 있는 성막에서 하나님께 제사하고 예배하는 일을 했을까요, 안 했을까요? 그들은 그들 나름대로 종교적인 의무를 다했습니다. 그들 중에는 성막도 있었고, 성막에서 일하는 레위인도 있었습니다. 아론과 그 후손이 이어받은 제사장도 있었습니다. 그들은 안식일도 지켰고, 성막 안에서는 촛대의 불과 향로의 향이 꺼지지 않고 계속 켜져 있었습니다. 그런데 문제는 무엇입니까? 그들의 삶의 영역에서 하나님에 대한 온전한 믿음이 없었습니다. 하나님께서 광야 40년 동안 그들에게 다른 신을 섬기지 말고 하나님만 섬길 것을 가르치고 훈련시켰지만, 그들은 틈만 나면 우상을 섬기고 우상의 음식을 먹으며, 이방 여인들과 음행을 했습니다.

민수기 25:1-3, "이스라엘이 싯딤에 머물러 있더니 그 백성이 모압 여자들과 음행하기를 시작하니라 2. 그 여자들이 자기 신들에게 제사할 때에 이스라엘 백성을 청하매 백성이 먹고 그들의 신들에게 절하므로

3. 이스라엘이 바알브올에게 가담한지라 여호와께서 이스라엘에게 진노하시니라"

민수기 25:7-9, "제사장 아론의 손자 엘르아살의 아들 비느하스가 보고 회중 가운데에서 일어나 손에 창을 들고 8. 그 이스라엘 남자를 따라 그의 막사에 들어가 이스라엘 남자와 그 여인의 배를 꿰뚫어서 두 사람을 죽이니 염병이 이스라엘 자손에게서 그쳤더라 9. 그 염병으로 죽은 자가 이만 사천 명이었더라"

이스라엘 백성이 염병으로 이만 사천 명이 죽은 이유가 무엇입니까? 배가 고파서 굶어 죽었습니까? 그들의 진중에 성막이 없어서였습니까? 그들이 하나님께 제사를 드리지 않았기 때문입니까? 아닙니다. 그들은 여호와 하나님 외에 다른 신들을 섬기지 말라고 하신 말씀을 따르지 않고, 자기들이 하고 싶은 대로 신앙생활을 했기 때문에 죽게 된 것입니다. 하나님께서 예비해 놓으신 처소, 가나안 땅에 대한 믿음을 갖고 산 것이 아니라, 언제나 현재에 벌어진 상황에 따라서 그리고 그 상황에서 자기들에게 유리한 것을 따라 살았기 때문에 죽게 된 것입니다.

신명기 8:1-3, "내가 오늘 명하는 모든 명령을 너희는 지켜 행하라 그리하면 너희가 살고 번성하고 여호와께서 너희의 조상들에게 맹세하신 땅에 들어가서 그것을 차지하리라 2. 네 하나님 여호와께서 이 사십 년 동안에 네게 광야 길을 걷게 하신 것을 기억하라 이는 너를 낮추시며 너를 시험하사 네 마음이 어떠한지 그 명령을 지키는지 지키지 않는지 알려 하심이라 3. 너를 낮추시며 너를 주리게 하시며 또 너도 알지 못하며 네 조상들도 알지 못하던 만나를 네게 먹이신 것은 사람이 떡으로만 사는 것이 아니요 여호와의 입에서 나오는 모든 말씀으로 사는 줄을 네가 알게 하려 하심이니라"

하나님께서 이스라엘 백성들에게 요구하시는 것은 오직 한 가지였습니다. 하나님께서 이스라엘 백성들을 광야 길로 걷게 하신 이유에 대해서 이렇게 말씀했습니다. **"너를 낮추시며 너를 시험하사 네 마음이 어떠한지 그 명령을 지키는지 지키지 않는지 알려 하심이라"** 그러면 하나님은 왜 이스라엘 백성들을 낮추시는 방법으로 시험하셨을까요? 그들이 하나님을 의지하기보다는, 자기들 방법으로 스스로의 아쉬운 문제를 해결하려고 했기 때문입니다.

그 대표적인 사건이 싯딤에서 모압 여자들과 함께 우상을 섬기면서 우상의 제물을 먹고 음행한 것입니다. 하나님은 만나와 메추라기, 물밖에 주지 않는데, 모압 여자들은 술과 고기와 함께 자기들이 좋아하는 것들을 다 할 수 있게 해 주니 그들이 섬기는 우상이 훨씬 좋았던 것입니다. 하지만 그렇게 사는 것은 멸망당할 이방인들이 사는 방식이지, 하나님과 함께 살아야 하는 이스라엘 백성들이 살아야 하는 방식이 아닙니다. 그래서 결국 염병으로 이만 사천 명이 죽게 된 것입니다.

하나님께서 광야의 이스라엘 백성에게 그리고 오늘 저와 여러분에게 원하시는 것은 다른 것이 아닙니다. 하나님의 말씀을 듣고, 그 말씀에 순종하라는 것입니다. 내 나름대로 이해하고 해석해서 내 방법대로 하는 것이 아니라, 하나님의 말씀대로 하라는 것입니다. 하나님의 말씀, 하나님의 뜻은 무엇입니까? 하나님 나라에서 살기에 합당한 사람이 되라는 것입니다.

마태복음 7:21-23, "나더러 주여 주여 하는 자마다 다 천국에 들어갈 것이 아니요 다만 하늘에 계신 내 아버지의 뜻대로 행하는 자라야 들어가리라 22. 그 날에 많은 사람이 나더러 이르되 주여 주여 우리가 주의 이름으로 선지자 노릇 하며 주의 이름으로 귀신을 쫓아 내며 주의 이름으로 많은 권능을 행하지 아니하였나이까 하리니 23. 그 때에 내가 그들에게 밝히 말하되 내가 너희를 도무지 알지 못하니 불법을 행하는 자들아 내게서 떠나가라 하리라"

아버지의 뜻대로 행하는 자는, 주의 이름으로 선지자 노릇을 한 사람이 아닙니다. 귀신을 쫓아내고 주의 이름으로 많은 권능을 행한 사람도 아닙니다. 오히려 하나님께서는 그들을 향해 불법을 행한 자들이라고 하면서 내게서 떠나가라고 하신답니다. 어렵죠? 주의 이름으로 선지자 일도 했고, 권능도 행했는데 왜 불법입니까? 주님께서 시키지 않았는데 주의 이름을 사칭했기 때문에 불법입니다.

내 이름을 사칭한 사람이 "내가 당신 좋게 해 주려고 한 것이야! 진심이었어"라고 말하면 괜찮아지나요? 그래도 마음대로 사칭하면 안 됩니다. 예수님의 말씀이 생략되어 있지만, 뒤에 이런 말이 있었을 것입니다. "선지자가 필요했다면 너를 보냈겠니? 아무리 사람이 없다고 그게 너겠니?" 사람마다 얼마나 자기를 높게 보는지, 그리고 주님은 얼마나 수준을 낮추는지 모릅니다. 우리 그러지 맙시다. 자기 눈으로 자기를 보지 마시고, 주님 눈으로 자기를 보십시오. 그러면 아버지 뜻대로 행하는 자들은 어떤 사람들입니까?

마태복음 7:16-20, "그들의 열매로 그들을 알지니 가시나무에서 포도를, 또는 엉겅퀴에서 무화과를 따겠느냐 17. 이와 같이 좋은 나무마다 아름다운 열매를 맺고 못된 나무가 나쁜 열매를 맺나니 18. 좋은 나무가 나쁜 열매를 맺을 수 없고 못된 나무가 다름다운 열매를 맺을 수 없느니라 19. 아름다운 열매를 맺지 아니하는 나무마다 찍혀 불에 던져지느니라 20. 이러므로 그들의 열매로 그들을 알리라"

예수님께서 좋은 열매를 말씀하시고, 나쁜 열매를 달씀하셨습니다. 좋은 열매는 어떤 열매입니까? 전도를 많이 한 것입니까? 헌금 많이 하고, 교회 봉사 많이 한 것입니까? 좋은 열매는, 좋은 나무에서 나온 열매가 좋은 열매입니다. 나무가 좋지 않으면 열매도 좋지 않습니다. 그러면 좋은 나무는 어떤 나무입니까? 예수 그리스도가 좋은 나무입니다. 따라서 그리스도에게 붙어 있는 가지는, 당연히 좋은 열매를 맺을 것입니다. 하지만 선지자 노릇 하고, 귀신을 쫓아내고, 많은 권능을 행했어도 그리스도께 붙어 있지 않으면, 거기서 무엇이 맺혔든지 나쁜 열매입니다.

예수님에게서 나온 열매는 어떤 것일까요? 서로 사랑하라는 것입니다. 용서하고, 이해하고, 오래 참고, 온유하고, 종이 되어 다른 사람을 섬기고, 죽기까지 낮아져서 복종하라는 것입니다. 여기에 모양새 나는 것이 있습니까? 내가 인정받고, 내 영향력이 확대 되는 것이 있습니까? 없습니다. 베드로가 말합니다. "내가 목숨을 버릴 각오가 되어 있습니다. 예수님께서 어디를 가시든지 지켜 드리겠습니다." 상남자 같고 멋지지 않습니까? 그런데 예수님께서는 그것 가지고는 날 따라올 수 없다, 그것이 버려져야 날 따라올 수 있다고 말씀하십니다.

바울도 세상에서 잘나고 인정받던 모든 것이 다메섹 도상에서 예수님을 만나고 버려지고 나니, 복음을 전하는 사도가 되어 이방 나라에 교회가 세워지는 일에 귀하게 쓰임을 받았습니다. 하나님께서 우리에게 요구하시는 것은 다른 것이 아닙니다. 하나님 나라에 합당한 사람이 되라는 것입니다. 좋은 열매를 맺는 사람이 되라는 것입니다. 결국 좋은 열매도 그리스도 예수께 붙어 있어야 맺을 수 있는 것이니, 우리는 철저하게 그리스도 예수의 사람이 되어야 합니다.

내가 하는 것이냐, 예수의 사람이 되어 하느냐? 하는 것을 어떻게 알까요? 그 주도권을 내가 쥐고 있느냐 아니면 주께서 붙들고 하시는 것이냐에 따라 달라질 것입니다. 주를 위한 일이라고 해도, 내가 주도권을 쥐고 있으면 나에게 유리한 쪽으로 할 것입니다. 서로 사랑하고, 용서하고, 이해하고, 오래 참고, 온유하고, 종이 되어 다른 사람을 섬기고, 죽기까지 낮아져서 복종하는 것도, 내가 주도권을 쥐고 하면 결국 자기에게 유리하고 좋게 될 때까지 하는 거지 더 이상 나가지 못합니다.

하지만 그리스도가 주도권을 쥐고 있으면, 나에게 불리한 쪽으로 진행되어도 순종할 것입니다. 스데반이 그렇게 돌에 맞아 죽었고, 세례 요한이 목 베임 당해 죽었습니다. 그들이 죽음 앞에서도 순종할 수 있었던 것은, 그들이 그리스도께 붙어 있었기 때문입니다. 그래서 죽음이라 할지라도 아름답고, 좋은 열매가 된 것입니다. 저와 여러분의 삶 속에서도 그와 같은 아름답고 좋은 열매가 맺어지길 주님의 이름으로 축원합니다.

겁나십니까? 잘못 왔다 싶으십니까? 하지만 그게 바로 우리가 살아 내야 할 길입니다. 예수님께서 너희는 마음에 근심하지 말라고 하시면서 하나님을 믿는 것처럼 나를 믿으라고 말씀하셨습니다. 예수님을 믿는다고 하면서 우상을 섬기는 세상 종교처럼 믿지 마십시오. 내게 있는 어떤 것으로 하나님께 도움이 될 거라고 착각하지 마시고, 하나님의 말씀대로 순종하며 믿으십시오. 결과물을 만들어 내고, 무슨 노릇, 무슨 권능을 행한 것은 결코 주를 위한 것이 아닙니다. 하나님의 말씀과 뜻대로 하지 않은 것들은 다 불법입니다. 하나님께서 우리에게 다른 것을 요구하지 않았습니다. "제발 내 말 좀 들어라. 그리스도께 속하여 좋은 열매만 맺어라. 그거면 충분하다." 이 열매를 맺는 저와 여러분이 되길 축원합니다.

### 요한복음 14:4~7

# 내가 곧 길이요 진리요 생명이니

"4. 내가 어디로 가는지 그 길을 너희가 아느니라 5. 도마가 이르되 주여 주께서 어디로 가시는지 우리가 알지 못하거늘 그 길을 어찌 알겠사옵나이까 6. 예수께서 이르시되 내가 곧 길이요 진리요 생명이니 나로 말미암지 않고는 아버지께로 올 자가 없느니라 7. 너희가 나를 알았더라면 내 아버지도 알았으리로다 이제부터는 너희가 그를 알았고 또 보았느니라"

요한복음 13장부터 17장까지는 최후의 만찬 자리에서 예수님께서 제자들에게 주셨던 말씀과 그들을 위해서 기도하신 내용입니다. 그리고 그 전체 내용은 동일한 주제로 연결되어 있음을 알아야 합니다. 그래서 비록 13, 14, 15, 16, 17장 이렇게 장은 바뀌어도, 그 내용은 서로 연관되어 있다는 것을 염두에 두어야 합니다. 설교 때마다 전 시간에 했던 설교의 핵심 내용을 반복해서 말씀드리는 이유도 그 때문입니다. 앞의 내용에 대한 이해 없이 단지 성경 구절 몇 개만 읽고 해석하고 이해하다 보면, 예수님께서 제자들에게 전달하려고 하셨던 본래의 의미와 다른 쪽으로 해석하거나, 설교자 개인의 자의적인 해석이 될 수 있기 때문입니다.

앞서 13장에서 예수님께서 제자들에게 성만찬을 제정해 주시고, 제자들의 발을 씻어 주셨습니다. 예수님께서 발을 씻어 주시는 것을 거절한 베드로를 향해서는, **"내가 너를 씻어 주지 아니하면 네가 나와 상관이 없느니라"**(요 13:8)라고 하면서, 영의 구원뿐만 아니라 성화의 과정도 예수님께서 함께하심을 알려 주셨습니다. 또한 베드로가 예수님께서 가시겠다고 하는 위험한 길에, 자기가 함께 가서 예수님을 지켜 주겠다고 하자, **"네가 지금은 따라올 수 없으나 후에는 따라오리라"**(요 13:36)라고 하셨습니다. 예수님의 말씀은 성령으로 거듭나서 그리스도 안에서 새롭게 발견되지 않은, 베드로 개인이 가진 예수님을 향한 의리, 그의 진심, 그의 성품 이런 것만으로는 끝까지 예수님을 따를 수 없다는 뜻이었습니다.

예수님의 이 말씀은 14장에서 좀 더 구체화됩니다. 기독교가 다른 종교들처럼 신을 향한 인간 개인의 진심이나, 그가 가진 능력이나 열심과 같은 것들로 만들어지는 것이 아님을 가르쳐 주신 것입니다. 세상의 종교들은 자기가 수행을 하고, 도를 깨우쳐서 남과 다른 고귀한 존재가 되거나, 자기가 이룬 공적에 따라서 무언가를 세울 수 있다고 가르칩니다. 하지만 기독교는 예수님께서 우리를 위하여 거처를 예비해 놓으신 후에 우리를 부르신다고 말씀하십니다(요 14:3). 다시 말씀드려서, 기독교는 우리가 수고하고 노력해서 스스로 만들어 내거나 도달하는 종교가 아니라는 것입니다.

같은 맥락에서 지난 시간에는, 하나님께서 이스라엘 백성들을 애굽에서 꺼내어 광야에서 훈련시키셨던 이유에 대해서 살펴보았습니다. 하나님께서 이스라엘 백성들에게 가나안 땅을 약속해 주시면서, 그들에게 뭔가 대단한 것을 요구하신 적이 없습니다. 우상을 만들거나 다른 신을 섬기지 마라, 그리고 하나님의 말씀만 듣고 순종하라는 단순한 것이었습니다. 하지만 이스라엘 백성들은 그 하나님의 말씀을 이해하지 못했고, 오히려 언제나 그 반대로만 갔습니다. 하나님의 말씀에 순종하는 것이 왜 어려웠을까요?

비슷한 예가 성경에 나옵니다. 아람 나라에 나아만이라는 장군이 있었습니다. 그는 위기에서 아람 나라를 구한 위대한 장수였습니다.

열왕기하 5:1, "아람 왕의 군대 장관 나아만은 그의 주인 앞에서 크고 존귀한 자니 이는 여호와께서 전에 그에게 아람을 구원하게 하셨음이라"

나아만은 우리나라로 치면 아마도 이순신 장군 같은 사람이었을 것입니다. 하지만 **"그는 큰 용사이나 나병환자더라"**(왕하 5:1)라고 했습니다. 불치병인 나병으로 곧 죽게 될 사람이었던 것입니다. 그런데 나아만이 이스라엘에서 잡아 온 어린 여종이, 자기 나라에 있는 하나님의 선지자라면 능히 고칠 수 있을 거라고 말을 했습니다. 나아만은 여종의 말을 듣고, 왕의 친서와 함께 많은 선물을 가지고 엘리사를 찾아갔습니다.

그런데 당시 근동의 패권을 장악하고 있었던 아람 나라의 최고 군대 장관이 아람 왕의 친서를 들고서 찾아왔지만, 엘리사는 바깥으로 나와 보지도 않고 사환을 시켜서 요단강에 가서 몸을 일곱 번 씻고 돌아가라고 했습니다. 그 말을 들은 나아만은 자기 나라에는 요단강보다 깨끗한 강이 훨씬 더 많으니, 거기서 씻어도 낫지 않겠느냐고 하면서 분노했습니다.

나아만은 엘리사가 자기에게 와서 하나님의 이름을 부르며 기도하고 안수하여 고쳐 줄 것을 기대했는데, 엘리사는 본인이 직접 온 것도 아니고 사환을 시켜서 씻고 가라는 말만 전달하니 크게 실망했던 것입니다. 이렇게 나아만이 엘리사에게 분노와 복수를 다짐하면서 돌아가려고 하는데, 그의 종들이 와서 이렇게 말했습니다.

> 열왕기하 5:13, "그의 종들이 나아와서 말하여 이르되 내 아버지여 선지자가 당신에게 큰 일을 행하라 말하였더면 행하지 아니하였으리이까 하물며 당신에게 이르기를 씻어 깨끗하게 하라 함이리이까 하니"

무슨 대단한 일을 하라는 것도 아니고 단지 요단강에 들어가서 씻으라는 건데 그것도 못 하겠습니까? 돈이 드는 것도 아니고, 대단히 큰일을 하라는 것도 아니니 말한 대로 한번 해 보세요, 이런 말이었습니다. 종들의 말을 들은 나아만은 엘리사가 말한 대로 요단강에서 씻었습니다.

> 열왕기하 5:14, "나아만이 이에 내려가서 하나님의 사람의 말대로 요단강에 일곱 번 몸을 잠그니 그의 살이 어린 아이의 살 같이 회복되어 깨끗하게 되었더라"

보시는 것처럼 나아만이 대단한 순종을 한 것이 아닙니다. 깨끗하게 몸을 씻은 것도 아니고 몸을 잠갔다고 했으니 그냥 들어갔다 나왔다 하는 수준의 순종만 한 것이었습니다. 게다가 나아만은 이스라엘 사람도 아닌 이방 나라, 그것도 이스라엘과 적대적 관계인 나라의 군대 장관이었습니다. 그럼에도 그가 엘리사를 통해 말씀하신 하나님의 명령에 순종하니 문둥병이 깨끗하게 고쳐졌던 것입니다. 만약 나아만이 자기에게 익숙한 종교적 치유 방법이 아니라는 생각에 사로잡혀 그 말씀에 순종하지 않았다면, 나아만의 문둥병은 고침받지 못했을 것입니다. 하지만 대제국의 군대 장관이었던 그가, 자기를 수행하기 위해 따라온 종들이 권한 말을 듣고, 자기 생각을 버리고 하나님의 말씀에 순종했더니, 그의 문둥병이 깨끗하게 사라졌습니다.

하나님께서 이스라엘 백성들이나, 오늘날 저와 여러분에게 뭔가 대단한 것을 요구하시는 것이 아닙니다. 세상의 종교들처럼 신당을 짓고, 신상을 만들며, 하늘을 움직일 정도의 정성을 바쳐야 한다고 요구한 적이 없습니다. 오히려 하나님께서는 그와 같은 모든 것들은 우상 숭배이니 하지 말라고 하면서, 십계명의 첫째와 둘째 계명으로 가르쳐 주셨습니다. 그런데 하나님의 그런 명령은 인간이 가진 생각과 지식에 전혀 맞지 않습니다. 그렇다 보니 자기가 생각하는 방법대로 종교적 열심을 다하면서, '그것이 하나님께 유익할 거다, 또는 좋아하실 거다'라고 생각합니다. 그게 무엇이었습니까? 선지자 노릇을 하고, 귀신을 쫓아내고, 권능을 행한 것이었습니다.

하지만 예수님께서는 그런 사람들이 하나님 나라에 들어가는 것이 아니라, **"하늘에 계신 내 아버지의 뜻대로 행하는 자라야 들어가**

**리라"**⁽마 7:21⁾라고 하셨습니다. 예수님께서 "내가 가는 곳에 지금은 따라올 수 없다"라고 말씀하시는데, 베드로가 "내가 따라가서 도와주고 지켜 주겠노라"라고 하면 그게 될 일이었습니까? 예수님은 베드로의 도움이 필요한 분도 아닐뿐더러, 베드로가 예수님을 도울 일은 지금도 앞으로도 없을 것입니다. 피조물에 불과한 인간이 무슨 능력과 재주가 있어서, 창조주인 예수님을 도울 수 있겠습니까? 그래서 예수님께서 이렇게 말씀하시지 않으셨습니까?

"다른 걱정 하지 마라. 너희 거처는 내가 준비할 것이다." 그러니 너희들은 **"마음에 근심하지 말라 하나님을 믿으니 또 나를 믿으라"** 우리에게 말씀하시는 것도 똑같습니다. **"하나님을 믿으니 또 나를 믿으라"** 그러면서 다시 말씀하십니다.

> 요한복음 14:6, "예수께서 이르시되 내가 곧 길이요 진리요 생명이니 나로 말미암지 않고는 아버지께로 올 자가 없느니라"

예수님의 이 말씀은 사람들의 일반적인 상식을 깨는 내용입니다. 길이나 진리, 생명과 같은 것은 일종의 깨달음의 경지와 같은 것이고, 일반적으로 교육이나 종교적인 상식의 선에서 봤을 때 공부나 수행을 통해 획득할 수 있는 것으로 여겨지는 것들입니다. 그래서 오랫동안 공부를 하고 수행을 한 어떤 사람이, "드디어 내가 길을 찾았다, 내가 진리를 발견했다"라는 식으로 말해왔던 것입니다. 그런데 예수님께서는 "길, 진리, 생명" 이런 것들을 자신의 인격과 존재와 결합시키고 있습니다.

"나는 목사다, 나는 학생이다"라고 했을 때 그것이 직업이나 신분을 말하는 것이라면, 사람의 노력이나 상황에 따라서 다른 사람도 그런 직업이나 신분을 갖게 될 수도 있습니다. 하지만 예수님께서 말씀하신 "길, 진리, 생명"은 인간의 노력이나 어떤 방법으로 될 수 있는 것이 아닙니다. 영어 성경으로 보면 더 확실하게 알 수 있습니다. "I am the way and the truth and the life"(NIV 참조) 이렇게 "길, 진리, 생명" 앞에 정관사 'the'를 넣어서, 오직 예수님 한 분만이 그런 존재라고 말씀하신 것입니다. 그리고 이 말을 이해하지 못할까 봐서 **"나로 말미암지 않고는 아버지께로 올 자가 없느니라"**라고 하십니다.

기독교가 어려운 점이 바로 이런 것입니다. 누구나 노력하면 도달하거나 깨우칠 수 있는 방법으로 제시되지 않고, 길과 진리와 생명이 오직 예수님 한 분뿐인 것을 인정하고, 그 길과 진리에 자신을 복종시키고 들어와야 하기 때문입니다. 세상의 종교나 철학, 교육 등이 추구하는 가치는, 인간 내면의 가능성을 발견해서 발전시키는 것입니다. "지금은 아직 뭐가 뭔지 잘 모르지만, 좋은 선생님이 잘 가르쳐 주면, 본인이 열심히 수고하고 노력하면 언젠가 길도 발견할 수 있고, 진리도 깨우칠 수 있다. 거기서 생명과 같은 빛을 발견할 것이다." 이런 것입니다. 그래서 사람들이 종교와 철학을 통해, 교육에 대해서 기대하는 것이 무엇입니까? 좋은 방법을 가르쳐 달라는 것입니다. 방법을 몰라서 그렇지, 방법만 알면 나도 괜찮은 사람이 될 수 있을 거라고 생각합니다.

하지만 성경은 인간에게 길을 가르쳐 주고, 방법을 가르쳐 주면 괜찮은 사람이 된다고 말하지 않습니다. 오히려 모든 인간은 죄인이기 때문에, 자기 스스로의 힘으로는 아무것도 할 수 없다고 말씀합니다. 그래서 예수님은 사람들에게 "길을 제시해 주고, 진리를 가르쳐 주고, 생명에 이르는 도를 깨우쳐 주신" 것이 아니라 예수님 자체가 '길이고 진리이고 생명'이라고 하시면서, 내게로 나와야만 한다고 하신 것입니다. 예수님의 이 말씀을 좀 더 분명하게 이해하려면, 본문 4~5절과 요한복음 10장 7절 말씀을 함께 살펴봐야 합니다.

요한복음 14:4, "내가 어디로 가는지 그 길을 너희가 아느니라"

예수님은 전에도 자신이 아버지께로 가는 유일한 문인 것을 말씀했었습니다.

요한복음 10:7, "그러므로 예수께서 다시 이르시되 내가 진실로 진실로 너희에게 말하노니 나는 양의 문이라"

예수님의 이 말씀은, 예수님 자신만이 인간을 구원할 수 있는 유일한 문이고 길이라고 하는 존재에 대한 설명입니다. 그래서 예수님은 자신의 존재를 주기 위해 세상에 오셨음을 말씀하신 것입니다. 예수님은 자기 백성들을 하나님 아버지께로 이끌어야 하는 목적을 위해, 예수님께서 가셔야 할 길을 가실 것입니다. 하지만 도마는 예수님의 이 말씀을 이해하지 못했습니다.

요한복음 14:5, "도마가 이르되 주여 주께서 어디로 가시는지 우리가 알지 못하거늘 그 길을 어찌 알겠사옵나이까"

도마의 이 말은, 예수님의 충성스러운 제자조차도, 예수님께서 군병들에게 붙잡혀서 죽으시고 부활하시기 전까지는 예수님이 누구신지, 그리고 예수님께서 가셔야 할 길에 대해서 정말로 알지 못했음을 알 수 있는 말입니다. 도마는 예수님께서 예루살렘으로 가자고 했을 때, '우리도 주와 함께 죽으러 가자'고 말했을 만큼 예수님에 대한 충성심과 의리가 있었던 사람입니다. 하지만 그런 제자라 할지라도 예수님께서 길을 열고, 문을 열어 주시지 않으면, 육체적 제자는 될 수 있겠지만 아버지께로 갈 수 있는 방법은 없습니다.

요한복음 14:7, "너희가 나를 알았더라면 내 아버지도 알았으리로다 이제부터는 너희가 그를 알았고 또 보았느니라"

예수님의 이 말씀은, 제자들이 예수님에 대해서 잘 알고 있다는 말일까요, 아직도 예수님에 대해서 잘 모르고 있다는 말일까요? 제자들은 예수님께 특별한 능력이 있다는 것은 알았지만, 그 예수님이 정말로 하나님의 아들이신 것은 알지 못했습니다. 구약의 엘리야나 엘리사 같은 선지자들처럼 예수님도 기적을 행하실 수 있는 능력이 있는 것을 보고 따르기는 했지만, 그 예수님이 하나님의 아들이시며 하나님께로 이끄실 분인 것은 정확하게 알지 못했던 것입니다. 하지만 예수님이 누구신지 분명히 아는 사람이라면, 하나님도 알게 될 것입니다. 그리고 도마를 비롯해서 제자들이, 이제부터는 예수님이 누구신지 분명하게 알게 될 것입니다.

이 말씀은, 예수님께서 십자가의 죽으심과 부활하심으로 자기 백성들을 구원할 자이신 것을, 제자들이 비로소 알게 될 것만 말하는 것이 아닙니다. 오히려 지금까지 하나님의 말씀에 순종하셨던 예수님께서 어떻게 끝까지 하나님의 말씀에 순종해 나가시는지, 그리고 하나님께서는 어떻게 그 예수님을 통해 하나님의 뜻을 이루시는지 이제부터 알게 될 것입니다. 만약 우리의 구원이 단지 예수님의 죽으심만으로 이루어지는 것이라면, 굳이 예수님께서 33년 동안 세상에 사실 이유가 없습니다.

예수님께서 탄생하셨을 때 찾아왔던 증인들이 있었습니다. 동방에서부터 찾아온 박사들과 양을 치는 목동들입니다. 만약 예수님의 죽으심이 우리의 구원을 위한 필요조건이었다면, 예수님의 탄생을 확인한 그들에게 "자, 봤지? 나는 분명히 세상에 왔다. 이제 너희를 구원하기 위해서 난 죽을 거야!" 하고 죽으셔도 되지 않았겠습니까? 그런데 예수님은 우리 인간과 똑같은 인생을 살아 내셨습니다. 배도 고프셨고, 머리 둘 곳 없는 야외에서도 주무셨습니다. 예수님을 대적하던 사람들은 끊임없이 예수님을 넘어뜨릴 올무와 함정을 만들었습니다. 그 결과 예수님은 채찍에 맞으시고 모진 고난을 당하신 뒤에 십자가의 죽음을 당하셨습니다.

예수님께서 그렇게까지 사람들로부터 수난을 당하셔야 하는 이유가 무엇이었습니까? 하나님의 법을 완성해야 했기 때문입니다. 아무도 하나님의 말씀에 순종하지 못하기 때문에, 예수님께서 친히 하나님의 말씀에 순종하심으로, 우리에게 예수님의 의를 덧입혀 주셔야 했기 때문입니다. 우리는 그 누구도 하나님의 법을 순종해 낼 수 없습니다. 우리에게 있는 죄 때문에 순종할 수 없고, 우리의 피와 뼈에 남아 있는 죄의 습관과 유전자가 하나님의 말씀을 거부하기 때문에 순종할 수 없습니다. 그래서 예수님께서 친히 하나님의 말씀에 순종하심으로, 우리들에게 그 모범을 보여 주신 것입니다.

이처럼 예수님께서 직접 하나님의 말씀에 순종하시는 모범을 보이시면서까지 우리에게 가르쳐 주시려고 했던 것은 무엇일까요? 모세가 가나안 땅이 건너다보이는 곳까지 이스라엘 백성들을 이끌고 와서, 그들에게 전했던 말씀 속에서 우리가 답을 얻을 수 있습니다.

신명기 6:20-23, "후일에 네 아들이 네게 묻기를 우리 하나님 여호와께서 명령하신 증거와 규례와 법도가 무슨 뜻이냐 하거든 21. 너는 네 아들에게 이르기를 우리가 옛적에 애굽에서 바로의 종이 되었더니 여호와께서 권능의 손으로 우리를 애굽에서 인도하여 내셨나니 22. 곧 여호와께서 우리의 목전에서 크고 두려운 이적과 기사를 애굽과 바로와 그의 온 집에 베푸시고 23. 우리 조상들에게 맹세하신 땅을 우리에게 주어 들어가게 하시려고 우리를 거기서 인도하여 내시고"

하나님께서 모세를 통해 이스라엘 백성들에게 가르쳐 주셨던 말씀은, 그들에게 대단한 희생의 제사를 요구하거나 하나님에 대한 정성을 충분히 보여야 한다는 식의 종교적 헌신을 내놓으라고 하지 않았습니다. 애굽에서 바로의 종으로 살던 이스라엘을 구원하기 위해서 하나님께서 애굽과 바로에게 이적과 기사를 내린 후에, 그들의 조상들에게 약속한 땅을 자기 백성들에게 주신 하나님을 기억하라는 것입니다.

예수님께서 제자들에게 말씀하신 것도 신명기의 말씀과 같은 내용입니다. 제자들에게 성만찬을 제정해 주시면서, 그들이 주의 이름으로 모여서 떡과 포도주를 먹고 마실 때마다 주의 죽으심을 오실 때까지 기념하라고 하셨습니다. 예수님의 말씀은 조상들에게 제사 지내는 사람들처럼, 예수님의 죽으신 날을 기념하라는 말씀이 아닙니다. 예수님께서 우리의 죄를 대신 지시고 죽으심으로 인해, 우리의 모든 죄가 다 용서받고 죄로부터 놓임을 받은 것, 그리고 그 십자가의 은혜로 말미암아 우리가 하나님 나라의 백성과 자녀가 된 사실을 기념하며 기억하라는 것입니다. 그렇게 하나님을 기억한 뒤에는 무엇을 하면 됩니까? 하나님의 말씀을 듣고 지키면서 살라는 것입니다.

> 신명기 6:24, "여호와께서 우리에게 이 모든 규례를 지키라 명령하셨으니 이는 우리가 우리 하나님 여호와를 경외하여 항상 복을 누리게 하기 위하심이며 또 여호와께서 우리를 오늘과 같이 살게 하려 하심이라"

하나님께서 이스라엘 백성들에게 하나님의 말씀을 듣고 지키라고 하신 것은, 애굽 왕 바로가 이스라엘 백성들에게 감당하기 힘든 명령을 내리고 복종을 강요한 것과 같은 것이 아닙니다. 오히려 하나님께서 말씀하신 규례를 지킬 때, 우리에게 약속된 축복이 경험되기 때문입니다. 우리가 말씀을 순종하면서 살 때 받게 되는 가장 큰 복은 무엇입니까? **"우리를 오늘과 같이 살게**(생존하게) **하려 하심이라"** 즉, 우리의 생활 속에서 하나님께서 약속하신 복들이 경험되는 것입니다.

여러분은 복이 무엇이라고 생각하십니까? 돈을 많이 벌게 되는 것입니까? 신분이 높아지는 것입니까? 우리에게 있어서 가장 큰 복은 죄에서부터 멀리 떨어진 곳, 죄와 격리된 곳에서 사는 것입니다. TV 드라마나 영화 같은 것을 보면, 화려한 조명과 신나는 음악과 젊은 남녀들이 가득 모여서 춤을 추고 있는 곳들이 자주 나옵니다. 그런데 그곳에는 그렇게 화려한 것만 있지는 않습니다. 조직폭력배도 있고, 마약도 있고, 원치 않는 시비에 휘말려서 싸우고 매 맞는 사람도 있습니다. 그곳만 그렇습니까? 세상에서 화려하고 좋다고 말하는 대부분의 장소에 그런 것들이 있습니다. 권력의 상징인 국회에 가면 음모와 술수, 권력에 대한 탐욕과 그것을 쟁취하기 위해서 서로 죽고, 죽이는 싸움이 있습니다. 그런 싸움은 기업에도 있고, 대학병원에도 있고, 종합대학에도 있고, 법원이나 경찰서 안에도 있습니다. 사실상 세상에서 성공이라고 말하는 거의 모든 장소에 죄가 있거나, 또는 죄로 향하는 것들이 존재합니다.

오늘날 세상이 더욱 탐욕스러워지고, 흉악범죄는 더욱 잔인해지는 이유가 무엇입니까? 사람마다 자기가 원하는 성공과 행복을 찾아가다가 길을 잃어버렸기 때문에 생기는 일입니다. 거기에 예수 믿는 성도들이 있습니까, 없습니까? 안타깝게도 적지 않은 성도들이 그 싸움의 주인공으로 등장합니다. 왜 그런 현상이 일어나는 것일까요? 하나님의 말씀 안에 살고, 그 말씀을 따라 순종하면서 살 때 얻게 되는 복을 누리지 못하기 때문입니다.

하나님께서 왜 이스라엘 백성들을 광야로 인도하셨을까요? 이스라엘 백성들을 죄의 나라인 애굽으로부터 격리시키기 위함이었습니다.

하나님은 왜 가나안 땅에 살고 있던 일곱 족속들을 모두 죽이고 쫓아내라고 했을까요? 그들의 우상 숭배와 그 안에서 벌어지는 음란한 죄들과 문화와 풍습으로부터 격리시키기 위함이었습니다.

학창 시절에 저희 부모님에게서 많이 들었던 말이 있습니다. "나쁜 친구 사귀지 마라"였습니다. '나쁜 친구'는 어떤 친구일까요? 지나치게 호기심이 많은 친구입니다. 그래서 선을 넘어 버리는 친구입니다. 중학교 때 이미 술과 담배를 하는 친구들이 있었고, 수업 시간인데도 당구장에 가서 노는 친구도 있었습니다. 매 맞는 것이 두렵지 않은 친구들이었고, 학교 선생님들도 별로 간섭하지 않는, 그래서 학교에서 제왕처럼 행동하는 친구들이 있었습니다. 그런데 그 친구들은 지금 어떻게 살고 있을까요? 확률적으로 건강한 삶을 사는 친구들은 별로 없을 것입니다. 일찍부터 스스로 자기 건강을 해쳤기 때문이고, 사회에 나올 준비를 하지 않고 놀았기 때문입니다. 그때는 그 친구들이 멋져 보였을지 모르겠지만, 그래 봐야 중고등학교는 6년뿐입니다. 그 후로는 전혀 멋지지 않은 삶을 살게 됩니다.

학생에게 있어서 가장 큰 복은 무엇입니까? 학생다운 삶을 사는 것입니다. 학칙을 따라 사는 것입니다. 우리 믿는 성도들에게 있어서 가장 큰 복은 무엇입니까? 성도다운 삶을 살고, 말씀 따라 사는 것입니다. 말씀 따라 살면 짜릿짜릿한 느낌은 없을 것입니다. 그런데 짜릿짜릿한 느낌은 대부분 목숨을 걸어야 느낄 수 있는 것 아닙니까? 그렇게 짜릿한 순간 잠깐 즐기고 죽는 게 행복이겠습니까? 하지만 이스라엘 백성들은 늘 그렇게 짜릿한 것을 추구했습니다. 모압 여인들이 섬기는 우상을 똑같이 따라 섬기고, 그들이 주는 음식 먹고, 그들과 함께 음행하다가 이만 사천 명이 죽었습니다. 그게 이스라엘 백성들이 원했던 복입니까? 그건 아니었을 것입니다.

오늘날 교회의 모습은 어떻습니까? 외형적으로는 세상 그 누구보다, 그 어떤 기관보다 커졌습니다. 수만 명의 성도가 함께 예배하며 찬양하는 모습은 정말 장관입니다. 하지만 그것뿐입니다. 예배가 끝나고 나면 세상의 성공 속으로, 그들이 열어 놓은 온갖 짜릿한 현장으로 다 들어갑니다. 그곳에는 성도들이 마땅히 살아 내야 할 말씀의 열매들이 없습니다. 성도의 가치도 꼭꼭 숨겨졌습니다. 성공을 향해, 짜릿한 쾌락을 향해 달려갈 때는 성도라는 이름, 하나님의 자녀라는 신분은 필요 없습니다. 다만 일주일에 한 번 교회에 와서 잘못을 회개하고, 경쟁 사회에서 힘들게 싸우느라 지쳤던 마음을 위로받고 갈 뿐입니다.

오늘날 성도들의 이와 같은 신앙의 모습과 이스라엘 백성들이 광야에서 신앙생활 하던 모습이 너무나 비슷하지 않습니까? 어차피 가나안 땅은 언젠가는 들어갈 것이기 때문에 자기들 마음대로 살아도 되는 것이었습니까? 그것은 하나님께서 이스라엘 백성들을 구원하신 뜻과 목적대로 살지 못하는 것입니다. 오늘 본문에 제자들에게 말씀하신 예수님께서 저와 여러분을 향해 주시는 말씀도 다르지 않습니다.

요한복음 14:6, "내가 곧 길이요 진리요 생명이니 나로 말미암지 않고는 아버지께로 올 자가 없느니라"

"내가 너희를 아버지께로 이끌기 위해서 아버지의 말씀대로 순종했던 것처럼, 너희도 아버지의 말씀에 순종하며 살아라." 예수님의 이 말씀은 하나님께서 모세를 통해 출애굽한 이스라엘 백성들에게 주셨던 말씀과 동일합니다. 하나님께서 애굽에서부터 이스라엘 백성들을 빼내신 목적, 예수님께서 십자가의 죽으심으로 우리를 구원하신 목적을 알지 못하면, 우리들도 구약의 이스라엘 백성들처럼 방탕하게 살다가 망할 것입니다.

하나님의 뜻은, 우리를 죄에서부터 구별하여 거룩하게 하는 것입니다. 우리가 죄악으로 가득한 세상에 살고 있기 때문에 당연히 어렵고 힘들 것입니다. 하지만 그렇다고 해서 죄에 계속 머물러도 되는 것은 아닙니다.

신명기 6:24, "여호와께서 우리를 오늘과 같이 살게 하려 하심이라"

이 말씀과 가장 어울리는 장소가 있다면 어디일 것 같습니까? 에덴동산입니다. 에덴동산이 사람이 살기 좋은 가장 완벽한 장소로 여겨지는 이유는, 그곳에 하나님이 계셨고 하나님의 말씀을 늘 들을 수 있었기 때문입니다. 시원한 바람이 불 때, 동산을 걸어오시면서 아담과 하와의 이름을 부르시는 하나님의 음성을 들을 수 있었던 곳이 에덴동산이었습니다. 그런데 인간이 죄를 짓고 나자 에덴동산에서 쫓겨났습니다. 에덴동산은 장소적인 개념으로만 생각할 것이 아니라, 그곳에 계셨던 하나님의 존재라는 의미로 생각해야 합니다. 그래서 아담과 하와가 에덴동산에서 쫓겨난 것은, 단순히 살기 좋은 장소에서 쫓겨난 것만 말하는 것이 아니라 하나님으로부터 쫓겨난 것입니다.

그런데 이스라엘을 출애굽시키신 하나님께서 **"여호와께서 우리를 오늘과 같이 살게 하려 하심이라"**라고 하셨습니다. 하나님은 자기 백성들과 함께 살기 원하셔서 출애굽시켰는데, 이스라엘 백성들은 끊임없이 애굽을 그리워하면서 하나님으로부터 떠났습니다. 오늘날도 마찬가지입니다. 우리가 하나님께서 함께 사실 수 있는 곳에서 사는 것이 축복이고 행복입니다. 하나님의 말씀을 들을 수 있고, 그분의 말씀이 우리의 삶을 붙잡아 주는 곳이 에덴동산입니다. 또한 할 수만 있다면 죄나 죄를 지을 수 있는 환경에서 멀리, 아주 멀리 떨어져서 살 수 있는 것이 축복입니다. 길이요, 진리요, 생명이신 예수님을 단지 개념으로만 붙잡고 있지 마시고, 그분으로 인해 하나님과 함께 살 수 있다는 실재적 삶으로 붙잡으시기 바랍니다. 저와 여러분이 하나님의 말씀 안에서 살고, 그 말씀을 따라 살고, 그렇게 순종할 때 베푸시는 하나님의 은혜 안에 살게 되기를 원합니다.

**요한복음 14:12~14**

# 그보다 큰 일도 하리니

"12. 내가 진실로 진실로 너희에게 이르노니 나를 믿는 자는 내가 하는 일을 그도 할 것이요 또한 그보다 큰 일도 하리니 이는 내가 아버지께로 감이라 13. 너희가 내 이름으로 무엇을 구하든지 내가 행하리니 이는 아버지로 하여금 아들로 말미암아 영광을 받으시게 하려 함이라 14. 내 이름으로 무엇이든지 내게 구하면 내가 행하리라"

오늘 본문에 예수님께서 제자들에게 두 가지 큰 약속을 주고 있습니다. 첫째는, 예수님을 믿는 자들은 예수님이 하신 일뿐 아니라 그보다 큰 일도 하리라는 것입니다. 둘째는, 우리가 예수의 이름으로 무엇을 구하든지 주님께서 시행하시겠다는 것입니다. 참으로 대단한 약속입니다. 우리는 예수님으로부터 이런 약속을 받았기 때문에, 이제부터 무엇을 하든지 거칠 것이 없는 든든한 배경을 가진 것이 틀림없습니다. 그런데 감격에만 빠질 것이 아니라 조금만 정신을 차리고 다시 이 말씀을 보면, "정말 예수 믿는 모든 사람이 예수님보다 더 큰 일도 하고 있고, 예수의 이름으로 기도만 하면 다 응답을 받았는가?" 하는 생각을 하게 됩니다.

그러면 현실은 어떻습니까? 우리가 정말로 예수님께서 하신 일보다 큰 일을 하고 있습니까? 무엇이든지 기도만 하면 다 응답을 받았습니까? 일단 '나'는 그런 사람이 아닌 것은 확실한 것 같습니다. 그런데 어떤 사람들은 정말로 예수님보다 큰 일을 하는 것처럼 보이는 사람도 있습니다. 이를테면 서울성락교회 김기동 목사 같은 사람입니다. 그분은 귀신도 많이 쫓아내고, 병자도 수없이 많이 고쳤기 때문입니다. 천부교의 박태선 같은 사람이나 할렐루야기도원의 김계화 같은 사람도 그런 부류에 해당합니다. 그런데 아이러니한 것은 그런 사람들은 모두 기성 교단에서 이단으로 정죄받은 사람들입니다.

그렇다 보니 김기동, 박태선, 김계화 같은 사람에게서 영향을 받은 사람들이나, 오늘날 성령 사역을 하는 사람들은 무슨 말을 하느냐 하면, 자기들은 성경대로 하고 있고 주님께서 주시는 능력이 있는데, 너희는 없지 않느냐는 것입니다. 분명히 예수님께서 **"나를 믿는 자는 내가 하는 일을 그도 할 것이요 또한 그보다 큰 일도 하리니"**라고 했고, 자기들은 성경 말씀대로 "예수의 이름으로 구했더니 예수께서 그런 능력과 응답"을 하셨다는 것입니다. 그런데 그런 능력도 전혀 나타내 보이지 못하는 목사들이, 성경대로 그런 일을 하는 자기들을 이단이라고 말할 수 있느냐면서, 기성 교단이 잘못됐다고 주장합니다. 맞습니까, 틀립니까?

그래서 우리가 살펴봐야 하는 것이, 예수님께서 **"나를 믿는 자는 내가 하는 일을 그도 할 것이요 또한 그보다 큰 일도 하리니"**라고 말씀하신 내용의 뜻이 무엇인지 똑바로 아는 것입니다. 지난 시간에도 말씀드렸던 것처럼 예수님의 이 말씀은, 요한복음 13장부터 17장까지 이어지는 전체 내용 속에 들어와 있는 한 부분입니다. 그래서 이 말씀은 예수님께서 제자들에게 전하셨던 전체의 가르침 속에서 이해를 해야 합니다. 그렇지 않고 이 부분만 떼어 놓고 읽게 되면, 아무 때나 가서 예수 이름 대고 자기가 뭔가를 하면서, 잘하고 있다고 착각하게 됩니다. 예수님께서 **"내가 하는 일"**이라고 하셨고, 우리는 **"그보다 큰 일"**도 할 것이라고 하셨습니다. 그래서 첫 번째로 우리가 알아야 할 것은, 예수님께서 말씀하신 '일'이 무엇인가? 하는 것입니다. 예수님이 하신 '일'에 대한 설명은 본문 6~7절 말씀을 보면, 그 내용을 짐작할 수 있습니다.

예수님께서 **"내가 곧 길이요 진리요 생명이니 나로 말미암지 않고는 아무도 아버지께로 올 자가 없느니라"**라고 말씀하시면서 **"너희가 나를 알았더라면 내 아버지도 알았으리로다"**라고 말씀했습니다. 그러자 빌립이 예수님께 아버지를 보여 달라고 하면서, 그러면 더 이상 바랄 것이 없겠다고 말했습니다. 빌립은 예수님의 제자로 오랫동안 예수님을 따라다니면서 예수님의 말씀을 듣고, 예수님께서 행하신 일들을 목격했지만, 아직도 예수님이 누구신지 잘 모르고 있습니다. 그래서 아버지를 보여 달라고 한 것입니다. 빌립이 아버지를 보여 달라고 했을 때 가장 간단한 방법은 무엇이었을까요?

이런 예를 드리겠습니다. 예배가 끝난 뒤에 여러분 중에 누군가가 제 딸에게 "아빠 어디에 계시니? 아빠 좀 보여 줘 봐"라고 한다면 딸이 어떻게 할까요? 당장 저를 찾아와서 그 사람에게 데리고 갈 것입니다. 빌립이 하나님을 보여 달라고 했을 때, 예수님께서 그렇게 보여 주셨다면 구구절절 말이 필요 없습니다. 그런데 예수님께서는 이렇게 길게 해 주셨습니다.

요한복음 14:9-11, "예수께서 이르시되 빌립아 내가 이렇게 오래 너희와 함께 있으되 네가 나를 알지 못하느냐 나를 본 자는 아버지를 보았거늘 어찌하여 아버지를 보이라 하느냐 10. 내가 아버지 안에 거하고 아버지는 내 안에 계신 것을 네가 믿지 아니하느냐 내가 너희에게 이르는 말은 스스로 하는 것이 아니라 아버지께서 내 안에 계셔서 그의 일을 하시는 것이라 11. 내가 아버지 안에 거하고 아버지께서 내 안에 계심을 믿으라 그렇지 못하겠거든 행하는 그 일로 말미암아 나를 믿으라"

예수님께서 빌립에게 하나님을 보여 주는 대신 이렇게 길게 설명을 하셔야 하는 이유가 무엇이었을까요? "나를 본 사람은 아버지를 본 것과 같다. 내가 아버지 안에 거하고 아버지는 내 안에 거하신다. 내가 하는 말은 내 스스로 하는 것이 아니라 아버지께서 나를 통해서 하시는 말씀이다. 내가 아버지와 하나인 것을 알지 못하겠거든 내가 했던 일들을 생각해 봐라. 이게 사람이 할 수 있는 일이냐?" 뭔가 구차해 보이지 않습니까? 예수님은 하나님의 아들이시고, 삼위 하나님 가운데 한 분이십니다. 우리들은 하나님을 보여 줄 수 없지만, 예수님이라면 보여 주실 수도 있습니다.

그런데 하나님을 보여 주는 쉬운 방법 대신, 이렇게 길게 설명하시는 이유가 뭘까요? 우리들 때문입니다. 예수님을 따라다녔던 직계 제자들마저도 예수님이 누구신지 정확하게 알지 못해서, 하나님을 보여 달라고 말하지 않습니까? 예수님이 전하신 말씀, 그분이 행하신 능력과 기적들을 수없이 본 제자들마저도 예수님이 누구신지 정확하게 모르는데, 하물며 우리 같은 사람들이 전하는 복음을 누가 듣고 예수님을 믿고, 하나님을 믿겠습니까?

예수님께서 빌립과 제자들에게 하나님을 모시고 오서 확인시켜 주는 것으로 자기 증명을 해 보이지 않고, 이와 같은 말씀을 하시는 이유가 바로 그것입니다. 우리들도 예수님이 하시는 일을 해야 하기 때문입니다. 빌립이 예수님께 우리에게 하나님을 보여 달라고, 그러면 믿겠다고 했습니다. 이런 질문은 빌립만 할 수 있는 질문일까요? 누구나 할 수 있는 질문일까요?

지금도 전도를 하다 보면, 하나님이 어디 계시냐? 한번 보여 보라고 합니다. 예수님께서 자신이 하던 일을 우리에게 맡기셨고, 우리가 그 일을 하다 보면 당연히 우리의 자격이나 정당성에 대한 질문을 받을 수밖에 없습니다. 그것이 바로 하나님을 보여 달라는 것입니다. 그래서 오늘 우리가 살펴보려고 하는 첫 번째 내용이, 예수님께서 말씀하신 그 '일'이 무엇인가? 하는 것입니다.

예수님이 하신 일이 무엇입니까? 병든 사람을 고치고 귀신을 쫓아낸 것입니까? 오병이어 기적을 일으키고, 풍랑 위를 걷고, 죽은 사람을 살려내신 것입니까? 그것은 예수님께서 하시려는 궁극적인 일을 설명해 주는 일종의 도구이지, 그게 본뜻은 아닙니다. 그러면 예수님께서 정말 하시려고 했던 일이 무엇입니까? "사람을 구원하는 일, 그 일을 위하여 십자가 위에서 죽으시는 일"입니다. 그러면 "나를 믿는 자는 내가 하는 일을 그도 할 것이고 그보다 큰 일도 할 것인데, 그 일을 할 때 너희가 내 이름으로 무엇을 구하든지 내가 시행하겠다"(12-13)라고 하신 이 말씀은 어떤 뜻이었을까요? 예수 이름으로 병 낫기를 구하고, 예수 이름으로 사업 잘되기를 기도하고, 예수 이름으로 내 소원이 이루어지기를 구하는 것일까요?

> 마가복음 16:17-18, "믿는 자들에게는 이런 표적이 따르리니 곧 그들이 내 이름으로 귀신을 쫓아내며 새 방언을 말하며 18. 뱀을 집어올리며 무슨 독을 마실지라도 해를 받지 아니하며 병든 사람에게 손을 얹은즉 나으리라 하시더라"

예수님께서 하신 일은, 사람을 구원하시는 일입니다. 예수님의 모든 행적은 그 목적 외에는 없습니다. 예수님께서 세상에 오신 목적, 그분께서 세상에 사시면서 하셨던 모든 일이 다 구원을 위함이었습니다. 그러면 "내가 하는 일을 너희도 할 것"이라고 했을 때, 그 일은 어떤 일일까요? 사람을 구원하는 일입니다. 사람을 구원해서 하나님께로 이끄는 일입니다. 그리고 그 일을 위해서 필요하다면, 귀신도 쫓아낼 수 있고, 방언도 말하고, 병든 사람도 낫게 할 수 있을 것입니다. 이 말씀을 들으면서 "아! 하나님께서는 전도하는 것을 좋아하시는구나. 우리가 전도하러 나가면 저런 능력들을 우리에게 주시겠구나!" 이렇게만 생각하지 마시기 바랍니다. 여기에는 더 큰 뜻이 숨겨져 있기 때문입니다.

분명 하나님은 영혼 구원하는 일을 기뻐하십니다. 그 일을 하는 사람들에게 할 수 있는 능력도 주십니다. 그런데 우리 편에서 보면 뭔가 부족해 보입니다. 그러면 그게 다냐? 영혼 구원이라는 하나님의 목적을 이루기 위해서 우리는 도구로만 사용되는 것이냐? 하는 의문이 생깁니다. 쉽게 말해서 그렇게 영혼 구원하는 일을 해서 우리가 유익한 것은 무엇이냐는 것입니다.

그렇다면 다시 바꿔서 이렇게 생각해 보겠습니다. 인간 구원이라는 목적을 위해서 하나님께서 직접 일하시는 것과, 우리를 시켜서 하는 것 중에서 어느 쪽이 하나님 편에서 더 빠르고 정확하겠습니까? 직장이나 가정에서 누군가에게 어떤 일을 맡겨서 할 수 있는 일이 있고, 꼭 내가 해야 할 일이 있습니다. 다른 사람에게 맡길 수 있는 일은, 누가 해도 되는 일일 것입니다. 하지만 본인이 해야 할 일은 무엇입니까? 매우 중요한 일입니다.

하나님에게 있어서 영혼을 구원하는 일은 어떤 일이었을까요? 아무에게나 맡겨도 되는 것이었을까요, 중요한 일이었을까요? 본인이 직접 해야 할 중요한 일이었습니다. 그래서 예수님을 세상에 보내신 것입니다. 그럼에도 불구하고 만약 본인이 해야 할 중요한 일을 누군가에게 맡겨야 한다면 어떤 사람에게 맡길까요? 아무에게나 맡기겠습니까, 내가 하는 것처럼 그 일을 반드시 해낼 것 같은 신뢰할 만한 사람에게 맡기겠습니까?

그러면 이제 우리 스스로에게 물어봐야 할 것 같습니다. 여러분은 하나님께 신뢰받을 만한 분입니까? 아무리 생각해 봐도 우리에게는 그런 능력이 없습니다. 더구나 전임자가 예수님입니다. 창조주 하나님 앞에서 우리는 아무런 도움이 될 수 없을 뿐 아니라, 예수님과는 비교 대상도 아닙니다. 그런데 예수님께서는 우리도 예수님이 하신 일을 할 수 있을 뿐만 아니라, 더 큰 일도 할 거라고 합니다. 그리고 무엇이든지 예수 이름으로 구하면 예수님께서 대신 그 일을 해 주시겠다고 말씀합니다. 이 말씀은 이런 의미가 있습니다.

집사람이 음식을 만들 때, 가끔 딸과 함께할 때가 있습니다. 플라스틱 칼을 주고 야채를 썰게 한다거나, 밀가루 반죽을 할 때 함께 하는 것입니다. 만두소를 넣고 만두를 빚게 하거나, 볼에 담긴 야채를 섞을 때 딸에게 해 보라고 하는 것 등입니다. 그러면, 집사람이 혼자 하는 것과 딸과 함께 하는 것, 어느 쪽이 쉽고 빠를까요? 뒷정리하는 것은 어떨까요? 딸이 자기도 돕겠다고 나서면, 일하는 것뿐 아니라 뒤처리할 일도 배나 많아집니다. 그럼에도 불구하고 엄마가 딸이랑 함께 음식을 만들겠다고 할 때는 무엇 때문에 하는 것입니까? 딸에게 엄마와 함께 음식을 만들었다는 좋은 경험과 추억을 만들어 주고, 딸과 더 친밀해지기 위해서 하는 것입니다.

> 요한1서 1:3, "우리가 보고 들은 바를 너희에게도 전함은 너희로 우리와 사귐이 있게 하려 함이니 우리의 사귐은 아버지와 그의 아들 예수 그리스도와 더불어 누림이라"

여기 의미 있는 표현이 등장합니다. '사귐'이라는 것입니다. "우리가 보고 들은 바"는 무엇을 뜻하는 것입니까? 예수 그리스도에 관한 복음입니다. 사도들이 복음을 전해 준 것은, 복음을 먼저 가진 성도들과 늦게 받은 사람 간에 사귐이 있게 하기 위한 것이고, 그 사귐을 통해 하나님 아버지와 그의 아들 예수 그리스도와 더불어서, 풍성한 관계의 기쁨을 누리게 된다고 합니다. 하나님께서 저와 여러분을 통해서 복음을 전하게 하는 이유가 바로 이것입니다.

여러분, 세상에서 가장 행복한 일, 즐겁고 재미있는 일이 무엇입니까? '일'이라고 하니까 '노동'을 생각하기 쉬운데요, 그게 아니라 살면서 가장 즐겁고 행복한 것이 무엇입니까? 사실은 "가장 즐겁고 행복한 것"은 무엇을 할 때라기보다는, 누구랑 함께하느냐에 따라 달라집니다. 평소에 좋아하던 일도 내가 정말 싫어하는 사람과 함께해야 한다면 별로 하고 싶지 않을 것입니다. 하지만 정말 유치한 게임도 사랑하는 사람과 함께하면 너무나 재미있지 않습니까?

'가위바위보'는 재미있는 게임입니까, 재미없는 게임입니까? 옆 사람과 한번 해 보시죠. 이기든 지든, 별로 의미 없죠? 그런데 이제 막 연애를 시작한 사랑하는 연인끼리 남산 계단 밑에서 '가위바위보'를 해서 이긴 사람이 한 칸씩 올라가기로 한다고 하면 어떨까요? 세상에 그것보다 흥미진진하고 재미있는 게임이 없을 것입니다.

예수님께서 세상에 오신 이유, 그리고 제자들에게 자기가 하던 일을 맡기시면서 자기보다 더 큰 일을 하게 될 것이라고 말씀하시는 이유가 여기에 있습니다. 예수님께서 이 땅에 오신 가장 큰 이유는, 인간을 구원하여 영생을 얻게 하기 위함입니다. 그래서 저와 여러분은 예수를 믿고 영생을 얻었습니다. 우리는 모두 영원한 천국에 가게 될 것입니다. 그런데 예수님께서 주신 구원이 누구든지 믿는다고 하면, 천국으로만 밀어 넣으면 끝이냐는 것입니다. 예수님께서 바로 그 말씀을 지금 하고 있는 것입니다.

요한복음 14:13, "너희가 내 이름으로 무엇을 구하든지 내가 행하리니 이는 아버지로 하여금 아들로 말미암아 영광을 받으시게 하려 함이라"

우리가 예수님의 이름으로 무엇이든지 구하면, 예수님께서 구하는 그 일을 대신 시행하실 것입니다. 그런데 예수님께서 하신 그 일로 인해서 하나님께서 영광을 받게 될 것이라는 말씀도 하십니다. 잘 보시기 바랍니다. 우리의 소원을 예수님께서 대신 들어주시면, 하나님이 영광을 받으십니까? 직설적으로 말씀을 드리겠습니다. 병든 가족을 위해서 기도했더니 예수님께서 고쳐 주셨습니다. 그 일은 분명히 우리에게 고맙고 감사한 일이고, 우리에게는 분명히 도움이 되는 일입니다.

그런데 예수님께서 병든 우리 가족을 고쳐 주시면 하나님께서 영광을 받으십니까? 예수님께 그런 능력이 없었는데, 어느 날 능력이 생겼다고 한다면 놀라고 영광이 되겠지요. 그런데 예수님은 원래부터 그런 일을 행하실 수 있는 분입니다. 성경은 뭐라고 하느냐 하면, 예수님이 행하신 기적을 기록하려고 한다면 세상이라도 쌓아 둘 곳이 없을 만큼 많은 일을 행하셨다고 기록하고 있습니다. 그런데 새삼스럽게 무슨 영광이 된다고 하는 것입니까?

이 말씀을 요한1서 1장 3절의 말씀과 함께 보면, 하나님께서 영광을 받으시는 이유가 설명됩니다. 하나님을 전혀 모르던 사람이 복음을 듣고 예수님을 영접하여, 하나님과 사귐 가운데로 들어오게 됩니다. 그 일을 예수님 혼자서 하신 것이 아니라 우리에게 능력을 주셔서 우리가 행하도록 하십니다. 그러면 복음이 전파되어 믿지 않던 영혼이 구원을 얻었다는 결과뿐만 아니라, 예수님의 능력을 힘입어 복음을 전한 사람도 그 일을 하면서 이야기가 생기지 않겠습니까? 그 이야기로 하나님과 더 깊은 사귐 가운데로 들어가게 되는 것입니다.

다시 앞서 드렸던 예를 들어서 말씀드리겠습니다. 딸아이는 엄마가 혼자 만들어 준 음식을 먹는 것보다는, 엄마랑 같이 만들었던 음식을 먹는 것이 훨씬 더 맛있을 것입니다. 밀가루 반죽을 하면서 손에도 묻고, 얼굴에도 묻으면서 더 깊은 사귐과 추억이 생기는 것입니다. 지난 시간에도 말씀드렸지만, 하나님께서 아담과 하와를 만드시고 에덴동산에 두신 이유가 무엇입니까? 하나님과 사귐을 위해서 두셨습니다. 시원한 바람이 불 때 동산을 걸어오셔서, 아담 하와와 대화하기 위함이었습니다. 이집트에서 노예로 살던 이스라엘 백성들을 출애굽시켜서 가나안 땅으로 인도하신 이유는 무엇입니까? 그들과 사귐을 위해서 출애굽시킨 것입니다. 다른 우상 섬기지 말고 하나님과 사귀자는 것이었습니다.

그러면 예수님께서 세상에 오셔서 우리를 구원하신 이유는 무엇일까요? 그래도 지옥보다는 천국이 낫기 때문입니까? 하나님께서 우리를 구원하신 이유도 아담과 하와를 만드시고, 이스라엘 백성들을 가나안 땅으로 인도하신 이유와 다르지 않습니다. 바로 하나님과의 사귐을 위해서 구원하신 것입니다. 이와 같은 이유에 대해서 요한복음 17

장에서 예수님께서 제자들을 위한 기도를 통해 확인할 수 있습니다.

요한복음 17:21, "아버지여, 아버지께서 내 안에, 내가 아버지 안에 있는 것 같이 그들도 다 하나가 되어 우리 안에 있게 하사 세상으로 아버지께서 나를 보내신 것을 믿게 하옵소서"

예수님과 아버지가 하나인 것처럼, 구원받은 우리도 하나가 되어 **"우리 안에"**, 하나님과 그리스도 안에 있게 해 달라고 했습니다.

요한복음 17:22, "내게 주신 영광을 내가 그들에게 주었사오니 이는 우리가 하나가 된 것 같이 그들도 하나가 되게 하려 함이니이다"

하나님께서 그리스도에게 주셨던 영광을, 그리스도께서 우리에게 전해 주셨습니다. 왜요? 하나님과 예수님이 하나가 된 것처럼, 우리들도 서로 하나가 되도록 하기 위해 주셨습니다.

요한복음 17:23, "곧 내가 그들 안에 있고 아버지께서 내 안에 계시어 그들로 온전함을 이루어 하나가 되게 하려 함은 아버지께서 나를 보내신 것과 또 나를 사랑하심 같이 그들도 사랑하신 것을 세상으로 알게 하려 함이로소이다"

"우리들로 온전함을 이루어 하나가 되게 하려는 이유"가 무엇입니까? 하나님께서 예수 그리스도를 사랑하신 것처럼, 하나님은 우리도 사랑하신다는 것을 세상으로 하여금 알게 하기 위하여, 하나가 되게 하려는 것입니다. 서로 하나가 된다는 말의 뜻에 대해서 요한복음 17장 3절에서는 이렇게 말씀합니다.

> 요한복음 17:3, "영생은 곧 유일하신 참 하나님과 그가 보내신 자 예수 그리스도를 아는 것이니이다"

여기에 '안다'라고 하는 말이 '서로 하나가 된다'는 말에 해당하는 뜻입니다. 성경에서 '안다'는 것은 '부부가 서로를 아는 것'과 같은 뜻입니다. 밥 먹을 때 신문 보는 것을 알고, 밥 다 차려 놓으면 다른 반찬 더 없나 싶어서 냉장고 문 여는 것을 알고, 양말 벗어서 아무 구석에나 던져 놓는 것을 알고, 남들은 모르지만 둘만 아는 뭔가가 있는 것입니다. 그런 습관뿐만 아니라 자녀들도 모르는 둘만의 추억도 있습니다. 그게 무엇입니까? 아는 것입니다. 지금 예수님께서 하시는 말씀이 바로 이것입니다.

우리는 영원한 천국에서 그리스도와 함께, 그리고 같은 신앙을 고백한 성도들과 함께 살게 될 것입니다. 그때 우리에게 있어서 가장 필요한 것은 무엇일까요? 하나님과의 사귐입니다. 하나님을 아는 것입니다. 그 아는 것은 나 혼자 하나님을 안다고 주장하는 것이 아니고, 하나님도 나를 알아보시는 것입니다. 서로를 알고 반가워하는 것입니다.

여러분이 어떤 모임에 갔는데 그 모임에 가장 귀한 사람이 여러분을 단상에 불러 세운 뒤에, 내가 이 사람과 이런 추억이 있고, 이 사람은 내 인생에 가장 귀한 사람이라고 소개한다면 영광이지 않겠습니까? 영생은 무엇입니까? 꿔다 놓은 보릿자루처럼 천국 어디 한구석에 처박혀 있는 것입니까? 유일하신 하나님과 그가 보내신 예수 그리스도를 내가 잘 알고, 그분들도 나를 잘 아는, 그래서 서로 간에 깊은 사귐이 있는 것입니다.

사도행전과 바울의 서신서에는, 이처럼 그리스도에 대해서 잘 알고 하나님과 사귐이 있었던 성도들이 나누었던 대화가 너무나 많이 기록되어 있습니다. 사람들은 자기가 좋아하는 것에 관해서 이야기 하는 것을 좋아합니다. 그것과 사귐이 있기 때문입니다. 그래서 쇼핑을 좋아하는 사람은 쇼핑 이야기를 하고, 먹는 것을 좋아하는 사람은 음식 이야기를 합니다. 운동을 좋아하는 사람은 운동 이야기, 주식하는 사람은 주식 이야기, 건강에 관심이 있는 사람은 건강 이야기를 합니다.

그러면 천국에서는 무슨 이야기를 할까요? 하나님 이야기를 하겠죠. 예수님 이야기를 하겠죠. 그렇다면 천국에서 가장 행복한 사람은 어떤 사람일까요? 하나님에 대해서, 그리스도에 대해서 할 이야기가 많은 사람일 것입니다. 하나님과 자신만이 알고 있는 뭔가 특별한 이야깃거리들이 많은 사람일 것입니다. 그리고 그런 사람들이 모여서 이야기를 할 때, 서로 공감되고 그래서 은혜가 되는 내용들이 많을 것입니다.

우리가 예수를 믿음으로써 가질 수 있는 가장 큰 자랑은 무엇이겠습니까? 하나님을 아는 것입니다. 단순히 성경 지식으로 알고, 교리 지식으로 아는 것이 아니라 그분의 마음을 알고, 그분이 기뻐하시는 것을 알고, 그분의 뜻과 목적에 자신을 동참시켜서 그리스도와 함께했던 경험이 많아지고, 이야기가 많아지는 것입니다. 어쩌면 그 경험은, 사도 바울이나 제자들처럼 그리스도 때문에 욕먹은 경험일 수 있습니다. 손해 보고 억울해지는 경험일 수 있습니다. 거기서 더 나가서 모든 악한 일을 당하고, 내 존재감이 너덜너덜해지는 경험일 수 있을 것입니다. 그때 우리 주님께서는 우리에게 어떤 말씀을 하시겠습니까?

> 마태복음 5:11-12, "나로 말미암아 너희를 욕하고 박해하고 거짓으로 너희를 거슬러 모든 악한 말을 할 때에는 너희에게 복이 있나니 12. 기뻐하고 즐거워하라 하늘에서 너희의 상이 큼이라 너희 전에 있던 선지자들도 이같이 박해하였느니라"

어떻게 이런 상황에서도 기뻐하고 즐거워할 수 있겠습니까? 우리 정신력이 대단해서입니까? 아니요. 사랑하는 주님과 함께하고 있기 때문에 할 수 있습니다. 사랑하는 사람과 함께 있으면 어디라도 있을 수 있습니다. 어떤 상황도 함께 견딜 수 있는 것입니다. 그리고 희한한 것은 그런 고난을 통해 서로 간의 사귐이 더 깊어지고, 아는 깊이가 더해지고, 신뢰가 더 쌓이는 것입니다.

전우가 그런 것 아니겠습니까? 사랑한다고 해 놓고 좋을 때만 함께 있고, 어렵고 힘들 때 도망가고 피한다면 참사랑이라고 할 수 없겠죠. 오늘 주님께서 저와 여러분에게 하시는 말씀도 이와 같습니다. "나와 함께하자. 내가 너에게 힘을 줄게, 필요한 능력도 다 줄게." 여러분, 그 길을 함께 가시겠습니까? 도망치시겠습니까? 오늘 예배에 참석하신 여러분들 중에 어떤 분이라도 그리스도와 함께, 또 저와 함께 이 길을 걸어갈 수 있게 되길 소망합니다.

요한복음 14:15~24

# 나를 사랑하면 내 말을 지키리니

"15. 너희가 나를 사랑하면 나의 계명을 지키리라 16. 내가 아버지께 구하겠으니 그가 또 다른 보혜사를 너희에게 주사 영원토록 너희와 함께 있게 하리니 17. 그는 진리의 영이라 세상은 능히 그를 받지 못하나니 이는 그를 보지도 못하고 알지도 못함이라 그러나 너희는 그를 아나니 그는 너희와 함께 거하심이요 또 너희 속에 계시겠음이라 18. 내가 너희를 고아와 같이 버려두지 아니하고 너희에게로 오리라 19. 조금 있으면 세상은 다시 나를 보지 못할 것이로되 너희는 나를 보리니 이는 내가 살아 있고 너희도 살아 있겠음이라 20. 그 날에는 내가 아버지 안에, 너희가 내 안에, 내가 너희 안에 있는 것을 너희가 알리라 21. 나의 계명을 지키는 자라야 나를 사랑하는 자니 나를 사랑하는 자는 내 아버지께 사랑을 받을 것이요 나도 그를 사랑하여 그에게 나를 나타내리라 22. 가룟인 아닌 유다가 이르되 주여 어찌하여 자기를 우리에게는 나타내시고 세상에는 아니하려 하시나이까 23. 예수께서 대답하여 이르시되 사람이 나를 사랑하면 내 말을 지키리니 내 아버지께서 그를 사랑하실 것이요 우리가 그에게 가서 거처를 그와 함께 하리라 24. 나를 사랑하지 아니하는 자는 내 말을 지키지 아니하나니 너희가 듣는 말은 내 말이 아니요 나를 보내신 아버지의 말씀이니라"

지난 시간에 예수님께서 제자들에게 주셨던 두 가지 약속을 살펴보았습니다. 첫째는 예수님을 믿는 자들은 예수님이 하신 일뿐 아니라 그보다 큰 일도 하리라는 것이었습니다. 둘째는 우리가 예수의 이름으로 무엇을 구하든지 주님께서 시행하시겠다는 것이었습니다.

예수님의 약속에서 중요한 것은, '예수님이 하신 일'이 무엇인지 아는 것입니다. '예수님이 하신 일'이 무엇인지 알지도 못하면서, 나도 그와 같은 일을 하겠노라고 나서는 것만큼 위험하고 잘못된 일이 없기 때문입니다. '예수님이 하신 일'이 무엇이었습니까? 영혼을 구원하는 일이었습니다. 예수님께서 행하신 모든 기적은 영혼을 구원하기 위한 수단으로 사용된 것들입니다. 그래서 제자들에게 '예수님이 하신 일'을 할 수 있을 거라고 했을 때, 그 일은 영혼을 구원하는 일 즉, 복음을 전하는 일입니다.

그러면 예수님은 왜 제자들과 우리에게 복음 전하는 일을 맡기셨을까요? 하나님께서 가진 신적 능력으로 인간에게 두려움을 주어서 믿게 만드는 방법을 사용할 수 있을 것입니다. 또는 태어나면서부터 하나님을 각인(마음이나 기억 속에 뚜렷하게 새겨짐)시켜 믿도록 할 수도 있습니다. 그럼에도 불구하고 우리들에게 하나님의 뜻과 목적을 가르쳐 주시고, 하나님의 일을 맡기신 것은 '영혼 구원'이라고 하는 본래의 목적을 달성하는 것 이상의 더 큰 뜻이 있기 때문입니다. 그것이 무엇입니까? 하나님께서 아담과 하와를 만드신 후 그들에게 땅을 다스릴 권세를 주셨습니다.

창세기 1:27-28, "하나님이 자기 형상 곧 하나님의 형상대로 사람을 창조하시되 남자와 여자를 창조하시고 28. 하나님이 그들에게 복을 주시며 하나님이 그들에게 이르시되 생육하고 번성하여 땅에 충만하라, 땅을 정복하라, 바다의 물고기와 하늘의 새와 땅에 움직이는 모든 생물을 다스리라 하시니라"

또한 각종 들짐승과 공중의 각종 새의 이름도 지어 주게 하셨습니다.

창세기 2:19, "여호와 하나님이 흙으로 각종 들짐승과 공중의 각종 새를 지으시고 아담이 무엇이라고 부르나 보시려고 그것들을 그에게로 이끌어 가시니 아담이 각 생물을 부르는 것이 곧 그 이름이 되었더라"

우리도 자녀를 낳은 뒤에 그 자녀를 향한 사랑과 기대의 마음을 담아서 이름을 지어 주지 않습니까? 세상에 태어나서 죽는 날까지 불리게 될 사람의 이름은, 그의 존재를 인정하고 설명하는 고유명사입니다. 아담이 짐승과 새들의 이름을 지어 주었다는 것은, 그들에게 존재의 의미를 부여했다는 의미입니다. 하나님께서 아담에게 그와 같은 일을 시키신 이유가 무엇일까요? 하나님의 생각과 아담의 생각이 하나인 것을 아담으로 하여금 알게 하기 위해서였습니다. 하나님께서 **"아담이 무엇이라고 부르나 보시려고 그것들을 그에게로 이끌어"** 가셨습니다. 그리고 **"아담이 각 생물을 부르는 것이 곧 그 이름이"** 되었습니다.

관계에 있어서 두 사람의 생각과 뜻이 같은 것만큼 좋은 것이 없습니다. 부부 관계라면 천생연분이고, 친구 관계라면 막역지우라고 할 것입니다. 이 내용을 오늘 본문의 예수님의 말씀을 통해서 보면, 예수님의 뜻과 하나님의 뜻이 서로 하나였습니다. 그래서 하나님께서 예수님 안에 계셔서 그의 일을 하시는 것을, 예수님께서 행하신 일을 보면 안다고 했습니다.

> 요한복음 14:10-11, "내가 아버지 안에 거하고 아버지는 내 안에 계신 것을 네가 믿지 아니하느냐 내가 너희에게 이르는 말은 스스로 하는 것이 아니라 아버지께서 내 안에 계셔서 그의 일을 하시는 것이라 11. 내가 아버지 안에 거하고 아버지께서 내 안에 계심을 믿으라 그렇지 못하겠거든 행하는 그 일로 말미암아 나를 믿으라"

예수님께서 당신이 행하시던 그 일을 제자들과 우리들에게 맡기고 있습니다. 이 일을 왜 맡기시는 것입니까? 서로 하나인 것을 알게 하기 위해서입니다.

> 요한복음 14:20, "그 날에는 내가 아버지 안에, 너희가 내 안에, 내가 너희 안에 있는 것을 너희가 알리라"

지난 시간에도 말씀드렸던 것처럼, 성경에서 '안다'라는 의미는, 부부가 서로의 모든 것을 자세히 알 뿐만 아니라, 두 사람만이 가지고 있는 모든 이야기들을 다 안다는 뜻입니다. 그런데 성경은 그렇게 아는 것으로만 그치는 것이 아니라, **"너희가 내 안에, 내가 너희 안에 있는 것을 너희가 알리라"**라고 말씀하고 있습니다. 그리스도와 우리가 서로 하나라는 것입니다.

예수님께서 **"내 이름으로 무엇이든지 내게 구하면 내가 행하리라"**(요 14:14)라고 말씀하셨습니다. 우리가 주의 이름으로 구하는 모든 것을 주께서 대신 행해 주시는 이유가 무엇입니까? 하나이기 때문입니다. 우리가 구하는 것이 주님의 마음이고, 우리가 뜻하는 것이 주님의 뜻과 같기 때문에 주님께서 행하십니다.

그래서 이와 같은 말씀을 읽을 때 우리가 잘 읽어야 합니다. 잘못하면 내 욕심, 내 기대와 소원만 잔뜩 담아서 기도한 뒤에, "그런데 나는 아무리 기도해도 안 되더라" 그러면서 실망하게 되고, 소위 기도발이 좋은 사람을 찾아다니게 되는 것입니다. 우리의 기도가 우리가 기대하는 것보다 응답되지 못하는 이유가 무엇일까요? 우리가 예수님의 말씀을 오해했기 때문입니다. "내가 듣고 싶은 것만 듣고" 기도하기 때문입니다. 이 말씀을 자세히 보시면, "무엇이든지 예수 이름을 대고 구하면 다 이루어진다"라는 말씀이 아닙니다.

이런 예를 드리겠습니다. 지금은 신용카드가 일상화되어 있는 시대라서 당장 현금이 없더라도 신용카드를 가진 사람들이, 짧게는 한 달에서 길게는 두 달까지 물건을 외상으로 살 수가 있습니다. 하지만 신용카드가 없던 옛날에도 동네 가게에서 외상으로 물건을 구입할 수 있었습니다. 일 나가신 부모님께서 자녀에게 "학교 끝나면 단골 가게에 가서 빵이랑 우유 사 먹어" 이렇게 말합니다. 가게에 가서 빵과 우유를 그냥 가져오면 안 됩니다. 하지만 부모님 이름을 대면 돈이 없더라도 주인이 물건을 줬습니다.

예수님의 말씀이 바로 그것입니다. 우리의 관심과 초점은 언제나 '무엇이든지'에 있습니다. 하지만 예수님은 어디에 중심을 두고 이 말씀을 하셨을까요? '내 이름으로'입니다. 다시 앞선 예를 드리면, 자녀가 가게에 가서 자기 엄마나 아빠의 이름을 대고 외상으로 물건을 사면 줄 것입니다. 그런데 지나가던 사람이 그것을 보고 우리 부모님의 이름을 대면서 똑같이 나도 물건을 달라고 하면 줄까요? 안 줍니다. 아무나 예수 이름 대면서 해 달라고 하면 다 이루어지는 것이 아니라는 것입니다. 그래서 이 말씀을 좀 더 깊게 살펴볼 필요가 있습니다.

**첫째, '내 이름으로'라는 말씀은 관계에 대한 설명입니다.**

아빠의 이름을 대고 돈 없이 물건을 사도, 퇴근길에 아빠가 가게에 들러서 물건의 값을 지급해 주는 확실한 관계가 되어 있을 때, 이런 일이 가능한 것입니다. 은행이나 관공서 같은 곳에서 누군가를 대신해서 일할 때도, 위임장과 더불어 관계 증명을 요구합니다. 위임장만 가져간다고 되는 것이 아니라, 위임하는 사람과 어떤 관계인지 확인이 돼야 일을 해 주지, 그렇지 않으면 아무리 급하고 중요한 일이라고 주장할지라도 아무에게나 들어주지 않습니다. 그래서 우리가 기도할 때 제일 먼저 해야 할 것이, 과연 내가 예수 이름을 대고 부탁을 해도 괜찮은 관계에 있는지 확인하는 것입니다.

**둘째, '무엇이든지'라는 말씀은 용도에 대한 설명입니다.**

아무리 가게 주인이 부모와 자녀의 관계에 대해서 잘 알고 있다고 해도, 아직 학생인 자녀가 부모님이 없는 시간에 가게에 가서 술이나 담배를 달라고 하면 주겠습니까? 안 줄 것입니다. 그건 부모님이 허락한 '무엇이든지'의 용도를 벗어난 것입니다. 그 용도는 예수의 이름으로 구할 수 있는 범위 안의 내용이어야 합니다.

**셋째, '내가 행하리라'는 것은, 우리가 구하는 것을 주님께서 하셨을 때 그것이 하나님께 영광이 되고, 기도도 응답되는 결과의 동일성에 대한 설명입니다.**

아빠가 가게에 가나, 아들이 가나 사서 나오는 결과가 똑같다는 것입니다. 기도는 무엇입니까? 우리가 예수의 이름으로 구할 수 있는 친밀한 관계 속에서, 우리 주님께서도 인정하시는 내용을 하나님께서도 허락하셔서 결국 기도를 통해 하나님과 나와의 관계가 더 깊어지는 것입니다.

그 기도는 왜 필요합니까? 주님께서 하시는 일에 나의 뜻과 목표를 일치시키고, 주님께서 하시는 일에 나 같은 사람이 함께하고 있는 것이 감사하지만, 우리의 실력이 턱없이 부족하기 때문에 하는 것입니다. 그래서 이 기도와 관련해서 예수님께서 주신 말씀이 무엇입니까?

마태복음 6:33, "그런즉 너희는 먼저 그의 나라와 그의 의를 구하라 그리하면 이 모든 것을 너희에게 더하시리라"

기도는 내 소원과 목적을 이루기 위해서, 예수님의 이름을 빌려서 하나님의 능력을 끌어오는 것이 아닙니다. 오히려 기도를 통해서 하나님과 나와의 관계가 확인되고 더 깊어지는 것입니다. 우리가 무슨 생각을 하고, 무슨 일을 하면 그것이 하나님의 기준에 만족이 되고 채워질 수 있겠습니까? 그런데 기도는 어떤 능력이 있는가 하면, 아무런 자격이 없고 실력이 없는 우리가 하나님의 뜻을 물으면서, 우리의 힘으로는 도저히 할 수 없는 경지의 것을 우리의 손으로 만들어 가는 것입니다.

지난주에 말씀드렸던 것처럼, 어린 딸이 자기 혼자 힘으로 무슨 요리를 만들어 낼 수 있겠습니까? 하지만 엄마가 도와주면, 함께 하면서 가르쳐 주면, 엄마가 만드는 요리에 딸도 동참하는 것입니다. 그렇게 음식이 만들어지면 딸이 저에게 뭐라고 말하겠습니까? "아빠! 이거 내가 만들었어요." 정말 딸이 자기 혼자 만들었을까요? 엄마가 만들지 않았을까요? 하지만 엄마도 딸이 만들었다고 할 것입니다. 하나님께서 당신의 일에 우리를 동참시키는 이유가 바로 그와 같은 것입니다.

빌립보서 2:13, "너희 안에서 행하시는 이는 하나님이시니 자기의 기쁘신 뜻을 위하여 너희에게 소원을 두고 행하게 하시나니"

이 말씀을 현대인의 성경 번역으로 보면, **"하나님은 자기의 선한 목적에 따라 여러분이 자발적으로 행동하도록 여러분 안에서 일하십니다."**라고 되어 있습니다. 하나님께서 에덴동산에 선악과를 두고서 아담과 하와에게 그것을 먹지 말라고 하신 이유가 이것입니다. 하나님은 아담과 하와가 신에 대한 두려움 때문이 아니라, 그들에게 주신 자유의지를 따라 자발적 행동으로 하나님의 선하신 뜻에 순종하기

원하셨습니다.

출애굽한 이스라엘 백성들에게 십계명과 시내산 언약을 주신 이유도 똑같습니다. 하나님께서는 이스라엘 백성들이 자발적인 행동으로 하나님께서 주신 계명에 순종하기 원하셨습니다. '하나님의 계명'이라고 하니까 일반 사람들은 따를 수 없는 대단히 어려운 거라고 생각하기 쉬운데, 사실은 그렇지 않습니다.

하나님께서 주신 계명은 믿지 않는 사람들도 다 할 수 있는, 아니 건강한 사회를 유지하기 위해서 반드시 해야 하는 일반적이고 상식적인 내용이었습니다. 하나님께서 주신 계명이 무엇이었습니까? 네 부모를 공경하라, 살인하지 말고, 간음하지 말고, 도둑질하지 말고, 거짓말하지 말고, 다른 사람의 것을 탐내지 말라는 것이었습니다. 이게 어려운 계명입니까? 어린아이들이 유치원에서 배우는 것들 아닙니까? 이런 내용을 자기가 알아서 지키는 사람이 있는가 하면, 감시를 하고 처벌을 해도 지키지 못하는 사람이 있다면, 둘 중 어떤 사람이 이웃이면 좋겠습니까?

가정을 예로 들겠습니다. 자녀가 마땅히 해야 할 것을 가르치는 것은 부모의 책임이고 의무입니다. 정상적인 가정이라면 부모님이 자녀가 해야 할 일과 하지 말아야 할 것을 가르쳐 주었을 때, 자녀들이 부모님의 말씀을 귀담아듣고 자발적인 행동으로 해야 할 일은 하고, 하지 말 것은 하지 않을 것입니다. 그런데 어떤 자녀들은 부모님께 야단을 맞고 매를 맞으면서도 하지 말아야 할 것은 고집스럽게 계속하고, 자신을 위해 필요하고 좋은 일은 아무리 가르쳐 줘도 하지 않는 아이들도 있습니다. 어떤 가정, 어떤 부모와 자녀의 관계가 서로 신뢰와 사랑이 있어 보입니까? **"내 이름으로 무엇이든지 내게 구하면 내가 행하리라"**라고 하신 예수님께서 이렇게 말씀합니다.

> 요한복음 14:15, "너희가 나를 사랑하면 나의 계명을 지키리라"
> 요한복음 14:21, "나의 계명을 지키는 자라야 나를 사랑하는 자니 나를 사랑하는 자는 내 아버지께 사랑을 받을 것이요 나도 그를 사랑하여 그에게 나를 나타내리라"

여러분이 가진 성경을 보시면, 요한복음 14장의 1절부터 24절까지는 한 가지 내용으로 묶여 있는 것입니다. 다시 말씀드려서 예수님께서 기도에 대한 약속을 따로 주시고, 계명을 지키라는 말씀을 새롭게 하신 것이 아니라, 기도에 대한 약속을 주시면서, 나를 사랑하는 사람은 내 계명 지키라는 것으로 자연스럽게 가고 있습니다.

예수님의 말씀의 방향을 잘 보십시오. 우리가 기도하면 예수님께서 들어주실 것입니다. 예수님께서 우리의 기도를 들어주시는 이유는, 예수님께서 우리를 사랑하기 때문입니다. 그러면 우리는 어떻게 하면 되겠습니까? 우리도 예수님을 사랑하는 마음으로, 주님의 계명을 지켜야 합니다. 이것은 사업적인 관계에서 서로의 이익을 따라 서로에게 필요한 것을 주고받는 거래를 말하는 것이 아닙니다. 지난 시간에 말씀드렸던 것처럼 서로 사랑하는 관계 사이에서 생기는 깊은 사귐의 결과인 것입니다.

사랑은 무엇입니까? 자발적인 마음과 행동으로 상대를 위해 기쁜 마음으로 자기를 내려놓는 것입니다. 사랑하는 대상을 위해서 자기가 줄 수 있는 모든 것을 기꺼이 내주는 것입니다. 만나서 데이트할 때는 사랑한다고 말하던 사람이, 돌아서자마자 다른 사람을 만나서 그에게도 사랑한다고 한다면, 그게 참사랑이라고 말할 수 있겠습니까? 하나님께서 "나 외에는 다른 신들을 섬기지 말라"라고 말씀하신 이유가 바로 그것입니다. 나한테는 "네가 제일 예뻐, 네가 제일 멋있어" 이렇게 말하고는, 뒤돌아서는 끊임없이 다른 이상형을 찾고 새로운 누군가를 찾는다면, 나를 사랑한다고 했던 그 말이 진심이었겠습니까?

"너를 위해 새긴 우상을 만들지 말라"라고 말씀하신 이유가 바로 그것입니다. 사랑이라는 것이 언제나 대등한 위치의 사람에게서만 생기는 것은 아닙니다. '신데렐라 스토리'나 '바보온달과 평강공주'처럼 때로는 어떤 조건 면에서 한쪽 편이 더 나을 때도 있습니다. 그때 조건 면에서 부족한 사람이, 자기를 위해 주는 사람의 이름을 빙자해서 자기의 이익을 취하거나, 상대가 되는 사람의 사회적 위치나 그의 인격에 해가 되는 행동을 한다면, 그것도 사랑이라고 할 수 있겠습니까? "네 하나님 여호와의 이름을 망령되이 일컫지 말라"라는 말씀이 그런 것입니다. 사랑한다고 하면서 만나기로 한 장소에 나타나지 않고, 번번이 바람을 맞히면 사랑이라고 할 수 있습니까? "안식일을 기억하여 거룩히 지키라"라고 말씀하신 이유가 바로 그것입니다.

하나님께서 우리에게 대단한 것을 요구한 것이 아닙니다. 나아만 장군의 종들이 나아만에게 했던 **"선지자가 당신에게 큰 일을 행하라**

말하였더면 행하지 아니하였으리이까 하물며 당신에게 이르기를 씻어 깨끗하게 하라 함이리이까"(왕하 5:13)라는 말처럼, 나아만이 요단강에서 몸을 씻으면 엘리사의 병이 낫습니까? 나아만 자신의 문둥병이 낫는 것입니다. 그러면 나아만의 문둥병이 낫게 되면 하나님께 유익한 것입니까? 나아만 자신에게 유익한 것입니다.

하나님께서 우리에게 말씀하시는 것이 그런 것입니다. 우리가 충분히 할 수 있는 것이고, 그 모든 것이 우리에게 유익한 것입니다. 우리 자신에게 유익한 것을 우리가 하고 있는데, 하나님께서는 그것을 보면서 "너희가 나를 사랑하는 것"이라고 말씀합니다. 희한하지 않습니까? 일반적인 기준으로 볼 때, 우리가 하나님을 위한다고 하는 것은 사실 하나님께 유익한 것이 아닙니다. 십계명의 처음부터 끝까지 모든 것이 우리 자신을 위한 것들이고, 기본적으로 지켜야만 하는 것들입니다. 그럼에도 불구하고 하나님은 우리가 하는 가장 기초적인 순종만으로도, 너희가 나를 '사랑'한 것이라고 인정해 주십니다.

드라마에 자주 등장하는 '신데렐라 스토리'나 '키다리 아저씨'와 같은 소재의 내용은, 서로 대등한 관계에서의 사랑이 아니라, 모든 것을 가진 한쪽에서 아무것도 없는 사람에게 일방적으로 주는 사랑 이야기입니다. 이렇게 한쪽이 일방적으로 주는 사랑일 때는, 그 사랑을 받는 대상이 어떤 사람이냐는 상관이 없습니다. 그 사람이 사랑을 받게 되는 이유는, 능력자인 주인공이 그 사람을 선택했기 때문입니다. 우리가 하나님의 특별한 사랑을 받는 이유가 무엇입니까? 하나님께서 우리를 선택하셨기 때문입니다. 우리가 하나님의 선택을 받았다는 사실을 어떻게 확인할 수 있습니까?

요한복음 14:16, "내가 아버지께 구하겠으니 그가 또 다른 보혜사를 너희에게 주사 영원토록 너희와 함께 있게 하리니"

또 다른 보혜사 성령님을 우리에게 주셔서 영원토록 우리와 함께 있게 해 주시겠다고 했습니다. 성령은 어떤 분이십니까?

요한복음 14:17, "그는 진리의 영이라 세상은 능히 그를 받지 못하나니 이는 그를 보지도 못하고 알지도 못함이라 그러나 너희는 그를 아나니 그는 너희와 함께 거하심이요 또 너희 속에 계시겠음이라"

진리는 무엇입니까? 하나님께서 우리의 죄를 용서하시고, 하나님의 자녀와 백성으로 삼아 주시기 위해 그의 아들 예수 그리스도를 이 땅에 보내 주시고 믿게 하셨다는 것입니다. 이 진리는 누가 믿을 수 있습니까? 하나님께서 사랑을 주시기 위해 특별히 선택한 사람이 믿게 됩니다.

16절에 그리스도께서 제자들에게 또 다른 보혜사 곧 성령을 보내 주겠다고 말씀하신 것은, 잠시라도 그들을 혼자 내버려두지 않기 위해서 보내 주겠다고 하신 것입니다. 영화나 드라마에서 주인공의 특별한 관심과 사랑을 받는 사람에게 가장 위험한 순간이 언제입니까? 그 사람이 혼자 있을 때입니다. 그렇게 혼자 있다가 위험을 당했을 때 주인공 본인이 나타나든지, 주인공이 보낸 보디가드가 나타나서 악당들을 물리치고 그 사람을 멋지게 지켜 주는 모습을 보면서 희열을 느끼지 않습니까? 이처럼 예수님께서는 성령을 보내어 잠시라도 우리가 혼자 있도록 내버려두지 않겠다고 말씀하십니다.

요한복음 14:18, "내가 너희를 고아와 같이 버려두지 아니하고 너희에게로 오리라"

그리스도께서 우리에게 보내 주신 성령은, 우리와 함께 거하실 뿐 아니라 우리 속에 계십니다. 성령께서 곁에 계신 정도가 아니라 우리 안에 계신다면, 그보다 더 확실하고 안전한 것이 어디에 있겠습니까? 우리를 사랑하시는 주님께서 보혜사 성령을 우리에게 보내어 지키게 하시는 이유는 무엇일까요?

요한복음 14:20, "그 날에는 내가 아버지 안에, 너희가 내 안에, 내가 너희 안에 있는 것을 너희가 알리라"

이처럼 예수님은 하나 됨을 말씀하고 있습니다. 예수님께서는 이와 같은 표현을 자주 사용하셨습니다.

요한복음 15:5, "나는 포도나무요 너희는 가지라 그가 내 안에, 내가 그 안에 거하면 사람이 열매를 많이 맺나니 나를 떠나서는 너희가 아무 것도 할 수 없음이라"

하나님과 그리스도가 하나요, 그리스도와 우리가 하나입니다. 그런데 이 하나 됨을 누가 붙들고 있습니까? 하나님께서 붙들고 있고, 그리스도께서 붙들고 있습니다. 가지가 포도나무를 붙들고 있는 것이 아니라, 포도나무가 가지를 붙들고 있는 것입니다. 그리고 그렇게 서로 붙들려 있다는 것을 예수님께서 '사랑'이라는 말로 표현하셨습니다.

요한복음 14:23, "예수께서 대답하여 이르시되 사람이 나를 사랑하면 내 말을 지키리니 내 아버지께서 그를 사랑하실 것이요 우리가 그에게 가서 거처를 그와 함께 하리라"

여기에 중요한 표현이 나옵니다. **"우리가 그에게 가서 거처를 그와 함께 하리라"**를 현대인의 성경으로 보면, **"아버지와 내가 그에게 가서 그와 함께 살 것이다."**라고 되어 있습니다. 예수님께서 자신을 사랑하는 것과 계명을 지키는 것을 연동해서 하나로 말씀하고 있습니다. 사랑은 무엇입니까? 서로 간에 맺은 약속을 지키고, 함께 사는 거처를 지키는 것입니다. 많은 사람들 앞에서 평생의 사랑을 약속하고 결혼한 부부 사이도, 서로 간의 신뢰가 깨지고 나면 함께 살던 거처도 깨지지 않습니까?

그러면 생각해 보겠습니다. 그리스도와 우리의 관계에서 신뢰를 깨고, 거처를 깨는 사람은 누구일까요? 사실 우리가 기도하는 것과 우리가 소원하는 것들을 보면, 주님과 더 좋은 관계를 만들어 내고, 주님과 함께 사는 거처를 아름답게 하기 위한 것보다, 우리 자신만의 욕심을 위할 때가 더 많지 않습니까? 우리가 얼마나 우리 자신만의 욕심을 챙기며 살고 있습니까? 그러면서도 착각하는 것이, 내가 이렇게 열심히 기도했는데 주님께서 들어주지 않았다며 삐치지 않습니까? 그렇게 자기 욕심을 채우기 위해 열심히 기도한 것이 믿음이 좋은 것입니까?

요한복음 14:24, "나를 사랑하지 아니하는 자는 내 말을 지키지 아니하나니 너희가 듣는 말은 내 말이 아니요 나를 보내신 아버지의 말씀이니라"

주님의 말씀을 지키지 않는 사람은, 주님을 사랑하는 사람이 아닙니다. 주님을 사랑하지 않는 사람이, 주님께 자기의 소원을 들어 달라고 기도하면 그 기도가 이루어지겠습니까? 여러분과 맺은 약속을 깨고, 실망과 배신을 안겨 주고 떠났던 사람이 어느 날 여러분을 찾아와서 무언가를 해 달라고 부탁한다면, 여러분은 어떻게 하시겠습니까? 뻔뻔하다고 말하지 않을까요? 여러분은 주님 앞에 어떤 신자입니까? 신뢰할 만한 신자입니까, 뻔뻔한 신자입니까? 우리는 최소한 양심은 있는 신앙생활을 해야 합니다.

기도 응답을 바라고, 내 인생에서 하나님의 능력이 나타날 것만 기대할 것이 아닙니다. 먼저 주님과 바른 관계가 만들어져 있는지 확인하시고, 얼마나 주의 말씀을 지키고 있는지 점검하십시오. 그리고 세상에서 내 욕심이 이루어지는 것으로 하나님이 계신 것을 증명하려고 하지 마시고, 하나님의 뜻과 목적에 자신이 참여하고 있다는 것에서 믿음의 기쁨을 누리십시오. 뻔뻔한 신앙생활을 하면 안 됩니다. 최소한 양심은 있는 신앙생활을 해야 합니다. 하나님께서 우리에게 베푸시는 사랑을 이용해 먹고 배신하면 안 됩니다. 저와 여러분, 우리 하와이한빛장로교회가 그렇게 하나님과 함께하고 있음을 기뻐하고 감사하기 원합니다.

요한복음 15:1~2

## 참포도나무이신 예수님

"1. 나는 참포도나무요 내 아버지는 농부라 2. 무릇 내게 붙어 있어 열매를 맺지 아니하는 가지는 아버지께서 그것을 제거해 버리시고 무릇 열매를 맺는 가지는 더 열매를 맺게 하려 하여 그것을 깨끗하게 하시느니라"

본문에 예수님께서 자신을 가리켜서 '참포도나무'라고 말씀하시고, 하나님은 농부라고 하셨습니다. 그래서 '포도나무 비유'라고도 알려져 있습니다. 예수님께서 자신을 가리켜서 그냥 '포도나무'가 아니라 굳이 '참포도나무'라고 말씀하신 것은, '참포도나무'가 아닌 '다른 포도나무'도 있다는 뜻을 포함하는 것입니다. 같은 이유로 예수님께서는 자신을 가리켜서 '양의 문'이라고 말씀하시면서, '양의 문'으로 들어가는 '참목자'와 문이 아닌 다른 곳으로 넘어가는 '도둑과 강도'도 있다는 것을 비교하며 말씀하셨습니다.

요한복음 10:1-2, "내가 진실로 진실로 너희에게 이르노니 문을 통하여 양의 우리에 들어가지 아니하고 다른 데로 넘어가는 자는 절도며 강도요 2. 문으로 들어가는 이는 양의 목자라"

요한복음 10:7, "그러므로 예수께서 다시 이르시되 내가 진실로 진실로 너희에게 말하노니 나는 양의 문이라"

또한 예수님은 자신이 '선한 목자'라고 말씀하시면서, '삯군의 목자'도 있다고 말씀하셨습니다.

요한복음 10:11-12, "나는 선한 목자라 선한 목자는 양들을 위하여 목숨을 버리거니와 12. 삯꾼은 목자가 아니요 양도 제 양이 아니라 이리가 오는 것을 보면 양을 버리고 달아나나니 이리가 양을 물어 가고 또 헤치느니라"

먼저 우리가 살펴볼 것은 예수님께서 왜 자신을 가리켜서 '포도나무'라고 말씀하셨는가 하는 것입니다. 사실 '포도나무'는 구약성경에서도 비유적으로 사용되었던 상징입니다.

시편 80:8, "주께서 한 포도나무를 애굽에서 가져다가 민족들을 쫓아내시고 그것을 심으셨나이다"

하나님께서 한 포도나무를 애굽에서 가져와서 그 땅에 살던 민족들을 쫓아낸 뒤에, 그곳에 하나님께서 가져오신 포도나무를 심었다고 말씀하고 있습니다. 이 '포도나무'는 무엇을 뜻하는 것일까요? 이스라엘을 가리키는 말입니다. '포도나무'가 가치가 있는 것은 그 나무에 열매가 주렁주렁 열렸을 때 있는 것이지, 나무 자체로는 그렇게 좋다거나 멋지다고 말할 수 없는 나무입니다.

하나님께서 이스라엘을 '포도나무'에 비유하셨다는 것을 기억하시기 바랍니다. 성경에는 많은 나무들이 있습니다. 성전을 건축할 때 사용했던 레바논의 백향목이나, 어떤 지명을 대신하여 표현될 만큼 유명한 상수리나무와 같은 좋은 나무들도 있는데 이스라엘을 굳이 포도나무로 비유하고 있습니다.

> 창세기 12:6, "아브람이 그 땅을 지나 세겜 땅 모레 상수리나무에 이르니 그 때에 가나안 사람이 그 땅에 거주하였더라"

하나님께서 이스라엘을 '포도나무'에 비유한 것은, 이유가 있기 때문입니다. 앞서 말씀드린 것처럼, 포도나무는 열매인 포도가 없다면 나무 자체로서의 매력이나 효용성이 전혀 없습니다. 넝쿨이라 땔감으로 쓰기도 귀찮은 나무입니다. 하나님께서 이스라엘을 선택하신 것은 그들이 다른 민족보다 뭔가 뛰어나고 다른 점이 있어서가 아니라, 일종의 본보기나 상징으로 선택하신 것입니다. 그런데 하나님께서 순전하고 좋은 종자로 심은 귀한 포도나무가, 나쁜 나무가 되고 말았습니다. 그래서 예레미야 선지자를 통해서 꾸짖으셨습니다.

> 예레미야 2:21, "내가 너를 순전한 참 종자 곧 귀한 포도나무로 심었거늘 내게 대하여 이방 포도나무의 악한 가지가 됨은 어찌 됨이냐"

하나님께서 당신의 택한 백성들을 위하여 젖과 꿀이 흐르는 아름다운 땅으로 인도해서 그곳에 심으시고, 그 땅에서 하나님과 더불어 화평을 누리며 잘 살도록 해 주기 위해서 구원해 주셨는데, 종자가 바뀌어 버렸습니다. 하나님께서 좋게 심은 포도나무가 이방 포도나무의 악한 가지처럼 됐습니다. 농부이신 하나님을 대적하고 우상을 숭배하며 우상의 가증한 것과 음행과 온갖 더러운 죄를 범함으로 인해, 결국 쳐내 버려야 하는 가지가 되고 만 것입니다.

> 호세아 10:1, "이스라엘은 열매 맺는 무성한 포도나무라 그 열매가 많을수록 제단을 많게 하며 그 땅이 번영할수록 주상을 아름답게 하도다"

원래 이스라엘은 어떤 나무였습니까? **"열매 맺는 무성한 포도나무"**였습니다. 그런데 문제가 생겼습니다. 그 열매가 많을수록 우상의 제단을 많게 하고, 그 땅이 번영할수록 우상을 아름답게 했습니다. 하나님께서 복을 주시고 은혜를 베푸셔서 번영해질수록, 점점 더 하나님과 멀어지는 쪽을 택했습니다. 그러자 하나님께서는 그들의 변심을 책망하시면서 벌을 받게 될 거라고 하셨습니다.

> 호세아 10:2, "그들이 두 마음을 품었으니 이제 벌을 받을 것이라 하나님이 그 제단을 쳐서 깨뜨리시며 그 주상을 허시리라"

혹시 과일나무를 심어 보신 적이 있으십니까? 생각보다 과일나무는 손이 많이 가는 나무입니다. 과일나무에 열매가 맺을 때 나는 달콤한 냄새는 사람들만 좋아하는 것이 아니라 벌레도 좋아합니다. 그래서 과일나무는 약도 많이 쳐 줘야 하고, 관리도 잘해 줘야 나무가 그 열매를 맺을 수 있습니다. 그런데 이 과일나무가 관리되지 않고 방치되면, 온갖 벌레들이 끓고 열매도 별로 맛이 없습니다. 그땐 어떻게 해야 할까요? 가지치기해서 벌레 먹은 나무들을 다 잘라 버리고, 새로 나게 해야 합니다.

이스라엘이 두 마음을 품었으니 이제 그들은 벌을 받게 될 것입니다. 열매를 잘 맺는 포도나무를 심어 주었더니, 그 번영으로 우상을 아름답게 만들고 우상의 제단만 많이 만들고 있습니다. 과일나무를 심어 놨더니 온갖 벌레들만 잔뜩 끓고, 심지어 그 벌레들이 집 안에까지 들어와서 자기 집처럼 만들었다고 하면, 그 나무를 그냥 두고 여러분이 집을 나가겠습니까? 아니면 나무를 찍어 버리겠습니까? 이 말씀이 바로 그것입니다. 이렇게 나쁘게 변해 버린 것에 대해서 사도 바울은 이렇게 말했습니다.

> 로마서 1:21-23, "하나님을 알되 하나님을 영화롭게도 아니하며 감사하지도 아니하고 오히려 그 생각이 허망하여지며 미련한 마음이 어두워졌나니 22. 스스로 지혜 있다 하나 어리석게 되어 23. 썩어지지 아니하는 하나님의 영광을 썩어질 사람과 새와 짐승과 기어다니는 동물 모양의 우상으로 바꾸었느니라"

로마서 말씀과 호세아 10장 말씀이 어찌 그리 똑같은지 모릅니다. 원래 우리는 하나님을 영화롭게 하고, 감사하며 살아야 하는 사람들이었습니다. 그런데 그 생각이 허망해지고 미련한 마음이 어두워지고 나니까, 엉뚱한 짓을 하며 살았습니다. 하나님의 영광이 아닌 다른 것들을 맺고 있으면서도, 그것이 풍성한 열매인 줄로 알고 살고 있는 것입니다.

로마서 1:26-27, "이 때문에 하나님께서 그들을 부끄러운 욕심에 내버려 두셨으니 곧 그들의 여자들도 순리대로 쓸 것을 바꾸어 역리로 쓰며 27. 그와 같이 남자들도 순리대로 여자 쓰기를 버리고 서로 향하여 음욕이 불 일듯 하매 남자가 남자와 더불어 부끄러운 일을 행하여 그들의 그릇됨에 상당한 보응을 그들 자신이 받았느니라"

로마서 1:29-32, "곧 모든 불의, 추악, 탐욕, 악의가 가득한 자요 시기, 살인, 분쟁, 사기, 악독이 가득한 자요 수군수군하는 자요 30. 비방하는 자요 하나님께서 미워하시는 자요 능욕하는 자요 교만한 자요 자랑하는 자요 악을 도모하는 자요 부모를 거역하는 자요 31. 우매한 자요 배약하는 자요 무정한 자요 무자비한 자라 32. 그들이 이같은 일을 행하는 자는 사형에 해당한다고 하나님께서 정하심을 알고도 자기들만 행할 뿐 아니라 또한 그런 일을 행하는 자들을 옳다 하느니라"

여기에 기록된 죄악들에 대해서 제가 하나하나 설명하지 않아도, 이런 죄악들이 우리 주변에 있습니까, 없습니까? 그런 죄들은 아주 가끔 보는 것들입니까, 흔하게 볼 수 있는 죄들입니까? 그런데 우리가 정말 두려워해야 하는 것은, 여기에 나열된 죄의 현상이 아닙니다. 사람이 어떻게 저럴 수 있을까 놀라고, 이런 악한 세상에 사는 것이 불안해질 것이 아닙니다. 정말 두려운 것은 26절 말씀처럼, **"이 때문에 하나님께서 그들을 부끄러운 욕심에 내버려 두셨으니"** 하나님께서 그들을 그냥 내버려두시는 것입니다.

로마서 1:28, "또한 그들이 마음에 하나님 두기를 싫어하매 하나님께서 그들을 그 상실한 마음대로 내버려 두사 합당하지 못한 일을 하게 하셨으니"

하나님께서 그들을 그 상실한 마음대로 살도록 내버려두시고, 합당하지 못한 일을 하게 내버려두는 것입니다. 여러분, 가장 무서운 것이 무엇인지 아십니까? 죄를 짓고 잘못을 범했을 대 벌을 받고 심판받는 것이 아닙니다. 계속 죄짓도록 그냥 내버려두는 것입니다.

오늘 본문에 예수님께서 자신을 가리켜서 '참포도나무'라고 하시는 것은, 우리를 그냥 아무렇게나 살도록 내버려둘 수 없기 때문에 하신 말씀입니다. 지금까지 설명드린 말씀을 기억하시면서 오늘 본문을 다시 보시기 바랍니다.

> 요한복음 15:1-2, "나는 참포도나무요 내 아버지는 농부라 2. 무릇 내게 붙어 있어 열매를 맺지 아니하는 가지는 아버지께서 그것을 제거해 버리시고 무릇 열매를 맺는 가지는 더 열매를 맺게 하려 하여 그것을 깨끗하게 하시느니라"

구약 이스라엘 시대에 하나님께서 '포도나무'인 이스라엘을 애굽에서 가져다가 좋은 땅으로 옮기셨습니다. 그 땅에 살던 거민들을 쫓아내시고 무성한 포도 열매를 맺도록 하시고, 그들의 삶을 번영하게 하셨습니다. 그랬더니 그들이 우상을 아름답게 만들고, 우상의 제단을 많이 만들었습니다. 하나님을 영화롭게 해야 하는 하나님의 백성들이, 하나님을 배신하고 떠날 뿐만 아니라 죄만 지었습니다. 그래서 예수님께서 어떻게 오신 것입니까? '참포도나무'로 오신 것입니다. 애굽에서 옮겨서 좋은 땅에 심어 주는 것이 아니라, 예수님께서 직접 '참포도나무'가 되어서 당신의 백성들을 가지로 길러 주시는 것입니다.

요한복음 15:4, "내 안에 거하라 나도 너희 안에 거하리라 가지가 포도나무에 붙어 있지 아니하면 스스로 열매를 맺을 수 없음 같이 너희도 내 안에 있지 아니하면 그러하리라"

이 '포도나무'의 비유를 잘못 알고 있으면, "주님께서는 우리가 열매를 많이 맺는 것을 좋아하신다. 그러니까 열심히 열매를 맺자" 이렇게 오해하게 됩니다. 그런데 이 말씀은 그런 뜻이 아닙니다. 기독교가 다른 종교와 근본적으로 다른 것이 무엇인지 아십니까? 하나님께서는 인간에게 무엇을 달라고 요구하신 적이 없다는 것입니다. 오히려 하나님께서 모든 것을 다 주셨으니 너희는 누리면서 잘 살라는 것입니다. 시편과 호세아 말씀에서 확인한 것처럼, 하나님께서 다 해 주셨지 인간에게 뭘 내놓으라고 하지 않습니다. 그리고 오늘 본문 말씀처럼 **"내 안에 거하라 나도 너희 안에 거하리라"**라고 말씀하고 있습니다.

무슨 뜻인지 이해되십니까? 지금 예수님께서는 열매에 관해서 이야기하고 있는 것이 아니라, 종자에 대해서 말하고 있는 것입니다. "너희가 나를 위해 어떤 열매를 만들어 낼래? 얼마나 많이 맺을래?" 이것을 말씀하는 것이 아니라, "이제 너희는 그리스도 안에서 새로운 피조물이 되었다. 이전 것은 지나갔고 새것이 되었다" 그것을 알라는 것입니다.

지금까지 우리는 종교적인 방법으로 업적을 이루어서 하나님께 공헌하려고 애를 써 왔습니다. 거기서 무슨 열매가 맺고 있는지는 확인하지도 않고, 무조건 많이 맺으면 좋은 건 줄 알고 살았습니다. 그게 무엇일까요? "뭐가 뭔지 모르지만 일단 사랑하자, 일단 착해지자, 남을 돕고 살자" 그런 것입니다. 그 생각을 우리만 했을 것 같습니까? 아니요, 가나안 땅을 정복해 들어가던 이스라엘도 그런 생각을 했습니다. 하나님께서 가나안 땅을 차지할 이스라엘 백성들에게 이렇게 말씀하셨습니다.

> 신명기 7:1-2, "네 하나님 여호와께서 너를 인도하사 네가 가서 차지할 땅으로 들이시고 네 앞에서 여러 민족 헷 족속과 기르가스 족속과 아모리 족속과 가나안 족속과 브리스 족속과 히위 족속과 여부스 족속 곧 너보다 많고 힘이 센 일곱 족속을 쫓아내실 때에 2. 네 하나님 여호와께서 그들을 네게 넘겨 네게 치게 하시리니 그 때에 너는 그들을 진멸할 것이라 그들과 어떤 언약도 하지 말 것이요 그들을 불쌍히 여기지도 말 것이며"

2절에 보시는 것처럼, "너는 그들을 진멸하라, 그들과 어떤 언약도 하지 말고 불쌍히 여기지도 말라"라고 하셨습니다. 가나안 땅은 젖과 꿀이 흐르는 좋은 땅입니다. 예나 지금이나 좋은 땅에는 사람들이 많이 삽니다. 더구나 그 땅은 이스라엘 백성들이 먼저 터전을 잡은 땅이 아닙니다. 가나안 거민들이 먼저 자리 잡고 살고 있었습니다. 그런데 가나안 거민들의 편에서 보면 침략자인 이스라엘 사람들에게 그 땅을 진멸하라고 하십니다. 진멸하라는 말은 다 죽이라는 것입니다. 진멸하되 그들을 불쌍히 여기지도 말라고 하십니다.

그러면 하나님은 왜 이처럼 잔인한 명령을 내리셨을까요? 그들이 이스라엘의 아들을 유혹해서 여호와를 떠나게 만들고, 다른 신들을 섬기도록 할 것이기 때문입니다. 그래서 가나안 거민들의 사회와 종교와 문화의 모든 것이라고 할 수 있는 제단과 주상과 우상을 헐고, 깨뜨리고 부수고 불사르라고 말씀하셨습니다.

신명기 7:3-5, "또 그들과 혼인하지도 말지니 네 딸을 그들의 아들에게 주지 말 것이요 그들의 딸도 네 며느리로 삼지 말 것은 4. 그가 네 아들을 유혹하여 그가 여호와를 떠나고 다른 신들을 섬기게 하므로 여호와께서 너희에게 진노하사 갑자기 너희를 멸하실 것임이니라 5. 오직 너희가 그들에게 행할 것은 이러하니 그들의 제단을 헐며 주상을 깨뜨리며 아세라 목상을 찍으며 조각한 우상들을 불사를 것이니라"

이스라엘 백성들이 손에 자비를 두지 말고 다 파괴해야 하는 이유는, 그들에 대한 하나님의 뜻이 있기 때문입니다. 그 뜻은 무엇일까요?

신명기 7:6-8, "너는 여호와 네 하나님의 성민이라 네 하나님 여호와께서 지상 만민 중에서 너를 자기 기업의 백성으로 택하셨나니 7. 여호와께서 너희를 기뻐하시고 너희를 택하심은 너희가 다른 민족보다 수효가 많기 때문이 아니니라 너희는 오히려 모든 민족 중에 가장 적으니라 8. 여호와께서 다만 너희를 사랑하심으로 말미암아, 또는 너희의 조상들에게 하신 맹세를 지키려 하심으로 말미암아 자기의 권능의 손으로 너희를 인도하여 내시되 너희를 그 종 되었던 집에서 애굽 왕 바로의 손에서 속량하셨나니"

그들은 지상 만민 중에서 하나님의 백성으로 택함을 받은 사람들입니다. 그들이 하나님의 성민과 택한 백성이 될 수 있었던 것은, 그들이 다른 민족보다 수효가 많거나 더 뛰어났기 때문이 아니라 오히려 가장 적었기 때문입니다. 하지만 앙상한 포도나무처럼 볼품없는 그들을 택하셔서 열매가 가득한 포도나무로 만드셨습니다. 그리고 하나님의 택함을 백성들이 얼마나 풍요롭게 사는지 천하 만민에게 본보기로 보여 주길 원하셨습니다. 하나님께서 이스라엘 백성들에게 대단하고 거창한 것을 원한 게 아니었습니다. 신실하신 하나님께서 그들을 사랑해 주시고, 그의 계명을 지키는 자에게 천 대까지 은혜를 베푸신다는 것을 사람들에게 보이겠다는 것입니다.

신명기 7:9-11, "그런즉 너는 알라 오직 네 하나님 여호와는 하나님이시요 신실하신 하나님이시라 그를 사랑하고 그의 계명을 지키는 자에게는 천 대까지 그의 언약을 이행하시며 인애를 베푸시되 10. 그를 미워하는 자에게는 당장에 보응하여 멸하시나니 여호와는 자기를 미워하는 자에게 지체하지 아니하시고 당장에 그에게 보응하시느니라 11. 그런즉 너는 오늘 내가 네게 명하는 명령과 규례와 법도를 지켜 행할지니라"

계속 반복해서 말씀드리지만, 하나님께서 이스라엘 백성들에게 지키라고 말씀하신 명령과 규례와 법도들은 하나님을 위해서 지켜야 하는 것들이었습니까, 이스라엘 백성들 자신을 위해서 지켜야 하는 것입니까? 그 모든 것들은 자신들을 위한 것들입니다. 그런데 하나님께서는 부모를 공경하고 자녀를 부양함으로 화목해지는 사회, 살인과 강도가 없는 위험하지 않은 사회, 상대방을 속이지 않는 아주 낮은 단계의 신용할 수 있는 사회가 되도록, 최소한의 명령만 순종해도 복을 주신답니다. 이것은 도무지 할 수 없는 것들입니까, 아니면 해야 하는 것입니까? 할 수 있는 것들이고, 적어도 인간답게 살려면 반드시 해야 하는 것들입니다. 그러면 이스라엘 백성들이 하나님의 이 말씀을 지켰을까요, 안 지켰을까요? 이스라엘 백성들은 가나안의 거민들을 다 쫓아내지 않고, 여러 가지 이유로 그 땅에서 계속 살게 해줬습니다.

> 여호수아 15:63, "예루살렘 주민 여부스 족속을 유다 자손이 쫓아내지 못하였으므로 여부스 족속이 오늘까지 유다 자손과 함께 예루살렘에 거주하니라"
> 사사기 1:30, "스불론은 기드론 주민과 나할롤 주민을 쫓아내지 못하였으므로 가나안 족속이 그들 중에 거주하면서 노역을 하였더라"

이들 외에 이스라엘 다른 지파들도 가나안 족속들을 쫓아내지 못하고, 그들과 함께 살았습니다. 이렇게 그들이 하나님의 말씀에 순종하지 않은 결과가 어떻게 되었을까요? 하나님께서 신명기에서 말씀하신 대로 이스라엘 백성들은 하나님을 떠나 가나안 족속들이 섬기는 우상을 섬기고, 우상의 풍속을 따라 살게 되었습니다. 그리고 솔로몬왕 이후부터는 이스라엘 전역에 우상의 산당들이 생겼습니다. 아합왕 때는 엘리야 선지자 혼자서 우상의 선지자 850명과 기도 대결을 해야 할 만큼, 이스라엘의 타락이 극심했습니다.

> 시편 106:34-36, "그들은 여호와께서 멸하라고 말씀하신 그 이방 민족

들을 멸하지 아니하고 35. 그 이방 나라들과 섞여서 그들의 행위를 배우며 36. 그들의 우상들을 섬기므로 그것들이 그들에게 올무가 되었도다"

하나님께서 **"순전한 참 종자 곧 귀한 포도나무로"**(렘 2:21) 심은 이스라엘이 우상 숭배로 타락한 결과는, 이스라엘 나라의 멸망으로 끝났습니다. 그리고 말라기 선지자 이후 약 400여 년 동안 이스라엘에는 선지자도, 왕도 없이 지내다가 예수님이 탄생하게 됩니다.

가나안 땅을 정복해 들어가던 이스라엘은, 하나님께서 그들을 위해 싸워 주셨기 때문에 가나안 족속들을 쫓아낼 힘이 충분히 있었습니다. 하지만 이스라엘 백성들은 하나님의 말씀에 순종하지 않고 자기들끼리 착하고, 너그럽고, 마음이 좋아서 힘없고 불쌍한 가나안 족속들을 다 쫓아내지 않고 남겨 두었습니다. 가나안 족속들과 결혼도 하고, 그들과 약속을 맺고, 그들과 더불어 행복하게 잘 살았습니다. 결국 하나님께서 말씀하신 대로 이스라엘은 이방 족속처럼 되어서 하나님을 떠나 우상을 숭배하게 됐고, 그 결과 망했습니다.

하나님의 말씀보다 착하지 마십시오. 너그럽지 마시고, 괜찮다고 하지 마십시오. 로마서 1장 말씀처럼, 하나님께서 미워하시는 죄들이 있는데 그 정도는 괜찮다며 "하나님이 얼마나 너그러우신지 아느냐, 하나님의 사랑이 얼마나 큰지 아느냐?" 하면서 아는 척하지 마십시오. 그런 식의 종교심을 하나님께서 기뻐하시는 것이 아닙니다. 아무 열매나 막 맺으면 되는 것이 아닙니다. 주인이 원하는 열매가 있습니다. 그리고 그 기준에 미치지 못하는 열매는 잘라서 버립니다.

그런 면에서 요한복음 15장의 '포도나무 비유'는 열매를 많이 맺으라는 말씀이 아니라, 우리가 어디에 속해 있는 나무인지 소속을 확인해 주는 말씀입니다. '참포도나무'이신 예수께 붙어 있는 가지라면, 나무인 예수에게서 나오는 열매라야 합니다. 그냥 아무거나 막 맺어도 되는 것이 아닙니다. 그 아무거나를 잘라 내야, 주인이 남겨 둔 진짜가 최고급 상품이 됩니다. 처음에 하나님은 우리를 **"순전한 참 종자 곧 귀한 포도나무로"** 심으셨습니다. 하지만 중간에 우리 스스로 이상한 나무가 되어서, 아무거나 막 맺었습니다. 이제 우리는 정신을 차려야 합니다. 예수께 붙어 있는, 예수에게서 나오는 참된 종자 열매가 맺어져야 합니다.

2019년 마지막 주일입니다. 지금까지 여러분의 신앙과 여러분의 삶을 돌아보시기 바랍니다. 내 마음대로 살았으면서, 나에게서 나온 것들이 하나님께 영광이 되었을 거라고 착각하지 마십시오. 가만히 점검해 보시고, '참포도나무'이신 예수님이시라면 어떻게 하셨을지 생각하십시오. 그래서 2020년 새해에는 순전한 참종자 곧 귀한 포도 열매를 맺는 저와 여러분이 되길 기원합니다.

요한복음 15:1~2

# 그가 내 안에, 내가 그 안에

"1. 나는 참포도나무요 내 아버지는 농부라 2. 무릇 내게 붙어 있어 열매를 맺지 아니하는 가지는 아버지께서 그것을 제거해 버리시고 무릇 열매를 맺는 가지는 더 열매를 맺게 하려 하여 그것을 깨끗하게 하시느니라"

지난 시간에 예수님께서 왜 '참포도나무'가 되셔서 이 땅에 오셔야 했는지에 대해서 말씀드렸습니다. 하나님께서는 당신의 백성들을 순전한 참종자, 좋은 열매를 맺는 포도나무를 가장 좋은 땅에 심어 주셨습니다. 하지만 하나님의 사랑을 입은 백성들이 무성한 포도 열매로 번영할수록, 하나님이 아닌 우상을 더 아름답게 만들고, 우상의 제단을 더 많이 만들며, 죄의 열매를 맺는 자들이 되었습니다. 하나님께서 저들을 위해 주신 율법은, 순전한 참종자인 저들의 삶을 더욱 이롭게 하는 것이었습니다.

하지만 저들은 이방인과 섞여 지내면서 최초에 하나님께서 심으셨던 순전한 참포도나무가 아니라 죄의 열매만 맺는 나쁜 나무가 되고 말았습니다. 이 문제를 해결하는 유일한 방법은 나무 자체를 바꿔 버리는 것입니다. 그래서 '참포도나무'이신 예수님께서 세상에 오셔서, 나쁜 나무로 변질된 우리들을 예수님 자신에게 접붙이신 것입니다. 그것이 바로 구원입니다.

지금까지 인간들은 자기들의 종교심이나, 인간 개인이 가진 성품이나 성향 등 자기 자신에서 나오는 어떤 좋아 보이는 것들이 열매인 줄 알고 살았습니다. 물론 세상의 기준과 세상 사람들의 관점에서 보면, 착하고 좋은 사람들이 많이 있습니다. 때로는 **훌륭하다고 인정**되고, 표창장이나 훈장을 줘도 아깝지 않을 만큼 모범이 되는 사람들도 있습니다. 하지만 인간이 아무리 좋게 열매를 만들어 낸다 해도, 나무 자체가 나쁜 나무라면 거기에서 맺는 열매는 좋은 열매일 수 없습니다.

열매는 누가 맺는 것입니까? 가지가 맺습니까? 나무가 맺습니까? 열매를 맺는 위치는 가지일지 모르겠지만, 그 가지에서 열매를 맺도록 하는 것은 나무입니다. 결국 나무가 잘못된 나무라면, 그 가지에서 나오는 모든 열매는 나쁜 열매일 수밖에 없습니다. 그래서 우리에게서 맺어지는 열매는, 열매만 봐서 되는 것이 아니라 근원인 나무를 봐야 하는 것입니다.

요한복음 8:44, "너희는 너희 아비 마귀에게서 났으니 너희 아비의 욕심대로 너희도 행하고자 하느니라 그는 처음부터 살인한 자요 진리가 그 속에 없으므로 진리에 서지 못하고 거짓을 말할 때마다 제 것으로 말하나니 이는 그가 거짓말쟁이요 거짓의 아비가 되었음이라"

원래 우리는 거짓의 아비인 마귀에게 속했던 자들이었습니다. 따라서 우리에게서 나온 모든 것은 마귀에게서 나오는 것일 수밖에 없고, 거짓일 수밖에 없었습니다. 그런 우리들이 예수로 말미암아 새롭게 된 피조물이 되어서, 새로운 열매를 맺을 수 있게 됐습니다. 예전의 내가 아닌, 변화된 내가 새롭게 맺는 것입니다. 하지만 문제는 무엇이냐 하면, 그럼에도 불구하고 우리가 아직 예전에 살던 삶의 형태와 죄의 습관에 익숙해져 있다는 것입니다. 포도나무이신 예수 그리스도에 접붙여진 새로운 존재가 되었지만, 실상은 여전히 예전처럼 살고 있습니다.

오늘 본문의 '포도나무 비유'가 우리에게 가르쳐 주는 것이 바로 이것입니다. 성경은 우리에게 "너희가 어떻게 의의 열매를 만들어 내고, 그리스도의 사랑을 실천할 수 있을지 고민해 봐라" 이렇게 말하지 않습니다. 오히려 "너희가 누구인지 아느냐?" 하며 우리가 어떤 존재인지에 대한 정체성을 확인시켜 주고 있습니다. 왜 그렇습니까? 이전의 옛사람에 속해 있던 습관들은, 내 결심이나 내 의지, 나를 근거로 한 노력을 가지고 벗어 버릴 수 있는 것이 아니기 때문입니다.

변화는 어디서부터 시작됩니까? 우리가 '참포도나무'인 그리스도께 접붙임을 받은 가지로서, 그에게서부터 나오는 생명을 공급받을 때, 시작될 수 있습니다. 변화의 근거가 옛사람에 속했던 예전의 '나'가 아니라, '참포도나무'인 그리스도라고 하는 것은 나에게서 어떤 종류의 선하고 유익한 것들이 열매로 맺든지, 그것이 나에게서부터 나온 것이 아니라는 것을 인정한다는 것입니다. 그런 면에서 무슨 신령한 은사를 받았다거나, 세상이 인정하고 부러워할 만한 축복을 받았다거나, 교회 공동체에 끼치는 선한 영향력이라 할지라도, "내가 열심히 기도했더니, 내가 무엇을 했더니" 식의 자랑이 될 수 없습니다.

> 요한복음 15:5, "나는 포도나무요 너희는 가지라 그가 내 안에, 내가 그 안에 거하면 사람이 열매를 많이 맺나니 나를 떠나서는 너희가 아무 것도 할 수 없음이라"

예수님은 포도나무요 우리는 가지입니다. 가지가 포도나무에 붙어 있으면 자연히 열매는 맺을 것입니다. 그러면 열매는 무엇입니까? 우리가 받은 구원일까요? 주님께서 말씀하신 열매는 성화에 관한 것입니다. 여기에 중요한 단서가 되는 말씀이 있습니다.

> 요한복음 15:3-4, "너희는 내가 일러준 말로 이미 깨끗하여졌으니 4. 내 안에 거하라"

가지인 우리가 예수 안에 거할 수 있는 것은, 그리스도 예수로 인해서 이미 깨끗해졌기 때문입니다. 다시 말씀드려서 '포도나무의 비유'는 "우리에게 열매가 있느냐, 없느냐"를 확인한 뒤에, 그것을 근거로 해서 우리가 예수께 붙어 있을 수 있는 가지가 될 수 있느냐, 아니냐를 묻는 것이 아닙니다. 우리의 조건과 상관없이 '참포도나무'이신 예수님께서 우리를 당신의 가지로 삼아 주셨습니다. 따라서 가지인 우리의 운명은, 이제부터 포도나무이신 예수의 운명과 함께하게 된 것입니다.

여러분이 어떻게 포도나무인 예수께 붙어 있는 가지가 될 수 있었습니까? 여러분이 어떻게 구원을 받게 된 것입니까? "그건 모릅니다." 구원받았다는 사람이 자기가 어떻게 구원받았는지 모른다고 말하는 것이 말이 됩니까? "네, 그렇습니다." 왜냐하면, 우리에게 구원받을 만한 조건이 없기 때문입니다. 그러니 내가 어떻게 했더니 구원받았다고 설명할 수 없는 것입니다. 하지단 분명한 것은 예수님께서 우리를 당신의 가지로 삼아 주셨다는 것이고, 주님께서 친히 우리의 운명과 예수의 운명을 한 몸으로 묶으셨다는 것입니다. 그래서 주시는 말씀이 무엇입니까?

> 요한복음 15:10, "내가 아버지의 계명을 지켜 그의 사랑 안에 거하는 것 같이 너희도 내 계명을 지키면 내 사랑 안에 거하리라"

포도나무의 원리는 예수께서 하나님의 사랑 안에 거하는 것처럼, 우리도 예수 안에 거하는 것입니다. 이 포도나무는 자기 혼자 저절로 자란 나무가 아니라, 농부이신 하나님께서 사랑하는 나무입니다.

> 요한복음 15:9, "아버지께서 나를 사랑하신 것 같이 나도 너희를 사랑하였으니 나의 사랑 안에 거하라"

예전에도 말씀드린 것처럼, 포도나무는 주인의 관리와 사랑이 아주 많이 필요한 나무입니다. 관리를 제대로 하지 않고 내버려두면 넝쿨과 잎만 많이 생기지, 열매는 별로 맺지 않는 나무가 포도나무입니다. 어쩌다 열매를 맺었다 하더라도, 그 열매는 우리가 기대하는 것만큼의 좋은 열매는 맺지 못합니다.

제가 남아프리카공화국에서 선교사로 사역할 때, 우리가 살던 집 마당 한쪽에 오래된 포도나무가 있었습니다. 집주인은 네 그루의 포도나무를 심고, 포도 넝쿨이 서로 맞물릴 수 있도록 네모난 울타리를 만들었습니다. 그 울타리는 성인 어른의 키 높이보다 약간 낮게 만들어서 어린 자녀들이 포도를 따 먹을 수 있도록 조성했고, 포도 넝쿨 아래에는 넓은 평상을 만들어서 포도 그늘에서 책도 읽거나 놀 수 있게 만들었습니다. 그런데 집주인이 그 집을 렌트를 주고 난 후에는, 포도나무가 전혀 관리가 되지 않았던 것 같습니다.

우리가 그 집에 들어갔을 때, 포도 넝쿨이 얼마나 우거졌던지, 그늘을 만들어 줘야 할 넝쿨 천장 가운데가 포도 잎의 무게를 견디지 못해서 평상까지 무너져 내려서, 사람이 들어갈 수 없는 상태였습니다. 집주인이 왜 그 포도나무를 심었는지는 짐작할 수 있었지만, 그 포도나무를 어떻게 관리해야 하는지 전문 지식도 없을뿐더러 세 든 사람의 책임도 아니기에 그대로 내버려두고, 두 아들에게 위험하니까 무너져 내린 포도나무 밑에서는 놀지 말라고 주의를 시켰습니다.

그러던 어느 날, 한국의 장마처럼 비가 많이 내리던 날 부엌 천장에서 빗물이 심하게 떨어졌습니다. 집주인은 부엌 천장을 수리해 줄 기술자를 보내 주었습니다. 옥상과 부엌 천장을 살펴보던 그 기술자는 문제의 그 포도나무를 보면서 저에게 이렇게 물었습니다. "혹시 이 포도나무에서 난 포도를 먹어 본 적이 있니?" 저는 먹어 보지 못했다고 대답했습니다. 그랬더니 그 기술자는 "당연히 없었을 거야.

이 포도나무는 열매를 내지 못하는 상태거든"이라고 대답했습니다. 그러면서 "이 포도나무에서 열매를 얻기 원한다면, 포도 넝쿨을 모두 제거하고 가지치기를 해야 해. 네가 만약 원한다면 이번 토요일에 내가 와서 가지치기해 줄게"라고 말했습니다.

저는 그 사람에게 "이 집이 내 집도 아니고, 가지치기를 해 줘도 너에게 수고비를 줄 수 없다"라고 말했습니다. 그러자 그 기술자는, "내가 수고비를 받으려고 제안한 것이 아니라, 포도나무가 너무 힘들 것 같아서 말한 것이다. 자기 아버지가 포도 농장을 하는데 포도나무는 관리를 잘해 줘야 한다"라고 대답했습니다. 수고비를 주지 않아도 자기가 알아서 가지치기를 해 주겠다고 하니 거절할 이유가 없었습니다.

그 주 토요일이 되자 정말로 그 기술자가 톱과 포개 등을 가지고 우리 집을 찾아왔습니다. 그리고 넝쿨로 우거진 포도나무 잎과 가지들을 쳐내기 시작했습니다. 넝쿨 무게로 인해 브이 형태로 무너졌던 가운데 부분에서는 얼마나 많은 벌레가 쏟아져 나왔는지 모릅니다. 제가 그때까지 살면서 한 번도 보지 못했던 벌레들이 수십 수백 마리 정도가 아니라, 수천수만의 벌레 군단이 마치 원자폭탄이 떨어진 것처럼 포도 넝쿨 안에서 쏟아져 나왔습니다. 지금도 그 광경을 생각하면 목 뒷덜미부터 정수리까지 찌릿한 느낌이 옵니다.

포도 넝쿨을 정리해 주던 기술자 아저씨는, 포도나무 뿌리에서 올라와서 울타리 천장 끝으로 꺾이는 포도 둥치만 빼고 기존에 있던 모든 가지를 톱으로 잘라 버렸습니다. 제 눈에는 가지치기가 아니라 포도나무를 해체해 버리는 것처럼 보일 정도였습니다. 그래서 제가 그 기술자에게 물었습니다. "이렇게 많이 잘라 내면 포도나무가 죽는 것 아닌가요?" 그랬더니 그 기술자가 이렇게 대답했습니다. "포도나무는 원래 있던 가지에서는 열매를 내지 않아요. 새로 나온 가지에서 열매가 맺습니다. 그래서 기존에 있던 가지는 다 잘라내야 해요."

저는 포도나무가 그런 특성이 있는 것을 그때 처음 알았습니다. 하지만 그렇더라도 나무가 광합성을 할 만한 최소한의 나뭇잎은 남아 있어야 하는 것 아닌가 하는 의심이 있었습니다. 그래서 그 기술자에게 정말로 둥치만 빼고 모든 나뭇잎을 제거해도 되는지 다시 물었습니다. 그 기술자는 웃으면서 "걱정하지 마세요. 포도 시즌이 되면 울타리를 가득 덮은 포도나무 그늘을 즐길 수 있을 겁니다"라고 대답해 주었습니다.

그리고 몇 달이 지나자, 정말로 그 기술자가 말한 대로 포도나무에서 나온 넝쿨들이 울타리를 타고 그늘을 만들어 가는 것을 보았습니다. 하지만 안타깝게도 저희는 그 포도나무에서 맺은 포도를 먹을 수 없었습니다. 집주인이 계약 연장을 해 주지 않아서 다른 집으로 이사를 해야 했기 때문입니다. 하지만 포도나무가 어떻게 열매를 맺는지, 그리고 그것을 위해서 농부가 어떻게 포도나무를 관리하는지 배울 수 있었습니다.

이렇게 좋은 농부의 관리를 받으면서, 순전한 참포도나무에 붙어 있는 가지는 열매가 많이 맺게 될 것입니다. 그와 같은 열매로 제시되는 것이, 8절 "내 제자가 되리라", 9절 "사랑 안에 거하라", 10절 "내 계명을 지키면"과 같은 말씀들입니다.

지난주에 이어서 오늘 여러분께 다시 반복하고 강조하여 말씀드립니다. '포도나무'의 비유는, 우리가 열매를 많이 맺어야 아버지께서 기뻐하실 것이니, 어쨌든 열매를 많이 맺으라고 주신 말씀이 아닙니다. 이 말씀은 우리가 그리스도에게 붙어 있는 가지라는, 즉 우리가 그리스도와 연합된 존재인 것을 확인시켜 주는 신분에 대한 확신을 주는 말씀입니다. 꼭 기억하십시오.

저와 여러분은 그리스도께로부터 나온 가지요, 주님과 운명 공동체가 된 존재입니다. 그러니 여러분이 받은 구원에 먼저 감사하시고, 배운바 말씀에 확실하게 거하시면서, 여러분에게서 나오는 모든 열매들이 그리스도에게서부터 나온 것임이 확인될 수 있도록 신자답게 사시기를 기원합니다.

요한복음 15:1~10

## 열매를 많이 맺으면

"1. 나는 참포도나무요 내 아버지는 농부라 2. 무릇 내게 붙어 있어 열매를 맺지 아니하는 가지는 아버지께서 그것을 제거해 버리시고 무릇 열매를 맺는 가지는 더 열매를 맺게 하려 하여 그것을 깨끗하게 하시느니라 3. 너희는 내가 일러준 말로 이미 깨끗하여졌으니 4. 내 안에 거하라 나도 너희 안에 거하리라 가지가 포도나무에 붙어 있지 아니하면 스스로 열매를 맺을 수 없음 같이 너희도 내 안에 있지 아니하면 그러하리라 5. 나는 포도나무요 너희는 가지라 그가 내 안에, 내가 그 안에 거하면 사람이 열매를 많이 맺나니 나를 떠나서는 너희가 아무 것도 할 수 없음이라 6. 사람이 내 안에 거하지 아니하면 가지처럼 밖에 버려져 마르나니 사람들이 그것을 모아다가 불에 던져 사르느니라 7. 너희가 내 안에 거하고 내 말이 너희 안에 거하면 무엇이든지 원하는 대로 구하라 그리하면 이루리라 8. 너희가 열매를 많이 맺으면 내 아버지께서 영광을 받으실 것이요 너희는 내 제자가 되리라 9. 아버지께서 나를 사랑하신 것 같이 나도 너희를 사랑하였으니 나의 사랑 안에 거하라 10. 내가 아버지의 계명을 지켜 그의 사랑 안에 거하는 것 같이 너희도 내 계명을 지키면 내 사랑 안에 거하리라"

예수님께서 포도나무 비유를 통해 우리들에게 전하시려는 뜻이 무엇일까요? 이 비유는 가지에 달려 있는 열매의 많고 적음에 따라 우리가 구원을 받을 수 있는지, 없는지를 판명하겠다며 구원의 조건으로 제시한 말씀이 아닙니다. 예수님께서 친히 포도나무가 되어서 우리를 당신의 몸과 연합시켜서 운명 공동체로 만들어 주셨습니다. 다시 말씀드려서 우리는 마지막 심판의 날에, 우리에게서 나온 열매의 개수나 열매의 좋고 나쁨에 따라 구원 여부를 판명받게 되는, 불확실하고 미완성의 구원을 받은 것이 아닙니다. 오히려 포도나무이신 예수님과 연합된 존재기 때문에, 예수님이 계신 곳에 우리도 함께 있을 것입니다. 즉, 우리는 최종적이고, 완전하며, 다시 무를 수 없는 구원을 받은 존재들입니다. 하지만 그럼에도 불구하고 요한복음 15장의 어떤 성경 말씀은, 무언가 개운하지 않은 느낌이 있습니다.

> 요한복음 15:2, "무릇 내게 붙어 있어 열매를 맺지 아니하는 가지는 아버지께서 그것을 제거해 버리시고 무릇 열매를 맺는 가지는 더 열매를 맺게 하려 하여 그것을 깨끗하게 하시느니라"
> 요한복음 15:6, "사람이 내 안에 거하지 아니하면 가지처럼 밖에 버려져 마르나니 사람들이 그것을 모아다가 불에 던져 사르느니라"

'그것을 제거해 버리신다, 밖에 버려져 마르게 된다'고 하니 불안한 것입니다. 그런데 이 말씀은 구원받은 성도의 신분이 잘려져 나간다는 의미가 아닙니다. 그래서 이 말씀을 그냥 대충 볼 것이 아니라 자세히 살펴볼 필요가 있습니다. "나무에 붙어 있지만 열매를 맺지 않는 가지"는 전혀 없습니까? 아니면 그런 가지도 있습니까? 이미 죽은 가지인데, 여전히 나무에 붙어 있는 가지도 있습니다. 그래서 "내 안에 거하지 아니하는 가지"라고 표현하고 있는 것입니다.

나무로부터 충분한 영양분을 공급받고 있는 살아 있는 가지라면, 당연히 나무의 속성에 따라 포도나무면 포도 열매를, 사과나무면 사과 열매를 맺을 것입니다. 하지만 가지가 병충해에 의해 죽었든지, 바람이나 외부의 충격으로 인해 가지가 꺾여서 부러졌지만 가지의 일부분이 여전히 나무에 붙어 있을 때는, 나무에 붙어 있는 가지인 것처럼 보이지만 실제로는 죽은 나무이기에 열매를 맺지 못하는 가지도 있습니다. 이때 농부의 관리를 받지 못하는 나무라면 그대로 방치되다가 멀쩡하게 열매를 잘 맺던 가지들도 덩달아서 피해를 입게 될 것입니다.

**"나는 참포도나무요 내 아버지는 농부라"**라고 했습니다. 농부이신 하나님께서는 **"열매를 맺는 가지는 더 열매를 맺게 하려 하여 그것을 깨끗하게"** 하십니다. 그러면 열매는 무엇일까요? 그와 같은 원리의 말씀이 고린도전서 3장에 기록되어 있습니다.

고린도전서 3:10-14, "내게 주신 하나님의 은혜를 따라 내가 지혜로운 건축자와 같이 터를 닦아 두매 다른 이가 그 위에 세우나 그러나 각각 어떻게 그 위에 세울까를 조심할지니라 11. 이 닦아 둔 것 외에 능히 다른 터를 닦아 둘 자가 없으니 이 터는 곧 예수 그리스도라 12. 만일 누구든지 금이나 은이나 보석이나 나무나 풀이나 짚으로 이 터 위에 세우면 13. 각 사람의 공적이 나타날 터인데 그 날이 공적을 밝히리니 이는

불로 나타내고 그 불이 각 사람의 공적이 어떠한 것을 시험할 것임이라
14. 만일 누구든지 그 위에 세운 공적이 그대로 있으면 상을 받고"

이 말씀은 예수 그리스도로 말미암아 구원을 얻은 자가, 그 구원의 기초 위에 각자의 건축물을 세우게 된다는 내용으로, 성도 스스로 세워 가는 성화의 과정을 설명하는 부분입니다. 이 성화의 건축물은 그리스도께서 닦아 놓은 터 위에만 세울 수 있는 것입니다. 누군가 어떤 건축물을 세우긴 했는데 그리스도께서 닦아 놓은 터 위에 세운 게 아니라면, 그리스도와는 전혀 상관이 없는즉 구원받은 백성이 아닙니다.

이 말씀이 주는 교훈이 무엇입니까? '구원이라는 터'는 모든 성도들이 동일하게 받는 것입니다. 하지만 그 위에 세워지는 건축물은 각자의 신앙 수준과 순종의 여부에 따라, 성경의 표현으로는 "각 사람의 공적을 따라" 다른 결과를 맺게 되는데, 그 공적의 합격 여부는 '불'로서 판명받게 될 것입니다. 중요한 것은 무엇입니까?

고린도전서 3:15, "누구든지 그 공적이 불타면 해를 받으리니 그러나 자신은 구원을 받되 불 가운데서 받은 것 같으리라"

그리스도의 터 위에 세워진 건축물은 그것이 어떤 종류의 재료로 지어진 것이든 구원 자체에 대한 합격, 불합격을 판명하는 것은 아니기 때문에, 건축물을 세운 사람의 구원은 취소되지 않습니다. 하지만 나무나 풀이나 짚으로 지어진 건축물은, 하나님께서 정해 놓으신 합

격 기준을 통과하지 못한 것이기 때문에, 불타 없어지고 말 것입니다. 그래서 그 구원을 가리켜서 "불 가운데서 받은 구원"이라고 합니다.

성경에 '불 가운데서 구원'받은 대표적인 사람이 있죠. 아브라함의 조카 롯입니다. 롯과 그의 세 딸은 소돔 고모라 성이 하나님의 심판으로 멸망할 때, 단지 몸만 빠져나와 구원받았습니다. 그러면 롯이 일평생 만들어 놓은 자신의 모든 것을 다 잃어버리고, 단지 몸만 구원받은 것은 잘된 것입니까? 차라리 죽는 것이 더 나을 것 같습니까? 아마도 자신의 존재 이유를 세상의 성공과 재물에 결부시킨 사람은, 그렇게 자신이 쌓아 온 모든 것을 잃어버리고 구차하게 살게 될 바에야, 차라리 죽는 게 낫다고 생각할지도 모르겠습니다. 하지만 그 죽음이 단지 이 세상에서 끝나는 것으로만 종결된다면 다행이겠지만, 죽음 이후에 영원한 생명이 또 있다고 할 때는 완전 다른 내용이 됩니다.

"한 번 죽는 것은 사람에게 정해진 것이요 그 후에는 심판이 있으리니"(히 9:27)라고 했습니다. 그리고 그 심판의 결과에 따라 영원한 천국의 삶과 영원한 저주의 삶인 지옥의 형벌이 있습니다. 모든 것이 불타 버리고 아무것도 없는 구원을 받는 것보다, 차라리 지옥에서 사는 것이 나을까요? 시편 기자는 하나님의 성전 문지기로 살게 되는 한이 있더라도, 심지어 단 하루만 살 수 있다 해도 주의 궁정에서 거하는 것이 낫겠다고 했습니다.

시편 84:10, "주의 궁정에서의 한 날이 다른 곳에서의 천 날보다 나은즉

악인의 장막에 사는 것보다 내 하나님의 성전 문지기로 있는 것이 좋사
오니"

고린도전서 3장의 말씀을 소개할 때마다 받게 되는 질문이 있습니다. "나무로 지은 집이라 할지라도 어쨌든 열심히 지은 것인데 그것을 불태워 버리는 것은 너무 잔인한 것이 아니냐? 왜 그 사람의 취향까지 간섭하느냐?"라는 것입니다. 그런데 이 말씀은 하나님의 기준을 말하는 것이지, 우리가 어떤 보석을 좋아하는지, 또는 얼마나 비싸고 좋은 나무로 통나무집을 지었는지를 단단하는 말씀이 아닙니다.

제가 어렸을 때 봤던 오렌지주스 광고 중에 이런 문구가 있었습니다. "브라질에서 정말 좋은 오렌지를 찾았을 때, 델몬트는 이렇게 말합니다. 따봉!" 당시에 오렌지주스 시장을 선점하고 있던 해태 썬키스트 주스를 추격하기 위해서, 롯데가 델몬트 상표와 기술을 사 와서 만들었던 광고였습니다. 당시 '따봉'이라는 말은 오렌지주스뿐만 아니라, 일상생활에서 '좋다, 최고' 등을 대신하는 표현으로 사용될 정도였습니다.

지금 이 말씀을 드리는 것은 주스 광고 이야기를 하자는 것이 아니라, 세상에 시판되는 제품들도 자기들이 정해 놓은 분명한 기준이 있다는 것을 말씀드리는 것입니다. 코스트코나 샘스클럽에 가서 오렌지를 사 왔는데, 먹으려고 잘라 보니 속은 말랐고 맛이 없을 때 속았다는 기분이 들지 않습니까? 그런데 그런 일이 여러 번 반복되고, 속았다는 감정이 쌓이면 그 매장에서는 오렌지를 다시 사지 않을 것입니다.

성경은 "하나님께서 우리를 구원하셨다. 예수 그리스도를 구주로 믿고 고백하는 모든 사람은 구원을 받는다" 그것으로 끝이라고 말씀하지 않습니다. "내게 붙어 있는 가지는 열매를 맺는다. 그가 내 안에, 내가 그 안에 거하면 사람이 열매를 많이 맺게 된다"라고 말씀하십니다. 그리고 내게 붙어 있는 것처럼 보이는데 열매가 없다면, 그 가지는 어떤 가지인 것이냐? 죽은 가지이거나, 나무에게서 떨어져 나간, "내 안에 거하지 아니하는" 가지라고 말씀하는 것입니다. 그러면 포도나무이신 그리스도께 붙어 있는 가지에서 나온 열매, 하나님의 기준에 합격한 '따봉'인 열매는 어떤 열매일까요?

갈라디아서 5:22-23, "오직 성령의 열매는 사랑과 희락과 화평과 오래 참음과 자비와 양선과 충성과 23. 온유와 절제니 이같은 것을 금지할 법이 없느니라"

문제는 뭐냐면, 우리가 이와 같은 성령의 열매를 잘 맺지 못한다는 것입니다. 왜 못 맺을까요?

갈라디아서 5:16-17, "내가 이르노니 너희는 성령을 따라 행하라 그리하면 육체의 욕심을 이루지 아니하리라 17. 육체의 소욕은 성령을 거스르고 성령은 육체를 거스르나니 이 둘이 서로 대적함으로 너희가 원하는 것을 하지 못하게 하려 함이니라"

성령을 따라 행하는 일은 어디로부터 나오는 것일까요? 당연히 포도나무인 그리스도께로부터 나온 것입니다. 그러면 육체의 욕심, 육체의 소욕은 어디에서 나오는 것입니까? 여전히 옛사람에 속한 나에게서 나와서 성령을 따라 행하는 일을 가로막고 있습니다. 이것이 문제입니다. 우리가 구원받은 사람임에도 불구하고, 그리고 그리스도께 붙어 있는 가지임에도 불구하고, 우리의 습관과 여전히 남아 있는 예전의 성품들이 성령께 속한 일들을 거스르고 있습니다.

오해하지 말아야 할 것은, 우리에게 성령께 속한 **"사랑과 희락과 화평과 오래 참음과 자비와 양선과 충성과 온유와 절제"**(갈 5:22-23) 같은 신앙적인 열매들이, 교회만 열심히 잘 다니면 언젠가 맺게 되리라고 생각하는 것입니다. 지금은 우리 신앙이 아직 성숙하지 못했으니까, 또는 아직 우리는 잘 모르는 상태니까 그런 열매들이 없지만, 신앙생활을 오래 하고 성경 지식도 생기고 나면 언젠가 맺어질 것으로 기대하는 것입니다.

갈라디아서 말씀은 그런 말씀이 아닙니다. 우리가 정당한 성령의 열매를 맺지 못하는 이유는, 우리 신앙이 성숙하지 못해서 맺지 못하고 있는 것이 아니라, 우리 육체가 성령의 열매가 맺는 것을 거스르고 있기 때문이라고 말씀합니다. 교회에 열심히 다니고, 성경 열심히 읽고, 성경공부에 잘 참여하면, 언젠가는 이런 열매가 맺어지는 것이 아닙니다.

성령을 거스르는 육체의 소욕, 육체의 욕심이 남아 있는 한 우리가 백 년간 신앙생활을 한다 해도 우리에게서 성령의 열매는 하나도 맺어지지 않을 것입니다. 육체의 욕심이 무엇입니까? 나를 사랑하는 것입니다. 내가 소중한 것입니다. 나를 너무 아끼는 것입니다. 나를 사랑하는 것이 왜 육체의 욕심입니까? 나를 사랑하는 것이 하나님의 계명과 부딪히기 때문입니다. 예수님께서 이렇게 말씀하십니다.

> 요한복음 15:10, "내가 아버지의 계명을 지켜 그의 사랑 안에 거하는 것 같이 너희도 내 계명을 지키면 내 사랑 안에 거하리라"

예수님은 근본적으로 하나님과 동등이신 분임에도, 철저하게 하나님의 말씀을 따라 사신 분이었습니다. 그리고 예수님은 아버지의 계명을 지키는 것으로, 하나님의 사랑 안에 거하게 된다고 가르쳐 주셨습니다. 우리도 또한 그 계명을 지킬 때 우리가 그리스도의 사랑 안에, 아버지 안에 거하게 된다고 말씀하고 있습니다. 하나님의 계명은 하나님을 위한 것입니까, 사람인 우리를 위한 것입니까? 반복해서 드리는 말씀이지만, 하나님의 계명은 사람인 우리를 위한 것입니다.

그 계명은 하나님을 믿는 사람들만 위한 것입니까, 믿지 않는 사람들도 해당하는 내용입니까? 믿지 않는 사람들이라도 반드시 지켜야만 하는 법입니다. 예수를 믿지 않는다고 할지라도 보통의 사람들은 그 마음에 양심이라고 하는 마음의 법이 있습니다. 그리고 그 마음의 법은 하나님께서 하지 말라고 금하신 십계명의 내용과 서로 배치되지 않습니다.

하나님께서 금지 명령으로 주신 6번째부터 10번째까지 기록된 "살인, 간음, 도둑질, 사기, 거짓 증거, 이웃의 집을 염탐하고 탐내지 말라"라는 이런 일들이 일상적으로 벌어지는 도시를 가리켜서 '슬럼'이라고 하지 않습니까? 물론 어쩔 수 없이 그곳에서 사는 사람들이 있지만, 그런 사람들이라도 할 수만 있다면 그런 곳은 벗어나고 싶어

합니다. 예수를 믿지 않고, 하나님을 두려워하지 않는 사람이라 할지라도, 그 정도의 금지 계명을 지키며 살아갈 때 밤중이라도 안심하고 다닐 수 있는 세상이 되는 것입니다.

그러면 우리가 사는 세상은 안심하고 살 수 있는 세상입니까? 하와이는 비교적 괜찮은 곳입니다만, 그래도 밤중에는 집에 있는 것이 훨씬 안전합니다. 이 말씀을 드리는 것은, 믿는 자나 안 믿는 자나 우리가 하나님의 계명을 지키며 사는 것이 우리 자신을 위해 유익하다는 것을 말씀드리는 것입니다.

> 요한복음 15:8, "너희가 열매를 많이 맺으면 내 아버지께서 영광을 받으실 것이요 너희는 내 제자가 되리라"

이 말씀을 현대인의 성경 번역으로 보면, **"너희가 많은 열매를 맺어 내 제자라는 것을 보여 주면 내 아버지께서 영광을 받으신다."** 라고 되어 있습니다. 하나님께서 우리에게 원하시는 것이 무엇입니까? 내 욕심을 따르지 않고 성령을 따라 사는 것입니다. 우리가 성령의 열매를 맺지 못하는 이유는, 성령에 속한 것을 우리가 거스르고 있기 때문입니다. 구원받은 우리가 믿지 않는 사람들에 비해서 유리한 것이 무엇입니까? 하나님의 계명을 우리 마음에만 새겨 주신 것이 아니라, 기록된 성경으로 우리에게 주셨다는 것입니다.

우리 마음에만 계명이 있을 때는 문서화된 증거가 없기 때문에 몰랐다고 할 수 있습니다. 고린도전서 3장의 말씀을 빌리자면, 정확한 설계도가 없었기 때문에 실수한 거라고, 잘 몰랐다고 변명할 수 있습니다. 하지만 기록된 말씀으로 우리가 가지고 있게 되면 몰랐다고 핑계할 수 없습니다. 우리가 집을 지을 때 스케치북에 대충 그림을 그려서 짓는 것과 집의 기초와 골조와 내장재에 이르기까지 정확한 설계 도면과 사용 재료가 명시된 설계도 청사진을 갖고 짓는 것 중 어떤 것이 더 안전할까요?

하나님께서 우리에게 주신 계명이 바로 설계도 청사진과 같은 것입니다. 마음의 법인 개인의 양심에만 하나님의 계명을 받은 사람보다는, 기록된 성경의 말씀으로 하나님의 계명을 가진 사람이 하나님의 계명을 지킬 확률이 더 높지 않겠습니까? 그래서 우리가 하나님의 계명을 받았다고 하는 것은, 우리 자신에게 더 유리한 것입니다. 세상에도 기준이라는 것이 있어서, 그 기준에 미치지 못한 것은 폐기해 버리거나 어떤 모임이나 회집에 참여시키지 않습니다. 하물며 하나님께서 우리를 구원하시고 당신의 나라에 들이실 때, 그 나라에 합당한 기준이 없겠습니까? 하나님 나라의 기준은 무엇입니까? 베드로후서 1장에서 그 기준에 대해서 가르쳐 주셨습니다.

베드로후서 1:3-4, "그의 신기한 능력으로 생명과 경건에 속한 모든 것을 우리에게 주셨으니 이는 자기의 영광과 덕으로써 우리를 부르신 자를 앎으로 말미암음이라 4. 이로써 그 보배롭고 지극히 큰 약속을 우리에게 주사 이 약속으로 말미암아 너희로 정욕 때문에 세상에서 썩어질 것을 피하여 신성한 성품에 참여하는 자가 되게 하려 하셨느니라"

그의 신기한 능력으로 생명과 경건에 속한 모든 것을 우리에게 주셨습니다. 하나님은 당신의 영광과 덕으로 우리를 구원하신 분을 우리가 알 수 있도록 해 주셨고, 우리에게 특별한 약속도 주셨습니다. 그 약속이 무엇입니까? 하나님의 신성한 성품에 참여하는 자가 되도록 해 주신 것입니다. 신성한 성품은 어떤 것입니까?

베드로후서 1:5-9, "그러므로 너희가 더욱 힘써 믿음에 덕을, 덕에 지식을, 6. 지식에 절제를, 절제에 인내를, 인내에 경건을, 7. 경건에 형제 우애를, 형제 우애에 사랑을 더하라 8. 이런 것이 너희에게 있어 흡족한즉 너희로 우리 주 예수 그리스도를 알기에 게으르지 않고 열매 없는 자가 되지 않게 하려니와 9. 이런 것이 없는 자는 맹인이라 멀리 보지 못하고 그의 옛 죄가 깨끗하게 된 것을 잊었느니라"

믿음, 덕, 지식, 절제, 인내, 경건, 형제 우애, 사랑과 같은 성품의 열매가 우리에게 있는 것입니다. 갈라디아서와 베드로후서에 제시된 열매들이 모두 성품에 관한 것임을 기억하시기 바랍니다. 우리가 열매라고 할 때 눈에 보이는 것, 손에 쥐는 것을 생각하기 쉽습니다. 그래서 몇 명을 전도했다, 어디서 무슨 봉사를 했다, 무슨 집회를 했는데 사람들이 많이 왔다, 거기서 울고 회개하면서 기도하고 정말 뜨거웠다, 이런 것들이 열매라고 생각하기 쉽습니다. 물론 넓은 의미에서 보면 복음의 확장이나 선한 영향력의 측면에서 그런 것도 열매의 한 종류라고 생각할 수도 있습니다. 하지만 성경을 보시고, 사도들을 통해 제시된 열매들을 보시면 그런 외적이고, 군중의 영향력으로 인해 발생하는 현상들을 열매라고 말하는 것이 아니라, 전부 개인이 맺어야 할 열매들을 말씀하고 있습니다.

그리스도의 터 위에 세워야 할 건축물을 말씀하면서 **"각각 어떻게 그 위에 세울까를 조심할지니라"**(고전 3:10)라고 하시면서, 각자가 자신의 성화 구원을 이루어가야 할 것을 말씀했습니다. 교회라는 군중 속에 숨어 있으면서 마치 자신이 건축해야 하고, 맺어야 할 성화 구원이 완성된 것인 줄로 착각하지 마시기 바랍니다. 대형교회에 출석하면서, 그 교회가 하고 있는 선교, 봉사, 구제를 마치 자기도 한 것이라고 생각하기 쉽습니다. 때로는 그 일원으로 참여해서 어떤 역할을 감당할 수도 있을 것입니다. 하지만 그것은 주님께서 말씀하신 열매라고 말할 수 없습니다. 그것은 열매이기보다는 교회이기 때문에 마땅히 감당해야 하는 사명일 것입니다. 만약 그것들이 정말로 열매라고 한다면, 여러분 주위에 대형교회에 다니는 사람들은 다 성품이 좋고, 성경에 기록된 성령의 열매들이 있던가요? 글쎄요.

오순절 성령 강림 사건 이후 사도들이 복음을 전할 때, 많은 사람들이 회개하고 성도가 되었습니다. 사도들은 성도들의 헌금을 가지고 구제하는 일을 했습니다. 구제품을 나누는 일에 있어서 순수 유대인으로서 성도가 된 히브리파 사람과, 디아스포라로 이방 나라에서 살던 후손들이 유대 땅으로 돌아와서 성도가 된 헬라파 사람들 사이에 다툼이 있었을 때, 사도들이 집사 일곱 명을 세워서 그 일을 하게 했습니다. 그때 사도들이 구제한 일을 가리켜서, 이것이 우리의 열매라고 말했던가요? 그것은 교회가 마땅히 해야 할 일을 한 것이지, 그것이 열매는 아니었습니다.

교회가 해야 할 사명과 자신이 마땅히 맺어야 할 열매를 혼합시켜서, 마치 교회가 부흥하고 사람들이 많아진 것이 우리의 열매라고 생각하는 것만큼 착각이 없습니다. 포도나무 비유를 통해 예수님께서 말씀해 주신 하나님께서 기뻐하시는 열매는 우리 각자가 맺어야 하는 신앙의 열매, 성품의 열매, 성령의 열매들입니다. 갈라디아서 5장 말씀처럼, 내게서 그와 같은 열매들이 맺어지지 않는 이유는, 내 육체에 속한 욕심과 육체의 소욕이 성령께 속한 것을 가로막고 있고, 방해하고 있기 때문에 맺어지지 않고 있는 것입니다.

자기 안에 있는 욕심은 가만히 내버려두고서 우리 교회는 열매가 없다고 말하는 것은, 성경이 말씀하신 열매에 대해서 조금도 알지 못하는 것입니다. 단체와 군중 속에 숨어 있으면서 난 괜찮을 거라고 생각하지 마십시오. 포도나무에 붙어 있는 수많은 가지에 포도가 무성히 달려 있어도, 농부가 살펴보다가 열매가 없는 죽은 가지는 그대로 두지 않고 잘라서 내버립니다. 죽은 가지는 어차피 영양분도 가지 않을 텐데 왜 굳이 잘라 내는 것입니까? 죽은 가지가 차지하고 있는 공간만큼 열매를 더 맺을 수 있는 가지가 더 자라지 못하기 때문입니다.

> 요한복음 15:2, "무릇 내게 붙어 있어 열매를 맺지 아니하는 가지는 아버지께서 그것을 제거해 버리시고 무릇 열매를 맺는 가지는 더 열매를 맺게 하려 하여 그것을 깨끗하게 하시느니라"

하나님은 저와 여러분 개인에 관심을 두십니다. 특별히 저와 여러분 개개인이 좋은 열매를 맺는 아름다운 가지가 되길 원하십니다. 그리고 우리가 그리스도께 잘 연합되어 있다면, 우리 육체의 욕심을 따라 살지 않고 성령을 따라 살게 된다면, 열매는 자연스럽게 맺게 될 것입니다. 나이 어린 나무도 포도나무는 포도나무입니다. 너무 어려서 열매가 없고, 너무 늙어서 열매가 없는 것이 아닙니다. 청년 나무라도 열매가 없는 것은, 그 나무가 죽었기 때문에 없는 것입니다. 저와 여러분, 우리 하와이한빛장로교회가 하나님께서 기뻐하시는 열매를 잘 맺는 아름다운 가지가 되기를 기원합니다.

**요한복음 15:11~15**

# 내가 너희를 사랑한 것같이

"11. 내가 이것을 너희에게 이름은 내 기쁨이 너희 안에 있어 너희 기쁨을 충만하게 하려 함이라 12. 내 계명은 곧 내가 너희를 사랑한 것 같이 너희도 서로 사랑하라 하는 이것이니라 13. 사람이 친구를 위하여 자기 목숨을 버리면 이보다 더 큰 사랑이 없나니 14. 너희는 내가 명하는 대로 행하면 곧 나의 친구라 15. 이제부터는 너희를 종이라 하지 아니하리니 종은 주인이 하는 것을 알지 못함이라 너희를 친구라 하였노니 내가 내 아버지께 들은 것을 다 너희에게 알게 하였음이라"

포도나무 비유에서 가장 핵심적인 진리가 무엇일까요? 성경이 우리에게 열매가 있느냐, 없느냐를 묻는 것은 열매 자체가 목적이라기보다는 우리가 그리스도와 연합되어 있는지를 확인하는 증거로 묻는 것입니다. 우리가 그리스도께 잘 연합되어 있다면, 시간의 차이는 있을지 모르겠지만 언젠가 열매를 맺을 것입니다. 하지만 그리스도께 연합되어 있는 자가 아니라면, 우리에게 열매처럼 보이는 것이 있다 할지라도, 그것은 그리스도에게서 나온 열매가 아닙니다.

분명히 아셔야 할 것은 하나님께서 우리에게서 찾으시는 열매는 그리스도께로부터 나온 열매이지, 그리스도가 아닌 다른 것으로부터 나온 열매를 요구하시는 것이 아닙니다. 여기에서 많은 사람들이 혼란스러워합니다. 왜냐하면 지난 시간에 말씀드린 것처럼, 성경에 열매라고 제시된 성품에 속한 것들이 예수님을 믿는 사람들뿐만 아니라, 믿지 않는 사람들도 다 좋아하는 것들이기 때문입니다.

> 갈라디아서 5:22-23, "오직 성령의 열매는 사랑과 희락과 화평과 오래 참음과 자비와 양선과 충성과 23. 온유와 절제니 이같은 것을 금지할 법이 없느니라"

여기에 성령의 열매라고 제시된 것들 중에서 '성령의 열매'라는 단어를 빼 버리면, 그 뒤에 나오는 **"사랑과 희락과 화평과 오래 참음과 자비와 양선과 충성과, 온유와 절제"**는 믿는 사람들뿐만 아니라, 모두가 좋아하는 가치입니다. 예수 안 믿는 사람들은 사랑이 없고, 기쁨도 없고, 평화롭게 지내지 못하고 매일 전쟁이고, 조금의 인내심도 없이 불같이 화만 내고, 잔인하면서도 악한 것만 도모하고, 게으르고 책임감 없고 그렇습니까?

예수 믿지 않는 사람 중에도 천성적으로 착하고 좋은 성품을 타고 나는 사람도 있고, 성령의 열매처럼 보이는 좋은 성품을 가진 사람들이 많습니다. 상대방을 공감하고, 이해하고, 배려하며, 대가를 기대하지 않고 타인을 위해 주고, 자신의 것을 조금도 아끼지 않는 그런 사람도 있습니다. 그러면 그런 사람들이 가진 좋은 성품들도 성령의 열매입니까? 그렇다 보니 하나님께서 기뻐하시는 열매라고 할 때, 뭔가 애매한 것보다는 성격이 분명해 보이는 증거를 열매로 제시합니다. 그게 무엇입니까? 교회를 위해서 뭔가 열심을 내고, 공헌을 하는 것입니다.

하지만 다시 말씀드리지만, 아버지께서 기뻐하시는 열매, 영광을 받으시는 열매는 그리스도와 연합되어 그리스도로부터 나온 열매입니다. 그리스도가 아닌 다른 것에서 나온 것은 아무런 의미가 없습니다. 그래서 우리가 열매를 맺지 않았다고 할 때, 열매를 맺지 않은 그 자체에 대한 책망이라기보다는 그리스도와 하나가 되지 않았다는 것을 지적하는 것임을 우리가 알아야 합니다. 나무와 잘 연결되어 있다면 열매는 맺게 됩니다. "우리가 포도나무이신 그리스도와 하나가 되지 않았다, 그래서 말라 버렸고 농부이신 하나님께서 그 마른 가지를 잘라 내어 버렸다." 이렇게 말씀드리니까 자꾸 구원과 연관하여 혼란스러워하시는 분이 있습니다. 다시 말씀드리지만, 이 말씀은 구원에 대한 말씀이 아니라 구원받은 성도의 성화에 대한 지적입니다.

성경에 보면 "그리스도 안에 거하라"라고 할 때 두 가지 측면에서 이 말씀이 제시됩니다. 첫째로 영혼 구원의 측면인 전도의 방법에서 그리스도를 영접할 것과 그분 안에 살 것을 요구합니다.

에베소서 1:17-19, "우리 주 예수 그리스도의 하나님, 영광의 아버지께서 지혜와 계시의 영을 너희에게 주사 하나님을 알게 하시고 18. 너희 마음의 눈을 밝히사 그의 부르심의 소망이 무엇이며 성도 안에서 그 기업의 영광의 풍성함이 무엇이며 19. 그의 힘의 위력으로 역사하심을 따라 믿는 우리에게 베푸신 능력의 지극히 크심이 어떠한 것을 너희로 알게 하시기를 구하노라"

우리가 주 예수 그리스도와 영광의 하나님을 알게 되고 믿게 되는 것은, 하나님께서 우리 마음의 눈을 밝혀 주셔서 우리를 부르신 이유가 무엇인지, 성도가 받는 풍성한 은혜가 무엇인지 깨닫게 해 주시고 믿게 해 주셨기 때문입니다.

그런데 하나님은 우리가 구원받아서 그리스도와 하나님을 알고 믿게 된 것에만 머물게 하지 않으십니다. 둘째로 구원받은 성도가 그리스도를 주로 섬기고 살면서 더욱 자라게 하는 성화의 과정으로 이끄십니다.

에베소서 3:16-19, "그의 영광의 풍성함을 따라 그의 성령으로 말미암아 너희 속사람을 능력으로 강건하게 하시오며 17. 믿음으로 말미암아 그리스도께서 너희 마음에 계시게 하시옵고 너희가 사랑 가운데서 뿌리가 박히고 터가 굳어져서 18. 능히 모든 성도와 함께 지식에 넘치는 그리스도의 사랑을 알고 19. 그 너비와 길이와 높이와 깊이가 어떠함을 깨달아 하나님의 모든 충만하신 것으로 너희에게 충만하게 하시기를 구하노라"

보시는 것처럼, 하나님께서는 그의 영광의 풍성함과 그의 사랑 가운데서 뿌리가 박히고 터가 굳어져서, 그리스도의 사랑에 대한 지식의 너비와 길이와 높이와 깊이가 어떠함을 깨닫고, 더 충만하게 되길 원하십니다. 19절에 "하나님의 모든 충만하신 것으로 우리에게 충만하길 원하신다"라는 뜻이 무엇일까요?

배나무로 예를 들어 보겠습니다. 돌배라고 부르는 야생 배나무와 한국에서 유명한 나주 배나무를 떠올려 봅시다. 어떤 나무의 배가 더 과즙이 달고 맛있을까요? 야생 돌배나무와 나주 배나무는 배나무과에 속해 있다는 공통점이 있지만. 종자는 완전 다른 나무입니다. 배나무과에 속하는 대표적인 과일나무에는 모과나무와 사과나무도 있습니다. 야생 돌배나무가 야생에서 혼자 풍상을 맞으며 맺은 열매라면, 나주 배나무는 농부가 뜻과 목적을 갖고 관리하고 만들어 가는 나무입니다.

우리가 등산하다가 우연히 야생 돌배나무를 발견하고서, 그 열매를 땄을 때는 딱히 기대하는 바가 없습니다. 다행히도 돌배가 맛이 있으면 너무나 좋겠지만, 어차피 기대가 없기 때문에 맛이 별로면 던져 버리고 갑니다. 하지만 정성을 들여 가꾸는 나주 배나무의 열매는 농부의 기대치가 있습니다. 최대한 상품 가치가 높은 열매를 만들어 내기 위해서 애를 쓰지 않겠습니까? 그리고 그 나무에 기대했던 열매가 가득 맺혔을 때, '충만하다', '풍년이다'라는 말을 합니다. 하지만 농부가 정성으로 관리하고 수고를 했음에도, 그 나무에 야생 돌배와 같은 열매가 맺혔다면 어떻겠습니까? 그런 열매는 아무리 많이 맺혔다 하더라도, 하나도 상품으로 사용하지 못하고 다 버려야 합니다.

하나님의 모든 충만하신 것이 우리에게 충만하길 원하신다고 할 때, 우리에게 열매가 충만하게 맺히는 것은, 그 나무에 대한 충실도를 나타내는 표현입니다. 농부가 기대하는 나무에 합당한 열매를 맺었느냐는 의미입니다. 하나님께서 우리에게 원하시는 것은 **"믿음으로 말미암아 그리스도께서 너희 마음에 계시게 하시옵고 너희가 사랑 가운데서 뿌리가 박히고 터가 굳어"**지는 것입니다. 그래야 하나님께서 원하시는 열매를 맺을 수 있게 됩니다. 이와 같은 말씀이 요한계시록 3장에도 기록되어 있습니다.

요한계시록 3:20, "볼지어다 내가 문 밖에 서서 두드리노니 누구든지 내 음성을 듣고 문을 열면 내가 그에게로 들어가 그와 더불어 먹고 그는 나와 더불어 먹으리라"

이 말씀은 주로 전도할 때 인용되는 말씀입니다. 하지만 이 말씀을 주신 전체 문맥을 살펴보면, '너희 마음을 열어서 예수를 영접하라'는 말씀이기보다는, 성도가 되었음에도 불구하고 아직 마음에 예수님을 주인으로 모시지 않은 사람에 대한 지적입니다. 요한계시록 3장 14~22절은, 요한계시록에 인용된 일곱 교회 중에 라오디게아교회에 주신 말씀입니다.

요한계시록 3:14-22, "라오디게아 교회의 사자에게 편지하라 아멘이시요 충성되고 참된 증인이시요 하나님의 창조의 근본이신 이가 이르시되 15. 내가 네 행위를 아노니 네가 차지도 아니하고 뜨겁지도 아니하도다 네가 차든지 뜨겁든지 하기를 원하노라 16. 네가 이같이 미지근하여 뜨겁지도 아니하고 차지도 아니하니 내 입에서 너를 토하여 버리리라 17. 네가 말하기를 나는 부자라 부요하여 부족한 것이 없다 하나 네 곤고한 것과 가련한 것과 가난한 것과 눈 먼 것과 벌거벗은 것을 알지 못하는 도다 18. 내가 너를 권하노니 내게서 불로 연단한 금을 사서 부요하게 하고 흰 옷을 사서 입어 벌거벗은 수치를 보이지 않게 하고 안약을 사서 눈에 발라 보게 하라 19. 무릇 내가 사랑하는 자를 책망하여 징계하노니 그러므로 네가 열심을 내라 회개하라 20. 볼지어다 내가 문 밖에 서서 두드리노니 누구든지 내 음성을 듣고 문을 열면 내가 그에게로 들어가 그와 더불어 먹고 그는 나와 더불어 먹으리라 21. 이기는 그에게는 내가 내 보좌에 함께 앉게 하여 주기를 내가 이기고 아버지 보좌에 함께 앉은 것과 같이 하리라 22. 귀 있는 자는 성령이 교회들에게 하시는 말씀을 들을지어다"

"내가 너의 행위를 안다. 너는 차갑지도 않고 뜨겁지도 않으니 내가 토해 버리겠다. 너는 벌거벗고도 수치를 모르니 안약을 사서 눈에 바르고 치료된 눈으로 봐라. 내가 너희를 책망하여 징계하니, 너는 열심히 회개해라." 다른 교회들과 달리, 라오디게아교회에 대해서는 처음부터 끝까지 책망하는 말만 가득 있습니다.

이렇게 야단만 맞은 사람들은 어떤 사람들일까요? 아무리 복음을 전해도 예수를 믿지 않는 사람들에게 주신 말씀일까요? 주님께서 라오디게아교회를 향해 이와 같은 책망을 하신 것은, 예수를 믿기는 하지만 대충 믿는 사람들, 그러면서도 자기들은 부자라, 부족함이 없다고 말하는 사람들을 향하여 주신 말씀입니다. 라오디게아교회 성도들의 문제가 무엇입니까?

> 요한계시록 3:17, "네가 말하기를 나는 부자라 부요하여 부족한 것이 없다 하나 네 곤고한 것과 가련한 것과 가난한 것과 눈 먼 것과 벌거벗은 것을 알지 못하는도다"

라오디게아는 당시 교통과 무역, 금융의 중심지며 면직과 모직 산업이 발달했던 도시로 알려져 있습니다. 특히 연고로 된 안약 제조 기술이 있어서 안약 제조 학교가 있을 정도였다고 합니다. 이런 복합적이고 긍정적인 여건으로 라오디게아는 재력이 풍부한 도시가 될 수 있었고, 그로 인해 이곳 사람들은 부족함을 몰랐습니다. 그런데 그와 같은 세상의 풍성함이, 영적으로 곤고하고 가련하며 가난하고 눈멀고 벌거벗은 것을 깨닫지 못하도록 막고 있었습니다. 결국 그리스도께로부터 나온 것이 아닌, 다른 것으로 만족해하던 라오디게아 성도들에게 예수님께서 찾아오셔서 그들의 문을 두드리시며 문을 열라고 하시면서, 나를 영접하여 나와 함께하자고 말씀하신 것입니다.

성도에게 있어서 가장 시급한 것이 무엇입니까? 가장 중요하고 필요한 것이 무엇입니까? 바로 그리스도와 온전히 연합되는 것입니다. 그래서 현재 나에게 어떤 열매가 달려 있느냐보다 더 중요한 것이, 내가 포도나무에 잘 붙어 있느냐는 것입니다. 그리고 성도가 기대해야 하는 가장 큰 소원은, 성경에 약속하신 하나님의 기쁨이 우리의 기쁨이 되는 것입니다.

요한복음 15:11, "내가 이것을 너희에게 이름은 내 기쁨이 너희 안에 있어 너희 기쁨을 충만하게 하려 함이라"

그런데 우리의 기쁨은 하나님께서 말씀하신 기쁨과 그 결이 다르고, 내용이 다를 때가 많습니다. 우리의 기쁨은 세상에서 잘되는 것이고, 보란 듯이 성공하는 것이고, 사람들에게 우러러봄의 대상이 되는 것입니다. 하지만 하나님의 기쁨은 우리가 기대하는 기쁨과 다릅니다. 정반대입니다.

요한복음 15:12-14, "내 계명은 곧 내가 너희를 사랑한 것 같이 너희도 서로 사랑하라 하는 이것이니라 13. 사람이 친구를 위하여 자기 목숨을 버리면 이보다 더 큰 사랑이 없나니 14. 너희는 내가 명하는 대로 행하면 곧 나의 친구라"

**"내가 너희를 사랑한 것 같이 너희도 서로 사랑하라"** 그 사랑은 어떤 것인가요? "사람이 친구를 위하여 자기 목숨을 버리는 것이다." 그러면 어떻게 되는 것인가요? "이것을 행하면 너희는 내 친구가 된다." 그런데 이런 말씀을 드리면, "예수를 믿지 않는 사람 중에도 친구나 동료를 위해서 자기 목숨을 버린 사람들도 있는데, 그러면 그들도 예수님의 친구가 될 수 있지 않습니까? 그들도 구원받을 수 있지 않습니까?" 하고 묻습니다. 천주교에서는 다른 이를 구하다가 죽은 사람들은 피로 받은 세례, 곧 혈세(血洗)를 받았다고 해서 그들도 구원을 받게 된다고 가르칩니다. 하지만 예수님께서 말씀하신 친구를 위해 자기 목숨을 버리는 사랑은 그런 것이 아닙니다.

갈라디아서 5장에 기록된 성령의 열매들을 다시 생각해 보겠습니다. 왜 성경은 그런 것들을 가리켜서, 예수를 믿는 너희들은 그런 좋은 성품을 가져야 한다고 말씀하지 않으시고, 굳이 "성령의 열매는 이런 것"이라고 하면서 성령의 열매라고 말씀하셨을까요? 성령의 열매는 성령께서 맺게 하는 열매라는 뜻이지, 마치 모양만 똑같이 만들어 낸 중국산 짝퉁처럼, 어쨌든 결과는 비슷해 보이는 것을 우리에게 요구하신 것이 아닙니다. 오히려 우리가 포도나무이신 그리스도께 잘 연합되어 있는 증거가 무엇이냐고 할 때, 우리에게 그와 같은 열매가 맺혀 있더라는 것을 말하는 것입니다. 그래서 그와 같은 성령의 열매들은, 우리가 그리스도와 잘 연합되어 있음을 보여 주는 증표와 같은 것입니다.

오늘 설교에서 가장 중요한 말씀을 드리겠습니다. 이 성령의 열매는 어떻게 맺을 수 있는 것일까요? 사실 우리 모두의 관심은 바로 이것일 것입니다. "이제 알겠으니 그 방법을 가르쳐 달라. 그래서 내가 뭘 하면 되는 것이냐?" 그런데 성경은 성령의 열매를 맺는 것에 대해서 방법이나 깨달음의 영역으로 가르쳐 주지 않습니다. 오히려 그런 생각 자체를 깨뜨리고 그리스도께 복종하라, 그분의 계명을 지키라고 말씀합니다.

요한복음 15:10, "내가 아버지의 계명을 지켜 그의 사랑 안에 거하는 것같이 너희도 내 계명을 지키면 내 사랑 안에 거하리라"

예수님께서 아버지의 계명을 어떻게 지키셨을까요? 예수님은 자신에게 속한 모든 것을 무너뜨리고, 하나님의 뜻과 그분의 말씀에 복종하셨습니다. 그렇다면 우리는 어떻게 예수님의 계명을 지켜야 할까요?

고린도후서 10:3-5, "우리가 육신으로 행하나 육신에 따라 싸우지 아니하노니 4. 우리의 싸우는 무기는 육신에 속한 것이 아니요 오직 어떤 견고한 진도 무너뜨리는 하나님의 능력이라 모든 이론을 무너뜨리며 5. 하나님 아는 것을 대적하여 높아진 것을 다 무너뜨리고 모든 생각을 사로잡아 그리스도에게 복종하게 하니"

사도 바울은 우리가 하나님에 대해서 안다고 생각하고, 하나님을 위해서 한다고 생각하는 것들 가운데 그리스도께 붙잡히지 않은 것들을 무너뜨리고, 우리의 생각을 그리스도께 복종시켜야 한다고 가르쳐 줍니다. 하나님의 하시는 일에 가장 방해가 되는 것이 무엇인지 아십니까? 자기가 잘 알고, 잘나서 하나님의 뜻과 상관없이 자기가 앞장서서 하나님의 이름을 대면서 뭔가를 하는 것입니다.

사무엘상 4장에 이스라엘이 블레셋과 전투를 하면서 크게 패배하고, 그날 사천 명이 죽임을 당했습니다. 이스라엘의 장로들은 전쟁에 패배한 이유를 살펴보다가, 여호와의 언약궤가 그들 가운데 없었기 때문에 패전했다고 생각해서 성막에 있던 언약궤를 전쟁터로 옮겨 왔습니다. 여호와의 언약궤가 이스라엘 진영에 들어올 때 이스라엘 군대의 사기가 얼마 크게 올랐던지, 맞은편에 있던 블레셋의 군사들이 크게 두려워할 정도였습니다.

사무엘상 4:7-8, "블레셋 사람이 두려워하여 이르되 신이 진영에 이르렀도다 하고 또 이르되 우리에게 화로다 전날에는 이런 일이 없었도다 8. 우리에게 화로다 누가 우리를 이 능한 신들의 손에서 건지리요 그들은 광야에서 여러 가지 재앙으로 애굽인을 친 신들이니라"

그런데 결과는 어떻게 되었습니까? 이스라엘은 그 전쟁에서 오히려 더 크게 패전했습니다. 그날 죽은 병사가 삼만 명이었고, 엘리 제사장의 두 아들인 홉니와 비느하스도 거기서 죽었습니다. 이스라엘 백성들이 전쟁터로 가져왔던 언약궤는 어떤 것이었습니까? 이스라엘 모든 지파는 언약궤가 있는 성막을 중심으로 이동했고, 숙영을 했습니다. 이스라엘이 요단강을 건너 가나안 땅으로 들어갈 때는 제사장들이 어깨에 메고 강으로 들어가자, 요단강은 홍해가 갈라지듯이 갈라졌습니다. 이스라엘이 치렀던 무수히 많은 전쟁에서 패배하지 않았던 이유가 뭘까요? 블레셋 군사들이 "누가 우리를 이 능한 신들의 손에서 건지겠느냐?"라고 걱정했던 것도, 언약궤와 함께하시는 하나님의 능력 때문이었습니다. 하지만 언약궤는 하나님께서 함께하신다는 상징일 뿐이지, 그것 자체가 능력은 아닙니다.

예를 들어서 언약궤 안에는 하나님께서 모세에게 주셨던 두 돌판 십계명과 이스라엘 백성들이 광야에서 먹었던 만나를 담은 항아리, 그리고 모세가 사용했던 지팡이가 들어 있었습니다. 모세가 사용했던 지팡이는 바로에게 기적을 행할 때, 홍해를 가를 때, 아말렉과 전쟁을 할 때, 반석을 내리쳐서 물을 낼 때 등 모세가 하나님의 손에 붙잡힌 바 되었다는 것을 나타낼 때 늘 손에 들고 있던 것이었습니다. 하지만 지팡이는 그 자체에 무슨 영물한 능력이 있던 것이 아니라, 하나님께서 함께하시는 모세가 그 지팡이를 사용했다는 것이 정확한 의미입니다.

만약 알라딘의 요술 램프처럼 지팡이에 어떤 능력이 있었다면, 누가 지팡이를 들었든지 똑같은 능력이 나왔을 것입니다. 그러면 모세가 아닌 다른 사람이 그 지팡이를 들고 홍해를 가리켰다면, 홍해가 갈라졌을까요? 모세가 아닌 다른 사람이 지팡이를 들고 반석을 내리쳤다면, 그 반석에서 물이 나왔을까요? 하나님께서 붙잡고 사용하시는 사람, 하나님께서 그 능력을 위임한 모세만이 할 수 있는 일이지, 지팡이를 들었다고 되는 일이 아닙니다.

성령의 열매는 어떤 것입니까? 마치 모세가 들었던 지팡이처럼 그리스도께 속해 있는 사람, 그리스도께 붙잡혀서 그분에게서 공급받은 대로 순종하고 복종하는 사람에게서 나오는 것이 바로 성령의 열매입니다. 그래서 우리가 어떻게 그리스도께 복종해야 합니까? 하나님을 대적하여 높아진 것들과 모든 이론을 다 무너뜨리고 모든 생각을 그리스도께 복종해야 합니다. 그래서 열매는 내가 가진 모든 것을 다 동원해서 주를 위하여 열심을 내는 것이 아니라, 모든 생각과 뜻을 다 내려놓고 하나님의 말씀에 복종해야 합니다. 어디까지 복종해야 할까요?

빌립보서 2:5-8, "너희 안에 이 마음을 품으라 곧 그리스도 예수의 마음이니 6. 그는 근본 하나님의 본체시나 하나님과 동등됨을 취할 것으로 여기지 아니하시고 7. 오히려 자기를 비워 종의 형체를 가지사 사람들과 같이 되셨고 8. 사람의 모양으로 나타나사 자기를 낮추시고 죽기까지 복종하셨으니 곧 십자가에 죽으심이라"

우리는 복종이라는 단어에 대해서 상당한 거부감을 갖고 있습니다. 왠지 진 것 같고, '나'라는 존재감이 상실된 것처럼 느껴지기 때문입니다. 그런데 예수님께서 그와 같은 복종을 하셨습니다. 어디까지 하셨습니까? 죽기까지 하셨습니다. 그러면 우리에게 성령의 열매들이 맺히지 않는 이유가 무엇일까요? 우리가 예수님 같은 복종을 하지 않았기 때문입니다.

예수를 믿는다고 하면서도 우리는 내가 멋있었으면 좋겠고, 남보다 뛰어났으면 좋겠고, 보란 듯 자랑할 것만 있는 것을 좋아합니다. 시키는 대로 마냥 복종만 하는 것은 별로 하고 싶지 않습니다. 사랑하고 용서를 해도 내가 해 주는 입장에서 떳떳하게 주고 싶지, 그것 말고는 방법이 없기 때문에 할 수밖에 없는 상황에서 하고 싶지 않습니다. 그런데 성경이 말하는 사랑이나 열매는 그런 것이 아닙니다.

갈라디아서 5:13, "형제들아 너희가 자유를 위하여 부르심을 입었으나 그러나 그 자유로 육체의 기회를 삼지 말고 오직 사랑으로 서로 종 노릇 하라"

여기 보시는 것처럼, 오직 사랑으로 서로 종노릇을 하라, 종이 되라고 말씀하고 있습니다. 종은 멋있어 보이고, 이른바 갑의 위치에 있는 자가 아닙니다. 주인이 시키는 대로 해야 하는 절대 을의 위치입니다. 그런데 그 종노릇을 네가 받은 자유를 가지고 스스로 선택해서 하라고 합니다. 포도나무 가지 된 우리는 어떤 사람입니까? 하나님의 말씀 앞에 종이 되고, 이웃 사랑 앞에 종이 되어, 절대 복종해야 하는 사명을 우리가 받았습니다.

> 갈라디아서 5:14, "온 율법은 네 이웃 사랑하기를 네 자신 같이 하라 하신 한 말씀에서 이루어졌나니"
> 요한복음 15:12, "내 계명은 곧 내가 너희를 사랑한 것 같이 너희도 서로 사랑하라 하는 이것이니라"

성령의 열매는 서로 사랑하라고 하신 그리스도의 명령에 순종한 결과로 맺어지는 것입니다. 그 사랑은 우리가 받은 자유를 우리 자신의 기회로 삼지 않고, 스스로 종이 될 때 할 수 있는 것입니다. 하나님께서 저와 여러분, 우리 하와이한빛장로교회를 그와 같은 사랑으로, 그와 같은 복종으로, 그 일을 할 수 있는 종으로 부르고 계십니다. 이와 같은 말씀에 잘 순종하여 하나님께서 기뻐하시고 영광 받으시는 열매 맺기를 기원합니다.

요한복음 15:16~19

# 서로 사랑하라 명하심

"16. 너희가 나를 택한 것이 아니요 내가 너희를 택하여 세웠나니 이는 너희로 가서 열매를 맺게 하고 또 너희 열매가 항상 있게 하여 내 이름으로 아버지께 무엇을 구하든지 다 받게 하려 함이라 17. 내가 이것을 너희에게 명함은 너희로 서로 사랑하게 하려 함이라 18. 세상이 너희를 미워하면 너희보다 먼저 나를 미워한 줄을 알라 19. 너희가 세상에 속하였으면 세상이 자기의 것을 사랑할 것이나 너희는 세상에 속한 자가 아니요 도리어 내가 너희를 세상에서 택하였기 때문에 세상이 너희를 미워하느니라"

요한복음 15장은 포도나무의 비유입니다. 그리고 포도나무 비유에서 가장 많이 나오는 단어 가운데 하나가 바로 '열매'라는 단어입니다. 지난 시간까지 우리가 중점적으로 살펴보았던 것은, "그 열매를 누가 맺는 것이냐?" 하는 것이었습니다. 지금까지 우리는 하나님을 기쁘게 하기 위해서, 또는 가지 된 도리로서 우리가 최선을 다해 무언가 열매를 맺어야 한다고 생각해 왔습니다. 하지만 가지가 포도나무에 잘 붙어 있다면 열매는 저절로 맺게 될 것입니다. 성경이 우리에게 열매를 요구하는 것은 '열매' 자체에 관한 관심이라기보다는, 열매를 맺는 가지가 근원인 나무에 제대로 연결되어 있는지에 대한 근본적인 소속을 묻고 있는 것이라고 말씀드렸습니다.

가지에 뭔가 열매가 잔뜩 달려 있는 것 같은데 그 열매가 근원인 나무로부터 나온 열매가 아니라면, 결국 그 열매들은 나무에서 나온 열매가 아니라 누군가를 속이기 위해서 가져다가 붙여 놓은 가짜 열매입니다. 그래서 오늘은 진짜 열매와 가짜 열매에 대한 구분을 성경의 말씀을 근거로 살펴보겠습니다.

본문의 포도나무 비유에서 가장 많이 나오는 단어 가운데 하나인 '열매'는 15장에서 총 8번 사용되었습니다. 그런데 '열매'보다 더 많이 등장하는 단어가 있습니다. 바로 '사랑'으로, 총 10번 등장하고 있습니다. 여러분이 가진 성경에 각기 다른 색으로 '열매'와 '사랑'을 구분해서 표시해 보면 확인이 가능할 것입니다. 그런데 '사랑'과 연결되어 함께 등장하는 단어가 있습니다. '계명'과 '기쁨'이라는 단어입니다.

> 요한복음 15:10, "내가 아버지의 계명을 지켜 그의 사랑 안에 거하는 것 같이 너희도 내 계명을 지키면 내 사랑 안에 거하리라"

예수님께서 아버지의 계명을 지키심으로 그의 사랑 안에 거하여 계시고, 우리도 예수님의 계명을 지키면 예수님의 사랑 안에 거하게 됩니다. 예수님께서 우리에게 이런 말씀을 하시는 이유가 무엇입니까?

> 요한복음 15:11, "내가 이것을 너희에게 이름은 내 기쁨이 너희 안에 있

어 너희 기쁨을 충만하게 하려 함이라"

예수님께서 아버지의 계명을 지킴으로 그분의 사랑 안에 거하는 것이 예수님의 기쁨이기 때문입니다. 그리고 저와 여러분도 예수님의 그 기쁨에 공감할 뿐만 아니라, 우리에게도 충만하게 있길 원하시기 때문입니다. 예수님의 그 기쁨이 우리에게도 충만하게 있게 되는 방법이 무엇입니까? '서로 사랑하라'는 것입니다.

> 요한복음 15:12, "내 계명은 곧 내가 너희를 사랑한 것 같이 너희도 서로 사랑하라 하는 이것이니라"

오늘 우리가 살펴보려고 하는 주제가 '사랑'입니다. 세상에 '사랑'을 싫어하는 사람이 있을까요? 예수님을 믿는 사람이나, 안 믿는 사람이나 사랑은 다 좋아합니다. 가슴 터질 듯 갈망하고, 사랑 때문에 목숨도 걸 수 있는 것이 사랑입니다. 같이 있지 못하면 참을 수 없고, 보고 싶을 때 못 보면 눈이 멀게 된다고 하는 것이 사랑입니다.

그런데 성경이 말하는 '사랑'이, 세상 사람들이 시와 노래로 표현하는 '사랑'과 똑같은 뜻일까요? 사실 '사랑'은 종교뿐만 아니라 정치, 경제, 사회, 문화, 과학에 이르기까지 사람이 살아가는 세상 모든 분야에 있어서, 그와 같은 행위를 왜 해야 하는지, 무엇을 위해서 하는 것인지 이유를 설명하는 핵심 가치입니다. 인간을 사랑하기 때문에, 그리고 그 인간이 행복하게 살게 해 주려고 하는 행위가 정치 아니겠습니까? 그것이 '인간을 널리 이롭게 한다는 홍익인간 정신'입니다. 보일러를 잘 만들어야 하는 이유가 무엇이죠? 추운 겨울에 사랑하는 부모님을 잘 모셔야 하기 때문입니다. 그뿐입니까? 영국 사람들은 자기가 사랑하는 프로축구팀을 응원하기 위해서 가장 낮은 가격의 좌석도 최소 몇백만 원이 넘는 시즌 입장권을 사는 것이 돈을 버는 이유라고 말하기도 합니다.

이처럼 세상 모든 사람이라고 말해도 부족함이 없을 만큼, 사람들은 자기가 사랑하는 것을 위해 삽니다. 그런데 예수님은 무엇 때문에 새삼스럽게 **"내가 이것을 너희에게 명함은 너희로 서로 사랑하게 하려 함이라"**라는 말씀을 하시는 것일까요? 그것은 세상 사람들이 생각하는 '사랑'과, 예수님이 말씀하시는 '사랑'이 전혀 다른 개념이기 때문입니다. 지금까지 우리가 '포도나무 비유'를 통해 살펴본 관점에서 보면, 세상이 말하는 '사랑'은 포도나무이신 그리스도에게서부터 나온 열매가 아닙니다.

> 요한복음 15:18-19, "세상이 너희를 미워하면 너희보다 먼저 나를 미워한 줄을 알라 19. 너희가 세상에 속하였으면 세상이 자기의 것을 사랑할 것이나 너희는 세상에 속한 자가 아니요 도리어 내가 너희를 세상에서 택하였기 때문에 세상이 너희를 미워하느니라"

여기 19절에서 **"속하였으면"** 또는 **"속한 자가 아니요"** 이런 표현이 등장합니다. 우리가 세상에 속하였다면 세상이 우리를 사랑할 것입니다. 하지만 우리는 세상에 속한 자가 아니라 예수님께서 우리를 택하셔서 예수님께 속한 사람들입니다. 그래서 세상은, 자기에게 속하지 않은 너희, 곧 우리들을 미워한다고 말씀하고 있습니다.

여기서 우리가 먼저 확인해 봐야 할 것이 있습니다. 여러분은 세상에서 사랑받고 있는 것 같습니까? 미움받고 있는 것 같습니까? 참 이상합니다. 예수님께서 제자들에게 서로 사랑할 것을 명령하셨고, 제자들은 예수님의 말씀을 따라 서로 사랑하면서 살 것입니다. 그런데 세상은 제자들을 미워할 거랍니다. 세상이 제자들을 미워하게 되는 이유가 무엇입니까? 그들이 충분하게 사랑하지 않아서입니까? 아닙니다. '사랑'이라는 열매는 분명히 맺었는데, 우리에게 맺힌 열매는 세상이 기대하는 열매가 아니기 때문입니다.

다시 말씀드려서 우리의 소속이 세상이 아니라 그리스도께 속해 있기 때문에, 그들과 다른 열매라서 미워하는 것이라고 하십니다. 예수님께서 포도나무 비유를 통하여 우리에게 말씀하신 열매가 무엇인지 분명하게 알 수 있는 표현입니다. 가지가 세상에 속한 가지이든, 예수님께 속한 가지이든 그 가지에서 열매가 맺힐 것입니다. 그리고 그 가지에 맺힌 열매는 세상에서도 '사랑'이라고 불리고, 교회에서도 '사랑'이라고 불리는 열매일 수도 있습니다. 하지만 그 열매는 '사랑'이라는 이름은 같을지언정, 사실은 다른 열매입니다.

세상의 '사랑'과 예수께서 말씀하신 '사랑'이 어떻게 다른 열매인지 설명하기 위해서 '세상의 사랑'에 대해서 소개하는 것은 별로 의미가 없을 것 같습니다. 세상의 사랑은 너무나 종류가 다양하고, 그 대상도 너무나 많기 때문입니다. 하지만 '예수님께서 말씀하신 사랑'은 그 내용이 단순하고, 대상도 분명히 정해져 있습니다. 그래서 예수님께서 말씀하신 '사랑'이 무엇인지만 살펴보면, 그 둘의 차이를 발견할 수 있을 것입니다.

우리가 살펴보고 있는 것이 포도나무 비유이지만 사실, 이 말씀은 요한복음 13~17장까지 이어지는 예수님께서 제자들과 함께하셨던 최후의 만찬 자리에서 전해 주신 말씀으로 보는 것이 정확합니다. 그래서 예수님께서 **"내가 이것을 너희에게 명함은 너희로 서로 사랑하게 하려 함이라"**라고 하신 말씀은, 앞서 요한복음 13장에서 이미 계명으로 주셨던 말씀입니다.

> 요한복음 13:34, "새 계명을 너희에게 주노니 서로 사랑하라 내가 너희를 사랑한 것 같이 너희도 서로 사랑하라"

여기 **"서로 사랑하라 내가 너희를 사랑한 것 같이 너희도 서로 사랑하라"**라고 하셨기 때문에, 우리는 세상 모든 사람을 다 사랑해야 하는 명령과 사명을 받은 것처럼 보입니다. 그래서 예수님께서 '서로 사랑하라'고 말씀하신 1차 대상이 누구인지 먼저 확인해 봐야 합니다.

성경을 읽을 때 항상 주의해야 할 것은, 그 말씀이 '일차적으로 누구에게 주신 말씀인가?' 하는 것입니다. 그렇지 않고 성경의 모든 말씀을 자신에게 주신 말씀으로 적용하면, **"누구든지 나를 따라오려거든 자기를 부인하고 자기 십자가를 지고 나를 따를 것이니라"**(마 16:24)라는 말씀을 읽은 후에, 커다란 십자가를 만들어서 지고 다니게 됩니다

다. 실제로 필리핀에서는 부활절을 앞둔 사순절 시기에 십자가를 지고 다니는 사람들이 있습니다. 심지어 진짜 채찍과 진짜 못을 사용해서 예수님의 십자가 처형을 재현하기도 합니다. 그 말씀을 받게 되는 일차 대상자에 대해 생각하지 않고, 자기 자신에게 직접 적용하다 보면, 성경이 의도하지 않은 엉뚱한 곳에서 잘못된 열심을 내면서 인생을 낭비하게 됩니다.

예수님께서 하신 이 말씀을 그 당시 제자들은 이해하지 못했지만, 예수님께서 주신 유언과 같은 말씀입니다. 이 말씀을 하신 이후에 가룟 유다가 데리고 온 대제사장의 종들과 군인들에게 붙잡혀서 곧 죽게 되실 것이기 때문입니다. 보통 유언은 누구에게 합니까? 본인과 관계된 특별한 사람들에게 하지 않습니까? 그래서 **"내가 너희를 사랑한 것 같이 너희도 서로 사랑하라"** 하신 말씀은, 일차적으로 제자들에게 주신 말씀입니다.

그 사랑의 범위는 어떨 것 같습니까? "너희는 세상 모든 사람을 다 사랑하라"일 것 같습니까? 예수님의 죽음 이후에 두려움 속에서 살아갈 제자들에게, "내가 너희를 떠나 세상에 없더라도 서로 사랑하면서 의지하며 살라"라는 말인 것 같습니까? 본문 17~19절까지의 말씀을 이어서 보면, "너희는 세상에 속한 사람들이 아니라 내게 속한 사람이기 때문에, 세상이 너희를 미워할 텐데 그때에도 너희는 서로 사랑하면서 잘 견뎌 내라" 이런 뜻입니다.

그러면 예수님께서 말씀하신 '사랑'은 어떤 것을 말하는 걸까요? 예수님께서 말씀하신 '사랑'을 이해하려면 요한복음 13장의 상황으로 돌아가서 다시 살펴봐야 합니다.

요한복음 13:1, "유월절 전에 예수께서 자기가 세상을 떠나 아버지께로 돌아가실 때가 이른 줄 아시고 세상에 있는 자기 사람들을 사랑하시되 끝까지 사랑하시니라"

예수님께서 세상에 있는 사람들을 사랑하시되 끝까지 사랑하셨습니다. 그 사람들은 어떤 사람들입니까? '모든 사람들'이 아니라 "자기 사람들"입니다. 그리고 성경은 곧이어 "자기 사람들"이라고 말씀하신 범주에 들어오지 못하는 사람에 관해서도 소개합니다.

요한복음 13:2, "마귀가 벌써 시몬의 아들 가룟 유다의 마음에 예수를 팔려는 생각을 넣었더라"

예수님의 사람에 들어오지 못하는 사람이 누구일까요? '시몬의 아들 가룟 유다'입니다. 아무리 가룟 유다가 예수님을 돈을 받고 팔았다 하더라도, 설마 예수님께서 가룟 유다를 사랑의 대상에서 제외하셨을까? 이렇게 생각되지 않습니까? 그래서 보다 분명한 내용을 살펴봐야 합니다.

요한복음 13:30, "유다가 그 조각을 받고 곧 나가니 밤이러라"

보시는 것처럼 가룟 유다가 예수님께서 주신 떡 한 조각을 받아먹고서 밖으로 나갔습니다. 그 후 예수님께서는 자기에게 속한 "자기 사람들"에게 이런 말씀을 하셨습니다.

요한복음 13:31-33, "그가 나간 후에 예수께서 이르시되 지금 인자가 영광을 받았고 하나님도 인자로 말미암아 영광을 받으셨도다 32. 만일 하나님이 그로 말미암아 영광을 받으셨으면 하나님도 자기로 말미암아 그에게 영광을 주시리니 곧 주시리라 33. 작은 자들아 내가 아직 잠시 너희와 함께 있겠노라 너희가 나를 찾을 것이나 일찍이 내가 유대인들에게 너희는 내가 가는 곳에 올 수 없다고 말한 것과 같이 지금 너희에게도 이르노라"

이 말씀은 예수님께서 자신의 죽음과 부활과 승천에 대해 말씀하신 것입니다. 예수님은 잠시 후에 가룟 유다가 데리고 온 사람들에게 붙잡혀서 다음 날 십자가에 달려 죽게 될 것입니다. 그리고 하나님께서는 예수님의 순종하심으로 인하여 영광을 받으실 것이고, 십자가에서 죽으신 예수님을 무덤에서 일으켜 부활, 승천하게 하심과 하나님 보좌 우편에 앉게 하시는 영광을 주실 것입니다.

예수님께서 속하지 않은 가룟 유다가 떠난 후, 남아 있는 자기 사람들에게 이렇게 말씀하셨습니다.

요한복음 13:34, "새 계명을 너희에게 주노니 서로 사랑하라 내가 너희를 사랑한 것 같이 너희도 서로 사랑하라"

예수님께서 끝까지 사랑하신 "자기 사람들"에게 새 계명으로 주신 말씀이, **"서로 사랑하라"**였습니다. 여기에 대상으로 지목된 '서로'는 포도나무이신 예수님께 소속된, 예수님의 "자기 사람들"입니다. "자기 사람들"이라고 대상을 좁혀 놓으니까 아닌 것 같습니까?

요한복음 14장에 보시면 예수님께서 도마와 빌립의 질문에 대답을 해 주신 후에 이렇게 말씀하십니다.

> 요한복음 14:18-20, "내가 너희를 고아와 같이 버려두지 아니하고 너희에게로 오리라 19. 조금 있으면 세상은 다시 나를 보지 못할 것이로되 너희는 나를 보리니 이는 내가 살아 있고 너희도 살아 있겠음이라 20. 그 날에는 내가 아버지 안에, 너희가 내 안에, 내가 너희 안에 있는 것을 너희가 알리라"

**20절 말씀은 "나는 포도나무요 너희는 가지라 그가 내 안에, 내가 그 안에 거하면 사람이 열매를 많이 맺나니 나를 떠나서는 너희가 아무 것도 할 수 없음이라"**(요 15:5)라는 말씀과 같은 내용입니다. 예수님께서 사랑하신 "자기 사람들"과 제자들에게 사랑하라고 말씀하셨던 '서로', 그리고 그들이 누구인지 정확하게 콕 찍어서 가르쳐 주신 말씀이 "너희가 내 안에, 내가 너희 안에"인 것입니다. 그러면 예수님은 왜 제자들에게만 이런 말씀을 하시는 것입니까? 다른 유다가 이렇게 물었습니다.

> 요한복음 14:22, "가룟인 아닌 유다가 이르되 주여 어찌하여 자기를 우리에게는 나타내시고 세상에는 아니하려 하시나이까"

예수님께 속하지 않은 사람들은 예수님께서 무슨 말씀을 하든지 신경 쓰지 않고, 지키지 않을 것이기 때문입니다. 하지만 예수님께 속한 사람들은 예수님의 하시는 말씀을 듣고 지킬 것입니다.

요한복음 14:23-24, "예수께서 대답하여 이르시되 사람이 나를 사랑하면 내 말을 지키리니 내 아버지께서 그를 사랑하실 것이요 우리가 그에게 가서 거처를 그와 함께 하리라 24. 나를 사랑하지 아니하는 자는 내 말을 지키지 아니하나니 너희가 듣는 말은 내 말이 아니요 나를 보내신 아버지의 말씀이니라"

결국 예수님은 당신에게 속하여 예수님의 말씀에 순종할 수 있는 사람들에게 이 말씀을 주신 것입니다. '사랑'은 좋은 것입니까, 나쁜 것입니까? 그러면, '모든 종류의 사랑'은 좋은 것입니까, 나쁜 것입니까? '사랑'은 분명히 좋은 것이지만, '모든 사람을 똑같이 공평하게 하는 사랑'은 대단히 위험한 사랑입니다. 아내가 있는 남자가 자기 아내에게 하는 것처럼 다른 여자에게도 똑같이 사랑하면 되겠습니까? 그런 행위는 '사랑'이라고 하지 않고, '더럽다'고 말합니다.

예수님께서 말씀하신 '사랑'은 어떤 사랑일까요? 대상이 있는 거룩한 사랑, 순결한 사랑입니다. 그런데 악한 사탄은 '사랑'이라고 하는 지고지순의 좋은 가치를, '더러운' 것으로 바꿔 버렸습니다. 다시 말씀드려서 '대상'을 특정하지 않고, 모든 사람을 공평하게 사랑하는 타락한 사랑으로 바꿔 버렸습니다.

그래서 두 번째로, 예수님께서 말씀하신 '사랑'의 내용에 대해서 살펴보도록 하겠습니다. 성경은 사랑에 대해서 뭐라고 말할까요? 이른바 사랑장이라고 불리는 고린도전서 13장은 사랑에 대해서 이렇게 설명하고 있습니다.

고린도전서 13:4-7, "사랑은 오래 참고 사랑은 온유하며 시기하지 아니하며 사랑은 자랑하지 아니하며 교만하지 아니하며 5. 무례히 행하지 아니하며 자기의 유익을 구하지 아니하며 성내지 아니하며 악한 것을 생각하지 아니하며 6. 불의를 기뻐하지 아니하며 진리와 함께 기뻐하고 7. 모든 것을 참으며 모든 것을 믿으며 모든 것을 바라며 모든 것을 견디느니라"

사랑은 오래 참는 것이랍니다. 사랑은 온유하여 어떤 상황에서도 평정심을 잃지 않는 것입니다. 성경에서 사랑에 대해 말씀하면서 그 첫째와 둘째에 오래 참음과 온유함을 지목했다는 것이 놀랍습니다. 성경에서 오래 참음과 온유라는 말을 대할 때 떠오르는 사람이 있습니다. 모세입니다.

민수기 12:3, "이 사람 모세는 온유함이 지면의 모든 사람보다 더하더라"

그런데 그렇게 온유함의 대명사인 모세도, 온유하지 못했던 것 때문에 가나안 땅에 들어가지 못했습니다. 민수기 20장에 이스라엘 백성들이 마실 물과 과일이 없는 것 때문에 모세와 아론을 원망했습니다.

민수기 20:2-3, "회중이 물이 없으므로 모세와 아론에게로 모여드니라 3. 백성이 모세와 다투어 말하여 이르되 우리 형제들이 여호와 앞에서 죽을 때에 우리도 죽었더라면 좋을 뻔하였도다"

지금 백성들이 모세에게 **"우리 형제들이 여호와 앞에서 죽을 때에 우리도 죽었더라면 좋을 뻔하였도다"**라고 말한 것은 민수기 16장에서 고라와 그의 무리들이 모세를 대적하다가 하나님께 심판받은 사건을 말합니다. 그때 고라와 함께하다 죽은 사람들 외에도, 염병으로 죽은 사람이 만 사천칠백 명이나 되었습니다. 하지만 그 후에도 이스라엘 백성들은 끊임없이 모세를 원망하면서, 그의 리더십에 의문을 제기했습니다. 결국 원망하는 백성들을 피해서 회막 문에 엎드린 모세와 아론에게 하나님께서 이렇게 말씀하셨습니다.

민수기 20:8, "지팡이를 가지고 네 형 아론과 함께 회중을 모으고 그들의 목전에서 너희는 반석에게 명령하여 물을 내라 하라 네가 그 반석이 물을 내게 하여 회중과 그들의 짐승에게 마시게 할지니라"

이스라엘의 광야 40년 생활 속에서는 배고파서 죽은 사람이 없었고, 물이 없어서 죽은 사람이 없었습니다. 하나님께서 모세를 통하여 그들이 필요하다고 요구한 것들을 모두 들어주셨기 때문입니다. 하지만 그 40년 동안 이스라엘 백성들은 열 번이나 모세를 원망했고, 그의 리더십을 의심했습니다. 결국 모세는 반석에게 명하여 물을 내라는 하나님의 말씀에 순종하기보다는, 이스라엘 백성들에게 자신의 상한 감정을 그대로 드러냈습니다.

민수기 20:10-11, "모세와 아론이 회중을 그 반석 앞에 모으고 모세가 그들에게 이르되 반역한 너희여 들으라 우리가 너희를 위하여 이 반석에서 물을 내랴 하고 11. 모세가 그의 손을 들어 그의 지팡이로 반석을 두 번 치니 물이 많이 솟아나오므로 회중과 그들의 짐승이 마시니라"

모세의 **"반역한 너희여 들으라 우리가 너희를 위하여 이 반석에서 물을 내랴"** 이 말은, 하나님께 늘 반역하는 이스라엘을 향한 말이지만, 지난 40년 동안 자신을 믿지 못하는 이스라엘에 대한 원망이기도 합니다. 그런데 모세의 이와 같은 행동에 대해서 하나님께서 이렇게 말씀하셨습니다.

민수기 20:12, "여호와께서 모세와 아론에게 이르시되 너희가 나를 믿지 아니하고 이스라엘 자손의 목전에서 내 거룩함을 나타내지 아니한 고로 너희는 이 회중을 내가 그들에게 준 땅으로 인도하여 들이지 못하리라 하시니라"

"너희가 나를 믿지 않고, 이스라엘 자손의 눈앞에서 내 거룩함을 나타내지 않았다. 그러니 너희들은 내가 너희에게 준 땅으로 들어가지 못할 것이다."

사랑은 무엇입니까? 내가 행위의 주관자가 되어서 하는 사랑이 아닙니다. 그런 것은 세상의 사랑입니다. 모세가 이스라엘 백성들에게 보인 반응이 너무 과하다고 생각되십니까? 한두 번도 아니고 40년입니다. 그 40년 동안 모세는 온유함을 잃지 않았고, 하나님의 말씀을 따라 하나님의 거룩함을 나타냈습니다. 그럼에도 이스라엘 백성들은 모세를 믿어 주지 않았고, 결국 모세는 자신의 감정을 표출했습니다. 하지만 하나님은 모세의 행위를 용납하지 않으셨습니다. 왜요? 모세가 한 행위는 하나님으로부터 나온 것이 아니었기 때문입니다.

> 요한복음 15:6, "사람이 내 안에 거하지 아니하면 가지처럼 밖에 버려져 마르나니 사람들이 그것을 모아다가 불에 던져 사르느니라"

비록 모세가 반석을 두 번 내리쳐서 솟아난 물로 이스라엘 백성들과 짐승들이 마시기는 했지만, 모세의 행위는 주님 안에 거하지 않은 것이기 때문에 가지처럼 밖에 버려져 말라 버리는 그런 행위였던 것입니다.

예수님께서 말씀하신 사랑이 무엇인지에 설명해 드리면서 모세의 사건을 예로 들었습니다. 이런 사랑을 누가 할 수 있을까요? 저 역시도 이 말씀을 준비하면서 너무나 괴로웠습니다. 도대체 이런 계명을 어떻게 순종할 수 있을까요? 그런데 이런 사랑을 한다 해도 결과는 어떻게 찾아옵니까? 우리가 세상에 속하지 않았기 때문에 세상은 우리를 미워한다고 합니다. 정말로 모세는 광야 40년 인생 전체를 이스라엘 백성들을 위해 바쳤음에도, 끝까지 미움을 받았습니다. 예수님께서도 당신이 창조하신 백성들을 끝까지 사랑하셨지만, 그들의 손에 의해 죽임을 당했습니다. 그러니 누가 이런 사랑을 할 수 있겠습니까? 이런 사랑을 우리 자신의 인내심과 노력으로 만들 수 있겠습니까?

이 사랑은 예수님도 아버지 안에 거하심으로 할 수 있었고, 우리도 예수님 안에 있어야 할 수 있는 사랑입니다. 그러니 세상에서 말하는 '사랑' 따위의 개념을 가지고 성경의 사랑, 그리스도의 사랑을 논할 수 없습니다. 내가 만들어 낸 사랑이 아닙니다. 내가 하고 싶으면 하고, 싫으면 마는 그런 사랑이 아닙니다. 포도나무이신 그리스도와 연합되어 그분께서 주시는 사랑을 받아야만 할 수 있는 그런 사랑입니다. 저와 여러분, 우리 하와이한빛장로교회가 이와 같은 거룩한 사랑, 믿음 있는 사랑을 하게 되길 기원합니다.

요한복음 15:17

## 내가 이것을 너희에게 명함은

"17. 내가 이것을 너희에게 명함은 너희로 서로 사랑하게 하려 함이라"

지난 시간에 우리는 예수님께서 포도나무 비유 가운데 말씀하셨던 '사랑'에 대해서 살펴보았습니다. 사람들은 '사랑'을 좋아합니다. 그리고 사람마다(그것이 사람이든, 반려동물이든, 일이나, 취미 활동이나 수집품을 모으는 것이든) 자기가 사랑하는 것을 위하여 자신만의 방법으로 사랑하면서 살고 있습니다. 이 말씀을 드리는 이유는 예수님께서 **"내가 이것을 너희에게 명함은 너희로 서로 사랑하게 하려 함이라"**라고 말씀하시지 않아도, 사람들은 충분히 자기 나름대로 열심히 사랑하면서 살고 있다는 것입니다.

그런데 예수님은 무슨 이유로 제자들과 성경을 읽는 신약의 성도들에게 "내가 이것을 너희에게 명한다" 하시며 '서로 사랑할 것'을 독려하시는 것일까요? 그 이유는 우리가 성경을 통해 살펴보았던 것처럼, 예수님께서 말씀하시는 사랑과 사람들이 일반적으로 생각하고 표현하는 사랑의 개념이 서로 다르기 때문입니다. 세상 사람들이 생각하고 표현하는 사랑은 무엇입니까? 그 사랑의 행위를 하는 사람이 주관자가 되어서 시작되는 사랑입니다. 그리고 시련 때문이든, 상처 때문이든 그 사랑을 끝내는 것도 그 사람 본인의 결정에 따라서 끝나게 됩니다.

그런데 예수님께서 말씀하신 사랑, 성경의 사랑은 인간이 행위의 주관자가 되어서 시작과 끝을 주관하는 그런 사랑이 아닙니다. 왜냐하면 예수님께서 비유로 말씀하셨던 것처럼 우리는 포도나무에 연합된 가지에 불과하기 때문입니다. 조금 더 분명한 표현을 드리자면, 포도나무 가지는 스스로 무엇을 만들어 내고 사랑하려고 해도, 그 최대치는 가지 안에 남아 있는 양분만큼만 사랑할 수 있고, 그만큼만 공급해 줄 수 있습니다. 그래서 인간의 사랑은 어떤 것이냐? 누군가 또는 무언가로부터 공급을 받아야만 그 생명이 계속 유지될 수 있는 사랑입니다.

예전에 유행했던 광고 문구 중에 "사랑은 움직이는 거야"라는 말이 있었습니다. '사랑'이 인간의 삶에 있어서 아름답고 숭고한 감정이기는 하지만, 그 '사랑'은 언제나 서로 상호 간에 교감되고 교류되며, 공급되는 쪽으로 움직이는 것이지, 자신과 관계없거나 공급받지 않는 쪽으로 가지 않습니다. 결국 인간의 사랑, 세상이 말하는 사랑은, 그 행위를 하는 사람이 중심이 되어, 철저하게 그 사람이 만족할 만큼 채움을 받고 연관이 있는 쪽으로 사랑하게 되지, 그것과 상관없는 쪽으로는 '사랑'하지 않습니다.

하지만 하나님의 사랑은 인간이나 다른 어떤 피조물처럼, 무언가로부터 반응의 공급을 받아야만 사랑할 수 있는 것이 아닙니다. 하나님은 그분 자체가 사랑이시고, 공급자이시고, 베풀어 주시는 분입니다. 이 말씀을 드리는 것은, 인간은 스스로 자양분을 만들어 내는 근원이 되지 못한다는 것이고, 따라서 생명의 근원인 나무로부터 영양분을 공급받지 못한다면 그 생명이 끝나고 마를 수밖에 없다는 것입니다.

요한복음 15장을 보면 반복해서 등장하는 명령들이 있습니다. "서로 사랑하라, 내 안에 거하라, 너희도 사랑하라, 너희 기쁨이 충만하라, 세상에서 미움을 당해도 이상하게 생각하지 말고 사랑하라." 이런 말씀들입니다. 하나님은 우리가 도무지 할 수 없는 것을 하라고 강요하시는 분이 아닙니다. 하나님은 당신의 손으로 빚으시고, 그 코에 생기를 불어넣어 만드셨던 사람이, 창조주의 명령을 거역하고 선악과를 먹는 것까지도 허용하셨던 분입니다. 하나님은 인간에게 허락하신 자유의지를 다시 빼앗지 않으시고 허용하셨습니다.

그런 면에서 봤을 때, 예수님께서 말씀하신 "서로 사랑하라, 너희도 사랑하라"라는 말씀은, 우리가 도무지 할 수 없는 '사랑'이 아닌 우리도 충분히 할 수 있는 '사랑'임이 분명합니다. 예수님께서 말씀하신 '사랑'의 최고의 극치가 무엇입니까? 요한복음 15장 13절에서는 **"사람이 친구를 위하여 자기 목숨을 버리면 이보다 더 큰 사랑이 없나니"** 라고 했습니다. 이 말씀은, 예수님께서 어떻게 자신을 희생하여 인간을 구원하실 것인지 가르쳐 주시는 말씀입니다.

참으로 예수님은 자기 목숨을 십자가 위에서 버리심으로, 인간을 위한 자신의 사랑을 증명해 보이셨습니다. 그리고 14절에서는 **"너희는 내가 명하는 대로 행하면 곧 나의 친구라"** 하시면서, '내가 명하는 대로 행하라'고 말씀하고 있습니다. 이 말씀은 무슨 뜻일까요? 너희도 나처럼 십자가 위에서 죽으라는 뜻일까요? 요한복음 15장 전체 내용의 문맥상 그런 뜻은 아닌 것으로 보입니다. 예수님의 이 말씀을 이해하기 위해 우리가 주목해서 봐야 하는 단어가 있습니다. 바로 '친구'입니다.

오늘날 '친구'라는 단어는 상당히 광범위하게 사용되고 있습니다. 특히 미국의 경우 할아버지와 손주 정도로 나이 차이가 크게 나는 관계에서도 'Friend'라고 말하기도 합니다. 그런데 예수님께서 말씀하신 '친구'는 그런 광의적 개념의 '친구'가 아닌, 더 깊고 친밀한 관계를 뜻합니다.

> 요한복음 15:15, "이제부터는 너희를 종이라 하지 아니하리니 종은 주인이 하는 것을 알지 못함이라 너희를 친구라 하였노니 내가 내 아버지께 들은 것을 다 너희에게 알게 하였음이라"

예수님께서 말씀하시는 '사랑', '친구'와 같은 의미가 넓고 포괄적인 대상을 뜻하는 것이 아니라, 개인적이고 친밀한 관계를 뜻하는 것임을 기억하십시오. 이 말은 "지금까지는 너희를 종이라고 불렀다"라는 전제가 있는 표현입니다. 하지만 이제부터는 더 이상 종이라고 부르지 않고 친구라고 부르겠다고 말씀하고 있습니다. 그 이유가 무엇입니까? 종에게는 주인이 하려는 것을 설명해 주고 알게 해 줄 의무가 없기 때문입니다.

종은 설명이나 설득이 필요한 사람이 아니라, 주인이 명령하는 대로 순종하고 복종하는 사람입니다. 하지만 예수님께서 우리를 종이 아닌 친구라고 하면서, 아버지께 들은 것을 다 알려 주었다고 말씀합니다. 이 상황을 잘 보시기 바랍니다. 아버지께 들은 것을 다 알려 주는 '친구'는 '일반적인 개념의 친구'일까요? '특별한 관계 속에 있는 친구'일까요? 특별한 관계 속에 있는 친구입니다.

그러면 생각해 보겠습니다. 우리가 어떤 자격과 실력이 있어서 예수님의 친구가 될 수 있었을까요? 적어도 누군가와 '특별히 친밀한 친구'가 되려면 둘 사이에 서로 공유되는 무언가가 있어야 합니다. 어린 시절 다니던 학교가 같다거나, 고향이나 동네가 같거나, 군대나 직장이나, 하다못해 취미 활동으로 모인 동아리라도 같아야 합니다. 그런 것 전혀 없이 오다가다 만난 사람에게 "어이! 내 친구" 하면서 자기 아버지에게 들은 이야기를 해 주는 사람이 있다면, 그 사람은 '친구'라기보다는 '정신이 온전하지 못한 사람'일 가능성이 더 큽니다. 그러면 예수님과 우리는 어떤 공통분모가 있어서 친구가 될 수 있었을까요?

요한복음 15:16, "너희가 나를 택한 것이 아니요 내가 너희를 택하여 세웠나니 이는 너희로 가서 열매를 맺게 하고 또 너희 열매가 항상 있게 하여 내 이름으로 아버지께 무엇을 구하든지 다 받게 하려 함이라"

보시는 것처럼, **"너희가 나를 택한 것이 아니요 내가 너희를 택하여 세웠나니"**라고 했습니다. 예수님께서 우리를 친구로 택해 주시고 인정해 주셨습니다.

2019년에 개봉한 〈천문〉이라는 한국 영화를 보면, 조선의 4대 임금인 세종과 관노 출신의 과학자 장영실이 마치 친구처럼 함께 땅바닥에 누워 밤하늘의 별을 보며 이야기하면서 허물없이 지내는 모습으로 나옵니다. 물론 우리는 어디까지가 진실이고 어디까지가 작가의 상상력인지 모릅니다. 하지만 역사 기록들을 살펴보면 유교 사회요 신분 사회였던 당시의 시대 배경 속에서, 임금인 세종이 노비 출신이었던 장영실에게 벼슬까지 내려 주면서 수많은 발명품을 만들도록 물심양면으로 지원한 것은 분명한 사실입니다.

당시 조정의 대신들과 사대부 양반 세력들은 나라의 기반이 되는 신분 제도가 허물어지는 것을 우려하여 세종대왕과 장영실의 사이를 멀어지게 만들기 위해서 애를 썼다는 것도 역사 기록에 남아 있습니다. 하지만 세종대왕은 신분과 관계없이 나라를 위해 필요한 인재인 장영실을 귀하게 여겼습니다. 그렇다면 이 경우 세종대왕과 장영실은 정말로 격의 없이 지내는 평범한 친구 사이와 같았다고 할 수 있을까요?

장영실이 아무리 당대에 뛰어난 발명가였다 해도, 또는 그가 관노 출신이 아닌 양반집 도령이었다고 해도, 임금인 세종이 그를 받아 주고 인정해 주지 않았다면 어떤 방법으로도 그 두 사람은 친구처럼 될 수 없었을 것입니다. 임금인 세종이 장영실을 친구처럼 여겨 주고 그와 수많은 대화를 나눈 것은, 인재를 알아보고 등용하는 세종의 안목과 그의 인품이 칭찬받을 일이지, 노비 출신인 장영실이 세종대왕을 친구처럼 대할 수는 없는 것 아니겠습니까.

예수님께서 당신의 제자들에게, 그리고 같은 신앙을 고백하는 오늘날 성도들에게 동일한 말씀을 주십니다. "너희가 나를 택한 것이 아니요 내가 너희를 택하여 세웠나니, 이제부터는 너희를 종이라 하지 않고 친구라 하겠다." 사람들은 이 말씀이 뜻하는 바가 무엇인지 깊게 생각하지 않고 쉽게 받아들이는 경향이 있습니다. 마치 자기가 원래부터 무슨 실력이 대단하거나 자격이 있었던 사람이었던 것처럼 생각하고서, 아무 생각 없이 예수님이 나를 친구라고 하셨으니 자기도 예수님을 동네 친구를 대하듯이 여기려고 합니다.

세종대왕이 장영실에게 '친구'라고 말하는 것과 장영실이 세종에게 '친구'라고 말하는 것이 같겠습니까? 우리는 장영실처럼 노비 정도가 아니라, 우리 자신의 죄로 인해서 영원히 멸망받을 처지였습니다. 그런 우리를 위해 예수님께서 대신 십자가 위에서 죽으시고, 우리의 모든 죄의 값을 대신 지급하셨습니다. 그뿐만 아니라 예수님께서 이제부터는 너희를 종이라고 하지 않고 친구로 여겨 주겠다고 말씀했습니다. 여러분, 이게 당연한 것입니까?

예수님께서 우리를 친구로 여겨 주셨으니, 우리도 "헤이, 친구!" 하면서 맞먹어도 되는 것입니까? 같은 단어를 사용한다고 해서 그 의미와 내용까지 똑같이 여길 수는 없지 않겠습니까? 오늘날 기독교가 힘을 잃고 기쁨을 잊어버린 가장 큰 이유가 무엇일까요? '원래 기독교 자체가 힘이 없었다거나, 기독교가 진리가 아니기 때문에' 힘이 없는 것이 아닙니다. 또는 '기독교에서 가르치는 것은 모두 거짓말이어서 사람들이 속고 있는 것'도 아닙니다.

다시 '친구' 이야기를 하겠습니다. 여러분의 가장 친한 친구가 세상에서 가장 힘이 있고 능력이 있는 사람이라면 어떨 것 같겠습니까? 그 친구가 어디를 가든지 사람들에게 여러분을, '내 가장 친한 친구'라고 소개하면 어떻겠습니까? 비록 자기 자신에게는 아무런 힘이나 능력이 없다 할지라도, 힘 있는 친구가 많은 사람 앞에서 자기를 가장 친한 친구로 인정해 주었다는 것으로 인해, 그 관계만으로도 그 사람의 능력이 될 것입니다.

그러면 여러분은 예수님께서 여러분의 '친구'가 되어 주셨다는 사실이 여러분의 힘이 되고 있습니까? 오히려 힘과 능력을 가진 예수님께서, 여러분을 '친구'라고 인정해 준 그 말로 인해 여러분 개인의 필요를 채워 달라고 요구만 하고 있는 것은 아닙니까? 그러니 기독교가 힘이 없고, 기쁨이 없는 것입니다. 그 힘이 있는 예수님께서 여러분의 필요를 충분히 만족할 만큼 채워 주지 않았다고 생각하기 때문입니다. '친구'는 무엇입니까? 생각이 공유되고, 경험이 공유되어서 함께 이야기할 거리가 많은 관계가 친구입니다. 서로 양극단의 성격을 가진 사람이 만날 때마다 다투고 싸운 경험밖에 없다면, 친한 친구가 되겠습니까?

예수님께서 **"내 이름으로 아버지께 무엇을 구하든지 다 받게 하려 함이라"**라고 말씀했습니다. 얼마나 친한 '친구'이기에, "내 이름으로 아버지께 무엇을 구하든지 다 줄 것"이라고 할까요? 아들의 친구가 찾아와서 무엇이든 달라고 해도 내줄 수 있을 만큼 아버지도 인정할 정도의 친한 관계라면, 아버지에게는 그 사람이 아들과 거의 동일하다고 인정할 만한 관계일 것입니다. 아들과 생각과 뜻과 하는 일이 같다고 여겨져야 아버지가 아들의 친구에게 자신의 모든 것을 내줄 수 있지 않겠습니까? 그러면 우리와 예수님 사이에 공통된 생각과 관심과 경험은 무엇이 있을까요? 여러분은 어떠십니까?

사실 가장 당황스러운 경험이, 나랑 별로 친하지도 않았던 사람인데 어느 날 찾아와서 마치 굉장히 친한 사이였던 것처럼 이야기하면서 금전적인 부탁을 하는 것입니다. 여러분은 그럴 때 어떻게 반응을 하시겠습니까? 그 사람의 딱한 사정에 여러분의 주머니와 통장을 내주시겠습니까? 만약 여러분에게 충분한 여력이 없다면, 여러분 부모님에게라도 보내서 나에게 해 주는 것처럼, 그 사람이 구하는 모든 것을 다 들어 달라고 하시겠습니까? 지금 예수님께서 하시는 말씀이 바로 그것입니다.

예수님께서 우리를 택하셔서 '친구'로 세워 주셨을 때, 예수님과 우리 사이에 연결되는 공통의 관심사와 경험들이 필요할 것입니다. 그것이 '열매'입니다. 16절에서는 **"이는 너희로 가서 열매를 맺게 하고 또 너희 열매가 항상 있게 하여"**라고 말하고 있습니다. 이 열매는 어떤 열매일까요?

요한복음 15:11, "내가 이것을 너희에게 이름은 내 기쁨이 너희 안에 있어 너희 기쁨을 충만하게 하려 함이라"

예수님께서 기뻐하시는 것, 예수님이 늘 생각하고, 항상 있기를 원하며, 충만하길 원하시는 것이 있습니다. 그것이 무엇입니까?

요한복음 15:12, "내 계명은 곧 내가 너희를 사랑한 것 같이 너희도 서로 사랑하라 하는 이것이니라"

여기 '내 계명'이라고 하신 말씀을 주목하시기 바랍니다. "서로 사랑하는 것"이 예수님의 '계명'입니다. 계명은 우리가 반드시 지켜야만 하는 것입니다. 지금은 은혜의 시대이고, 복음의 시대인데 무슨 계명 이야기를 하느냐고 말하는 사람들이 있습니다. 하지만 예수님은 계명을 무시하고 없애 버리려고 오신 분이 아니라, 완전하게 이루기 위해 오신 분입니다.

마태복음 5:17, "내가 율법이나 선지자를 폐하러 온 줄로 생각하지 말라 폐하러 온 것이 아니요 완전하게 하려 함이라"

왜 신약시대인 지금도 우리가 계명을 지켜야 하는지에 대해서는 신앙고백서를 배워 오면서 여러 차례 말씀드린 바 있었습니다. 그리고 언젠가 기회가 되면 주일 설교 시간에 본문의 내용을 따라 설명드릴 것입니다. 지금 드리려는 말씀은, 예수님께서 서로 사랑하라는 말씀을 '계명'으로 우리에게 주셨다는 것입니다. 하나님께서 사람에게 주신 첫 계명은 에덴동산에서 아담과 하와에게 주셨던 금지 명령이었습니다. 그 후 시내산에서 모세에게 십계명을 주셨고, 또한 도덕법, 제사법(의식법), 시민법을 주셨습니다. 신명기 말씀은 가나안 땅이 건너다보이는 곳까지 도착한 이스라엘 백성들에게, 모세가 지난날을 추억하면서 하나님께서 그들에게 주셨던 계명들을 다시 기억나게 해 주고, 설명해 주는 모세의 고별 설교입니다.

> 신명기 32:7-8, "옛날을 기억하라 역대의 연대를 생각하라 네 아버지에게 물으라 그가 네게 설명할 것이요 네 어른들에게 물으라 그들이 네게 말하리로다 8. 지극히 높으신 자가 민족들에게 기업을 주실 때에, 인종을 나누실 때에 이스라엘 자손의 수효대로 백성들의 경계를 정하셨도다"

옛날을 기억하고 역대의 연대를 생각하면서 네 아버지에게 묻고 어른들에게 물어보라고 말합니다. 하나님께서 주신 계명은 호랑이가 담배 피우던 시절에 있었던 이야기가 아닙니다.

45-47, "모세가 이 모든 말씀을 온 이스라엘에게 말하기를 마치고 46. 그들에게 이르되 내가 오늘 너희에게 증언한 모든 말을 너희의 마음에 두고 너희의 자녀에게 명령하여 이 율법의 모든 말씀을 지켜 행하게 하라 47. 이는 너희에게 헛된 일이 아니라 너희의 생명이니 이 일로 말미암아 너희가 요단을 건너가 차지할 그 땅에서 너희의 날이 장구하리라"

모세가 말합니다. "내가 가르쳐 준 모든 말을 마음에 두고, 너희 자녀에게 명하여 율법의 모든 말씀을 지켜 행하게" 하랍니다. 이것은 헛된 일이 아니라 오히려 생명이고, 이것을 지킬 때 우리의 날이 장구하게 될 것이라고 합니다. 구약의 그림자와 같았던 계명이 예수님의 오심으로 말미암아 완전케 되었습니다. 그 계명이 무엇입니까? 서로 사랑하라는 것입니다.

> 마태복음 22:37-40, "예수께서 이르시되 네 마음을 다하고 목숨을 다하고 뜻을 다하여 주 너의 하나님을 사랑하라 하셨으니 38. 이것이 크고 첫째 되는 계명이요 39. 둘째도 그와 같으니 네 이웃을 네 자신 같이 사랑하라 하셨으니 40. 이 두 계명이 온 율법과 선지자의 강령이니라"

이 계명을 우리가 어떻게 지킬 수 있습니까? 배우고, 연습하고, 훈련하고, 반복함으로 지킬 수 있습니다. 왜 우리가 이 계명을 지켜야 하는 것일까요? 예수님의 관심과 생각과 기쁨이 바로 이것이기 때문입니다.

학창 시절에 부모님이 많이 해 주셨던 말씀이 있었습니다. "좋은 친구를 사귀어라." 부모님이 말씀하는 '좋은 친구'는 아마도 공부 잘하는 친구일 것입니다. 그러면 공부 잘하는 친구는 어떤 아이들과 친구가 될까요? 공부 잘하는 아이들과 친구가 됩니다. 운동 잘하는 친구는 운동 좋아하는 아이와 친구가 되고, 게임 좋아하는 아이는 게임 잘하는 아이와 친구가 됩니다. 예수님의 친구는 어떤 사람일까요? '하나님을 사랑하고, 이웃을 내 몸과 같이 사랑하는 사람'일 것입니다. 예수님의 관심이 그것이기 때문이고, 예수님께서 기뻐하시는 것이 그것이기 때문입니다.

그렇다면 여러분의 관심과 여러분의 기쁨은 무엇입니까? 하나님을 사랑하는 것입니까? 그러면 그분이 기뻐하시는 것을 위해서 여러분에게 손해가 나는 일이 있더라도 충분히 감내하고 감당하겠습니까? 예수님께서 말씀하신 '친구', 그리고 "예수의 이름으로 아버지께 무엇을 구하든지 다 받을 수 있게" 해 주시겠다는 말씀은 단지 예수님만 지켜야 하는 약속이고, 우리는 손톱만큼도 손해 보면 안 되는 것입니까? 입장을 바꿔서 세상에서 여러분 주변에 그런 사람이 있다면, 여러분의 모든 것을 내줄 만큼 좋은 친구 관계가 계속되겠습니까? 이것은 성경적 해석의 문제 이전에 인간의 도리에 관한 문제일 것입니다.

그러면 우리는 예수님께서 기뻐하시는 사랑을 할 수 있을까요? 안타깝게도 우리 스스로는 할 수 없습니다. 왜냐하면 우리에게 있는 죄의 본성, 아담으로부터 유전되고 내 안에서 발전되며, 세상으로부터 오염된 죄의 본성은 하나님을 사랑하지 않을 뿐 아니라, 내 이익과 관계없는 것들을 사랑하려고 하지 않기 때문입니다.

혹시 여러분 중에 나는 어떤 이익도 바라지 않고 무조건적인 사랑을 할 수 있다고 생각하시는 분 있습니까? 그렇다면 손에 거울을 들고 다니시면서 여러분의 표정을 확인해 보시기 바랍니다. 특히 여러분의 마음에 부담이 있는 사람, 여러분과 생각이 다른 사람, 마음에 불편한 사람을 만났을 때 여러분의 얼굴을 확인해 보시고, 그 사람과 헤어진 뒤에 남아 있는 여러분의 표정을 확인해 보십시오. 그 사람을 사랑하는 것까지 바라지도 않지만, 밝게 웃어 주는 것조차도 하기 힘든 것이 우리의 진짜 실력입니다. '서로 사랑하는 것'이 '계명'으로 우리에게 주어진 이유가 바로 이것 때문입니다.

'사랑'이 원래부터 우리에게 속한 것이었다면, 우리는 어떤 상황에서도 '사랑'할 수 있을 것입니다. 하지만 '사랑'은 우리에게 속한 것이 아닙니다. 우리는 무엇인가로부터 공급을 받아야만 사랑할 수 있습니다. 만약 그 사랑을 사람으로부터 공급받는다면, 우리는 그 사람을 사랑할 것입니다. 돈으로부터 공급받는다면 돈을 사랑할 것이고, 짐승이나 취미나 다른 것으로부터 공급받는다면 우리는 그것을 사랑할 것입니다.

우리가 포도나무이신 그리스도께 연합되어 있어야 하는 이유가 바로 이것 때문입니다. 우리가 그리스도께 연합되어 있지 않으면, 우리가 하는 사랑은 세상과 똑같은 사랑을 하게 될 것입니다. 내가 받은 만큼 주는 사랑, 내가 관심을 보이고 사랑을 줬을 때 그 대상도 나에게 반응을 보이고 교류와 공감이 통하는 쪽으로 사랑을 하게 될 것입니다. 하지만 예수님께서 말씀하신 사랑은 그런 사랑이 아닙니다.

예수님께서 저와 여러분을 '친구'로 부르시고, 예수님이 하시는 '사랑'을 우리도 할 것을 말씀하셨습니다. 예수님께서 말씀하신 '친구'와 '사랑'을 단순히 개념으로만 보지 마시고, 예수님이 행하신 그 수준으로 우리를 초대하고 있다는 것을 기억하시기 바랍니다. 생각, 관심, 경험이 공유되지 않는다면, 그저 알고 지내는 정도는 될지 모르겠지만, 모든 것을 내줄 수 있는 깊은 '친구'의 관계까지 들어가지는 못할 것입니다.

예수님께서 '서로 사랑할 것'을 '계명'으로 주신 것은, 우리의 생각과 관심이 "하나님을 사랑하고 이웃을 사랑하는 쪽으로 향할 것"을 요구하시는 것이며, 훈련되고 경험할 것을 요구하시는 것입니다. 언젠가 우리가 주님 앞에 서게 되었을 때, 그리고 그분과 함께 영원히 함께하게 되었을 때, 우리가 주님 앞에서 할 수 있는 말이 무엇이 있을까요? 옛날에 세상에서 살 때 잘나갔던 이야기를 할까요? 그때 성공해서 보란 듯 잘 살았던 것, 부귀영화를 누리던 것을 이야기할까요? 솔로몬은 자기가 쓴 전도서에서 그와 같은 모든 것들이 헛된 것들이고, 부질없는 자랑이었다는 것을 고백했습니다.

전도서 2:9-12, "내가 이같이 창성하여 나보다 먼저 예루살렘에 있던 모든 자들보다 더 창성하니 내 지혜도 내게 여전하도다 10. 무엇이든지 내 눈이 원하는 것을 내가 금하지 아니하며 무엇이든지 내 마음이 즐거워하는 것을 내가 막지 아니하였으니 이는 나의 모든 수고를 내 마음이 기뻐하였음이라 이것이 나의 모든 수고로 말미암아 얻은 몫이로다 11. 그 후에 내가 생각해 본즉 내 손으로 한 모든 일과 내가 수고한 모든 것이 다 헛되어 바람을 잡는 것이며 해 아래에서 무익한 것이로다 12. 내가 돌이켜 지혜와 망령됨과 어리석음을 보았나니 왕 뒤에 오는 자는 무슨 일을 행할까 이미 행한 지 오래 전의 일일 뿐이리라"

우리가 주와 함께 기쁨을 공유하고 경험을 나눌 수 있는 것은, '서로 사랑하는 것'입니다. 그 사랑은 철저하게 그리스도로부터 공급받은 은혜 안에서 훈련되고 경험되는 사랑일 것입니다. 저와 여러분, 우리 하와이한빛장로교회가 이와 같은 사랑으로 잘 훈련되고 성숙해져서, 우리를 친구로 불러 주신 주님과 함께 기쁨이 충만하도록 공유될 수 있는 많은 경험이 쌓여 갈 수 있게 되길 기원합니다.

**요한복음 16:1~4**

# 내가 이것을 너희에게 이름은

"1. 내가 이것을 너희에게 이름은 너희로 실족하지 않게 하려 함이니 2. 사람들이 너희를 출교할 뿐 아니라 때가 이르면 무릇 너희를 죽이는 자가 생각하기를 이것이 하나님을 섬기는 일이라 하리라 3. 그들이 이런 일을 할 것은 아버지와 나를 알지 못함이라 4. 오직 너희에게 이 말을 한 것은 너희로 그 때를 당하면 내가 너희에게 말한 이것을 기억나게 하려 함이요 처음부터 이 말을 하지 아니한 것은 내가 너희와 함께 있었음이라"

예수님께서 최후의 만찬 자리에서 제자들에게 주셨던, 요한복음 13장부터 17장까지의 내용이 예수님의 유언과도 같은 내용이라는 것을 말씀드렸습니다. 성경에 기록된 대표적인 유언은 모세의 고별설교라고 할 수 있는, 신명기 말씀을 들 수 있습니다. 그리고 여호수아와 다윗의 유언까지 살펴볼 텐데요, 여러분 성경에 표시해 두시면 좋을 것 같습니다.

신명기 32:45-46, "모세가 이 모든 말씀을 온 이스라엘에게 말하기를 마치고 46. 그들에게 이르되 내가 오늘 너희에게 증언한 모든 말을 너희의 마음에 두고 너희의 자녀에게 명령하여 이 율법의 모든 말씀을 지켜 행하게 하라"

가나안 땅을 정복하고 땅을 분배한 뒤에 여호수아가 했던 유언이 있습니다.

여호수아 24:14-15, "그러므로 이제는 여호와를 경외하며 온전함과 진실함으로 그를 섬기라 너희의 조상들이 강 저쪽과 애굽에서 섬기던 신들을 치워 버리고 여호와만 섬기라 15. 만일 여호와를 섬기는 것이 너희에게 좋지 않게 보이거든 너희 조상들이 강 저쪽에서 섬기던 신들이든지 또는 너희가 거주하는 땅에 있는 아모리 족속의 신들이든지 너희가 섬길 자를 오늘 택하라 오직 나와 내 집은 여호와를 섬기겠노라 하니"

그리고 다윗이 아들 솔로몬에게 했던 유언도 있습니다.

열왕기상 2:1-4, "다윗이 죽을 날이 임박하매 그의 아들 솔로몬에게 명령하여 이르되 2. 내가 이제 세상 모든 사람이 가는 길로 가게 되었노니 너는 힘써 대장부가 되고 3. 네 하나님 여호와의 명령을 지켜 그 길로 행하여 그 법률과 계명과 율례와 증거를 모세의 율법에 기록된 대로 지키라 그리하면 네가 무엇을 하든지 어디로 가든지 형통할지라 4. 여호와께서 내 일에 대하여 말씀하시기를 만일 네 자손들이 그들의 길을 삼가 마음을 다하고 성품을 다하여 진실히 내 앞에서 행하면 이스라엘 왕위에 오를 사람이 네게서 끊어지지 아니하리라 하신 말씀을 확실히 이루게 하시리라"

지금까지 살펴본 모세와 여호수아와 다윗의 유언에 나타난 공통점은, 그 유언을 듣는 사람들에게 여호와 하나님을 경외하고, 그분이 말씀하신 계명을 온전함과 진실함으로 지켜 행하라는 것이었습니다. 모세의 경우 그렇게 율법을 잘 지켜 행하면, **"이는 너희에게 헛된 일이 아니라 너희의 생명이니 이 일로 말미암아 너희가 요단을 건너가 차지할 그 땅에서 너희의 날이 장구하리라"**(신 32:47)라고 했습니다. 율법을 지키는 것은 너희에게 헛된 일이 아니라 생명이라, 그 일로 인해 너희 날이 장구하리라고 합니다.

여호수아에게도 **"만일 너희가 여호와를 버리고 이방 신들을 섬기면 너희에게 복을 내리신 후에라도 돌이켜 너희에게 재앙을 내리시고 너희를 멸하시리라 하니"**(수 24:20)라고 했습니다. 이 말을 바꿔 말하면 어떻게 됩니까? 이방 신들을 섬기지 않고 여호와 하나님만 경외하고 잘 섬기면서 율법의 계명들을 순종하면 복을 내려 주실 것이라는 뜻입니다.

다윗도 솔로몬에게 모세의 율법에 기록된 대로 지키면, "네가 어디로 가든지 형통하리라, 이스라엘 왕위에 오를 사람이 너에게서 끊어지지 아니하리라" 이런 유언을 해 주었습니다. 예수님의 유언도 다르지 않아서, 제자들에게 "내 계명을 지키라"라고 말씀하셨습니다.

> 요한복음 15:10, "내가 아버지의 계명을 지켜 그의 사랑 안에 거하는 것 같이 너희도 내 계명을 지키면 내 사랑 안에 거하리라"

그런데 모세와 여호수아, 다윗의 유언들에서는 없던 표현이 예수님의 유언에는 들어와 있습니다. 그리고 예수님께서 추가로 말씀하신 유언의 내용은 우리에게 상당한 고민거리를 안겨 줍니다. 왜냐하면 하나님을 섬기고, 계명을 순종하면 복을 받고 형통하게 된다는 일반적인 기대와 상식을 넘어선, 보다 깊은 내용을 말씀해 주셨기 때문입니다. 즉, 성경의 표현으로는, '감추어진 보화'와 같은 말씀을 해 주셨습니다. 그리고 예수님께서 제자들에게 주신 이 말씀은, "예수를 믿고 기독교인이 된다는 것이 무엇을 의미하는가?" 하는 것을 설명해 주는 내용입니다.

포도나무 비유에서부터 연결해서 보면 **"너희가 열매를 많이 맺으면 내 아버지께서 영광을 받으실 것이요 너희는 내 제자가 되리라"**(요 15:8)라고 했습니다. 구약의 약속들과 연결해서 계명을 지켰을 때 얻게 되는 축복을 보면, "너희 날이 장구하리라, 형통하리라, 복을 받을 것이라, 왕위가 계속 이어지리라"와 더불어서 많은 열매를 맺고 제자의 신분까지 얻게 되는 것입니다. 그런데 예수님의 말씀은 거기에서 그치지 않고 한 걸음 더 나갑니다.

> 요한복음 16:2, "사람들이 너희를 출교할 뿐 아니라 때가 이르면 무릇 너희를 죽이는 자가 생각하기를 이것이 하나님을 섬기는 일이라 하리라"

당시 유대 사회에서 출교는 종교적으로 쫓겨나는 것뿐 아니라, 문화, 교육, 경제와 같은 국가 개념의 기본권을 포함해서, 유대 공동체 안에서 일상적인 교류와 소통 등으로부터도 분리되는, 현실적인 고난을 포함하는 것입니다. 즉, 유대교에서 출교되는 순간, 그 사람은 이방 사람과 같이 되는 것입니다.

예수님의 이 말씀은 앞서 15장에서 하셨던 말씀보다 더 나간 것입니다.

요한복음 15:18-19, "세상이 너희를 미워하면 너희보다 먼저 나를 미워한 줄을 알라 19. 너희가 세상에 속하였으면 세상이 자기의 것을 사랑할 것이나 너희는 세상에 속한 자가 아니요 도리어 내가 너희를 세상에서 택하였기 때문에 세상이 너희를 미워하느니라."

이처럼 세상이 너희를 미워하는 정도가 아니라, 유대 공동체 안에서 너희를 출교할 것이고, 심지어는 죽일 것이라고 말씀합니다. 그리고 세상이 너희를 죽이면서 생각하기를, **"이것이 하나님을 섬기는 일이라 하리라"**라고 할 거랍니다. 그리고 그런 일을 했던 대표적인 사람을 우리는 알고 있습니다. 누굴까요? 사도 바울입니다. 바울은 유대인 중의 유대인으로서 율법을 지키는 면에서는 완벽하다 할 정도로 철저한 율법주의자였으며, 당시 이스라엘 사람으로서는 최고의 위치인 바리새인 중의 바리새인이었던 사람이었습니다. 각종 우상은 물론이고, 도시마다 우상을 섬기는 신전들이 가득했던 세상에서 하나님을 믿고 섬긴다고 했던 유대인들, 그리고 그들 가운데 자타공인 가장 대표성이 있었던 사람이 바리새인 아니겠습니까?

그렇게 종교적 열정이 있던 바울은, 스데반을 죽여 없애는 것이 하나님을 지극히 사랑하고 하나님의 편을 드는 행동인 줄 알았습니다.

그런데 바울이 한 행위가 사실은 하나님을 반대하고 대적하는 행위였습니다. 율법에 능통하고, 계명의 아주 작은 것 하나까지도 다 지켜 행하려고 했던 바울이 어떻게 하나님을 대적하는 그런 일을 행할 수 있단 말입니까? 그런데 하나님께서 사랑하신 사람을 출교하고 죽이는 일을, 하나님을 위하는 일이라고 생각하고 했답니다. 그리고 예수님께서 그 이유를 대답해 주셨습니다.

요한복음 16:3, "그들이 이런 일을 할 것은 아버지와 나를 알지 못함이라"

하나님과 예수님을 알지 못하는 사람들이, 단지 인간이 가진 생각과 종교적 열정만을 가지고 달려들었을 때, 어떤 결과가 나타나게 되는지를 경고해 주는 말씀인 것입니다. "아버지와 나에 대해서 알지 못하는 사람들"이 아버지와 나를 위한다고 하는 일들이, 오히려 아버지와 나를 대적하는 일이 된다는 이 말씀을 우리가 깊이 새겨들어야 합니다.

지난 금요일은 '밸런타인데이'였습니다. 저는 그런 문화에 익숙하지 않아서 그냥 넘어갔습니다만, 곳곳마다 꽃과 초콜릿을 파는 사람들이 많이 있는 것을 보면서, 특별한 날인가 보다 하는 생각을 했습니다. 2주 전에 수요 성경공부를 마친 뒤, 한 성도님이 이런 질문을 하셨습니다. 동성애자라 할지라도 마음속으로 예수님을 믿고 하나님을 사랑한다고 하는 사람이 있다면, 그 사람의 믿음과 신앙심에 대해서 '그건 잘못된 것'이라고 말할 수 없지 않냐는 것이었습니다. 저 역시 동성애자라도 그런 마음과 그런 믿음을 가졌다고 하는 것이 거짓

된 것이라고 생각하지는 않습니다. 하지만 사랑이나 믿음이라고 하는 것은 혼자만의 것이 아니고 대상이 있는 것 아니겠습니까?

물론 우표나 모형 장난감 프라모델처럼 무생물 수집품을 사랑하는 사람도 있을 것입니다. 하지만 정서적 교감과 상대에 대한 이해가 필요한 사람을 사랑하는 것이라면, 일방적인 사랑은 곤란합니다. 혼자만의 생각과 혼자만의 방법으로 상대방에게 사랑의 반응을 요구하는 것은 범죄가 될 수도 있습니다. 그래서 청년들이 사랑의 감정을 가지고 연애를 하다가도, 극복하기 어려운 차이점이 생기고 그러한 것들이 쌓이면 연인의 관계를 정리하기도 합니다.

예를 들어서, 여러분을 사랑한다고 하는 어떤 사람이 있습니다. 하지만 그 사람과 만나면서 여러분이 정말 싫어하는, 도저히 받아들이기 어려운 어떤 면이 그 사람에게 있는 것을 알게 되었습니다. 그것이 습관이든, 중독이든, 어떤 것이라도 여러분의 인생에서 도무지 생각할 수도 없는 어떤 일을 그 사람이 반복해서 하는 것을 알게 되었습니다. 그래서 여러분은 말로도 표현하고, 손편지도 써서 주고, 때로는 붙잡고 울면서 제발 그런 행동은 하지 말라고 부탁도 많이 했습니다. 하지만 여러분이 그렇게 간절히 부탁했음에도, 상대방이 여러분이 정말 싫어하고 받아들일 수 없다고 했던 행동을 굳이 계속 반복하면서, 자기는 당신을 사랑하니까 진심을 믿어 달라고 한다면 어떻게 하시겠습니까? 그 사람이 여러분이 싫다고 하는 것을 조금도 바꾸지 않더라도, 그 사람 말을 진심으로 받아들이시겠습니까?

하나님께서 모세와 선지자, 사도들을 통해 동성애를 가증히 여기시며 미워하신다고 했습니다. 심지어 죽이라고까지 말씀하셨고, 소돔과 고모라는 그 죄로 인하여 유황불로 심판까지 내리신 것을 성경을 통해 가르쳐 주셨습니다. 이처럼 하나님은 동성애에 대해서 싫어하십니다. 그리고 그것을 금하라고 명령까지 하셨습니다. 그런데 이렇게까지 하나님이 싫다고 하는 행동을 굳이 계속하면서, 자기 마음은 진심이고 하나님을 사랑하고 믿는다고 합니다. 어떻게 생각하십니까?

예수님께서 **"아버지와 나를 알지 못함이라"**라고 하신 말씀을 설명하기 위해 이런 말씀을 드렸습니다. 사랑이라고 하는 내 감정, 내가 생각하는 믿음, 내가 익숙한 방법으로 위해 주는 것, 이러한 것들이 하나님과 예수님을 알지 못하고 하는 것들이라면 오히려 하나님을 대적하는 것이 될 수 있다는 것입니다. 그러고 보니 예수님께서 이와 비슷한 표현을 많이 하셨습니다.

> 요한복음 14:27, "평안을 너희에게 끼치노니 곧 나의 평안을 너희에게 주노라 내가 너희에게 주는 것은 세상이 주는 것과 같지 아니하니라 너희는 마음에 근심하지도 말고 두려워하지도 말라"

예수님께서 '내 평안'은 세상이 주는 것과는 다른 것이라고 말씀했습니다. 또한 **"내가 이것을 너희에게 이름은 내 기쁨이 너희 안에 있어 너희 기쁨을 충만하게 하려 함이라"**(요 15:11)라고 했습니다. 여기서도 예수님은 '내 기쁨'이라고 말씀하고 있습니다. 예수님께서 말씀하시는 '내 평안, 내 기쁨'이, 오늘날 우리가 생각하는 '평안과 기쁨'과는 차이가 있다는 것을 알아야 합니다. 우리가 예수를 믿는다, 하나님을 믿는다고 할 때 가장 중요한 것은, 내 생각, 내 믿음, 내 방법이 아닙니다. 하나님께서 무엇을 말씀하셨고, 예수님께서 므엇을 원하시는지를 알고 믿어야 합니다. 그런 면에서 예수님께서 '내가 너희를 택하였기 때문에 세상이 너희를 미워할 것이다'라는 말씀이나, "사람들이 너희를 출교할 것이고, 때가 되면 죽일 것이다"라고 하신 말씀을 우리가 잘 새겨들어야 합니다.

요한복음 16:1, "내가 이것을 너희에게 이름은 너희로 실족하지 않게 하려 함이니"

여기 '실족하다'로 표현된 원어의 뜻은, "기독교 신앙을 포기하는 것, 배교하는 것"을 의미합니다. 예수님께서는 자신이 체포될 때 제자들이 다 흩어지고 수제자 베드로조차 예수를 부인하게 될 것을 미리 아셨기 때문에, 그들 혼자의 힘으로 앞으로 닥쳐올 박해를 견딜 수 없음을 알고 계셨습니다. 그래서 예수님은 제자들이 그와 같은 박해를 당하게 되었을 때, 예수님께서 해 주셨던 말씀을 기억하여 넘어지지 말라고 한 것입니다.

요한복음 16:4, "오직 너희에게 이 말을 한 것은 너희로 그 때를 당하면 내가 너희에게 말한 이것을 기억나게 하려 함이요 처음부터 이 말을 하지 아니한 것은 내가 너희와 함께 있었음이라"

**"그 때를 당하면"**이 어느 때일까요? 출교를 당하고 죽임을 당하는 때가 오게 될 것이라는 말입니다. 그때 너희는 당황하지 말고, 내가 너희에게 말해 준 이것을 기억하라는 것입니다. 예수님의 이 말씀은 평안과 축복과 기쁨을 전제로 주신 말씀일까요? 아니면 환란과 배척과 죽임당하게 될 것을 전제로 주신 말씀일까요? 그래서 우리가 제대로 알고 예수를 믿어야 합니다. 예수님의 마지막 유언과도 같은 말씀 속에서, "너희가 나를 잘 믿으면 복 받는다, 형통하게 된다, 너희 삶에서 걱정거리는 모두 사라지고 웃음이 끊어지지 않을 것이다"라고 말씀하지 않았습니다. 오히려 세상에서 미움받게 되고, 살고 있던 공동체에서 강제로 추방당하게 되고, 심지어는 죽게 될 수도 있다고 말씀하고 있습니다.

예수님의 이 말씀은, 우리의 신앙생활과 우리가 드리는 기도가 지금 내가 당하고 있는 환란이나 어려움을 모면하는 쪽으로 가는 것이 아니라, 그런 일을 당하게 되었을 때 너희는 예수님의 말씀을 기억하라는 것입니다. 예수님의 말씀은 무엇입니까? "너희는 세상에 속한 사람이 아니라 예수께 속한 사람"이라는 것입니다. 그리고 "너희는 예수께 속한 사람이기 때문에 세상은 당연히 너희를 미워할 것"이라는 것입니다. 세상이 우리를 미워하는 이유는 무엇일까요? 우리가 잘못했기 때문일까요? 그들에게 손해를 끼치기 때문일까요? 그들의 것을 빼앗아 우리 것으로 만들기 때문일까요? 아닙니다. 우리가 아무리 옳은 일, 착한 일, 남을 돕고 위하는 일을 해도 세상은 우리를 미워합니다. 그들이 예수께 속한 사람을 미워하는 이유는 분명합니다. 기독교는 "예수만이 답"이라고 하기 때문입니다. 그 답은 무엇일까요?

요한복음 16:7-13, "그러나 내가 너희에게 실상을 말하노니 내가 떠나가는 것이 너희에게 유익이라 내가 떠나가지 아니하면 보혜사가 너희에게로 오시지 아니할 것이요 가면 내가 그를 너희에게로 보내리니 8. 그가 와서 죄에 대하여, 의에 대하여, 심판에 대하여 세상을 책망하시리라 9. 죄에 대하여라 함은 그들이 나를 믿지 아니함이요 10. 의에 대하여라 함은 내가 아버지께로 가니 너희가 다시 나를 보지 못함이요 11. 심판에 대하여라 함은 이 세상 임금이 심판을 받았음이라 12. 내가 아직도 너희에게 이를 것이 많으나 지금은 너희가 감당하지 못하리라 13. 그러나 진리의 성령이 오시면 그가 너희를 모든 진리 가운데로 인도하시리니 그가 스스로 말하지 않고 오직 들은 것을 말하며 장래 일을 너희에게 알리시리라"

"내가 너희에게 실상을 말한다." 그 실상이 무엇입니까? "예수께서 죽임 당하신 뒤에 보혜사 성령께서 오셔서 죄에 대하여, 의에 대하여, 심판에 대하여" 알려 주실 것이다. 무슨 말씀입니까? 예수 그리스도를 통한 구원의 진리를 알려 주실 터인데, 구원은 오직 예수 그리스도를 통해서만 얻을 수 있다는 것입니다. 정답이 여러 개 있는 것이 아니라 오직 하나라는 것이지요. 하지만 세상 사람들은 오직 하나밖에 없는 정답을 인정하고 싶지 않습니다. 아니, 인정 못 합니다. 그들은 자기들도 정답이라고 말하고 싶고, 자기들도 정답이라고 인정해 달라고 요구합니다. 정답이 아닌 것들은 서로서로 친할 수 있습니다. 어차피 어떤 것이 되었든 정답이 아니기 때문입니다. 그래서 그들에게는 정답이 없는 편이 오히려 낫습니다. 모두 잘못된 답이면 전부 정답으로 쳐 주기 때문입니다.

세상이 기독교를 향해서 말하는 것이 무엇입니까? "너희는 착하지 않다, 무슨 종교가 사랑이 없고, 포용력이 없냐? 예수는 남을 위해 죽었다는데, 너희는 왜 너희만 정답이라고 하고 상대를 인정하지 않냐?" 여러분은 어떻게 생각하십니까? "너희가 착해졌구나, 이제야 상대를 인정할 줄 알고 말이 통하는구나. 그렇게 화해해야지, 평화롭게 살아야지, 사랑하며 살아야지" 하면서 세상에서 인정받아야 기독교가 되는 것입니까? 이것은 하나님과 예수님을 알지 못하는 것입니다. 하나님께서 말씀하신 대로 예수를 믿는 것이 아니라, 자기가 믿고 싶은 예수를 믿는 것입니다. 그리고 그와 같은 신앙 형태는 우상을 숭배하는 것과 조금도 다르지 않은 것입니다.

우리는 예수만이 정답이라고, 다른 곳에는 구원이 없다고 분명하게 말할 수 있어야 합니다. 바울이 그 말 하다가 죽었고, 베드로가 그 말 하다가 죽었고, 스데반이 그 말 하다가 죽었습니다. 무수히 많은 초대교회의 성도들이, 초기 한국 교회의 성도들이 그 믿음을 지키다가 순교했습니다. 예수님께서 이미 말씀하셨습니다. "내가 이것을 너희에게 미리 말해 준다. 너희가 실족하여 넘어지지 않기를 바란다." 언제요? 예수 믿음 지키다가 환란을 당하고 죽임을 당할 때 말입니다. 다시 말씀드립니다. 기독교 진리는 이 세상의 형통과 잘됨과 축복을 말하는 것이 아닙니다.

요한복음 16:28, "내가 아버지에게서 나와 세상에 왔고 다시 세상을 떠나 아버지께로 가노라 하시니"

예수님께서 아버지에게서 나와 세상에 오신 이유가 무엇입니까? 우리를 구원하기 위해서입니다. 예수께서 세상을 떠나 아버지께로 가시는 이유는 무엇입니까? 예수님 계신 곳에 우릴 부르기 위함입니다.

요한복음 14:1-3, "너희는 마음에 근심하지 말라 하나님을 믿으니 또 나를 믿으라 2. 내 아버지 집에 거할 곳이 많도다 그렇지 않으면 너희에게 일렀으리라 내가 너희를 위하여 거처를 예비하러 가노니 3. 가서 너희를 위하여 거처를 예비하면 내가 다시 와서 너희를 내게로 영접하여 나 있는 곳에 너희도 있게 하리라"

기독교 진리는 무엇입니까? 천지를 창조하신 하나님을 믿었더니, 세상에서 보란 듯이 잘되고 부자가 되더라는 것을 증경해 보이는 것이 아닙니다. 오히려 성경의 역사나 교회의 역사를 살펴보면, 예수님께서 주신 말씀과 같이 공동체에서 추방을 당하고, 죽임을 당하게 되는 환란과 핍박을 통해서 복음이 전파되고 확산했습니다. 왜 그러면 하나님께서는 그와 같은 방법으로 예수를 믿게 하시는 것일까요? 그 이유에 대해서는 다음 시간에 말씀드리도록 하겠습니다.

오늘 여러분이 기억하셔야 하는 것은, 우리가 세상에서 미움을 받고, 친하게 지내던 공동체에서 추방을 당하고, 심지어 죽임을 당하는 때가 오게 될 것입니다. 왜요? 우리가 예수께 속해 있기 때문입니다. 우리가 예수만이 정답이라고 말하기 때문입니다. 예수님께서 **"너희를 죽이는 자가 생각하기를 이것이 하나님을 섬기는 일이라 하리라"**라고 하셨습니다.

오늘날 기독교회와 신학대학이 종교다원주의를 채택하고 가르치고 있습니다. 넓은 의미로 하나님의 사랑을 이야기하고, 온 세상에 끼치는 하나님의 은혜를 가르치고 있습니다. 낮은 곳에 오신 예수, 가난하고 병들고 소외된 자들을 찾아다니며 위로해 주신 착한 예수로 만들었습니다. 누구도 심판하지 않는 사랑이 많으신 예수님을 강조하면서, 예수님의 십자가 죽으심을 단지 나라를 빼앗긴 유대인들의 모습을 대표하는 실패한 혁명가 정도로 만들고, 대속주로 오신 예수를 지워 버렸습니다.

누구든지 교회에 들어오기만 하면 감지덕지로 여기고, 그 사람이 가진 재능으로 교회 일 열심히 하고, 십일조와 헌금만 잘 내면 고마운 성도들만 있지, 그들이 용서받고 고쳐야 하는 죄에 대해서는 말하지 않습니다. 그렇게 해서라도 교회가 커지고 성도가 많아지는 것이 예수를 위하고, 하나님을 잘 섬기는 것이라고 합니다.

그런 식으로 세상 모든 사람을 다 구원하는 것이 하나님의 뜻이라면, 그 사람들이 무슨 죄를 지었든지 간섭하지 않고 내버려두는 것이 하나님의 뜻이었다면, 예수님을 세상에 보내서 십자가 위에서 잔인하게 죽이실 이유가 무엇입니까? 잘못된 신앙, 잘못된 열심, 그것이 기독교회의 간판을 걸었다 할지라도 그건 기독교가 아닙니다. 세상에서 쫓겨나지 않기 위해서, 그들로부터 착하다고 인정받기 위해서 성경적 신앙, 말씀대로 믿는 신앙을 포기하지 마십시오. 우리가 그렇게 실족하게 될까 봐 예수님께서 미리, 그때가 와도 실족하지 말라고 말씀해 주신 것입니다.

우리가 하나님에 대해서, 예수님에 대해서 제대로 알지 못하면, 사도 바울이 예수를 핍박하던 사울이던 시절에 잘못된 믿음과 열심을 가지고 하나님을 대적했던 것처럼, 우리도 그렇게 될 수 있습니다. 참신앙은 무엇입니까? 성경대로의 신앙입니다. 예수님께서 가르쳐 주신 말씀대로 믿는 신앙입니다. 정답은 언제나 외롭습니다. 혼자이기 때문입니다. 하지만 채점하는 날이 되면 웃게 될 것입니다. 성적표를 받아 들면 웃을 것입니다. 그날이 옵니까, 안 옵니까? 옵니다. 곧 옵니다. 예수님께서도 그날이 온다고 말씀하셨고, 초대교회의 성도들도 "아멘, 주 예수여 오시옵소서" 기도하며 기다렸습니다. 저와 여러분, 우리 하와이한빛장로교회가 주님 오시는 그날까지 성경대로의 믿음을 잘 지키기 원합니다.